Ewald Keck

ROUTE 66 – QUER DURCH DIE BIBEL

Eine Tour durch die 66 Bücher der Bibel

Neues Testament

Die zitierten Bibelstellen sind, wenn nicht anders gekennzeichnet, nach der Elberfelder Bibel (R. Brockhaus Verlag) wiedergegeben.

Andere Übersetzungen sind durch Abkürzungen gekennzeichnet:

GNB Gute Nachricht Bibel von 2000, Dt. Bibelgesellschaft
LUT Lutherbibel revidiert 1984, Dt. Bibelgesellschaft
MNT Münchener Neues Testament von 2002, Patmos Verlag
NGÜ Neue Genfer Übersetzung von 2009, Genfer Bibelgesellschaft
NZÜ Neue Zürcher Übersetzung von 2007, Theologischer Verlag Zürich

Bibliografische Information der Deutschen Nationalbibliothek

Die Deutsche Nationalbibliothek verzeichnet diese Publikation in der Deutschen Nationalbibliografie; detaillierte bibliografische Daten sind im Internet über http://dnb.d-nb.de abrufbar.

© 2011 Ewald Keck
Herstellung und Verlag: BoD - Books on Demand, Norderstedt
Bildnachweis: ©iStockphoto.com/Carolyn Hasenfratz, Titelseite.
ISBN: 9783743153400

*Für meine Frau Elisabeth,
ohne deren ständige Ermutigung, Unterstützung
und persönliches Vorbild ich weder die Route 66-Seminare
noch dieses Buch zustande gebracht hätte.*

*Für meine Kinder Rebecca und Daniel,
die mich mit Rat und Tat ermutigt haben.*

Inhaltsverzeichnis

Vorwort 9

Einführung in das neue Testament 11

Einführung in die Evangelien 18

Das Evangelium nach Matthäus 27

Das Evangelium nach Markus 45
Exkurs: Besonderheiten bei Markus 55

Das Evangelium nach Lukas 60
Exkurs: Besonderheiten bei Lukas 71

Das Evangelium nach Johannes 76
Exkurs: Die Gottheit Jesu Christi 85

Die Apostelgeschichte 89
Exkurs: Der Heilige Geist in der Apostelgeschichte 100

Der Römerbrief 104
Exkurs: In Christus 115

Der 1. Korintherbrief 119
Exkurs: Gott verherrlichen 136

Der 2. Korintherbrief 139
Exkurs: Die Methoden Satans 147

Der Galaterbrief 150

Der Epheserbrief 163

Der Philipperbrief 176

Der Kolosserbrief	186
Exkurs: Christus genügt!	196
Die Thessalonicherbriefe	200
Exkurs: Entrückung der Gemeinde	212
Der 1. Timotheusbrief	218
Exkurs: Dürfen Frauen Lehren?	228
Der 2. Timotheusbrief	233
Der Titusbrief	245
Der Philemonbrief	254
Der Hebräerbrief	263
Der Jakobusbrief	278
Der 1. Petrusbrief	295
Exkurs: Mit Spannungen leben	304
Der 2. Petrusbrief	309
Der 1. Johannesbrief	320
Exkurs: Gemeinschaft mit Gott	325
Der 2. Johannesbrief	330
Exkurs: Die Menschwerdung Christi	334
Der 3. Johannesbrief	339
Exkurs: Gastfreundschaft	344
Der Judasbrief	347
Die Offenbarung	354
Exkurs: Wann kommen die Gerichte?	374

VORWORT

Keine Straße in den Vereinigten Staaten ist so berühmt und von Mythen umgeben wie die Route 66. Die einen nennen sie „Main Street of America", andere liebevoll „Mother Route" und wieder andere „Straße der Sehnsucht". Sie war wohl alles gleichermaßen.

Die Route 66 beginnt am Jackson Boulevard in Chicago und endet am Pier von Santa Monica in Kalifornien. Sie ist 2.450 Meilen (3.943 km) lang und verläuft durch acht Bundesstaaten. Die Mother Route wurde 1926 als erste durchgehende Verbindung zwischen Chicago und Los Angeles in Betrieb genommen. Zur Zeit der Weltwirtschaftskrise und der verheerenden Dürrezeiten in der 30er Jahren war sie die einzige Möglichkeit, aus den besonders betroffenen Midwest-Staaten in das „gelobte Land" – nach Kalifornien – zu kommen. Man siedelte mit Sack und Pack vom im Winter lausig kalten Chicago in das warme Kalifornien über.

Wie die historische Route 66 quer durch die Vereinigten Staaten führt, so führt meine Route 66 quer durch die 66 Bücher der Bibel. Auch diese „Main Street" ist eine „Straße der Hoffnung", die den Leser in ein besseres, wärmeres Land führen soll.

Das Ziel dieser Tour ist, für das wichtigste Buch, das es auf dieser Welt gibt, Interesse zu wecken und zum selbständigen Lesen Lust zu machen. „Route 66 – Quer durch Bibel" bietet deshalb einen Überblick über jedes Buch der Bibel durch Hintergrundinformationen, geistliche Impulse und durch viele Übersichten, die den Inhalt und die Botschaft veranschaulichen.

Das vorliegende Buch entstand aus einem Seminar über die ganze Bibel, das ich von Oktober 2000 bis April 2011 in der Christusgemeinde in Nagold durchgeführt habe. Der Band zum Alten Testament ist in Vorbereitung.

Die Lektüre der Bibel ist allerdings keine rein geistige Angelegenheit, sondern soll dazu führen, das Erkannte in die Praxis umzusetzen. Dazu soll dieses Buch helfen.

Deshalb: Get (more) than kicks – on Route 66!

Ebhausen, im November 2011   *Ewald Keck*

Einführung in das neue Testament

Der zweite Tourabschnitt der Route 66 führt quer durch die 27 Bücher des Neuen Testaments und ist mit seinen 260 Kapiteln wesentlich kürzer als der erste mit 39 Büchern und 929 Kapiteln im Alten Testament. Auch bei dieser Tour geht es in erster Linie darum, einen Überblick über die einzelnen Bücher zu gewinnen. Bevor wir mit den Büchern beginnen, ist eine kurze Einführung in das Neue Testament notwendig.

1. Die Bezeichnung „Neues Testament"

Mit dem Neuen Testament ist eine Sammlung von Schriften des Urchristentums gemeint, die 27 Bücher umfasst. Woher kommt diese Bezeichnung?

- Das Wort „Testament" (lat. testamentum) ist die lateinische Übersetzung des griechischen und hebräischen Begriffes für „Bund", der im Alten Testament die Beziehung zwischen Gott und seinem Volk Israel bezeichnet[1] (z.B. Gen 15,18; 17; Ex 24,1-11; 2Sam 23,5).

- Schon im Alten Testament wird ein neuer Bund verheißen (Jer 31,31-34) und im Neuen Testament die Erfüllung dieser Verheißung durch Jesus Christus bestätigt (vgl. Lk 22,20; 1Kor 11,25). Alter und neuer Bund werden häufig miteinander verglichen (z.B. Hebr 8; 9,15; 12,24; 2Kor 3,6-18). Der neue Bund ist die Erfüllung des alten Bundes.

- Mit der Bezeichnung „Neues Testament" ist also zunächst *„ein heilvolles Tun Gottes an Menschen"*[2] bzw. ein *„umfassendes Heilsangebot Gottes in Jesus Christus"*[3] gemeint und keine Schriftensammlung.

Die Unterscheidung von Altem und Neuem Testament als Schriftensammlung taucht erst in der zweiten Hälfte des 2. Jh. n.Chr. bei Kirchenschriftstellern auf. *„Als feste Bezeichnung in diesem Sinne ist der Ausdruck erst um die Wende vom 2./3. Jh. belegt."*[4]

---

[1] Vgl. Niebuhr, 2011, 28.
[2] Niebuhr, 2011, 28.
[3] Mauerhofer, 1997, 4.
[4] Barbara Aland in RGG4: *„Neues Testament"*, Sp.218.

2. Der Text des Neuen Testaments

Das Neue Testament wurde ursprünglich in griechischer Sprache verfasst. Koine, wie man den griechischen Dialekt damals nannte, wurde im 4. Jh. v.Chr. durch die Armeen Alexander des Großen verbreitet und zur Zeit des Neuen Testaments im ganzen römischen Reich gesprochen. Das war die beste Voraussetzung, damit alle Menschen mit dem Evangelium erreicht werden konnten.

Den Text des Neuen Testaments hat Gott aber nicht als fertiges Buch überreicht, sondern in einer Vielzahl von Fragmenten, wobei der Umfang vom Teil eines Verses bis zu einem kompletten Neuen Testament reicht. Diesen ursprünglichen Text des griechischen Grundtextes zu rekonstruieren, ist die Aufgabe der sog. „Textkritik".

Damit das Neue Testament verstanden werden konnte, musste es zuerst aus dem griechischen Grundtext übersetzt werden. Das war keine einfache Aufgabe, da Grammatik und Satzbau unterschiedlich sind. Die herausragendste Übersetzungsarbeit im deutschen Sprachraum hat zweifellos Martin Luther geleistet, der vor der Herausforderung stand, nicht nur den Text zu übersetzen, sondern gleichzeitig eine einheitliche deutsche Schriftsprache, die es bis dahin nicht gab, zu schaffen. Sein Ziel war, dass jeder einfache Mensch die Bibel lesen konnte:

> Ich habe mich beim Dolmetschen des befleißigt, reines und klares Deutsch zu geben. Es ist uns wohl oft begegnet, daß wir vierzehn Tage, drei, vier Wochen lang ein einziges Wort gesucht und danach gefragt haben, und haben es dennoch zuweilen nicht gefunden. (…) Man darf eben nicht die Buchstaben in der lateinischen Sprache fragen, wie man Deutsch reden soll, wie diese Esel tun, sondern muß die Mutter im Hause, die Kinder auf der Gasse, den gemeinen Mann auf dem Markt darum fragen. Man muß diesen auf den Mund sehen, wie sie reden, und demgemäß dolmetschen. Dann verstehen sie es und merken, daß man deutsch mit ihnen redet.[5]

1522 erschien das Neue Testament, 1534 die komplette Bibel. Luther arbeitete bis zu seinem Lebensende an der Verbesserung seiner Übersetzung.

Heute gibt es eine reichhaltige Auswahl an deutschen Übersetzungen und Nachschlagewerken, so dass jeder die Möglichkeit hat, die Bibel zu lesen und zu verstehen, auch wenn er die Grundsprachen nicht beherrscht.

---

[5] Luther, 1907, 440.

3. Die Entstehung des Neuen Testaments

Zum Kanon des Neuen Testaments zählen 27 Bücher, die im 1. Jh. n.Chr. verfasst wurden. Welche Bücher darin aufgenommen wurden und damit als Gottes Wort galten, erfolgte nach bestimmten Kriterien[6] :

- Besitzt das Buch göttliche Autorität?
- Wirkt es als Gottes Wort im Leben der Menschen? Hat es geistliche Kraft? (Hebr 4,12; 2Tim 3,15-17)
- Ist der Verfasser ein Apostel oder wird das Buch von einem Apostel bestätigt?
- Ist es historisch und dogmatisch genau?
- Wie wurde es von den ursprünglichen Empfängern aufgenommen?

Im Lauf der Zeit bewiesen diese 27 Bücher des Neuen Testaments, die wir heute kennen, ihre göttliche Inspiration und damit ihre Zugehörigkeit zum Kanon. Die Synode von Hippo (397 n.Chr.) bestätigte dann schließlich nur die Bücher, die sich als Wort Gottes bereits erwiesen hatten.

Die Bücher des Neuen Testaments entstanden während eines Zeitraums von etwa 50 Jahren (ca. 45-95 n.Chr.). Die Evangelien wurden kurz nach Abfassung des Johannesevangeliums zu einem Band zusammengefasst. Diese vierbändige Sammlung war ursprünglich als „Das Evangelium" bekannt. Wichtig ist hier der Singular: Es gab nicht mehrere Evangelien, sondern nur eines, das in vier Berichten verfasst wurde. Ignatius, der Bischof von Antiochien, erwähnt ungefähr um 115 n.Chr. „Das Evangelium" als ein verbindliches Schriftstück.[7]

Die Zusammenfassung der vier Evangelien brachte die Trennung des Lukas-Berichtes in zwei Teile mit sich: Lukas-Evangelium und Apostelgeschichte. Die Sammlung der paulinischen Schriften (lat. corpus paulinum) wurde ungefähr zur gleichen Zeit zusammengestellt wie die Evangelien.

Die einzigen Bücher, über die noch Zweifel bestanden, waren Jakobus, Judas, 2. Petrus, 2. und 3. Johannesbrief. Diese Briefe erwähnt Eusebius (ca. 265-340 n.Chr.) als von einigen in der Echtheit angezweifelt, aber von der Mehrheit anerkannte Schriften.

---

[6] Vgl. Kinker, 2004, 21.
[7] Vgl. Bruce, 1997, 27.

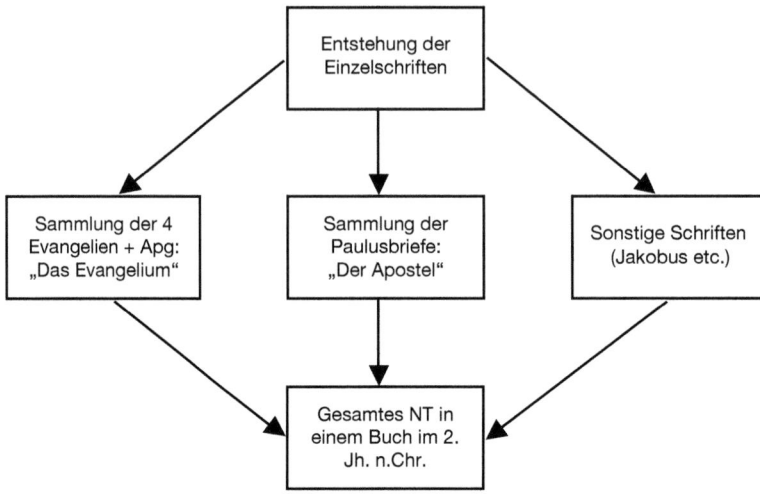

Eine offizielle Festlegung des Kanons war aus mehreren Gründen unbedingt notwendig:

- Es musste klar sein, welche Schriften die Grundlage der christlichen Lehre bildeten, insbesondere in der Auseinandersetzung mit Irrlehrern wie z.B. Marcion (140), der seinen eigenen Kanon aufgestellt hatte.
- Es musste klar sein, welche Bücher in den Gottesdiensten als Gottes Wort vorgelesen werden konnten.
- Es musste klar sein, welche Bücher in Verfolgungszeiten auf Verlangen der kaiserlichen Polizei ausgehändigt werden konnten.

> Die neutestamentlichen Bücher sind nicht deshalb zur Autorität für die Kirche geworden, weil sie formal einem kanonischen Buche eingegliedert waren. Im Gegenteil: die Kirche nahm sie in ihren Kanon auf, weil sie sie bereits als göttlich inspiriert ansah, den ihnen innewohnenden Wert erkannt hatte und ihre apostolische Autorität, direkter oder indirekter Art, respektierte.[8]

Dieser ganze Entstehungsprozess wurde vom Heiligen Geist geleitet und überwacht. *„Ohne diese proventia dei (göttliche Vorhersorge) kann man die Entstehung des Kanons nicht erklären."*[9]

---

[8] Bruce, 1997, 31.
[9] Maier, 2003, 134.

4. Der Aufbau des Neuen Testaments

Das Neue Testament ist eine Bibliothek mit drei Hauptkategorien: Geschichtsbücher, Lehrbücher und einem prophetischen Buch. Der größte Teil sind Briefe, wobei die Mehrzahl von Paulus stammt und die restlichen unter der Rubrik „katholische" (allgemeine) Briefe einsortiert werden. Eine Sonderstellung nimmt der Hebräerbrief ein, dessen Verfasser nicht eindeutig identifizierbar ist.

Geschichtsbücher	Lehrbücher	Prophetisches Buch
Evangelien (4) Matthäus Markus Lukas Johannes	**Paulusbriefe (13)** Hauptbriefe (4): Römer 1./2. Korinther Galater Gefangenschaftsbriefe (4): Epheser Philipper Kolosser Philemon Pastoralbriefe (3): 1./2. Timotheus Titus Sonstige (2): 1./2. Thessalonicher	Offenbarung
Apostelgeschichte	Hebräerbrief	
	Katholische Briefe (7) Jakobus 1./2. Petrus, 1./2./3. Johannes Judas	

Unter missionarischen Gesichtspunkten ist eine weitere Einteilung möglich, die zum Ausdruck bringt, wozu das Neue Testament verfasst wurde: Jesus, das menschgewordene Wort Gottes (Joh 1,1.14), wurde vom Vater in die Welt gesandt, um sie zu retten. Diese Mission (Sendung) setzte sich fort in der Sendung der Gemeinde (vgl. Apg 1,8):

Einteilung	Bücher
Die Sendung von Jesus	Evangelien
Die Sendung der Gemeinde	Apostelgeschichte bis Offenbarung
Wie mich der Vater gesandt hat, so sende ich euch! (Joh 20,21)	

Dieser Missionsauftrag gilt nicht nur Pfarrern, Predigern oder Missionaren, die hauptberuflich das Evangelium verkündigen, sondern jedem Christen ohne Ausnahme. Jeder, der durch Jesus gerettet wurde, hat die Aufgabe, das Evangelium des Heils in Jesus weiterzugeben!

Literatur

Bruce, F.F.: Das Neue Testament. Glaubwürdig. Wahr. Verläßlich, Bad Liebenzell, VLM, 4. Aufl., 1997.

Kinker, Thomas: Die Bibel. Eine Einführung, Kursunterlagen Martin Bucer Seminar, 2004.

Luther, Martin: Ein Sendbrief vom Dolmetschen in: Martin Luthers Werke, Stuttgart/Leipzig, Deutsche Verlags-Anstalt, 1907.

Maier, Gerhard: Biblische Hermeneutik, Wuppertal, R. Brockhaus, 4. Aufl., 2003.

Mauerhofer, Erich: Einleitung in die Schriften des Neuen Testaments Bd. 1: Matthäus-Apostelgeschichte, Holzgerlingen, Hänssler, 1997.

Niebuhr, K.-W. (Hg.): Grundinformation Neues Testament, Göttingen, V&R, 4. Aufl., 2011.

RGG 4: Religion in Geschichte und Gegenwart. Handwörterbuch für Theologie und Religionswissenschaft, 4. Aufl., Tübingen, Mohr Siebeck, Ungekürzte Studienausgabe 2008.

Schick, Alexander: Das wahre Sakrileg. Die verborgenen Hintergründe des Da-Vinci-Codes, München, Knaur, 2006.

Einführung in die Evangelien

Das Neue Testament beginnt mit den Evangelien, die in der Bibelbibliothek im Regal der Geschichtsbücher stehen. Dazu zählen vier Bücher: Matthäus, Markus, Lukas und Johannes. Bevor wir unsere Tour durch die einzelnen Büchern beginnen, denken wir darüber nach, was das Besondere an den Evangelien ist und wie wir sie lesen sollten.

1. Der Begriff „Evangelium"

Der griechische Begriff Evangelium (griech. εὐαγγέλιον *euangelion*) meint eine gute, erfreuliche Nachricht, eine frohe Botschaft. Zur Zeit des Neuen Testaments wurde der Begriff hauptsächlich für das Überbringen einer Siegesbotschaft von einer gewonnenen Schlacht verwendet, aber auch für eine Vielzahl privater Nachrichten: z.B. Geburt eines Kindes, Eheschließung, glückliche Heimkehr. Im Kaiserkult gewann *euangelion* eine religiöse Bedeutung: Der Regierungsantritt des Kaisers, seine Erlasse und Taten und vor allem sein Geburtstag wurden als Evangelium vom göttlichen Weltbeherrscher angesehen. Eine Inschrift aus dem Jahr 9 v.Chr. rühmt den Geburtstag des Kaisers Augustus:

> Dieser Tag hat der Welt einen anderen Anblick gegeben, sie wäre dem Untergang verfallen, hätte nicht in dem nun Geborenen für alle Menschen ein gemeinsames Glück sich gezeigt (...) Die Vorsehung hat diesen Mann mit solchen Gaben erfüllt, dass sie ihn uns und den kommenden Geschlechtern als Soter [Retter] gesandt hat (...) Der Geburtstag des Gottes hat für die Welt die mit ihm verbundenen Evangelia (Freudenbotschaften) heraufgeführt, von seiner Geburt [an] beginnt eine neue Zeitrechnung.

Bei der damaligen Verwendung des Begriffes in der Umgangssprache fällt auf, dass er häufig im Plural gebraucht wurde (Freudenbotschaften), während er im NT stets im Singular steht: z.B. Mt 4,23; 9,35; 11,5; 24,14; 26,13; Mk 1,1.14–15; 8,35; 10,29; Röm 1,1.9.15–16; 2,16; 10,16; 11,28; 15,16.19–20; 16,25; Phil 1,5.7.12.16.27; 2,22; 4,3.15. Das ist nicht verwunderlich, denn im NT gibt es nur das *eine* Evangelium von Jesus Christus, das seine Person und sein Werk umfasst. Diese Botschaft von Jesus verkündigten die Apostel (z.B. Apg 5,42; 8,35; 11,20; 17,18; Röm 1,9; 15,19).[10]

---

[10] Mauerhofer, 1997, 42.

Das Evangelium hat jedoch seine Wurzeln im AT, wo der dem NT entsprechende hebräische Begriff für den kommenden Messias als Heilsbringer verwendet wird. *Beispiel:* Jesus bezieht die Schriftstelle Jes 61,1, in der das hebräische בשׂר *bassar* mit dem griech. Verb εὐαγγελίζω *euangelizo* übersetzt wird, auf sich und deutet damit die Erfüllung dieser Verheißung in seiner Person an (Lk 4,17-18). Die Evangelien bezeugen die Erfüllung der alttestamentlichen Verheißungen durch Jesus Christus. Das Evangelium von Jesus Christus ist *die* Freudenbotschaft für alle Menschen!

5. Die Literaturgattung der Evangelien

Zu welcher Art von Literatur gehören die Evangelien? Handelt es sich nur um eine Biografie in vier Bänden? Einerseits ja, denn die Person von Jesus steht im Mittelpunkt. Andererseits nein, wenn wir vom heutigen Verständnis einer Biografie ausgehen. Denn zwei Bücher (Markus, Johannes) berichten überhaupt nichts über seine Geburt und aus seiner Jugendzeit ist nur eine einzige kurze Begebenheit bekannt (Lk 2,41-52). Der größte Teil der Bücher umfasst die letzte Woche seines Lebens.

In der Antike waren Biografien anders. Griechisch-römische Biografen selektierten viel stärker den Stoff und waren viel ideologischer und künstlerischer, wenn sie die großen Ereignisse der Zeit oder die Lebensbilder von Schlüsselpersonen erzählten. Auch in dieses Schema passen die Evangelien nur teilweise. Man könnte daher die Evangelien als eigene Literaturgattung bezeichnen, als eine besondere Form der Biografie: Eine *„theologische Biografie"*[11] oder als *biografische Predigten*, denn der missionarische Charakter ist unübersehbar (vgl. Joh 20,31). Die vier Evangelien sind wie vier Scheinwerfer, die aus unterschiedlichen Positionen Jesus beleuchten.

6. Die Entstehung der Evangelien

Die Evangelien sind wie die gesamte heilige Schrift Gottes unfehlbares, irrtumsloses Wort, das der Heilige Geist seinen Verfassern eingegeben hat (2Tim 3,16). Dieses Wort ist den Verfassern auf unterschiedliche Weise ihrer Persönlichkeit entsprechend geschenkt worden. Lukas beweist in der Vorrede seines Evangeliums, dass geistgewirkte Inspiration und historische Recherche kein Widerspruch sein müssen:

---

[11] Blomberg, 2004, 106.

Lk 1,1-4 Da es nun schon viele unternommen haben, einen Bericht von den Ereignissen zu verfassen, die sich unter uns zugetragen haben, wie sie uns die überliefert haben, die von Anfang an Augenzeugen und Diener des Wortes gewesen sind, hat es auch mir gut geschienen, der ich allem von Anfang an genau gefolgt bin, es dir, vortrefflichster Theophilus, der Reihe nach zu schreiben, damit du die Zuverlässigkeit der Dinge erkennst, in denen du unterrichtet worden bist.

Lukas macht hier den Zusammenhang zwischen mündlicher und schriftlicher Überlieferung deutlich, der nicht nur für sein Evangelium gilt. Zunächst einmal müssen wir uns eine große Materialsammlung aus mündlichen und schriftlichen Überlieferungen vorstellen, die entstanden ist aus dem, was Menschen mit Jesus erlebt haben (Augenzeugen) und was Jesus sie gelehrt hat. Diese Informationen können aus verschiedenen Quellen stammen, denn auch Lukas hat gründlich recherchiert, bevor er seine zwei Bände von der Entstehung des Christentums verfasst hat (Lukasevangelium und Apostelgeschichte). Wir unterscheiden mündliche und schriftliche Überlieferung:

Die mündliche Überlieferung

Die Botschaft von Jesus wurde zunächst von Mund zu Mund verbreitet. Die Leute berichteten, was sie gesehen und gehört hatten und die Jünger Jesu prägten sich ein, was er sie lehrte und was sie mit ihm erlebten. Das Auswendiglernen war damals eine der gebräuchlichsten Lehr- und Lernmethoden. Als Petrus im Haus des Kornelius das Evangelium verkündigte, konnte er daran anknüpfen, was die Leute über Jesus schon gehört oder selbst miterlebt hatten (Apg 10,37: Ihr wisst). Er selbst war wie die anderen Jünger ein Augenzeuge (Apg 10,39) und gehörte außerdem zum engeren Jüngerkreis, so dass er mehr wusste über Jesus.

Aus dieser mündlich überlieferten Botschaft von Jesus entstand in der Urgemeinde ein Muster der Verkündigung des Evangeliums mit folgenden Schwerpunkten (vgl. Apg 2,16-36; 10,36-43; 13,23-41; 1Kor 15,1-8):

- Das Kommen Jesu als erfüllte Prophetie
- Leben und Dienst Jesu
- Tod und Auferstehung Jesu
- Erscheinen Jesu nach seiner Auferstehung und seine Himmelfahrt
- Ruf zu Buße und Glauben angesichts des kommenden Gerichts

Diese Botschaft wurde sorgfältig weitergegeben und bildete die Grundlage für die geschriebenen Evangelien. Im Lauf der Zeit war es jedoch notwendig, die Erinnerungen an Jesus schriftlich festzuhalten.

Die schriftliche Überlieferung

Die Botschaft von Jesus wurde in den ersten zwei Jahrzehnten in erster Linie mündlich weitergegeben. Durch die schnelle Verbreitung des Evangeliums über die Grenzen Israels hinaus war es aber notwendig, die Überlieferungen schriftlich festzuhalten. Außerdem reduzierte sich naturgemäß im Lauf der Zeit die Anzahl der Augenzeugen. Das erste Evangelium entstand daher ca. 20 Jahre nach der Himmelfahrt Jesu und das zuletzt verfasste Evangelium des Johannes entstand erst 30 Jahre später (ca. 90-95 n.Chr.) nach den anderen Evangelien.

Woher hatten die Verfasser ihre Informationen?

- *Lukas* war ein Historiker, der sorgfältig recherchierte, um einen zuverlässigen Bericht zu verfassen (Lk 1,3-4). Als Reisebegleiter von Paulus und Barnabas standen ihm viele Informationsquellen zur Verfügung.

- *Markus* war ein enger Mitarbeiter des Apostels Petrus, dem er in Rom zur Seite stand (1Petr 5,13). Somit hatte er Zugang zu allen Informationen, die Petrus über Jesus hatte.

- *Matthäus* war ein Apostel und damit Augenzeuge. Als Jude kannte er sich im Gesetz aus und nach altkirchlicher Überlieferung (Papias, ca. 130 n.Chr.) schrieb er die Reden Jesu auf und übersetzte sie.

- *Johannes* war ein Augenzeuge, der zum engeren Jüngerkreis gehörte und der Lieblingsjünger von Jesus war. Keiner hatte Jesus so tief verstanden wie er.

Beim Lesen der Evangelien fällt auf, dass es zwischen den ersten drei Büchern viele Ähnlichkeiten gibt, während Johannes fast nur Neues berichtet. Deshalb werden Matthäus, Markus und Lukas als „Synoptiker" bezeichnet (griech. synopsis = Zusammenschau). Aufbau, Inhalt und Ton dieser Bücher sind ähnlich.

Die Unterschiede bei den Synoptikern

Die mündliche Überlieferung bis zur Abfassung des ersten Evangeliums schließt nicht aus, dass einige der Apostel sich während der Verkündigung von Jesus Notizen gemacht hatten. Nach der Himmelfahrt haben sie diese dann abgeglichen und um Berichte weiterer Augenzeugen ergänzt, so dass im Lauf der Zeit längere Textstücke entstanden sind. So ist die Entwicklung durchaus denkbar, aber nicht historisch nachweisbar. Deshalb stellt sich die Frage:

Welche schriftlichen Quellen verwendeten die Verfasser bei der Zusammenstellung und Abfassung ihrer Evangelien? Hat der eine vom anderen abgeschrieben? Gab es außerbiblische Quellen, auf die einer oder mehrere zurückgegriffen haben?

Dazu ein Beispiel: Die Heilung eines Gelähmten berichten alle Synoptiker: Mt 9,1-8; Mk 2,1-12; Lk 5,17-26.[12] Beim Vergleich der Texte fallen jedoch zwei Dinge auf:

- *Übereinstimmungen*: Alle drei Texte verwenden fast genau denselben Wortlaut und jeder fügt an derselben Stelle eine abrupte Unterbrechung der Worte Jesu ein: *„Damit ihr aber wisst"* (2. Person Plural) – *„sprach er zu dem Gelähmten"* (3. Person Singular).

- *Unterschiede*: Matthäus lässt *„ich sage dir"* weg, bei Markus (2,11) und Lukas (5,24) steht es. Bei Matthäus fehlt auch, wie der Gelähmte durch das Loch im Dach zu Jesus gelangt ist.

Weitere Auffälligkeiten bei den Synoptikern:

- Alle drei Evangelien folgen grob derselben Reihenfolge der Ereignisse, obwohl es dafür keinen eindeutigen chronologischen oder historischen Grund gibt.

- Jeder Evangelist lässt Material aus, das sich bei anderen findet. Darüber hinaus hat jeder Evangelist ein „Sondergut", das nur bei ihm zu finden ist.

- Es gibt Ereignisse, die in einem der anderen Evangelien oder in beiden zu finden sind, aber in einer anderen Reihenfolge.

Um die Übereinstimmungen und Unterschiede der Synoptiker zu erklären, entstanden im Lauf der Jahrhunderte verschiedene Hypothesen.[13] Eine davon ist die sog. Zwei-Quellen-Theorie. Sie geht davon aus, dass das Markusevangelium zuerst verfasst wurde mit dem Argument, dass das kürzeste zugleich das älteste Evangelium sein müsse. Bei dem Respekt der Alten Kirche vor dem heiligen Text der Evangelien könne davon ausgegangen werden, dass eine Vorlage eher ergänzt als gekürzt wurde. Deshalb nimmt man an, dass Markus als Vorlage für Matthäus und Lukas diente, die diese mit dem eigenen Sondergut und einer außerbiblischen Quelle (sog. „Logienquelle oder kurz „Q" = Quelle genannt) ergänzt haben.

---

[12] Vgl. Carson/Moo, 2010, 103-106.

[13] Ausführlich in: Carson/Moo, 2010, 93-152, Weißenborn, 2004, 60-147.

Für diese Logienquelle gibt es zwar einige Thesen, aber letztlich ist sie nur eine literarische Rekonstruktion, die als Quellenschrift nicht existiert, d.h. es ist nicht sicher, ob es sie überhaupt gab. Dieses Modell bietet zwar eine einfache Erklärung, ist aber wie alle anderen Modelle doch nur eine Hypothese. Sie steht und fällt mit der Datierung des Markus-Evangeliums. Die Frühdatierung ist keineswegs sicher. Im Gegenteil: Die frühesten Bemerkungen der Kirchenväter zu den Evangelien bestätigen, dass die in den Bibeln gebräuchliche Reihenfolge korrekt ist. Kirchenvater Irenäus von Lyon (ca. 130-200) schrieb:

> Matthäus verfasste seine Evangelienschrift bei den Hebräern in hebräischer Sprache, als Petrus und Paulus in Rom das Evangelium verkündeten und die Gemeinde gründeten. Nach deren Tode zeichnete Markus, der Schüler und Dolmetscher Petri, dessen Predigt für uns auf. Ähnlich hat Lukas, der Begleiter von Paulus, das von diesem verkündete Evangelium in einem Buch niedergelegt. Zuletzt gab Johannes, der Jünger des Herrn, der an seiner Brust ruhte, während seines Aufenthaltes in Ephesus in Asien das Evangelium heraus.[14]

Ebenso ist die Behauptung, Matthäus sei von Markus abhängig, keineswegs nachweisbar. Es stellt sich die Frage, ob hinter den Gemeinsamkeiten und Unterschieden nicht andere Gründe zu suchen sind als historische. Diese können Teil der Verkündigung des Evangeliums sein. Nicht jedes Detail ist für jeden Zuhörer von Bedeutung. Ganz entscheidend bei der Auswahl des Stoffes scheint daher für die Verfasser die missionarische Zielsetzung der Evangelien gewesen zu sein.

7. Vergleich der Evangelien

Die einzelnen Bücher entstanden zu unterschiedlichen Zeiten. Um diese Berichte voneinander zu unterscheiden, wurde im 2. Jh. n.Chr. jedes Buch mit einer Überschrift versehen, die aber nicht zum inspirierten Text gehörte: Nach Matthäus, nach Markus, nach Lukas, nach Johannes. Die vorangestellte Präposition „nach o. gemäß" (griech. κατα *kata*) betont, dass hier das *eine* Evangelium von Jesus Christus aus der Sicht des jeweligen Verfassers bezeugt wird.

Die individuelle Wahrnehmung ist kein Widerspruch zur göttlichen Inspiration. Worin besteht nun der besondere Charakter der einzelnen Evangelien?

---

[14] Irenäus, Adversus haereses II/1/1 zit. bei Reifler, 2006, 30.

Warum gibt es vier Evangelien?

Abgesehen davon, dass *ein* Verfasser die wichtigste Person des Neuen Testaments nicht umfassend darstellen konnte (vgl. Joh 21,25), war einer der Hauptgründe die Empfänger, für die sie geschrieben wurden. Einem Römer musste das Evangelium anders erklärt werden als einem Juden. Hier wird ganz besonders die Leitung des Heiligen Geistes deutlich.

Matthäus schrieb für die Juden. Er beschreibt Jesus als den verheißenen König und verweist deshalb sehr häufig auf die erfüllten Verheißungen des AT: „damit erfüllt würde ..." vgl. Mt 1,22; 2,15.17.23; 3,15; 4,14; 5,17; 8,17; 12,17; 13,14.35; 21,4; 26,54.56; 27,9. Ein Hauptthema ist daher das Königreich Gottes und dessen Herrscher Christus.

Markus schrieb für die Römer. Er stellt Jesus als Diener in den Mittelpunkt, der in die Welt kam, um den Willen seines Vaters zu erfüllen (vgl. Mk 10,45). Für die Römer zählte die Tatkraft und deshalb stehen die Machttaten Jesu im Mittelpunkt seines Evangeliums. Weil für die Römer der Gehorsam wichtig war, verwendet Markus häufig den Ausdruck εὐθὺς *euthus* = sofort, sogleich, alsbald: z.B. Mk 1,10.12.18; 2,8.12; 3,6; 4,5; 5,2; 6,25; 7,25; 8,10; 9,15; 10,52; 11,2–3; 14,43;15,1.

Lukas, der gebildete Arzt, schrieb für die Griechen, d.h. die Gebildeten der damaligen Gesellschaft. Sein Augenmerk richtete sich auf das Zeugnis von Jesus als dem vollkommenen Menschen, dem „Menschensohn" (z.B. Lk 5,24; 6,5; 7,34; 9,22; 11,30; 12,8.10.40; 17,24.30; 18,8.31; 19,10; 21,27.36; 22,22; 24,7), der gekommen ist, um alle Menschen zu erlösen (19,10).

Johannes schrieb an alle Gläubigen. Sein Evangelium ist für die christliche Gemeinde, die Insider. Er verwendet Begriffe, die nur Christen verstehen. Bei ihm steht Jesus als der Sohn Gottes im Mittelpunkt (Joh 1,14.34.45.49; 3,16–18.35–36; 5,19–23.25–26; 6,42; 8,35–36; 10,36; 11,4.27; 14,13; 17,1; 19,7; 20,31). Der größte Teil seiner Ausführungen besteht aus Sondergut, das sonst in keinem Evangelium zu finden ist. Johannes betont den vom Himmel gekommenen Sohn Gottes, der Mensch wurde, um das Heil für alle Menschen zu ermöglichen (vgl. Joh 3,16).

Es gibt vier Evangelienberichte, aber nur *ein* Evangelium. Es gibt vier Augenzeugen, aber nur *einen*, den sie gesehen haben: Jesus Christus. Es gibt *vier* verschiedene Empfänger als Repräsentanten für *alle* Menschen (Mk 16,15), denen das Evangelium von Jesus Christus verkündigt werden soll.

VERGLEICH DER VIER EVANGELIEN

Unterschiede	Matthäus	Markus	Lukas	Johannes
Adressaten	Juden	Römer	Griechen	Gläubige
Abfassung	60 n.Chr.	60-67 n.Chr.	60-62 n.Chr.	90-95 n.Chr.
Jesus…	…als König	…als Knecht	…als Mensch	…als Sohn Gottes
Betonung	Reden	Taten	Gleichnisse	Lehre
Sondergut	42%	7%	59%	92%
Schlüsselverse	Mt 6,33	Mk 10,45	Lk 19,10	Joh 3,16
Schlüsselbegriffe	„erfüllt"	„sogleich"	„Sohn des Menschen"	„glauben"
Merkmale	Erfüllte Prophetie	Kraft	Gnade	Herrlichkeit
Symbole (Offb 4,7; Hes 1,10)	Löwe	Stier	Mensch	Adler
Geografie	Galiläa	Galiläa	Galiläa	Judäa
Betonung	Synoptiker Menschheit Christi	Synoptiker Menschheit Christi	Synoptiker Menschheit Christi	Viertes Evangelium Gottheit Christi

Literatur

Blomberg, Craig L.: Jesus und die Evangelien, Nürnberg, VTR, 2.Aufl., 2004.

Carson, D.A. & Moo, J. Douglas: Einleitung in das Neue Testament, Gießen, Brunnen, 2010.

Elwell, Walter A., Yarbrough, Robert W.: Studienbuch Neues Testament, Wuppertal, R. Brockhaus, 2001.

Hörster, Gerhard: Bibelkunde und Einleitung zum Neuen Testament, Wuppertal, R. Brockhaus, 1998.

Jensen, Irving: Jensen's Survey of the New Testament, Chicago, Moody Press, 1981.

Mauerhofer, Erich: Einleitung in die Schriften des Neuen Testaments Bd. 1: Matthäus-Apostelgeschichte, Holzgerlingen, Hänssler, 1997.

Mauerhofer, Erich: Einleitung in die Schriften des Neuen Testaments Bd. 2: Römer-Offenbarung, Holzgerlingen, Hänssler, 1999.

Reifler, Hans Ulrich: Bibelkunde des Neuen Testaments. Die Bibel lieben, kennen und verstehen, Nürnberg, VTR, 2006.

Weißenborn, Thomas: Apostel, Lehrer und Propheten. Eine Einführung in das Neue Testament. Band 1: Evangelien und Apostelgeschichte, Marburg, Francke, 2004.

Das Evangelium nach Matthäus

Mit dem Matthäusevangelium beginnt das Neue Testament und damit die Geschichte von Jesus. Das vierbändige Werk der Evangelien porträtiert Jesus aus vier verschiedenen Perspektiven. Bei Matthäus liegt die Sicht auf Jesus als dem verheißenen König, der sein Volk erlösen wird. Sein Evangelium bildet die Brücke zwischen Altem und Neuem Testament und steht deshalb am Anfang. Matthäus ist ein interessantes Buch: Geschrieben *von* einem Juden *für* Juden *über* den König der Juden! Und doch betrifft es alle Menschen, denn es geht hier um die entscheidende Frage: Wer ist König in deinem Leben? Wer ist der „King of the road"?

1. Verfasser

Das Evangelium selbst enthält keinen direkten Hinweis auf den Verfasser. Und doch gibt es außerbiblische Argumente, die eindeutig auf Matthäus als Autor hinweisen:

- Die Überschrift über den griechischen Grundtext, die im 2. Jh. n.Chr. hinzugefügt wurde (griech. kata mattaion = nach Matthäus).
- Zitate von Kirchenvätern wie z.B. Irenäus von Lyon: *„Matthäus veröffentlichte auch ein Evangelienbuch unter den Hebräern in ihrer eigenen Sprache, während Petrus und Paulus in Rom predigten und die Gemeinde gründeten."*[15]

Wer war Matthäus?

Es ist nicht viel, was das Neue Testament über ihn berichtet. Matthäus (griech. Μαθθαῖος *Maththaios* = Gabe Gottes) hieß mit seinem hebräischen Rufnamen Levi, Sohn des Alphäus (Mk 2,14; Lk 5,27-28). Nur Matthäus selbst fügt seinen Beruf hinzu: Matthäus, der Zöllner (Mt 10,3). Das war mutig, denn diese Berufsbezeichnung war damals keine Auszeichnung. Zöllner waren von den Römern angeheuerte Steuereintreiber, die zum offiziellen Satz noch persönliche Zuschläge verlangten, die in ihre eigene Kasse flossen. Sie galten daher als Betrüger und waren aus der jüdischen Gesellschaft ausgeschlossen. Ihre Berufsgruppe stand unter dem Pauschalurteil eines schlechten Charakters.

---

[15] Irenäus, Adversus haereses II/1/1, zit. nach Reifler, 2006, 30.

Zöllner und Sünder waren gleichbedeutende Begriffe (Mt 9,11; Lk 15,1 vgl. Lk 18,11). Und trotzdem berief Jesus diesen Matthäus direkt von seinem Zollhäuschen in seine Nachfolge (Mt 9,9-13).

Das brachte zwar die frommen Pharisäer zur Weißglut, entsprach aber genau dem Zweck, wozu Jesus in diese Welt gekommen war (9,13b). Der „Zöllner und Sünder" Matthäus verstand mehr von Jesus als die gesetzestreuen Schriftgelehrten, denn er verließ alles und folgte Jesus nach. Nicht nur das: Er veranstaltete voller Freude darüber ein Fest und lud dazu seine alten Kollegen zusammen mit Jesus ein (Lk 5,28-29).

Matthäus war nicht irgendein Jünger unter vielen, sondern zählte zu den auserwählten 12 Aposteln, die Jesus berief, um das Evangelium zu verkündigen. Im NT verliert sich dann seine Spur, aber nach der Überlieferung der alten Kirche diente er seinen Landsleuten als treuer Zeuge Jesu Christi in Palästina und später auch in der Diaspora. In dieser Zeit verfasste er sein Evangelium, wobei ihm dabei sein alter Beruf von Vorteil war, denn die Zöllner waren gebildete Männer, die sich in Sprachen und Finanzen gut auskannten. So kann Jesus auch den „sündhaftesten" Beruf zu seiner Ehre gebrauchen!

2. Zeit und Ort der Abfassung

Matthäus schrieb sein Evangelium für Juden. Vermutlich zu der Zeit, als er unter ihnen in Palästina wohnte. Nach dem Bischof Papias (ca. 125 n.Chr.) und Irenäus, dem Bischof von Lyon, schrieb er zunächst in hebräischer Sprache. Vermutlich verfasste Matthäus dann während der Diaspora das Evangelium noch einmal in Griechisch, da dies die Umgangssprache unter den Juden war.

Die Abfassungszeit liegt auf jeden Fall vor der Zerstörung des Tempels im Jahr 70 n.Chr. (vgl. Mt 24,1) und wenn wir den Hinweis von Irenäus „... während Petrus und Paulus in Rom predigten und die Gemeinde gründeten"[16] ernst nehmen, dann muss sie vor 64 n.Chr. liegen, denn in diesem Jahr starb Petrus als Märtyrer und Paulus wirkte in Rom von 61-63 n.Chr. Möglich ist also eine Abfassungszeit *um 60 n.Chr.*

---

[16] Irenäus, Adversus haereses II/1/1, zit. nach Reifler, 2006, 30.

3. Empfänger

Matthäus schrieb als jüdischer Christ für Juden. Deshalb setzt er Insiderkenntnisse voraus, wenn er jüdische Sitten, Gebräuche und Redensarten anspricht: z.B. Mt 15,2: Hände waschen und Redensarten wie z.B. „Kamele verschlucken" (Mt 23,24). Auch die vielen Zitate aus dem AT, die er mit der Redewendung „auf dass erfüllt werde" (z.B. Mt 1,22) verbindet, muss er nicht näher erklären, sondern nur noch auf Christus beziehen, den König und Erlöser Israels. Das Matthäusevangelium war damals eine revolutionäre Schrift, eine Herausforderung für die Juden, sich dem Herrschaftsanspruch von Jesus, dem Messias, zu stellen!

4. Absicht

Matthäus wollte keine lückenlose Biografie von Jesus verfassen, sondern beweisen, dass Jesus wirklich der verheißene Messias und König Israels war und in ihm die Prophezeiungen des AT erfüllt sind. Deshalb überliefert er viel ausführlicher als die anderen Evangelisten die Lehre Jesu.

Dieses Ziel hat er tatsächlich erreicht, denn es wurde zum Hauptevangelium der christlichen Kirche. Im 2. Jh. n.Chr. war es überall unter den Christen verbreitet und bildete die Grundlage für die biblische Unterweisung der Gläubigen. Die Lehre über Jesus beruhte auf dem Matthäusevangelium, denn es enthält die Hauptthemen des christlichen Glaubens.[17]

Obwohl für Juden geschrieben, reicht doch der Horizont des Matthäus weit über das damalige Verständnis hinaus: Er schließt mit dem sog. Missionsbefehl, in dem Jesus deutlich macht, dass er nicht nur der Retter Israels ist, sondern aller Menschen und deshalb das Evangelium allen Menschen verkündigt werden soll (Mt 28,18-20). Die erste Lehrgrundlage für diesen Missionsauftrag lieferte Matthäus!

5. Aufbau

In den 28 Kapiteln des Evangeliums finden wir fünf große Reden von Jesus, die alle mit einer ähnlichen Formulierung enden: „Und es geschah, als Jesus diese Worte vollendet hatte ..." (7,28; 11,1; 13,53; 19,1; 26,1).

---

[17] Vgl. Hörster, 1993, 59 und 65.

Dadurch ergibt sich eine natürliche Gliederung in fünf Abschnitte, die jeweils aus einem Erzählteil und einem Redeteil bestehen. Umgeben sind diese von einer Einleitung und einem Schlussteil, der zum Höhepunkt des Evangeliums führt:

Gliederung	Kapitel		
Die Vorstellung des Königs	1,1 - 4,11		
Die Grundsätze des Königs	4,12 - 7,29	**Bergpredigt**	**5-7**
Die Taten des Königs	8,1 - 11,1	**Aussendungsrede**	**10**
Das Programm des Königs	11,2 - 13,53	**Gleichnisse**	**13**
Das Schicksal das Königs	13,54 - 19,1	**Gemeinderede**	**18**
Die Probleme des Königs	19,2 - 26,2	**Endzeitrede**	**23-24**
Tod und Auferstehung des Königs	26,3 - 28,20		

Auffallend sind zwei Formulierungen, die jeweils einen zeitlichen Einschnitt im Leben Jesu markieren: In Kap 4,17 betont Matthäus die Verkündigung Jesu: „Von da an begann Jesus zu predigen" und in Kap 16,21 den Beginn seines Leidensweges: „Von da an begann Jesus seinen Jüngern zu zeigen, dass er (...) vieles leiden (...) müsse." Das Leiden ist nicht eine Sache des Redens, sondern des Vorbilds („zu zeigen"). Lehre und Leiden gehören bei Jesus untrennbar zusammen. Das sollte bei seinen Jüngern auch nicht anders werden (vgl. 10,17ff.).

6. Überblick

Bei Matthäus stehen zwar die Reden Jesu im Mittelpunkt, aber es ist deshalb kein Predigtarchiv. Er übermittelt nicht nur das, was der König gesagt hat, sondern zeigt, wer er ist, was er tat und wie er lebte. Lehre und Leben gehören bei Matthäus untrennbar zusammen.

Die Vorstellung des Königs (Kap 1,1-4,11)

Matthäus beginnt sein Buch mit der Vorstellung des Königs. Dieser Teil umfasst im wesentlichen fünf Abschnitte: Sein Geschlechtsregister (1,1-17); seine Geburt (1,18-2,23); die Ankündigung seines Kommens (3,1-12); seine Taufe (3,13-17) und seine Versuchung (4,1-11).

Matthäus kommt direkt zur Sache. Schon beim *Geschlechtsregister* wird deutlich, dass es hier um das Königtum geht: Jesus ist der verheißene Sohn Davids, der wahre Salomo, dessen Königtum dauerhaft sein wird (Verheißung: 2Sam 7). Das Volk ahnte, dass durch Jesus diese Verheißung erfüllt war (Mt 12,23; 15,22; 21,9). Sie warteten sehnsüchtig auf den König Israels.

Ungewöhnlich für Geschlechtsregister des Vorderen Orients ist die Nennung von fünf Frauen, von denen vier „skandalöse" Gestalten waren:

- Tamar (1,3) trieb Hurerei mit ihrem Schwiegervater Juda (Gen 38,6-30).
- Rahab (1,5) war eine Prostituierte (Jos 2,1).
- Ruth war eine Moabiterin (Ruth 1,4 vgl. Dt 23,3-5).
- Bathseba landete im Ehebruch mit König David (2Sam 11).

Schon dieser Stammbaum macht deutlich, dass Gott trotz allem Versagen und menschlicher Schuld seine Verheißungen erfüllt! Er erwählt und gebraucht unscheinbare Menschen, die vor der Welt nichts gelten!

Auch bei der *Geburtsgeschichte* macht Matthäus deutlich, dass es sich hier nicht um irgendein Kind handelt, sondern um die konkrete Erfüllung von Verheißungen des AT („damit erfüllt würde"):

Ereignis	Erfüllung	Verheißung
Jungfrauengeburt	Mt 1,22-23	Jes 7,14
Geburtsort	Mt 2,5-6	Mi 5,1
Aufenthalt in Ägypten	Mt 2,15	Hos 11,1
Ermordung der Kinder	Mt 2,17-18	Jer 31,15
Wohnort Nazareth	Mt 2,23	kein direktes Zitat

Die ganzen Umstände seiner Geburt inklusive Flucht und Rückkehr sind nicht gerade eines Königs würdig. Von Anfang an macht Matthäus deutlich, dass Jesus kein willkommener König war, dass aber kein Mensch und kein Herrscher die Ankunft des Königs verhindern konnte. Mitten im Chaos behält Gott den Überblick und die widrigen Umstände dienen dazu, den Plan Gottes zu erfüllen!

Erstaunlich ist, dass die ersten Anbeter des neugeborenen Königs Nichtjuden waren (2,1-12), Wissenschaftler aus der Gegend des alten Babylon, dem Ort der leidvollen Gefangenschaft des Volkes Gottes.

Die *Ankündigung des Königs* durch einen Herold war ebenso im AT vorausgesagt (Mt 3,1 vgl. Jes 40,3). Johannes der Täufer wurde etwa zur gleichen Zeit wie Jesus unter ähnlich seltsamen Umständen geboren (vgl. Lk 1,39ff.) und war von Geburt an dazu bestimmt, Diener des Königs zu sein (Lk 1,76-80). Seine Botschaft der Buße bereitete dem König den Weg (Mt 3,1-12).

Zwischen Mt 2,23 und 3,1 liegen etwa 30 Jahre (Lk 3,23). Jesus hat also im Alter von 30 Jahren Nazareth verlassen und ist zu Johannes an den Jordan gereist (Mt 3,13), um dort seinen öffentlichen Dienst zu beginnen. Vor seinem öffentlichen Auftreten waren aber noch zwei Erfahrungen notwendig:

Seine *Taufe* (3,1-17) als ein Zeichen der Identifikation mit der Schuld des Volkes, denn er hatte keine Buße nötig (vgl. 3,11). Gleichzeitig war es ein Akt der Bevollmächtigung durch den Vater und den Heiligen Geist (3,16-17), eine Art Inthronisationszeremonie.

Die *Versuchung durch den Teufel* (4,1-11) markierte den Beginn seines Dienstes. Der Teufel erkannte die „Gefahr", die von ihm ausging und versuchte deshalb, den König auf listige Art und Weise auszuschalten. Aber Jesus fiel nicht darauf herein, sondern entlarvte die Lügen Satans durch die Wahrheit des Wortes Gottes!

Satan hat drei Grundbereiche, in denen er es immer wieder versucht:

Versuchung Jesu	Versuchung Evas	Versuchung der Gläubigen
Mt 4,1-11	Gen 3,6	1Joh 2,16
Steine zu Brot	Lust für den Gaumen	Begierde des Körpers
Blick über alle Königreiche	Lust für die Augen	Begierde der Augen
Überhebliche Aktion	Überhebliche Klugheit	Überhebliches Leben

Auch bei Jesus hat er es auf diesen Ebenen versucht, denn er musste alle Anfechtungen durchleben wie die Gläubigen (Hebr 4,15). Bei der Versuchung zu der überheblichen Aktion, sich von der Zinne des Tempels zu stürzen (4,6), benutzt der Teufel sogar das AT (Ps 91,11-12), missbraucht aber die zitierte Aussage.

Die Grundsätze des Königs (Kap 4,12-7,29)

Mit Kap 4,12 beginnt ein neuer Abschnitt im Matthäusevangelium. Jesus beginnt seine öffentliche Wirksamkeit in Galiläa, nachdem Johannes der Täufer im Gefängnis saß und damit sein Predigtauftrag beendet war.

Details dazu erfahren wir in 14,1-12. Auch dieser Umzug von Nazareth nach Kapernaum war kein Zufall, sondern eine Erfüllung alttestamentlicher Prophetie (4,13-16).

Die chronologische Einordnung der Ereignisse ist nicht ganz einfach, aber es ist vermutlich so, dass Matthäus das erste Jahr des Wirkens Jesu übergeht und erst im zweiten Jahr mit seinem Bericht einsteigt. Zwischen 4,11 und 4,12 müsste demnach das erste Jahr liegen, von dem nur Johannes berichtet (Joh 1-4). Er lernt z.B. im ersten Jahr die gleichen Jünger kennen (Joh 1,37-51), die er im zweiten Jahr zum Dienst beruft (4,18-22).

Im ersten Jahr trat Jesus allmählich aus der Verborgenheit heraus (Joh 1-4), im zweiten Jahr befand er sich auf dem Gipfel seiner Beliebtheit (Mt 4,12-14,36) und im dritten Jahr formierte sich der Widerstand gegen ihn (Mt 15,1-20,34). Das Kreuz warf seine Schatten voraus.

Der erste Erzählteil beginnt mit einer Zusammenfassung vom Wirken Jesu in Galiläa. Matthäus nennt drei Punkte:

- Fortsetzung der Bußpredigt des Johannes (3,2; 4,17)
- Berufung zweier Brüderpaare in die Nachfolge (4,18-22; vgl. Joh 1,37ff.)
- Lehre und Heilungen in ganz Galiläa (4,23-25)

Auffallend im Bericht von Matthäus sind die Verben *verkündigen* (4,17.23), *lehren* (4,23) und *heilen* (4,23). Die mehrfache Betonung der Verkündigung deutet darauf hin, dass die Worte Jesu im Mittelpunkt standen und die Heilungen zur Bestätigung seiner Lehre dienten.

Der erste zusammenfassende Bericht (4,12-25) führt zur ersten großen Rede, der sog. Bergpredigt (Mt 5-7). Hier entfaltet der König sein Regierungsprogramm, d.h. die Grundsätze, die unter seiner Herrschaft gelten.

Die Bergpredigt (5,1-7,29)

Die Bergpredigt ist das Grundgesetz des Königs. Sie ist eigentlich gar keine Predigt, sondern Lehre (5,2) in komprimierter, einprägsamer Form. Man könnte sie als *„Handbuch der Lehre Jesu"*[18] bezeichnen. Die Bergpredigt richtet sich an den erweiterten Jüngerkreis (5,1-2) und berührt die Grundthemen der Jüngerschaft. Dabei geht es nicht um christliche Moral, sondern um eine neue Lebensbeziehung zum König, eine neue Gerechtigkeit (5,20), die ein neues Leben ermöglicht. Kap 5 behandelt zwei Grundsatzthemen:

---

[18] Maier, 1979, 100.

Das Wesen eines Jüngers (5,3-16)

In den sog. „Seligpreisungen" (5,3-12) zählt Jesus auf, welche inneren Qualitäten Jünger haben, die zu seinem Reich gehören. Er deutet an, dass diese Wesensmerkmale einer neuen Gerechtigkeit bzw. einer neuen Natur bedürfen, die nur der König schenken kann. Die Selbstgerechtigkeit der Pharisäer und Schriftgelehrten reicht nicht aus, um in das Himmelreich zu gelangen (5,17-20). Die andere Perspektive, die Jesus zeigt, ist die Außenwirkung und damit die missionarische Position der Jünger: Sie *sind* Salz und Licht für die Welt (5,13-16)!

Die wahre Erfüllung des Gesetzes (5,17-48)

Jesus hebt das Gesetz nicht auf, sondern erfüllt es (5,17). Wie sieht das konkret aus? Jesus nennt fünf Bereiche, bei denen er seine Lehre („ich aber sage euch") dem AT („ihr habt gehört,") gegenüberstellt:

- Erfüllung des Gebotes über das Töten (5,21-26)
- Erfüllung des Gebotes über den Ehebruch (5,27-32)
- Erfüllung des Gebotes über das Schwören (5,33-37)
- Erfüllung des Gebotes über das Vergelten (5,38-42)
- Erfüllung des Gebotes über die Feindesliebe (5,43-48)

Der Schlussvers ist eine Zusammenfassung des gesamten Kapitels: *Ihr sollt vollkommen sein, wie euer Vater im Himmel vollkommen ist (5,48)*. Das ist ein radikaler Maßstab, der deutlich macht, dass Jesus über die Forderungen des AT hinausgeht und der für Jünger nur erfüllbar ist, wenn Jesus die Herrschaft in ihrem Leben einnimmt.

In *Kap 6* lehrt Jesus über wahre und falsche Frömmigkeit. Die Selbstgerechtigkeit der Pharisäer und Schriftgelehrten kann nur zur Heuchelei führen, d.h. zu einer Scheinfrömmigkeit, die am Himmelreich vorbei führt. Jesus nennt die traditionellen Bereiche der jüdischen Frömmigkeit: Almosen (6,1-4), Gebet (6,5-15) und Fasten (6,16-18).

Ein weiterer großer Bereich der Lehre Jesu betrifft die irdischen Bedürfnisse der Jünger (6,16-34). Das ist ein Lebensbereich, in dem es sich ganz praktisch zeigt, wer die Herrschaft hat. Starke Konkurrenten Jesu sind der Mammon (6,24) und die Sorge um das tägliche Leben (6,25-34). Das Reich Gottes soll jedoch in allen Lebensbereichen aufgerichtet, d.h. unter die Herrschaft des Königs gestellt werden (6,33). Der König steht im Zentrum der Jüngerexistenz!

In *Kap 7* lehrt Jesus über verschiedene Themen des geistlichen Lebens:

- Warnung vor dem Richtgeist gegenüber Brüdern (7,1-6)
- Ermutigung zum zuversichtlichen Bitten im Gebet (7,7-11)
- „Goldene Regel" für das praktische Handeln (7,12)
- Aufforderung, das Reich Gottes als Hauptziel anzustreben (7,13-14)
- Warnung vor falschen Propheten (7,15-23)

Auch diese Themen zeigen deutlich, dass die Bergpredigt nur Jünger betreffen kann und nicht als Regierungsprogramm für einen irdischen Staat taugt. Ganz entscheidend wichtig ist die anschauliche Zusammenfassung am Schluss (7,24-29): Nur Hören *und* Tun der Lehre führt zum Erfolg! Das Hörerlebnis allein hält dem Druck des Alltags nicht stand.

Beachte: Was in der Bergpredigt nur angedeutet ist aus der heilsgeschichtlichen Perspektive vor dem Kreuzesgeschehen, entfalten insbesondere Paulus und Jakobus in ihren Briefen. „Christus in uns" (Kol 1,27) ermöglicht das neue Leben, die Erfüllung des Gesetzes im doppelten Liebesgebot. Der Jakobusbrief ist eine Art Kommentar zur Bergpredigt und der Römerbrief in Verbindung mit dem Galaterbrief ist wiederum Voraussetzung zum Verständnis des Jakobusbriefes.

Die Taten des Königs (Kap 8,1-11,1)

Während Matthäus in Kap 5-7 die *vollmächtige Lehre* in göttlicher Weisheit betont, steht in Kap 8-9 das *vollmächtige Handeln* des Königs in göttlicher Kraft im Mittelpunkt. Matthäus folgt nicht dem chronologischen Ablauf, sondern berichtet beispielhaft und thematisch von einzelnen Ereignissen aus dem zweiten Jahr des öffentlichen Dienstes von Jesus.

Das gemeinsame Thema in Kap 8 ist die Souveränität des königlichen Willens und die Macht, ihn auszuführen:

- *Bei der Heilung eines Aussätzigen (8,1-4):* Wenn du willst, kannst du (8,2) – Jesus antwortet: Ich will (8,3).

- *Bei der Heilung des Knechtes eines Hauptmanns (8,5-13):* Ich will kommen und ihn heilen (8,7). Der Glaube des Hauptmanns (8,8: Sprich nur ein Wort) wird von Jesus gerühmt (8,10b).

- *Bei der Heilung der Schwiegermutter des Petrus und der Befreiung Besessener (8,14-17):* Jesus hat Macht über alle Krankheiten. Seiner Berührung muss das Fieber weichen (8,15) und seinem kraftvollen Wort (8,16: durch das Wort) alle Dämonen und Krankheiten (8,16-17).

- *Bei den Kosten der Nachfolge (8,18-22):* Nachfolge ist eine Willensentscheidung mit einschneidenden Konsequenzen. Begeisterung allein reicht nicht aus. Folge mir nach (8,22) ist der Anspruch des Königs, sich völlig seinem Willen zu unterwerfen.

- *Bei der Stillung des Sturmes (8,23-27):* Jesus ist König über die Schöpfung. Seinem Willen müssen sich auch die Naturgewalten beugen (8,26: stand auf (...) bedrohte den Wind und die See; 8,27: Wer ist dieser (...) dem Winde und See gehorsam sind? Glaube ist, mit dieser unbeschränkten Macht Jesu zu rechnen (vgl. dagegen 8,26: Kleingläubige).

- *Bei der Heilung von zwei Besessenen (8,28-34):* Die Dämonen kapitulieren vor Jesus. Sie wissen, wenn dieser König kommt, müssen wir weichen (8,29). Sie beugen sich seinem Willen (8,31). Warum sie in die Schweine fahren wollen, ist wahrscheinlich so zu erklären, dass Dämonen immer eine ihnen angemessene Leiblichkeit suchen (vgl. 12,43) und die Schweine im AT als unrein galten. Das Unreine strebt zum Unreinen.

Jesus hat die Macht über alle Menschen, alle Bereiche des menschlichen Lebens und auch über die Naturgewalten! Es gibt nichts, was dem König nicht untersteht!

In *Kap 9* folgen weitere Heilungen, wobei Matthäus hier den Schwerpunkt auf die *Barmherzigkeit des Königs* legt, der Mitleid hat mit seinem Volk und deshalb in ihr Schicksal eingreift (vgl. 9,36):

- Heilung eines Gelähmten (9,1-8)
- Berufung von Matthäus (9,9-13)
- Gleichnis vom neuen Wein in neuen Schläuchen (9,14-17)
- Heilung einer kranken Frau und Auferweckung eines Kindes (9,18-26)
- Heilung von zwei Blinden und einem Besessenen (9,27-34)

Durch diese spektakulären Ereignisse breitete sich der Ruf von Jesus in Windeseile aus (9,26.31), so dass die Menschen zu ihm strömten, um geheilt zu werden. Sie erlebten ihn als Erlöser und Befreier.

Der Schluss des Kapitels (9,35-38) ist wieder eine Zusammenfassung seines Wirkens, die den Übergang zu Kap 10 markiert: Die Not ist groß, aber es gibt wenige Mitarbeiter. Jesus nimmt die Jünger mit hinein in seinen königlichen Auftrag. Sie sollen nicht nur um Arbeiter für die Ernte beten (9,38), sondern selbst in die Erntearbeit einsteigen (Kap 10). Dieser Ruf zur Mitarbeit ist nicht zeitlich begrenzt, denn die „Ernte" ist immer noch nicht eingebracht. Auch heute ist jeder Jünger zur Mitarbeit berufen!

In *Kap 10* finden wir die zweite große Rede im Matthäusevangelium. Es geht um die Bevollmächtigung und Aussendung der 12 Jünger:

- Die Namen der zwölf Apostel (10,1-4)
- Der Auftrag der zwölf Apostel (10,5-16)
- Das Risiko des Auftrags (10,17-39)
- Der Segen des Auftrags (10,40-42)

Auffallend ist, wie ausführlich Jesus von den Risiken spricht. Er bereitet seine Jünger auf einen lebensgefährlichen Dienst vor. Das Schicksal des Königs ereilt auch seine Boten (10,24-25). Und doch erfahren sie in der höchsten Not die intensivste Gegenwart des Königs (10,20.27-28). Jesus nachfolgen bedeutet, den Weg des Kreuzes zu gehen (10,38-39).

Das Programm des Königs (Kap 11,2-13,53)

Die Bemerkung in 11,1 markiert den Übergang zum nächsten Hauptteil, der wieder mit einem Bericht beginnt (11,2-12,50) und mit einer Rede endet (13,1-53). In diesem Abschnitt wird der wachsende Widerstand gegen das Regierungsprogramm des Königs spürbar. Selbst Johannes der Täufer, der Wegbereiter des Königs, ringt im Gefängnis mit dem Zweifel (11,2-6). Kap 11 beinhaltet:

- Die Antwort Jesu auf die Frage von Johannes dem Täufer (11,2-19)
- Einen Weheruf über Städte in Galiläa, die nicht Buße taten (11,20-24)
- Die große Einladung des Königs (11,25-30)

Dem Weheruf über die Einwohner verschiedener Städte folgt der Einladungsruf an alle Gebeugten und Gedemütigten, die sich nach Hilfe und Frieden sehnen. Die erste Gruppe lehnte Jesus als König ab, obwohl sie seine Wundertaten gesehen hatten. Die zweite Gruppe beugt sich vor ihm und empfängt seinen Segen.

In *Kap 12* steigern sich die Spannungen um seine Person und seinen Anspruch als König. Seine Stellung zum Sabbat führt zur Konfrontation mit den Pharisäern (12,1-13), die schließlich die Entscheidung treffen, Jesus zu töten (12,14). Auch zwischen Jesus und seinen Verwandten kommt es zum Konflikt (12,46-50). Die Macht des Königs über alle dämonischen Mächte wird bei der Heilung eines taubstummen Besessenen deutlich, so dass das Volk darüber nachdenkt, ob Jesus der Sohn Davids, d.h. der versprochene König sein könnte (12,22-23). Dem Widerstand der Pharisäer begegnet Jesus mit klaren Worten (12,24-45).

Nach dem Erzählteil (Kap 12) folgt in *Kap 13* eine programmatische Rede über das Reich Gottes in Form von sieben verschiedenen Gleichnissen. Jesus räumt hier mit allen falschen und enttäuschten Erwartungen auf, indem er die Grundprinzipien verständlich erklärt. Bei den ersten vier Gleichnissen steht das Wachstum des Reiches, d.h. die Quantität, im Mittelpunkt. Bei den weiteren drei Gleichnissen geht es um den unschätzbaren Wert, d.h. um die Qualität des Reiches.

Gleichnis	Stelle	Betonung
Vom Sämann	13,3-9	Das Wachstum des Reiches Gottes **Quantität**
Vom Unkraut	13,24-30.36-43	
Vom Senfkorn	13,31-32	
Vom Sauerteig	13,33	
Vom Schatz im Acker	13,44	Der Wert des Reiches Gottes **Qualität**
Von der kostbaren Perle	13,45-46	
Vom Fischernetz	13,47-52	

Während Jesus mit seinen Jüngern unverschlüsselt über das Reich Gottes redet (5,2), erklärt er dessen Grundsätze der großen Volksmenge (13,2 vgl. 13,10) in Gleichnissen. Wer ihm allerdings nicht nachfolgen will, dem nützt auch die verständlichste Rede nichts (vgl. 13,11-17). Dem Reich Gottes und seinem König gebührt höchste Priorität. Das war schon Thema der Bergpredigt (6,33). Wirklich verstehen kann Gottes Wort nur, wer bereit ist, dem König zu gehorchen! Das versprochene Heil erfährt nur der, der dem König die uneingeschränkte Herrschaft einräumt. Das Ego muss vom Thron.

Das Schicksal des Königs (Kap 13,54-19,1)

Der Erzählteil (13,54-17,27) umfasst eine Anzahl verschiedener Ereignisse mit einer zunehmenden Steigerung der Konfrontation:

- Der Unglaube der Einwohner von Nazareth (13,54-58)
- Die Ermordung Johannes des Täufers (14,1-12)
- Die Kritik der Pharisäer am Verhalten der Jünger (15,1-9)
- Die Zeichenforderung der Pharisäer und Sadduzäer (16,1-4)
- Die zweite Leidensankündigung (17,22-23)

Gleichzeitig fährt Jesus fort, Wunder und Zeichen zu tun, um den Menschen seine königliche Macht zu zeigen und zu erklären. Doch selbst seinen Jüngern fehlt es an Glauben und geistlichem Durchblick, um wirklich zu verstehen, was Jesus meint (vgl. 14,31; 15,15-16.33; 16,8-11.22-23; 17,17). Brisant ist in diesem Abschnitt, dass Jesus der kanaanäischen Frau, die nicht zum Volk Gottes gehört, einen großen Glauben bescheinigt (16,28). Hier leuchtet die missionarische Perspektive des Matthäus wieder auf! Ein Höhepunkt dieses Abschnitts ist das Bekenntnis des Petrus (16,16-20), das ihm durch Gottes Geist geschenkt wurde und dessen prophetischen Charakter Jesus bestätigt!

Der Erzählteil führt hin zu der sog. „Gemeinderede" in *Kap 18*. Das Besondere daran ist, dass Matthäus der einzige Evangelist ist, der die neutestamentliche Gemeinde erwähnt (16,18 und 18,15-20), obwohl er sein Evangelium für die Juden verfasst hat. Wir finden hier allerdings keine ausführliche Gemeindelehre, sondern nur das Thema Vergebung und Gemeindezucht. Das Geheimnis der Gemeinde aus Juden und Heiden ist heilsgeschichtlich erst bei Paulus geoffenbart und thematisiert. Anlass dieser Rede ist eine kühne Frage der Jünger: Wer ist der Größte im Himmelreich? Jesus nimmt dies als Stichwort auf, um das Leben unter der Herrschaft des Reiches Gottes zu beschreiben. Entscheidend wichtig sind:

- Eine kindlich-demütige Haltung (18,2-5)
- Eine radikale Haltung gegenüber der Sünde (18,6-9)
- Eine missionarische Haltung, um Verlorene zu retten (18,10-14)
- Ein seelsorgerlicher Umgang mit Sünde unter Gläubigen (18,15-18)
- Eine Haltung der Vergebungsbereitschaft unter Gläubigen (18,19-35)

Diese Rede hat sicher den Jüngern die Sprache verschlagen, denn Jesus hat damit allen falschen Machtambitionen eine klare Absage erteilt. Der Größte im Reich Gottes kann nur der werden, der bereit ist, der Kleinste zu sein! Dieser Hauptteil schließt mit der üblichen Schlussbemerkung nach einer Rede, die zugleich überleitet zur Verkündigung Jesu in Judäa (19,1).

Die Probleme des Königs (Kap 19,2-26,2)

Der Erzählteil beginnt mit einer Zusammenfassung des Wirkens Jesu (19,2), das überschattet wird von zunehmendem Widerstand. Jesus führt eine Reihe von Gesprächen über verschiedene Themen, bei denen der Kontrast zwischen menschlichen Überlieferungen und königlichen Grundsätzen des Reiches Gottes deutlich wird: Ehescheidung (19,3-12); Umgang mit Kindern (19,13-15); Umgang mit Geld und Besitz (19,16-26).

Bevor Jesus mit seinen Jüngern in Jerusalem einzieht, wiederholt er zum dritten Mal seine Leidensankündigung (20,17-19). Jesus weiß, was ihn in Jerusalem erwartet. Mit Kap 21 beginnt die letzte Woche im irdischen Leben des Königs Jesus.

In dem folgenden Erzählteil (Kap 21-22) intensiviert sich der messianische Anspruch Jesu als verheißener König Israels. Die Ereignisse spitzen sich zu und eilen dem Höhepunkt entgegen:

- Der Einzug des Königs (21,1-11; Erfüllung von Sach 9,9)
- Die zweite Reinigung des Tempels (21,12-17)
- Die Verfluchung des unfruchtbaren Feigenbaums (21,18-22)
- Die Autorität des Königs (21,23-27)
- Die Ablehnung des Königs (21,28-22,14: Drei Gleichnisse)

Die Gegner Jesu versuchten, ihm mit Fragen zu verschiedenen Themen eine Falle zu stellen, um einen Grund zur Anklage zu finden (22,15): Steuerpflicht (22,15-22); Auferstehung (22,23-33); Größtes Gebot (22,34-40).

Jesus kennt die wahren Motive der Fragesteller. Er dreht den Spieß einfach um und stellt den Pharisäern die entscheidende Frage nach der Identität des Sohnes Davids in Psalm 110 (22,41-45), die sie aus strategischen Gründen nicht beantworten, sich aber dann auch nicht mehr getrauen, weitere Fragen zu stellen (22,46).

Jesus klagt diese falsche Frömmigkeit der Pharisäer und Schriftgelehrten in Form eines 7-fachen Weherufs (23,13.15.16.23.25.27.29) schonungslos an. Diese Gerichtsandrohung ist verbunden mit einer schmerzlichen Klage über Jerusalem wegen den Folgen der Ablehnung des Königs (23,37-39).

Diese prophetische Klage bildet den Übergang zur letzten großen Lehrrede des Matthäusevangeliums, der sog. „Endzeitrede" (Kap 24-25). Es ist eine Rede an die Adresse der Jünger, veranlasst durch eine Frage über die prophezeite Zerstörung des Tempels:

> **Mt 24,3** Wann wird dies geschehen und was wird das Zeichen deines Kommens und des Endes der Weltzeit sein?

Zentrales Thema der Endzeitrede ist die Wiederkunft des Königs:

- Die Zeichen der Zeit vor seiner Wiederkunft (24,4-28)
- Das Erscheinen des Königs (24,29-35)
- Die Notwendigkeit, wachsam zu sein (24,36-25,30: Zwei Gleichnisse)
- Das Gericht des Königs über die Völker (25,31-46)

Die Wiederkunft Jesu Christi und die Aufrichtung seiner Herrschaft ist ein zentrales Thema des Neuen Testaments, insbesondere der Offenbarung. Matthäus macht deutlich, dass die Lehre von der Endzeit (Eschatologie) kein Fachgebiet spezieller Theologen ist, sondern ein Thema, das für alle Nachfolger Jesu höchst wichtig und mit einschneidenden Konsequenzen für die Lebensgestaltung verbunden ist. Wachsam kann nur sein, wer weiß, worauf er wartet! Israel wartet auf den wiederkommenden König. Die Gemeinde Jesu Christi wartet auf den wiederkommenden Herrn! Diese Erwartungshaltung war und ist ein zentrales Merkmal lebendigen Christseins.

Die Schlussbemerkung der Endzeitrede (26,1-2) ist zugleich die Überleitung zum letzten Teil des Buches und enthält die vierte und letzte Leidensankündigung (26,2). Die Passionswoche geht ihrem Ende entgegen. Es sind nur noch zwei Tage bis zum Passah. Die Zeit des Todes naht.

Tod und Auferstehung des Königs (Kap 26,3-28,20)

Die Ereignisse spitzen sich zu. Der Plan der Gegner steht fest und duldet keinen Aufschub mehr (26,3-5). Jesus ist mit seinen Jüngern zusammen, die trotz mehrfacher Leidensankündigung den Ernst der Lage nicht begriffen haben (vgl. 26,9). Er weiß, dass der Zeitpunkt seines Todes naht.

- Die Todessalbung Jesu in Bethanien (26,6-13)
- Der Verrat des Judas (26,14-16)
- Das letzte Abendmahl (26,17-30)
- Die Ankündigung, dass seine Jünger ihn verlassen (26,31-35)
- Der Todeskampf Jesu in Gethsemane (26,36-46)

Bei der Gefangennahme im Garten Gethsemane geschieht die Trennung von seinen Jüngern. Wie von Jesus angekündigt, fliehen sie alle (26,56) und die Erfüllung der alttestamentlichen Prophetie über den leidenden Messias nimmt ihren Lauf (26,56a):

- Das Verhör vor dem Hohen Rat (26,57-68)
- Die Verleugnung des Petrus (26,69-75)
- Das Urteil des Hohen Rates (27,1-2)
- Der Tod des Verräters (27,3-10)
- Das Verhör des Pilatus (27,11-26)
- Die Verspottung durch die Kriegsknechte (27,27-31)
- Die Kreuzigung und Verspottung Jesu (27,32-44)
- Der Tod Jesu am Kreuz (27,45-56)
- Die Grablegung Jesu und die Bewachung des Grabes (27,57-66)

Hätte Matthäus hier aufgehört zu schreiben, würde das Entscheidende fehlen: Die Auferstehung Jesu, d.h. das leere Grab, das die Frauen vorfanden (28,1-8). Die Freude der Jünger wird unbeschreiblich gewesen sein, als sie plötzlich dem auferstandenen Herrn und König begegneten (28,9-10).

Für die politischen und religiösen Gegner war die Auferstehung ein peinlicher Skandal und anstatt sich der Wahrheit zu stellen, griffen sie zu Mitteln, die bis zum heutigen Tag in solchen Situationen üblich sind: Lüge und Vertuschung (28,11-15).

Matthäus hört jedoch auch hier noch nicht auf, sondern eilt zum nächsten Höhepunkt, der zwar nur einige Verse umfasst, aber dessen Bedeutung und Gültigkeit bis heute noch aktuell ist:

Der Auftrag Jesu an seine Jünger, die Botschaft des Evangeliums allen Völkern zu verkündigen (28,16-20).

Jesus ermutigt sie dazu durch den Hinweis auf seine unbegrenzte Macht (28,18b) und durch die Zusage seiner Gegenwart (28,20b). Jesus weitet sogar ihren bisherigen Auftrag aus, sowohl lokal als auch vom Umfang her:

- *Lokal:* Von der Beschränkung auf die „verlorenen Schafe des Hauses Israels" (28,5-6) zum Dienst an allen Völkern der Erde! Der auferstandene Christus verschiebt den Schwerpunkt vom Partikularismus zum Universalismus!

- *Umfang:* Den Auftrag, zu verkündigen und zu heilen erweitert Jesus um das Taufen auf den dreieinigen Gott und die Unterweisung der Jünger (28,19-20).

Kein Wunder, dass das Matthäusevangelium die erste „Dogmatik" der christlichen Kirche war. Es lohnt sich, die Worte Jesu wie die Jünger auswendig zu lernen und sein Leben danach auszurichten. Dann wird die Tour durch das Matthäusevangelium unvergesslich bleiben!

MATTHÄUS – JESUS ALS KÖNIG

Schlüsselvers: „Dies ist das Buch von der Geschichte Jesu Christi, des Sohnes Davids, des Sohnes Abrahams" (1,1)

EINLEITUNG	ETHIK	MISSION	HEILSGESCHICHTE	GEMEINDE	ENDZEIT	HÖHEPUNKT
Erzählteil Abstammung (1,1-17) Geburt (1,18-2,32) Herold (3,1-12) Taufe (3,13-17) Versuchung (4,1-11)	**Erzählteil (4,12-25)** - Beginn in Galiläa (4,12-17) - Berufung der ersten Jünger (4,18-22) - Zusammenfassung des Wirkens (4,23-25) **Redeteil (5-7)** - Bergpredigt - An die Jünger - Charakter des Jüngers - Verhalten des Jüngers	**Erzählteil (8-10)** - Heilungen - Nachfolge - Sturmstillung - Berufung von Matthäus - Gleichnis - Auferweckung **Redeteil (10)** - Aussendungsrede - Zwölf Apostel - Der Auftrag - Das Risiko - Der Segen	**Erzählteil (11-12)** - Johannes der Täufer - Weheruf Jesu - Einladung Jesu - Konfrontation mit den Pharisäern - Konfrontation mit den Verwandten **Redeteil (13)** - 7 Gleichnisse - Vom Reich Gottes - Vom Wachstum - Vom Wert	**Erzählteil (13,54-17,27)** - Unglaube in Nazareth - Mord an Johannes - Kritik der Pharisäer - Leidensankündigung - Verklärung Jesu - Heilungen - Tempelsteuer **Redeteil (18)** - Gemeinderede - Demut - Radikalität - Seelsorge - Vergebung	**Erzählteil (19-23)** - Wirken Jesu in Judäa - Gespräche Jesu - Leidensankündigung - Einzug in Jerusalem - Kritische Fragen - Weherufe Jesu **Redeteil (24-25)** - Endzeitrede - Wiederkunft Jesu - Zeichen - Ereignis - Völkergericht - Konsequenzen	**Erzählteil** - Passion - Salbung - Verrat - Abendmahl - Gethsemane - Verhör - Verleugnung - Tod von Judas - Verspottung - Kreuzigung - Tod Jesu **Auferstehung** - Leeres Grab - Neuer Auftrag
1,1 - 4,11	4,12 - 7,29	8,1 - 11,1	11,2 - 13,53	13,54 - 19,1	19,2 - 26,2	26,3 - 28,20
Vorstellung des Königs	**Grundsätze des Königs**	**Taten des Königs**	**Programm des Königs**	**Schicksal des Königs**	**Probleme des Königs**	**Tod und Auferstehung des Königs**
	Bergpredigt	Aussendungsrede	Gleichnisrede	Gemeinderede	Endzeitrede	
	Von da an begann Jesus zu predigen... (4,17)		Von da an begann Jesus... zu zeigen... (16,21)			

Themen des Matthäusevangeliums

- Jüngerschaft und Nachfolge
- Macht und Autorität Jesu
- Geheimnis des Wachstums
- Die Wiederkunft Christi
- Das Reich Gottes

Titel: Nach Matthäus ΚΑΤΑ ΜΑΘΘΑΙΟΝ kata mattaion

- Abfassungszeit: ca. 60 n.Chr.
- Abfassungsort: Palästina
- Empfänger: Juden
- Verfasser: Matthäus
- Schlüsselwort: Königreich der Himmel

Literatur

Aebi, Ernst: Kurze Einführung in die Bibel, Marienheide, Bibellesebund, 14. Aufl., 1993.

Carson, D.A. & Moo, J. Douglas: Einleitung in das Neue Testament, Gießen, Brunnen, 2010.

Genfer Studienbibel, Neuhausen, Hänssler, 1995.

Hörster, Gerhard: Bibelkunde und Einleitung zum Neuen Testament, Wuppertal, R. Brockhaus, 1998.

Jensen, Irving: Jensen's Survey of the New Testament, Chicago, Moody Press, 1981.

Lasseigne, Jeff: Highway 66. A Unique Journey Through the 66 Books of the Bible, Santa Ana, Calvary Chapel Publ., 2005.

Maier, Gerhard: Matthäus-Evangelium 1. Teil, Neuhausen, Hänssler, 1979.

Maier, Gerhard: Matthäus-Evangelium 2. Teil, Neuhausen, Hänssler, 1980.

Mauerhofer, Erich: Einleitung in die Schriften des Neuen Testaments Bd. 1: Matthäus-Apostelgeschichte, Holzgerlingen, Hänssler, 1997.

Reifler, Hans Ulrich: Bibelkunde des Neuen Testaments. Die Bibel lieben, kennen und verstehen, Nürnberg, VTR, 2006.

Das Evangelium nach Markus

Das zweite Evangelium stammt von Markus. Es handelt sich nicht um eine Kurzversion von Matthäus, sondern besitzt einen eigenen Charakter. Markus sieht Jesus aus einer ganz anderen Perspektive, die vor allem für Nichtjuden reizvoll ist. Er verlangt keine Insiderkenntnisse des Alten Testaments und verpackt die Lehre von und über Jesus in spannende Berichte.

1. Verfasser

Wie bei Matthäus finden wir im Text keine Verfasserangabe und sind deshalb auf außerbiblische Quellen angewiesen:

- Die Überschriften über die alten griechischen Handschriften aus dem 2. Jh. n.Chr.: „Nach Markus" *(griech. kata markon)* oder „Evangelium nach Markus" *(griech. euangelion kata markon)*.

- Aus den Schriften der Kirchenväter geht eindeutig hervor, dass Markus (Johannes Markus) der Verfasser des Evangeliums ist. Beispiele:

Eusebius (260-339 n.Chr.) erwähnt in seiner Kirchengeschichte ein Zitat von Bischof Papias von Hierapolis aus dem Jahr 125 n.Chr. Danach soll der Apostel Johannes über Markus gesagt haben:

> Markus hat die Worte und Taten des Herrn, an die er sich als Dolmetscher des Petrus erinnerte, genau – allerdings nicht der Reihe nach – aufgeschrieben. Denn er hatte den Herrn nicht gehört und begleitet; wohl aber folgte er später, wie gesagt, dem Petrus, welcher seine Lehrvorträge nach den Bedürfnissen einrichtete, nicht aber so, dass er eine zusammenhängende Darstellung der Reden des Herrn gegeben hätte. Es ist daher keineswegs ein Fehler des Markus, wenn er einiges so aufzeichnete, wie es ihm das Gedächtnis eingab. Denn für eines trug er Sorge: nichts von dem was er gehört hatte, auszulassen oder sich im Berichte einer Lüge schuldig zu machen.[19]

Irenäus, der Bischof von Lyon, erwähnt 180 n.Chr. in seinem Werk gegen die Irrlehren, dass Markus, der Schüler und Dolmetscher des Petrus, dessen Predigt für uns aufgezeichnet hat.[20]

---

[19] Eusebius, Kirchengeschichte, III/39/15, zit. nach Maier, 1995, 9.
[20] Vgl. Irenäus, Adversus haereses, III/1/2, zit. nach Reifler, 2006, 44-45.

Nach Klemens von Alexandria (ca. 200 n.Chr.) sind die Evangelien, die ein Geschlechtsregister enthalten (Matthäus und Lukas), zuerst geschrieben worden. Erst danach schrieb Markus sein Evangelium in Rom aufgrund von Bitten aus dem Kreis der Zuhörer des Petrus.[21]

Origenes (ca. 254 n.Chr.) schrieb, dass „als zweites das Evangelium nach Markus, den Petrus hierfür unterwiesen hatte und den er in seinem katholischen Briefe als seinen Sohn bezeichnet ..." entstanden ist.[22]

Wer war Markus?

Nach Apg 12,12 hieß Markus (Μᾶρκος *markos* = der Zarte, Weiche, Furchtsame) eigentlich Johannes (griech. Form des hebr. Jochanan = Gott ist gnädig). Markus war sein lateinischer Beiname, den er vermutlich aufgrund familiärer Beziehungen nach Rom erhielt. Seine Mutter hieß Maria, in deren Haus sich die Gemeinde in Jerusalem versammelte (Apg 12,12). Daraus lässt sich schließen, dass die Familie wohl nicht zu den Ärmsten der Stadt zählte. Markus war ein Vetter des Barnabas (Kol 4,10), einem der vorbildlichsten Gemeindemitglieder (vgl. Apg 4,36), der zu den wichtigsten Missionaren der Urchristenheit zählte. Barnabas (Βαρναβᾶς *Barnabas* = Sohn des Trostes) stammte aus Zypern und war von levitischer Herkunft (Apg 4,36).

Johannes Markus war kein Apostel, sondern ein Mitarbeiter der Apostel. Auf Initiative von Barnabas begleitete er ihn und Paulus als Gehilfe (Apg 13,5) auf der ersten Missionsreise (Apg 12,25), die aber für Markus mit einem Eklat endete. Nach den ersten Problemen verließ er einfach das Team und kehrte nach Jerusalem zurück (Apg 13,13). Vermutlich entsprach die Bedeutung seines Namens seinem Charakter (weich, furchtsam), so dass ihm nach der ersten Konfrontation (Apg 13, 6-12) das ganze Unternehmen zu heiß und gefährlich wurde.

Als der Seelsorger Barnabas ihm bei der nächsten Missionsreise eine zweite Chance geben wollte, kam es zum Streit mit Paulus, der mit einer Trennung endete (Apg 15,36-41). Paulus suchte sich einen anderen Mitarbeiter (Silas) und Barnabas reiste mit Markus nach Zypern. Wer dabei letztlich Recht hatte, ist nicht eindeutig auszumachen: Barnabas sah wohl mehr die Chance, Paulus mehr das Risiko und die Unreife. Vielleicht spielte auch bei Barnabas die verwandtschaftliche Beziehung eine Rolle, denn Blut ist bekanntlich dicker als Wasser.

---

[21] Vgl. Maier, 1995, 9-10.
[22] Vgl. Maier, 1995, 10.

Das Gute an der Geschichte ist, dass Markus zu einem wertvollen und zuverlässigen Mitarbeiter heranreifte und die Beziehung zu Paulus sich völlig veränderte. Ungefähr zehn Jahre nach dem Vorfall von Apg 15 schrieb Paulus nur Positives über ihn: Kol 4,10-11; Phm 24; 2Tim 4,11.

Das Vorbildliche an Markus ist, dass er nach seinem Scheitern nicht alles hingeworfen, sondern sich seinem Versagen gestellt hat und daran gereift ist. Er hat seinen Platz als Mitarbeiter des Paulus und später als Mitarbeiter des Petrus gefunden. Vielleicht hat Petrus ihm entscheidend weitergeholfen, denn zu ihm hatte er eine väterliche Beziehung (1Petr 5,13).

Babylon ist ein Deckname für Rom und so können wir davon ausgehen, dass Markus Petrus in Rom unterstützte. Nach Irenäus war er sein Übersetzer. Da Markus kein Augenzeuge von Jesus war, bestand die Hauptquelle für sein Evangelium aus dem, was er von Petrus hörte.

Markus berichtet ein pikantes Detail, das sonst nirgends zu finden ist und deshalb den Schluss nahelegt, dass er hier von sich selbst redet (14,50-52). Wenn es heiß wurde, ergriff er die Flucht. So hat er schon hier auf Konflikte reagiert. Doch dabei blieb es offensichtlich nicht. Jesus veränderte ihn und er entwickelte sich zu einem zuverlässigen Mitarbeiter.

> Markus war einer der aktivsten Missionare der frühen Christenheit und enger Mitarbeiter der wichtigsten Gestalten jener Zeit: Barnabas, Paulus und Petrus.[23]

Eusebius überliefert, dass Markus der erste Bischof der Gemeinde von Alexandria in Ägypten war bis zum Jahr 62 n.Chr. und der römische Märtyrerkalender listet seinen Namen unter dem 25. April mit Todesort Alexandria auf, wobei das Jahr unbekannt ist. Nach geschichtlichen Überlieferungen haben venezianische Seefahrer Reliquien des heiligen Markus aus Alexandria mitgebracht und in ihrer Markuskirche (heute: Basilica di San Marco) in Venedig deponiert.

2. Zeit und Ort der Abfassung

Das Evangelium enthält keine Angaben dazu, jedoch weist das Zeugnis der Kirchenväter darauf hin, dass es nach dem Matthäusevangelium entstand und deshalb die Reihenfolge der heutigen Bibeln korrekt ist.[24]

---

[23] Maier, 1995, 10.
[24] Vgl. Einführung in die Evangelien, 19.

Markus schrieb auf jeden Fall vor der Zerstörung des Tempels im Jahr 70 n.Chr., so dass es ca. 60-67 n.Chr. entstanden sein müsste.

Wo Markus sein Buch geschrieben hat, ist dagegen klarer. Da er nach 1Petr 5,13 bei Petrus in Rom weilte und der ihm als Hauptinformationsquelle diente, ist Rom der wahrscheinlichste Ort der Abfassung.

3. Empfänger

Markus verfasste sein Evangelium für nichtjüdische Leser. Dass er sich auf diese Zielgruppe konzentriert hat, beweisen folgende Fakten:

- Nach Aussagen von Kirchenvätern wie z.B. Klemens von Alexandria wünschten sich die Christen „Predigtmanuskripte" der beeindruckenden Predigten des Petrus. Das Markusevangelium ist die Erfüllung dieses Wunsches.
- Markus erklärt jüdische Sitten und Gebräuche: 7,3-4 (rituelle Waschungen); 14,12 (Zeitpunkt des Passahfestes); 12,18 (Lehre der Sadduzäer).
- Markus rechnet die jüdische Währung in die römische um (Mk 12,42: Jüdische Lepton (ELB/LUT: Scherflein) in römische Quadrans (ELB/LUT: Pfennige).
- Markus übersetzt aramäische Ausdrücke: 3,17 (boanerges); 5,41 (talita kumi); 7,11 (korban); 7,34 (ephata); 14,36 (abba); 15,22 (golgatha); 15,34 (eloi eloi lama sabachthani).
- An einigen Stellen verwendet er lateinische Lehnwörter: z.B. 5,9 (legion); 6,27 (speculator = Henker); 12,15 (denarius); 12,42 (quadrans); 15,15 (flagellare = Peitsche); 15,16 (praetorium); 15,39.44 (centurion).
- Markus lässt die Geschlechtsregister weg, da diese für die Heidenwelt uninteressant waren und zitiert sehr selten aus dem Alten Testament.
- Markus betont die machtvollen Taten Jesu. Er überliefert nur zwei Reden (Gleichnisrede in Kap 3 und Ölbergrede in Kap 13). Für die Römer waren Taten wichtiger als Worte. Deshalb dominieren hier temporeiche Aktionen (wiederholtes Adverb: εὐθύς $euthys$ = sogleich, alsbald).

Die ersten Empfänger des Evangeliums waren also in erster Linie die römischen Zuhörer des Petrus. So ist das Markusevangelium auch heute ein beliebter Einstieg für Nichtchristen oder Anfänger im Glauben, d.h. für nichtjüdische Leser, die Jesus kennen lernen wollen.

4. Absicht

Markus will seinen Lesern das Evangelium von Jesus Christus (1,1) kurzweilig und packend erzählen. Er stellt Jesus als den Sohn Gottes in den Mittelpunkt, der gekommen ist, um den Menschen zu dienen und sein Leben für sie hinzugeben. Dadurch will er vor allem Nichtjuden aus der römischen Welt zum Glauben einladen und ermutigen.

5. Aufbau

Während Matthäus thematisch angeordnet ist, bevorzugt Markus geografische Gesichtspunkte. Sein Evangelium besteht aus *zwei Hauptteilen:*

- Im *ersten Teil* steht der Dienst Jesu in *Galiläa* und Umgebung im Mittelpunkt (1,1-8,26). Hier folgt eine Handlung nach der anderen, um die Autorität und Macht Jesu deutlich zu machen.

- Im *zweiten Teil* steht der Dienst Jesu in *Judäa* und vor allem sein Leiden in Jerusalem im Mittelpunkt. Der Wendepunkt des Buches ist das Christusbekenntnis des Petrus (8,27-30). Von da an beginnt die Leidensgeschichte Jesu (8,27-16,20). Sie führt hin zum Kreuz, ist aber damit nicht zu Ende, sondern findet ihren Höhepunkt in der siegreichen Auferstehung Christi (16,1-8).

- Die *Schlussverse* (16,9-20) finden sich zwar nicht in allen griechischen Handschriften, haben sich aber durchgesetzt und zählen bis heute zum biblischen Text.

- Der *Schlüsselvers* des Buches steht in Kap 10,45:

    Denn auch der Menschensohn ist nicht gekommen, um sich dienen zu lassen, sondern um **zu dienen** und sein Leben **hinzugeben** als Lösegeld für viele.

Auf diesen zwei Aspekten liegt der Schwerpunkt des Markusevangeliums.

6. Überblick

Markus stellt die Taten Jesu in den Vordergrund und deshalb ist bei ihm Jesus ständig unterwegs, um Wunder und Heilungen zu vollbringen. Er treibt böse Geister aus und wird ständig verfolgt von kritischen Quälgeistern.

Zudem muss er sich mit den Jüngern auseinandersetzen und sie lehren, was Nachfolge bedeutet.

Das häufig verwendete griech. Adverb εὐθύς *euthys* (sogleich, alsbald) bestimmt das Tempo der Erzählung, das durch sechs überleitende Abschnitte unterbrochen wird. So lässt sich das Evangelium in **sieben Teile** gliedern, wobei die vierte Überleitung zum zweiten Hauptteil führt.

Die Vorbereitung des Dieners (Kap 1,1-1,13)

Markus verzichtet auf ein Geschlechtsregister. Vielleicht kannte er das Matthäusevangelium schon und ließ es deshalb aus oder er wollte einfach ohne Umschweife direkt zum Thema kommen. Für seine Leser jedenfalls war die Abstammung nicht so wichtig. Deshalb steigt er in sein Evangelium von Jesus (1,1) mit Johannes dem Täufer und seinem vorbereitenden Dienst ein (1,2-8), der mit der Taufe Jesu seinen Höhepunkt findet (1,9-11).

Zur Vorbereitung Jesu als Diener gehörte auch die Versuchung in der Wüste (1,12-13). Jesus widerstand allen listigen Tricks des Teufels, den Sohn Gottes unschädlich zu machen.

Die Anfänge des Dienstes (Kap 1,14-3,6)

Markus beginnt seinen Bericht über die öffentliche Wirksamkeit Jesu wie Matthäus mit dem zweiten Jahr seines Dienstes. Jesus tritt in Galiläa auf, predigt das Reich Gottes (1,14-15) und beruft die ersten Jünger (1,16-21). Danach schildert Markus, wie ein „Arbeitstag" im Leben des Knechtes Gottes aussah (1,21-34):

- *Vormittags:* Lehre in der Synagoge in Kapernaum (1,21-22) und Austreibung von bösen Geistern (1,23-28).

- *Mittags:* Heilung der Schwiegermutter des Petrus und anschließend gemeinsames Mittagessen (1,29-31; sie diente ihnen: Ausdruck für die Zubereitung des Essens).

- *Abends:* Heilung vieler Kranker und Austreibung von Dämonen (1,32-34).

- *Nächster Morgen:* Früh aufstehen – Rückzug in die Stille – Gemeinschaft mit dem Vater (1,35).

Kurz danach warteten schon die nächsten Einsätze (1,37). Die Heilung eines Aussätzigen erregte großes Aufsehen (1,40-44), weil der Geheilte entgegen der Anweisung Jesu sofort allen erzählte, was er erlebt hatte. Die Folge davon war, dass sich Jesus an einsame Orte zurückziehen musste (1,45).

Die anschließenden Berichte über Heilungen und Taten Jesu und seiner Jünger (2,1-3,6) sind begleitet von ständigen Streitgesprächen mit seinen Gegnern. Sie sahen nicht die Autorität des Sohnes Gottes, sondern suchten krampfhaft Kritikpunkte, um seine Autorität zu untergraben:

Ereignis	Stelle	Streitfrage
Heilung eines Gelähmten	Mk 2,1-12	Vergebung von Sünden
Berufung des Levi	Mk 2,13-17	Umgang mit Sündern
Fasten der Jünger	Mk 2,18-22	Verständnis des Fastens
Ähren pflücken am Sabbat	Mk 2,23-28	Verständnis des Sabbats
Heilung eines verkrüppelten Mannes	Mk 3,1-6	Gutestun am Sabbat
Konsequenz der Kritiker: Mordplan (3,6)		

Markus macht deutlich, dass der Dienst Jesu von Anfang an von Widerstand und Kritik begleitet war. Die Motivation der Gegner bestand nicht darin, die Wahrheit zu finden, sondern in der Angst vor eigenem Machtverlust. Das Volk war begeistert von Jesus. Er war die Nr. 1 und deshalb überlegten die Feinde, wie sie ihn am schnellsten beseitigen konnten. Die Autorität Jesu zeigte den Gegnern ihre Ohnmacht und steigerte deren Hass bis zum Mordplan (3,6).

Wer Jesus dienen will, muss mit Widerstand rechnen. Satan benutzt Menschen und Geister, um das Werk Jesu zu verhindern. In diese große Auseinandersetzung zwischen dem Reich Gottes und dem Herrschaftsbereich Satans sind die Gläubigen einbezogen – allerdings mit der Perspektive des bereits errungenen Sieges Jesu Christi.

Der Höhepunkt des Dienstes (Kap 3,7-8,26)

Der nächste Teil führt uns zum Höhepunkt des Dienstes Jesu und seiner Popularität. Sein Ruf verbreitete sich im ganzen Land und die Leute strömten zu ihm (3,7-8). Die Macht der bösen Geister war gebrochen durch den Sohn Gottes (3,11).

Im *ersten Abschnitt* (3,7-6,6) finden wir die Fortsetzung des Dienstes Jesu in Galiläa. Hier entwickeln sich zwei Linien: Auf der einen Seite beruft Jesus die 12 Apostel, d.h. seine Mitstreiter für das Reich Gottes (3,13-19). Auf der anderen Seite wächst der Widerstand gegen Jesus:

- Seine eigenen Angehörigen halten ihn für verrückt und wollen ihn deshalb aus dem Verkehr ziehen (3,21; vgl. 3,31-35). Dazu gehörte auch sein Halbbruder Jakobus, die spätere „Säule" der Urgemeinde und Verfasser des Jakobusbriefes.

- Die Pharisäer und Schriftgelehrten behaupteten sogar, er sei von einem Dämon besessen und machten sich damit der Lästerung gegen den Heiligen Geist schuldig (3,22-30).

Jesus lehrt das Volk über die Grundsätze des Reiches Gottes (4,1-34) und beweist seinen Jüngern durch die Stillung des Sturmes seine Macht über die Naturgewalten (4,31-41). Danach folgen weitere Machttaten, die zur Entscheidung zwischen Glaube und Unglaube (vgl. 3,17; 3,36; 6,1-6) an den Sohn Gottes herausfordern. Die Erfahrung einer äußeren Heilung oder Befreiung bedeutet noch lange nicht, dass Jesu Erlösungswerk auch innerlich ergriffen wurde! Viele, die in dieser Zeit Jesus zujubelten, schrien später „Kreuzige ihn"!

Jesus verließ das Gebiet um den See Genezareth, wo viele Machttaten geschahen und kehrte in seine Heimatstadt Nazareth zurück (6,1). Dort wehte ein ganz anderer Wind. Hier wurde seine Autorität nicht anerkannt. Der Unglaube der Einwohner verhinderte, dass er auch dort große Taten tun konnte (6,3-6a). *Bedenke:* Der Unglaube ist auch heute noch das größte Hindernis, um die Kraft und Macht Jesu Christi zu erfahren.

Der *zweite Abschnitt* (6,7-8,26) beginnt mit der Aussendung der Jünger (6,7-13). Danach nutzt er das Gerücht, Jesus sei der wieder lebendig gewordene Johannes der Täufer, um von dessen Martyrium zu berichten (6,14-29).

Markus setzt seinen Bericht fort mit weiteren Machttaten Jesu:

- Speisung der Fünftausend (6,30-44)
- Jesus geht auf dem See (6,45-52)
- Krankenheilungen am Westufer des Sees (6,53-56)
- Befreiung der Tochter einer Frau aus Syrophönizien (7,24-30)
- Heilung eines Taubstummen (7,31-37)
- Speisung der Viertausend (8,1-9)
- Heilung eines Blinden (8,22-26)

Damit verbunden ist wiederum eine zunehmende Konfrontation mit seinen Gegnern (7,1-23). Jesus versteckt sich jedoch nicht, sondern beantwortet die Kritik der Schriftgelehrten an seinen Jüngern (7,1-5) dadurch, dass er die Heuchelei der geistlichen Elite aufdeckt (7,6-13).

Er belehrt sie darüber, was Unreinheit ist und wo sie ihren Ursprung hat: Im Herzen des Menschen (7,14-23). Ebenso weist er die Zeichenforderung der Pharisäer zurück (8,10-13) und warnt seine Jünger vor ihren falschen Lehren (8,14-21).

Die Vorbereitung zum Leiden (Kap 8,27-10,52)

Markus kommt nun zum Höhepunkt seines Evangeliums. Es ist das Bekenntnis des Petrus von der Identität Jesu als Messias (8,27-30), das einen *Übergang* zum zweiten Hauptteil des gesamten Buches bildet. Nach dieser Christusoffenbarung beginnt Jesus, seine Jünger auf das Leiden des Messias vorzubereiten. Ab jetzt steht nicht mehr das Volk im Mittelpunkt, das Jesus aufgrund seiner Machttaten nachläuft, sondern die Jünger und deren Nachfolge im Schatten des Kreuzes.

Der Höhepunkt des Dienstes Jesu ist vorbei. Nun folgt der zweite Teil der Mission Jesu (10,45): *Sein Kommen, um sein Leben als Opfer hinzugeben.* Jesus bereitet seine Jünger auf seinen Leidensweg vor und erklärt ihnen, was es bedeutet, ihm nachzufolgen:

- Die dreifache Leidensankündigung (8,31; 9,30-31; 10,32-34)
- Die Kosten der Nachfolge (8,34-9,1; 10,17-27)
- Die Herrlichkeit des leidenden Messias (9,2-13)
- Die dienende Haltung eines Nachfolgers (9,33-41; 10,35-45)
- Die Gefahren für Nachfolger (9,42-50)
- Der kindliche Glaube eines Nachfolgers (10,13-15)
- Der Lohn der Nachfolge (10,28-31)

Auch in dieser Situation lassen die Gegner nicht locker. Sie versuchen, Jesus auf jede Art und Weise anzugreifen: Durch ein Streitgespräch mit den Jüngern wegen deren Unfähigkeit, ein besessenes Kind zu befreien (9,14-17) und durch eine Fangfrage zum Thema Ehescheidung (10,1-12).

Der Abschnitt schließt mit der Heilung des blinden Bartimäus (10,46-52). Er ruft nach Jesus als dem Sohn Davids. Bartimäus ist ein Beispiel dafür, dass der Glaube an Jesus rettet (10,52). Glaube heißt: sich an Jesus klammern.

Der Höhepunkt des Leidens (Kap 11,1-16,20)

Mit dem Einzug in Jerusalem strebt die Passion Jesu ihrem Höhepunkt entgegen. Mit diesem Auftreten als Messias (11,1-11) beginnen eine Reihe von Konflikten, die zu einer dramatischen Zuspitzung führen. Jesus provoziert die Pharisäer und Schriftgelehrten durch sein Reden und Handeln:

- Die Verfluchung des Feigenbaums (11,12-14.20-26)
- Die Tempelreinigung (11,15-19)
- Das Gleichnis von den Weingärtnern (12,1-12)
- Das Scherflein der Witwe (12,41-44)
- Die Endzeitrede (13,1-37)
- Die Frage nach dem Messias (12,35-40)

Die Gegner suchten die endgültige Entscheidung durch spitzfindige Fragen, aus denen sie Jesus einen Strick drehen wollten (11,27-33; 12,13-34).

Der *letzte Abschnitt* des Markusevangeliums (14,1-16,20) umfasst zwei Teile: Das Leiden und Sterben Jesu (14,1-15,42) und seine Auferstehung (16,1-20). Die Hohepriester und Schriftgelehrten hatten endgültig beschlossen, Jesus zu töten. Es war nur noch eine Frage der Zeit und der Gelegenheit (14,1-2). Die Ereignisse nehmen ihren Lauf und die Heilsgeschichte strebt ihrem Höhepunkt zu:

- Die Salbung des Christus (14,3-9)
- Der Verrat des Judas (14,10-11)
- Das letzte Passahmahl (14,12-25)
- Der Gebetskampf im Garten Gethsemane (14,32-42)
- Die Gefangennahme (14,43-52)
- Das Verhör vor dem Hohen Rat (14,53-65)
- Die Verleugnung des Petrus (14,26-31.66-72)
- Das Verhör vor Pilatus (15,1-20)
- Kreuzigung und Tod Jesu (15,21-41)
- Das Begräbnis Jesu (15,42-47)

Die Gegner Jesu meinten, am Ziel ihrer Bemühungen zu sein. Ihr Plan, Jesus zu beseitigen, war aufgegangen. Doch Jesus hatte bereits bei seiner dreifachen Leidensankündigung betont, dass er am dritten Tag wieder auferstehen werde. So meinten die Pharisäer und Schriftgelehrten, ihr Plan hätte sich erfüllt, doch in Wirklichkeit hatte sich der Heilsplan Gottes erfüllt. Das Ziel der Sendung Jesu war erreicht.

Im *zweiten Teil* (16,1-20) verkündigt Markus die Botschaft von der Auferstehung und deren Konsequenzen für die Jünger. In diesen Schlussversen berichtet Markus, wie der auferstandene Jesus seinen verängstigten Jüngern erscheint (16,9-14) und ihnen den Auftrag erteilt, das Evangelium der ganzen Schöpfung zu verkündigen (16,15-18). Danach fährt er in den Himmel auf (16,19) und die Jünger starten mit ihrem neuen Auftrag (16,20).

Exkurs: Besonderheiten bei Markus

Das Messiasgeheimnis

Markus betont wie kein anderer Evangelist, dass Jesus strengstens verbot, seine Identität als Messias (Christus) öffentlich bekannt zu machen. Dieses Verbot sprach er aus gegenüber:

- Geheilten Menschen: Mk 1,43-44; 5,42-43; 7,36-37
- Dämonen: Mk 3,11-12 vgl. 1,24-25.34
- Seinen Jüngern: Mk 8,27-30; 9,9

Warum erteilte Jesus diese strenge Anweisung, obwohl er nach der Auferstehung seinen Jüngern gebot, das Evangelium allen Menschen zu verkündigen? Es gibt dafür verschiedene Gründe:

Heilsgeschichtlich: Die Offenbarung der Messianität Jesu sollte schrittweise erfolgen. Der Weg zum Kreuz war vorgezeichnet. Daher wäre es falsch gewesen, im Volk eine politisch motivierte Messiasbegeisterung zu wecken. Das Volk erwartete einen irdischen König, der das jüdische Königreich wiederherstellen würde, und keinen leidenden Gottesknecht.

Politisch: Eine vorzeitige öffentliche Proklamation seiner Messianität hätte das sofortige Ende seiner Wirksamkeit bedeutet. Die Römer waren zwar religiös sehr tolerant, doch wenn es um Machtansprüche ging, die in Konkurrenz zum römischen Kaiser traten, griffen sie sofort ein. Dadurch wäre Jesus als Volksaufwiegler von den Römern vorzeitig hingerichtet worden, denn ein König der Juden hatte keine Überlebenschance.

Persönlich: Bei allen Heilungen, Wundern und Machttaten ging es Jesus um den Glauben (vgl. Mk 1,15; 2,5; 4,40; 5,34.36; 9,23–24.42; 10,52; 11,22–24; 16,16–17). Sein Ziel war es, echten Glauben an den für die Sünde sterbenden Messias zu wecken und nicht emotionale Begeisterung an den Wunder wirkenden Messias.

Erst nach der Auferstehung durften die Jünger die Messianität Jesu verkündigen (9,9). Es handelte sich also um ein zeitlich begrenztes Verbot, das heute nicht mehr relevant ist. Trotzdem können wir etwas daraus lernen:

- Bei der Verkündigung des Evangeliums geht es nicht um Sensation und Begeisterung. Selbst wenn Menschen große Erfahrungen mit Jesus machen, kommt es doch immer auf den Glauben an.

- Es geht um eine Qualität von Glauben, der auch dann noch überlebt, wenn die Erfahrungen ausbleiben. Menschen, die heute von Jesus begeistert sind, können morgen schon über ihn lästern. Begeisterung allein reicht nicht!

- Der Glaube an Jesus ist immer zuerst Glaube an den gekreuzigten und auferstandenen Christus! Ihm nachfolgen beinhaltet, den Weg des Kreuzes und des Leidens zu gehen. Wer nur dann glaubt, wenn er Wunder erlebt, wird irgendwann scheitern.

- Die Heilsgeschichte ist noch nicht zu Ende. Sie erfüllt sich in Etappen, wenn die Zeit dazu reif ist. Die ewige Herrlichkeit kommt erst noch. Die Erlösung unseres Leibes steht noch aus. Wer glaubt, kann auf die Erfüllung von Gottes Verheißungen warten.

Das Unverständnis der Jünger

Viel stärker als in den anderen Evangelien betont Markus das Unverständnis der Jünger. Sie begreifen oft nicht, was Jesus ihnen erklären will:

- Beim Gleichnis vom Sämann (4,13)
- Beim Vertrauen auf seine Macht (6,52)
- Bei seiner Lehre über Reinheit und Unreinheit (7,18)
- Sie verstehen nicht, was Jesus meint (8,17-22)
- Bei der Bedeutung seiner Auferstehung (9,10-12.31-33)
- Bei seinem Umgang mit Kindern (10,13-14)

Markus will damit seinen Lesern deutlich machen, dass die Jünger Jesu keinen Heiligenschein trugen, sondern ganz normale Menschen waren wie jeder andere Nachfolger Christi. Das ist auch das Problem mancher Biografien großer Männer und Frauen im Reich Gottes: Die Siege werden ausführlich berichtet, Niederlagen und Versagen aber gerne verschwiegen. Markus lehrt uns etwas anderes.

Kein Jünger ist *immer* gehorsam und lebt *immer* in völliger Hingabe. Glaube ist kein Treppchen, das man ein für alle Mal bestiegen hat, sondern ein umkämpfter Weg zum Ziel.

Jesus als wahrer Gott und wahrer Mensch

Markus betont die Sicht von Jesus als Diener. Das bedeutet nicht, dass dadurch seine Gottheit zu kurz kommt. Im Gegenteil: Die Wunder und Machttaten sind ein Beweis seiner Gottheit, denn nur Gott kann z.B. Sünden vergeben. Das haben die Gegner schneller begriffen als die Jünger.

Markus betont beides: die Gottheit und Menschheit Jesu Christi. Obwohl Jesus darauf bedacht war, seine Identität als Messias vor seiner Auferstehung geheim zu halten, betont Markus doch mit aller Deutlichkeit die Gottessohnschaft und damit die Gottheit Jesu Christi: 1,1.11; 3,11; 9,7; 13,32; 14,61-62.

In gleicher Weise betont Markus jedoch auch das Menschsein Jesu. Als Diener musste er den Menschen gleich werden, musste einen menschlichen Körper annehmen, um sie erlösen zu können. Dazu einige Beispiele:

Das Menschsein Jesu	Stelle
Er braucht Stille und Gebet	Mk 1,35
Er ist traurig	Mk 3,5
Er wird von seiner Familie für verrückt erklärt	Mk 3,21
Er seufzt	Mk 7,34; 8,12
Er ist innerlich bewegt	Mk 6,34; 8,2
Er wird unwillig	Mk 10,14
Er nimmt die Kinder in den Arm	Mk 10,16
Er hat einen liebevollen Blick	Mk 10,21
Er hat Hunger	Mk 11,12
Er regt sich auf	Mk 11,17
Er ist zu Tode betrübt	Mk 14,34

Jesus kennt und versteht alle Mühen des irdischen Lebens. Er ist kein Gott, der unberührt und unbeteiligt über allem schwebt, sondern einer, der alles durchgemacht hat. Das sollte uns ermutigen, in jeder Lebenssituation zu ihm zu kommen, um Hilfe und Heil zur rechten Zeit zu finden (Hebr 4,16)!

MARKUS – JESUS ALS DIENER

Schlüsselvers: „Denn auch der Menschensohn ist nicht gekommen, dass er sich dienen lasse, sondern dass er diene und sein Leben hingebe als Lösegeld für viele" (10,45)

	JESUS KAM, UM ZU DIENEN				JESUS KAM, UM SEIN LEBEN HINZUGEBEN	
Überleitung (1,14-15)	**Überleitung (3,7-12)**	**Überleitung (6,6)**	**Überleitung (8,27-30)**	**Überleitung (11,1)**	**Überleitung (14,1)**	
Johannes der Täufer (1,1-8)	Verkündigung Jesu (1,14-15)	Popularität Jesu (3,7-12)	Lehre und Taten Jesu (6,6)	Der Höhepunkt Identität Jesu als Messias (8,27-30)	Einzug in Jerusalem (11,1-11)	Leiden und Sterben (14,1-15,42)
Taufe Jesu (1,9-11)	Berufung erster Jünger (1,16-20)	Berufung der Apostel (3,13-19)	Aussendung der Jünger (6,7-13)	Leiden und Nachfolge (8,31-10,52)	Konflikte in Jerusalem (11,12-12,44)	- Salbung
Versuchung Jesu (1,12-13)	Heilungen (1,21-3,6)	Wachsender Widerstand (3,20-34)	Märtyrer Johannes (6,14-29)	- Drei Leidensankündigungen	- Feigenbaum	- Verrat
	- Besessene	Gleichnisse (4,1-34)	Machtvolle Wunder und Heilungen Jesu (6,30-8,26)	- Prinzipien der Nachfolge	- Tempelreinigung	- Abendmahl
	- Kranke	Macht Jesu (4,35-6,6)	Wachsende Konfrontation mit den Pharisäern (7,1-8,26)	- Lohn der Nachfolge	- Streitgespräche	- Gethsemane
	- Aussätziger			- Gefahren der Nachfolge	- Lehren	- Verurteilung
	Streitgespräche (2,1-3,6)			- Heilungen	- Mordpläne	- Kreuzigung
				- Verherrlichung Jesu	- Warnungen	- Begräbnis
				Das Hauptthema Sendung Jesu als Diener (10,45)	Endzeitrede (13,1-37)	**Auferstehung** (16,1-20)
					- Tempelzerstörung	- Das offene Grab
					- Wiederkunft Christi	- Begegnung
						- Auftrag
						- Himmelfahrt
1,1 – 13	**1,14 – 3,6**	**3,7 – 6,6**	**6,7 – 8,26**	**8,27 – 10,52**	**11,1 – 13,37**	**14,1 – 16,20**
Vorbereitung	Anfänge	Höhepunkt des Dienstes		Vorbereitung zum Leiden	Höhepunkt des Leidens	
	Jesu Wirken in Galiläa			Jesu Weg nach Jerusalem	Jesu Leiden in Jerusalem	

Themen des Markusevangeliums
- Die Macht Jesu Christi
- Merkmale wahrer Jüngerschaft
- Der Sieg Jesu Christi
- Umgang mit Widerstand
- Die Wiederkunft Christi

Titel: Nach Markus KATA MAPKON kata markon
- Abfassungszeit: ca. 60-67 n.Chr.
- Abfassungsort: Rom
- Empfänger: Römer - Nichtjuden
- Verfasser: Markus
- Schlüsselwort: Dienen

Literatur

Aebi, Ernst: Kurze Einführung in die Bibel, Marienheide, Bibellesebund, 14. Aufl., 1993.

Bayer, Hans F.: Das Evangelium des Markus. Historisch-Theologische Auslegung, Giessen, Brunnen, 2008.

Carson, D.A. & Moo, J. Douglas: Einleitung in das Neue Testament, Gießen, Brunnen, 2010.

Genfer Studienbibel, Neuhausen, Hänssler, 1995.

Hörster, Gerhard: Bibelkunde und Einleitung zum Neuen Testament, Wuppertal, R. Brockhaus, 1998.

Jensen, Irving: Jensen's Survey of the New Testament, Chicago, Moody Press, 1981.

Lasseigne, Jeff: Highway 66. A Unique Journey Through the 66 Books of the Bible, Santa Ana, Calvary Chapel Publ., 2005.

Maier, Gerhard: Markus-Evangelium, Neuhausen, Hänssler, 1995.

Mauerhofer, Erich: Einleitung in die Schriften des Neuen Testaments Bd. 1: Matthäus-Apostelgeschichte, Holzgerlingen, Hänssler, 1997.

Reifler, Hans Ulrich: Bibelkunde des Neuen Testaments. Die Bibel lieben, kennen und verstehen, Nürnberg, VTR, 2006.

Das Evangelium nach Lukas

Das dritte Evangelium ist eigentlich der erste Teil eines zweibändigen Werkes: Lukasevangelium und Apostelgeschichte. Sie gehörten ursprünglich zusammen und sind als Doppelband das umfangreichste Buch des Neuen Testaments. Die Platzierung des Johannesevangeliums zwischen Lukas und Apostelgeschichte erfolgte lediglich, um die Evangelien in einer Reihenfolge nacheinander anzuordnen. Lukas sieht Jesus aus einer weiteren Perspektive: Jesus als Mensch. Auch diese Tour ist sehr interessant.

1. Verfasser

Wie bei Matthäus und Markus wird der Verfasser ebenfalls nicht genannt. Tatsache ist, dass er identisch ist mit dem der Apostelgeschichte (vgl. Lk 1,1-4 mit Apg 1,1). Und der Verfasser der Apostelgeschichte ist eindeutig Lukas. Außerdem gibt es verschiedene außerbiblische Quellen, die Lukas eindeutig als Verfasser bezeugen:

- Die *Überschriften* über die alten griechischen Handschriften aus dem 2. Jh. n.Chr.: „Nach Lukas" (griech. *kata loukan*) oder „Evangelium nach Lukas" (griech. *euangelion kata loukan*).

- Die altkirchlichen Überlieferungen aus dem 2. und 3. Jh. n.Chr. bezeugen übereinstimmend, dass Lukas der Verfasser des dritten Evangeliums ist. Beispiele:

Irenäus von Lyon schrieb 180 n.Chr.: *„Auch Lukas, der Begleiter des Paulus, hat das von diesem verkündigte Evangelium in einem Buche niedergelegt."*[25]

Der Kanon Muratori aus dem 2. Jh. n.Chr. bezeugt:

> Das dritte Evangelienbuch nach Lukas. Dieser Arzt Lukas hat es nach Christi Himmelfahrt, da ihn Paulus als des Weges (der Lehre) Kundigen herangezogen hatte, unter seinem Namen und nach dessen Meinung verfasst. Doch hat er auch den Herrn nicht im Fleische gesehen, und daher beginnt er so, wie es ihm erreichbar war, auch von der Geburt des Johannes zu erzählen.[26]

---

[25] Irenäus, Adversus haereses III/1/1, zit. nach Reifler, 2006, 57.
[26] Kanon Muratori, Zeilen 3-8 zit. nach Reifler, 2006, 57.

Wer war Lukas?

Der Name Lukas (griech. loukas) bedeutet: der Erleuchtete, der Licht spendende. Von seiner Herkunft ist nur bekannt, dass er aus dem syrischen Antiochien stammte und ehelos im Alter von 84 Jahren in Böotien starb.[27] Vermutlich war er kein Jude, sondern Grieche. Von seiner Bekehrung ist nichts bekannt.

- Lukas war Reisebegleiter und Mitarbeiter des Apostels Paulus: 2Tim 4,11; Phm 24. Durch die sog. „Wir-Berichte" wissen wir, dass er Paulus mindestens bei der zweiten Missionsreise ab Troas begleitete (Apg 16,10-17; weitere Vorkommen: 20,5-15; 21,1-18; 27,1-28,26).

- Lukas befand sich bei Paulus in Rom während seiner Gefangenschaft: 2Tim 4,11. Mit dem in Röm 16,21 genannten Lukios könnte Lukas gemeint sein, denn Lukas ist im griech. die Verkleinerungsform von Lukios (lat. Lucius).

- Lukas war von Beruf Arzt (Kol 4,14). Er zählte zu den Gebildeten seiner Zeit. Das ist erkennbar an Sprachstil, Aufbau und Inhalt der beiden Werke. Sein Prolog (Lk 1,1-4; Apg 1,1-2) entspricht dem Stil der damaligen Historiker. Lukas war kein Augenzeuge. Für sein umfangreiches Werk hat er nach wissenschaftlichen Kriterien recherchiert (Lk 1,1-4).

Es ist erstaunlich, wie der Heilige Geist natürliche Begabung und geistliche Befähigung zusammenfügt, indem er einen Mediziner beauftragt und inspiriert, über Jesus als Menschen zu schreiben. Besonders interessant sind seine präzise formulierten Heilungsberichte:

- Lk 4,38: Hohes Fieber (Mt 8,14; Mk 1,30: Fieber)
- Lk 5,12: Voller Aussatz (Mt 8,1; Mk 1,40: Aussätziger)
- Lk 8,43-44: Ärztliche Grenzen (Mt 9,20; Mk 2,25-26);
- Lk 10,33-25: Medizinische Versorgung des Samariters (Sondergut).

2. Zeit und Ort der Abfassung

Die Apostelgeschichte endet mit der Gefangenschaft des Paulus in Rom 62 n.Chr., so dass das Lukasevangelium kurz vor 62 n.Chr. entstanden sein muss. Beide Bücher sind deshalb vermutlich in Rom verfasst worden.

---

[27] Vgl. H.W. Neudörfer, „Lukas" in: Das Große Bibellexikon Bd. 3, 1996, 1400.

3. Empfänger

Beide Bände seines Werkes widmete Lukas einem Mann namens Theophilus (Lk 1,3; Apg 1,1), von dem außer dem Namen nichts bekannt ist. Die förmliche Anrede *„hochverehrter Theophilus"* (Lk 1,3) lässt darauf schließen, dass es sich um einen angesehenen Mann handelte, einen gebildeten Griechen. Auf jeden Fall muss es ein Mensch gewesen sein, dem das Evangelium verkündigt wurde und der ein starkes Interesse an einer schriftlichen Dokumentation hatte. Höchstwahrscheinlich finanzierte er die Forschungsarbeit des Lukas, um eine umfangreiche Darlegung des Evangeliums der Allgemeinheit zur Verfügung stellen zu können. Diese Art der Unterstützung war damals allgemein üblich. Trotz der namentlichen Widmung war dieses umfangreiche Werk von der Geburt des Johannes bis zur Gefangenschaft des Paulus nicht als Band für die Privatbibliothek des Theophilus, sondern für einen breiten Leserkreis gedacht.

Das Lukasevangelium sollte besonders Nichtjuden ansprechen, die im griechischen Kulturkreis zuhause waren. Beispiele:

- Lukas erklärt geografische Angaben für Nichtjuden: 4,31; 23,50; 24,13.
- Lukas verwendet keine semitischen Ausdrücke: Abba (vgl. Mk 14,36 mit Lk 22,42); Rabbi (vgl. Mt 23,5-7; Joh 1,38.49 mit Lk 11,43; 20,45-47); Hosianna (vgl. Mt 21,9; Mk 11,9-12; Joh 12,13 mit Lk 19,36-38).
- Lukas zitiert selten das Alte Testament.
- Das griechische Menschenideal bestand nicht wie bei den Römern aus Herrschaft und Tatkraft, sondern in Weisheit und Schönheit. Ein vollkommener Mensch war für sie einer, der andere unterweist, erzieht, zur Reife führt. Lukas stellt Jesus als vollkommenen Menschen so dar, dass er die höchsten Ideale der Griechen erfüllt.

4. Absicht

Theophilus wollte mehr über Jesus wissen, nachdem er im Evangelium unterwiesen wurde (1,1). Deshalb sollte er einen genauen schriftlichen Bericht über das erhalten, was sich von Anfang an zugetragen hat. Ziel war also eine geordnete Darstellung des Evangeliums für Nichtjuden (1,4). Dabei ging es nicht nur um Information, sondern um den Glauben der Leser, der erweckt und gefördert werden sollte.

Lukas will seinen Lesern Jesus als Menschensohn vor Augen führen, der gekommen ist, um den verlorensten Sünder zu erlösen (19,10). Da er selbst kein Augenzeuge war (1,2: die uns überliefert haben), legte er strenge Kriterien für die Quellen seiner Recherchen und für seine Forschungsmethodik fest:

Der dreifache Filter seiner Quellen (1,2)

- Zuverlässige Überlieferungen
- Augenzeugen, die von Anfang an dabei waren (vgl. Apg 1,21)
- Diener des Wortes (vgl. Apg 6,4)

Die vierfache Methodik seiner Forschung (1,3)

- Chronologische Recherche („Von Anfang an")
- Vollständige Recherche („Allem gefolgt")
- Genaue Recherche (ἀκριβῶς akribos = sorgfältig, gewissenhaft)
- Systematische Recherche (καθεξῆς = nacheinander, der Reihe nach)

Intelligenz und Fleiß sind kein Widerspruch zum Wirken des Geistes!

5. Aufbau

Lukas ist mit seinen 24 Kapiteln nicht nur das längste Buch der Evangelien[28], sondern des gesamten Neuen Testaments. Etwa 50% davon sind Sondergut, d.h. nur bei Lukas zu finden. Beim Aufbau hält sich Lukas wie die anderen Synoptiker in etwa an die Stationen im Leben Jesu. Das Evangelium kann in *fünf Hauptteile* gegliedert werden:

- Im *ersten Teil* wird deutlich, dass Lukas die Vorgeschichte wie kein anderer gründlich recherchiert hat. Sie beginnt mit Johannes dem Täufer und endet mit der Vorbereitung Jesu für seinen Dienst in der Öffentlichkeit (3,1-4,13).

- Im *zweiten Teil* berichtet Lukas vom Wirken Jesu in Galiläa (4,14-9,50), das gekennzeichnet ist durch Predigt, Lehre und viele Wunder.

- Ungewöhnlich viel Raum nimmt der *dritte Teil* ein: die sog. Reiseerzählungen des Lukas (9,51-19,27), die viel umfangreicher sind als bei Markus und Matthäus. Hier ist Jesus unterwegs von Galiläa nach Jerusalem.

---

[28] Lukas: 1149 Verse; Matthäus: 1068 Verse; Johannes: 879 Verse; Markus: 666 Verse.

- Der *vierte Teil* behandelt das Wirken Jesu in Jerusalem (19,28-21,38), seine Worte und Taten vor Beginn der Passionsgeschichte.
- Der *fünfte Teil* beinhaltet den Höhepunkt des Lebens Jesu (22,1-24,53): Seinen Tod, seine siegreiche Auferstehung und seine glorreiche Himmelfahrt.

Der *Schlüsselvers* des Buches steht in Kap 19,10:

> Denn der Sohn des Menschen ist gekommen, zu suchen und zu retten, was verloren ist.

6. Überblick

Lukas zeigt Jesus als Gott, der Mensch wurde, um alle Menschen zu erlösen. Lukas ist deshalb das Evangelium für alle Menschen. Der Verfasser hat ein Herz für die Verlorenen, vor allem für die Ausgestoßenen und Verachteten der damaligen Gesellschaft.

Die Vorbereitung des Menschensohnes (Kap 1,1-4,13)

Nach einem kurzen Vorwort (1,1-4) schildert Lukas die Zeit der Vorbereitung Jesu auf seinen Dienst. Er beginnt mit Johannes dem Täufer, dessen Schicksal untrennbar verbunden ist mit der Geschichte Jesu. Er war von Mutterleib an für seine Aufgabe als Wegbereiter Jesu bestimmt (vgl. Lk 1,44: Reaktion beim ersten Zusammentreffen). Lukas weist auf einige interessante Parallelen bei den Geburtsgeschichten hin:

Parallele	Johannes	Jesus
Ankündigung durch den Engel Gabriel	Lk 1,19	Lk 1,26
Ähnliche Reaktion auf die Ankündigung	Lk 1,12.18	Lk 1,29.34
Verwandtschaft der Mütter	Lk 1,36	Lk 1,36
Gemeinsame Zeit der Mütter	Lk 1,56	Lk 1,56
Lobgesang zur Geburt	Lk 1,46-56	Lk 1,57-79
Wachstum der Kinder	Lk 1,80	Lk 2,52

Bis zum öffentlichen Auftreten des Menschensohnes waren es acht Stationen, von denen Lukas mehr oder weniger ausführlich berichtet[29]:

Stationen Jesu		Zeitrahmen
Die Geburt Jesu	Lk 2,1-20	ca. 4 v.Chr.
Beschneidung – Namensgebung	Lk 2,21	Am 8. Tag (Lev 12,3)
Darstellung im Tempel	Lk 1,22-38	Am 40. Tag (Lev 12,4)
Kindheit in Nazareth	Lk 2,39-40	12 Jahre
Besuch des Passahfestes	Lk 2,41-50	9 n.Chr.
Heranwachsen in Nazareth	Lk 2,51-52	20 Jahre
Ankündigung durch Johannes	Lk 3,1-20	29 n.Chr.
Taufe und Versuchung Jesu	Lk 3,21-22; 4,1-13	29 n.Chr.
Das öffentliche Auftreten Jesu	Lk 4,14	29 n.Chr.

Bei Lukas wird deutlich, wie Weltgeschichte und Heilsgeschichte miteinander verzahnt sind. Die historischen Ereignisse mussten den Weg bahnen für das Kommen des Menschensohnes (vgl. Gal 4,4).

Interessant ist, dass über die Jugendzeit Jesu nur dieses eine Ereignis im Tempel bekannt ist (2,41-51). Danach hören wir ca. 20 Jahre nichts mehr über ihn, außer dass er in Nazareth als Bauhandwerker arbeitete und mindestens sechs Geschwister hatte (Mk 6,3). Jesus lebte in der Verborgenheit und wartete in Geduld auf das Signal des Vaters, das im Auftreten Johannes des Täufers gegeben war.

Lukas fügt das Geschlechtsregister Jesu später ein (3,23-38) als Matthäus (1,1-17), weil bei Matthäus die königliche Abstammungslinie als erstes nachzuweisen war. Das Register des Lukas weicht von Matthäus ab und verfolgt die Abstammung zurück bis auf Adam (3,23-38).

Dazu muss man wissen, dass es sich hier nicht um einen vollständigen Stammbaum handelt, sondern um eine Abstammungslinie, die nach dem Brauch des Orients nicht lückenlos sein musste. Die aufgeführten Namen in den Geschlechtsregistern stammen aus den Archiven der damaligen Zeit.

---

[29] Vgl. H. Wayne House, 1983, 104.

Offensichtlich verwendete Matthäus ein anderes als Lukas, was aber kein Widerspruch ist. Für Lukas war es wichtig, bis auf Adam als den gemeinsamen Ausgangspunkt aller Menschen zurückzugehen, um damit zu betonen, dass Jesus der Retter aller Menschen ist und der Heilsplan Gottes für alle Menschen gilt (vgl. Röm 5,12-19).

Der Menschensohn in Galiläa (Kap 4,14-9,50)

Lukas folgt keiner chronologischen Reihenfolge, sondern geht im *zweiten Teil* des Buches thematisch vor. Der Bericht vom Anfang des Dienstes Jesu besteht in einer Zusammenfassung seines ersten Wirkens in Galiläa, das gekennzeichnet ist von einem rasanten Anstieg in der Beliebtheitsskala (4,14-15). Die Ereignisse dieses Abschnitts umfassen einen Zeitraum von 18 Monaten.

Darauf folgt sein Auftritt in der Synagoge von Nazareth (4,16-30), obwohl der zeitlich erst nach seinen Taten in Kapernaum (vgl. 4,23 mit 4,31-43) stattfand. Lukas will damit das Thema Heilsgeschichte fortsetzen. In Nazareth betonte Jesus seine Sendung als der im Alten Testament verheißene Erlöser, der sich insbesondere um die Armen, Zerbrochenen und Gebundenen annimmt (4,18).

Dies ist das Hauptthema des Lukasevangeliums und im folgenden Abschnitt listet er eine Menge charakteristischer Taten des Menschensohnes auf. Sie beweisen, dass Jesus tatsächlich diesen Anspruch erfüllte. Darum stehen in diesem Teil des Buches nicht die Reden, sondern die machtvollen Taten Jesu im Mittelpunkt:

Wundertaten Jesu	
Befreiung von einem Dämon	Lk 4,31-37
Heilung und Befreiung	Lk 4,38-41
Naturwunder - Fischzug des Petrus	Lk 5,1-11
Heilung: Aussätziger und Gelähmter	Lk 5,12-26
Heilung und Totenauferweckung	Lk 7,1-17
Naturwunder: Stillung des Sturmes	Lk 8,22-25
Befreiung von dämonischer Macht	Lk 8,26-39
Heilung und Totenauferweckung	Lk 8,40-56

Diese wundervollen Taten waren begleitet vom Widerstand der Pharisäer und Schriftgelehrten (5,27-6,11). Der Gruppe der Gegner stand Jesus mit seiner Gruppe von Jüngern gegenüber, die er berufen hatte, um sie in theoretischer und praktischer Jüngerschaft zu unterweisen (z.B. 6,12-49; 9,1-50) und zum Dienst auszusenden (9,1-6). Die mehrfachen Leidensankündigungen (9,21-22.43-45) weisen den Weg zum Kreuz.

Durch Lukas wissen wir, dass es eine Gruppe von wohlhabenden Frauen[30] gab, die Jesus als Jüngerinnen nachfolgten (8,3). Sie wurden von Jesus geheilt und dienten ihm und den Aposteln durch praktische und vor allem finanzielle Unterstützung. Jesus nimmt diese Hilfe an. Dieses Zeichen der Wertschätzung war bei dem Ansehen der Frau in der damaligen Zeit nicht selbstverständlich.

Mit diesen vielen Beispielen beweist Lukas, dass Jesus wirklich der verheißene Erlöser aller Menschen ist. Er bestätigte seine Sendung durch Wort und Tat und beschränkte sein Wirken nicht auf eine bestimmte Zielgruppe. Jesus ist der Heiland aller Menschen, ganz gleich wie reich oder arm, wie bedeutend oder unbedeutend sie sind! Eines wird jedoch immer wieder deutlich: Wer nicht weiß, wie verloren er ist, kann auch nicht gerettet werden! Das Hauptproblem der geistlichen Elite bestand darin, dass sie den wahren Zustand ihres Herzens nicht erkennen wollten. Ihre Selbstgerechtigkeit verhinderte ihre Erlösung! Der menschliche Stolz ist bis heute eines der Haupthindernisse, damit Menschen Erlösung und Befreiung erfahren.

Der Menschensohn auf dem Weg nach Jerusalem (Kap 9,51-19,27)

Der *dritte Teil* des Buches bildet eine Spezialität des Lukasevangeliums. Lukas schildert den Weg Jesu von Galiläa nach Jerusalem, dem Ort seiner Passion, besonders ausführlich. Wofür Matthäus zwei (Mt 19-20) und Markus nur ein Kapitel (Mk 10) benötigen, braucht Lukas fast 10 Kapitel, obwohl dieser Abschnitt zeitlich nur sechs Monate umfasst. Deshalb nennt man ihn die „Reiseerzählung des Lukas". Lukas gibt zwar nicht immer genau an, an welchem Ort ihrer Tour sie gerade sind, aber dafür ist das gewählte Ziel umso klarer:

> **Lk 9,51 (LUT)** Es begab sich aber, als die Zeit erfüllt war, dass er hinweggenommen werden sollte, da wandte er sein Angesicht, stracks nach Jerusalem zu wandern.

---

[30] Der griech. Begriff für Frau kann sich auf verheiratete und unverheiratete Frauen beziehen.

Jesus wusste genau, was ihn am Ziel seiner Reise erwartete. Er wusste, dass er dort als Menschensohn sein Erlösungswerk vollenden würde. Deshalb finden wir in diesem Abschnitt mehr Lehre und Unterweisung und weniger Wunder. Die Ausbildung der Jünger lag ihm besonders am Herzen. Hier eine Auswahl wichtiger Lektionen zum Thema Nachfolge:

Lektionen für Nachfolger Jesu	
Geistliche Ausgeglichenheit	Lk 9,52-56
Geistliche Entschlossenheit	Lk 9,57-62; 14,25-35
Priorität der Nächstenliebe	Lk 10,25-37
Priorität des Hörens	Lk 10,38-42; 11,27-28
Priorität des Gebets	Lk 11,1-13; 18-18
Warnung vor falscher Lehre	Lk 12,1-12
Warnung vor Habsucht	Lk 12,13-21; 18,18-30
Warnung vor falscher Sorge	Lk 12,22-34
Erwartung der Wiederkunft Jesu	Lk 12,35-13,9
Umgang mit Geld und Besitz	Lk 16,1-13
Herz für verlorene Menschen	Lk 14,7-24; 15,1-32; 18,9-14; 19,1-10

Auch auf dieser Reise begleiteten ihn die Gegner auf Schritt und Tritt. Sie nutzten jede Gelegenheit, um Jesus anzugreifen (vgl. 11,29-32; 13,10-17; 13,31-33; 14,1-6). Einer der schlimmsten Vorwürfe war, dass Jesus, der Menschen von Dämonen befreite, selbst von einem bösen Geist besessen sei (11,14-26). Jesus nutzt diesen Vorwurf, um grundsätzliche Dinge über Dämonen zu lehren, was wiederum für die Jünger eine wichtige Lehrstunde bedeutete. Für die falschen Motive der geistlichen Elite fand er klare Worte (Weherufe: 11,37-54).

Der Menschensohn in Jerusalem (Kap 19,28-21,38)

Jesus ist mit seiner Jüngergruppe am Reiseziel angekommen. Er zieht im Triumphzug in Jerusalem ein (19,28-40), wie es im AT vorausgesagt war, wohl wissend dass dies den Beginn seiner Passion einläutete. Er ließ sich nicht täuschen durch die Begeisterung der Menge, sondern sah im Geist den wahren Zustand Jerusalems, der Stadt Gottes (19,41-46).

Die letzten Tage vor seinem Tod sind gekennzeichnet durch eine *Lehroffensive* im Tempel (19,47-48; 21,37-38), gegen die seine Gegner durch kritische Fragen vorzugehen suchten (20,1-21,4). Der Konflikt spitzte sich zu, denn Jesus gab keine diplomatischen Antworten:

Vorwürfe an die geistlichen Führer	
Missbrauch des Tempels	Lk 19,45-46
Mordpläne gegen den Sohn Gottes	Lk 20,9-19
Heuchlerische Frömmigkeit	Lk 20,45-46
Geltungssucht	Lk 20,46
Ausbeutung der Armen	Lk 20,47
Mangelnde Opferbereitschaft	Lk 21,1-4

Die Entschlossenheit der Gegner, Jesus umzubringen, festigte sich (19,47-48; 20,19). Vor der letzten Wegstrecke Jesu setzt Lukas die prophetische Endzeitrede (21,5-36), die mit der Verheißung seiner Wiederkunft und der Ermahnung zur Wachsamkeit endet. Lk 21,28.34-36 ist ein prophetischer Ausblick auf die vollkommene Erlösung seiner Nachfolger und zugleich eine leidenschaftliche Ermutigung an die Jünger, ihr Leben auf die Wiederkunft Christi auszurichten.

Tod und Auferstehung des Menschensohns (Kap 22,1-24,53)

Der letzte Teil des Buches ist zugleich dessen Höhepunkt. Der Menschensohn erfüllt seine Mission, indem er sich erniedrigt bis zum Tod am Kreuz. Der Verrat des Judas (22,1-6) bringt die letzten Ereignisse im Leben Jesu in Gang. Lukas lehnt sich dabei eng an die Berichte der anderen Evangelisten an:

- Das letzte Abendmahl (22,7-23)
- Letzte Gespräche mit den Jüngern (22,24-38)
- Die Ereignisse im Garten Gethsemane (22,39-53)
- Die Verleugnung des Petrus (22,54-62)
- Die verschiedenen Verhöre und das Urteil (22,63-23,25)
- Der Weg zum Kreuz, die Kreuzigung und Grablegung (23,26-56)

Nach dem Bericht von der siegreichen Auferstehung (24,1-12) erzählt Lukas, wie Jesus seinen Jüngern erscheint (24,13-49).

Dieses Gespräch mit den Jüngern auf dem Weg nach Emmaus gehört zum Sondergut des Lukas und es würde etwas Entscheidendes fehlen, wenn es Lukas nicht erwähnt hätte. Es ist ein wunderbares Beispiel dafür, wie Jesus sich den frustrierten Jüngern zuwendet und in ihren Herzen das Feuer der Hingabe und Nachfolge wieder neu entfacht.

Das verlangende, demütige Hören auf das Wort Jesu (24,32) ist die einzige Quelle zur Wiedergewinnung geistlicher Leidenschaft. Es gibt nichts Schöneres und Ermutigenderes als dass Jesus uns durch den Heiligen Geist das Verständnis für sein Wort öffnet und dadurch unsere Herzen erfüllt werden von Freude und Leidenschaft für den Sohn Gottes.

Den Schlusspunkt bildet der kurze Bericht von der Himmelfahrt Jesu (24,50-53), die den Menschensohn vom Leiden in die Herrlichkeit des Vaters führt.

EXKURS: BESONDERHEITEN BEI LUKAS

Die Liebe Jesu zu den Verlorenen

Jesus ist der Retter aller Menschen (1,47; 2,11), nicht nur der Juden. Er ist als Menschensohn in diese Welt gekommen, um zu retten, was verloren ist (19,10). Diese Tatsache kommt zum Ausdruck in den Gleichnissen, bei denen es um das Verlieren und Finden geht:

- Das verlorene Schaf (15,1-7)
- Der verlorene Groschen (15,8-10)
- Der verlorene Sohn (15,9-32)

Lukas betont besonders die universelle Geltung des Evangeliums. Seine Liebe gilt allen Menschen ohne Ausnahme und damit auch allen Bevölkerungsschichten. Lukas geht hier wie kein anderer ins Detail. Er rückt auch die Randgruppen, die Verstoßenen und Gedemütigten in das Zentrum des Heilshandelns Jesu. Er hat ein Herz für die Not des Einzelnen:

Die Liebe Jesu zu den Außenseitern der Gesellschaft	
Die stadtbekannte Sünderin	Lk 7,36-50
Einzelne Zöllner	Lk 5,27-32 (Levi) Lk 19,1-10 (Zachäus)
Die Berufsgruppe der Zöllner	Lk 5,30; 7,34; 18,9-14
Die verhassten Samariter	Lk 10,25-37
Der Verbrecher am Kreuz	Lk 23,39-43
Die Armen, Kranken, Behinderten	Lk 4,18; 14,7-24; 16,19-31; 5,17-26
Die Aussätzigen	Lk 17,11-19; 5,12-16
Die verkrümmte Frau	Lk 13,10-17
Die rechtlose Witwe	Lk 18,1-8
Die arme Witwe	Lk 21,1-4

Das Entscheidende bei einem Menschen ist für Jesus nicht dessen Status, Herkunft oder Zustand, sondern die Erkenntnis der eigenen Verlorenheit und die Sehnsucht nach Erlösung (5,31-32).

Das bedeutet nicht, dass er kein Herz hatte für die Reichen und Angesehenen der jüdischen Gesellschaft:

- Er war zu Gast bei Pharisäern (7,36-47; 11,37; 14,1).
- Zu seinem Jüngerkreis zählten reiche Frauen (8,1-3).
- Der reiche Mann lag Jesus genau so am Herzen wie der arme Lazarus (16,19-31).

Die Sehnsucht nach Erlösung ist zweifellos bei denen größer, die schon äußerlich am Abgrund der Gesellschaft stehen. Sie haben von sich selbst und anderen nichts mehr zu erwarten. Aber auch das ist nicht automatisch so, denn ohne wahre Buße und Erneuerung ist das Verlangen dieser Menschen auch nur ein Schrei nach Mitleid.

Die Bedeutung des Gebets

Lukas ist das Evangelium des Gebets. Kein anderes Evangelium betont so stark die Bedeutung und die Wirkung des vollmächtigen Gebets. Nirgends erfahren wir so viel über das Gebetsleben Jesu wie bei Lukas:

Das Gebetsleben Jesu bei Lukas	
Bei seiner Taufe	Lk 3,21
In der Wüste – Rückzug vor der Menge	Lk 5,15-16
Vor der Erwählung der zwölf Jünger	Lk 6,12
Vor der ersten Leidensankündigung	Lk 9,18
Vor seiner Verherrlichung	Lk 9,29
Nach der Rückkehr der 70 Jünger	Lk 10,17-21
Vor der Lehre über das Gebet – Vaterunser	Lk 11,1a
Fürbitte für Petrus	Lk 22,31-32
Gebetskampf im Garten Gethsemane	Lk 22,41-44
Gebet am Kreuz	Lk 23,34.46

Jesus ist das größte Vorbild für unser Gebetsleben. Obwohl er Sohn Gottes war, musste er als Menschensohn beständig den Kontakt zum Vater suchen und pflegen. Er fragte ständig nach seinem Willen wie z.B. bei der Entscheidung, welche zwölf Jünger er auswählen sollte (6,12).

Jesus ließ sich seinen Zeitplan nicht von der Not der Menge bestimmen. Er gab nicht dem Dringlichen nach, sondern tat das Wichtige. So konnte er sich in die Einsamkeit der Wüste zurückziehen, um in der Stille die Gegenwart des Vaters im Gebet zu suchen (5,15-16). Wer nicht lernt, sich zurückzuziehen, hat auch keine Kraft, vor Menschen standhaft zu bleiben!

Außer dem Vaterunser (11,1-4) und Gebetsvorbildern wie Zacharias (1,13) und die Prophetin Hanna (2,37-38) überliefert Lukas drei Gleichnisse über Ausdauer und Demut im Gebet (11,5-13; 18,1-8.9-14) und vier Lobgesänge, die zu seinem Sondergut gehören: von Maria (1,46-56); von Zacharias (1,68-79); von Engeln (2,13-14); von Simeon (2,29-32).

Das Evangelium der Frauen

Lukas erwähnt in seinem Bericht mehr Frauen als die anderen Evangelisten. Damit betont er die wertschätzende Haltung Jesu gegenüber den Frauen, die damals nicht einmal als Zeugen vor Gericht zugelassen waren.

- Die Geburtsgeschichten von Johannes und Jesus werden aus der Perspektive der Frauen erzählt (Kap 1-2).

- Bei der Darstellung Jesu im Tempel treffen Joseph und Maria auf eine Prophetin namens Hanna. Sie war eine 84jährige Witwe, die ihr restliches Leben als vollzeitige Beterin im Tempel verbrachte (2,36-38).

- Die Witwe von Nain (7,11-17), deren Sohn Jesus wieder lebendig macht und damit der Frau ihre Lebensgrundlage wieder zurückgibt.

- Die stadtbekannte Sünderin d.h. eine Prostituierte (7,37-50). Jesus lässt sich von ihr die Füße salben trotz Einspruch der Gastgeber. Er vergibt ihr, weil er ihren Glauben sieht und nicht ihre Vergangenheit (7,50).

- Jesus heilt eine Frau von einer langjährigen Krankheit. Er bemerkt ihre Berührung im Glauben inmitten dem Gedränge der Masse (8,43-48).

- Jesus nimmt Frauen in den erweiterten Kreis der Jünger auf (8,2-3). Sie dienten ihm mit ihrem finanziellen Reichtum. Bei den Rabbinern der damaligen Zeit war es nicht üblich, Frauen als Jüngerinnen zuzulassen.

- Jesus ist bei Maria und Martha zu Gast und unterhält sich mit ihnen über geistliche Dinge. Er begegnet ihnen mit Wertschätzung (10,38-42).

- Die Frauen blieben in der Nähe Jesu, als sein Weg zum Kreuz führte. Lukas erwähnt bis zur Auferstehung mehr Frauen als die anderen Evangelisten: 23,27-29; 23,49.55-56; 24,1-11.

LUKAS – JESUS ALS MENSCH

Schlüsselvers: „Denn der Menschensohn ist gekommen, zu suchen und zu erretten, was verloren ist" (19,10)

SEINE ANFÄNGE	SEINE BELIEBTHEIT		SEINE ERNIEDRIGUNG UND ERHÖHUNG
Vorwort (1,1-4) **Vorgeschichte (1,5-2,52)** - Geburt von Johannes (1,5-80) - Geburt Jesu (2,1-21) - Darstellung Jesu im Tempel (2,22-38) - Jesus im Tempel (2,41-50) - Entwicklung Jesu (2,51-52) **Vorbereitung (3,1-4,13)** - Johannes der Täufer (3,1-20) - Taufe Jesu (3,21-22) - Geschlechtsregister Jesu (3,23-38) - Versuchung Jesu (4,1-13)	**Wirken in Galiläa** - Predigt in Nazareth (4,14-30) - Lehre und Heilung (4,31-5,39) - Der Sabbat (6,1-11) - Berufung der Zwölf (6,12-16) - „Predigt auf dem Feld" (6,17-49) - Heilung und Wunder (7,1-17) - Johannes der Täufer (7,18-35) - Frauen (7,36-8,3) - Gleichnisse (8,4-18) - Machtvolle Taten (8,19-56) - Schulung der Jünger (9,1-50)	**Reisebericht des Lukas** - Schulung der Jünger (9,51-62) - Aussendung der siebzig Jünger (10,1-24) - Prioritäten (10,25-42) - Lehre über das Gebet (11,1-13) - Lehre über Dämonen (11,14-26) - Segen und Gericht (11,27-54) - Heilungen - Belehrung von Jünger und Volk (12,1-13,35) - Tischreden und Gleichnisse (14,1-16,31) - Lehre über wahre Jüngerschaft (17,1-19,27)	**Wirken in Jerusalem** - Einzug in Jerusalem (19,28-44) - Tempelreinigung (19,45-48) - Lehre Jesu und kritische Fragen der Gegner (19,47-21,4) - Endzeitrede (21,5-36) - Wirksamkeit Jesu – zwischen Ölberg und Tempel (21,37-38) **Leiden und Sterben** - Verrat des Judas - Abendmahl - Streit unter den Jüngern - Gethsemane - Verhöre - Verurteilung - Golgatha - Kreuzigung und Tod - Grablegung **Auferstehung** - Emmausjünger - Erscheinung **Himmelfahrt**
1,1 – 4,13	4,14 – 9,50	9,51 – 19,27	19,28 – 21,38 / 22,1 – 24,53
Jesus in Galiläa und Judäa	Jesus in Galiläa	Jesus unterwegs nach Jerusalem	Jesus in Jerusalem / Tod und Auferstehung
Vorbereitung	Wunder	Gleichnisse und Lehre	Leiden und Herrlichkeit
30 Jahre	18 Monate	6 Monate	2 Monate

Themen des Lukasevangeliums

- Der Menschensohn ist der einzige Retter aller Menschen
- Der Menschensohn erfüllt den Heilsplan Gottes
- Der Menschensohn kümmert sich um die Außenseiter
- Die Bedeutung des Gebets
- Das Leben nach dem Tod
- Die Verbindung von Weltgeschichte und Heilsgeschichte

Titel: Nach Lukas ΚΑΤΑ ΛΟΥΚΑΝ kata loukan

- Abfassungszeit: ca. 60-62 n.Chr.
- Abfassungsort: Rom
- Empfänger: Theophilus – Griechen – Nichtjuden
- Verfasser: Lukas
- Schlüsselwort: Menschensohn – Mensch und Erlöser

Literatur

Aebi, Ernst: Kurze Einführung in die Bibel, Marienheide, Bibellesebund, 14. Aufl., 1993.

Blomberg, Craig L.: Jesus und die Evangelien, Nürnberg, VTR, 2. Aufl., 2004.

Carson, D.A. & Moo, J. Douglas: Einleitung in das Neue Testament, Gießen, Brunnen, 2010.

Das Große Bibellexikon, Wuppertal/Gießen, Brockhaus/Brunnen, 1996.

Genfer Studienbibel, Neuhausen, Hänssler, 1995.

House, H. Wayne: Chronologische Tabellen und Hintergrundinformationen zum Neuen Testament, Marburg, Francke, 1983.

Jensen, Irving: Jensen's Survey of the New Testament, Chicago, Moody Press, 1981.

Lasseigne, Jeff: Highway 66. A Unique Journey Through the 66 Books of the Bible, Santa Ana, Calvary Chapel Publ., 2005.

Maier, Gerhard: Lukas-Evangelium 1. Teil, Neuhausen, Hänssler, 1991.

Maier, Gerhard: Lukas-Evangelium 2. Teil, Neuhausen, Hänssler, 1992.

Mauerhofer, Erich: Einleitung in die Schriften des Neuen Testaments Bd. 1: Matthäus-Apostelgeschichte, Holzgerlingen, Hänssler, 1997.

Reifler, Hans Ulrich: Bibelkunde des Neuen Testaments. Die Bibel lieben, kennen und verstehen, Nürnberg, VTR, 2006.

Das Evangelium nach Johannes

Das Johannesevangelium ist ganz anders als die ersten drei Evangelien. Johannes sieht Jesus nicht nur als Sohn Gottes aus einer anderen Perspektive, sondern mehr als 90% von dem, was er schreibt, finden wir nur bei ihm. Johannes ist bekannt als Apostel der Liebe und deshalb spielt auch dieses Thema eine große Rolle bei ihm. Sein Evangelium wird als Evangelium der Liebe bezeichnet und ist deshalb besonders wichtig auf unserer Tour.

1. Verfasser

Johannes nennt zwar seinen Namen nicht, gibt aber einige Hinweise, die ihn eindeutig als Verfasser identifizieren:

- Joh 21,24: Dieser Jünger ist der, der dies geschrieben hat. Damit ist der Jünger gemeint, *„den Jesus lieb hatte"* (21,20; vgl. 13,23; 19,26; 20,2) und der Jesus beim Abendmahl am nächsten war. Das war Johannes.

- Johannes gehörte zu dem Kreis der Jünger, die mit Jesus am engsten verbunden waren. Dazu zählten außer Petrus die Zebedäussöhne Jakobus und Johannes (vgl. Mt 17,1; Mk 5,37; 14,33). Jakobus lebte zur Zeit der Abfassung nicht mehr und Petrus wird klar unterschieden von dem nicht genannten Jünger (vgl. 13,23-24). Also kann der anonyme Jünger im Johannesevangelium nur Johannes selbst sein.

- Johannes erwähnt öfters einen „anderen Jünger", ohne einen Namen zu nennen. Damit meint er offensichtlich sich selbst: 18,15.16; 20,3.4.8. Beachte auch die zwei Jünger von Johannes dem Täufer, von denen einer Andreas war und der andere nicht genannte der Verfasser selbst, also Johannes: 1,35.40.

Dazu kommen eindeutige außerbiblische Hinweise:

- Die Überschriften über die griechischen Handschriften aus dem 2. Jh. n.Chr.: „Nach Johannes" (griech. κατα Ιωαννην *kata Iōannēn*) oder „Evangelium nach Johannes" (griech. ευαγγελιον κατα Ιωαννην *euangelion kata Iōannēn*).

- Die altkirchlichen Überlieferungen aus dem 2. und 3. Jh. n.Chr. bezeugen übereinstimmend, dass Johannes der Verfasser des vierten Evangeliums ist. Zwei Beispiele:

Irenäus von Lyon (180 n. Chr.): „Danach hat auch Johannes, der Jünger des Herrn, der auch an seiner Brust lag, seinerseits ein Evangelium herausgegeben, während er in Ephesus in Kleinasien weilte." An anderer Stelle erwähnt er: *„Und alle Ältesten, welche in Kleinasien mit Johannes, dem Jünger des Herrn, zusammengewesen waren, bezeugen, dass Johannes überliefert habe. Denn er lebte bei ihnen bis in die Zeiten Trajans."*[31] Trajan regierte von 98-117 n.Chr.

Der Kanon Muratori, eine Liste der Bücher, die um 180 n.Chr. in Rom im Gottesdienst benutzt wurden, zählt Johannes als das vierte Evangelium auf und führt es auf *„Johannes aus dem Jüngerkreis"*[32] zurück.

Wer war Johannes?

Er stammte aus Kapernaum am See Genezareth (Lk 5,10). Sein Vater hieß Zebedäus, der einen Fischereibetrieb besaß, den er mit seinen Söhnen umtrieb (Mt 4,21; Mk 1,19-20). Johannes gehörte zu einer wohlhabenden Familie, die zur Oberschicht der jüdischen Gesellschaft zählte. Zu ihrem Freundeskreis zählte auch der Hohepriester (Joh 18,16).

Seine Mutter hieß Salome. Sie war die Schwester Marias, der Mutter Jesu (vgl. in Mt 27,56; Mk 15,40; 16,1: Zwei Marias und Salome; in Joh 19,25: Mutter Jesu und ihre Schwester d.h. Salome). Johannes war also der Vetter von Jesus, der später seine Tante Maria zu sich nahm (Joh 19,26-27). Salome war eine ehrgeizige Frau, die das Höchste für ihre Söhne wollte (Mt 20,20-21).

Sein Bruder hieß Jakobus (Mt 4,21). Diesem Brüderpaar gab Jesus wegen ihrem hitzköpfigem Charakter (vgl. Lk 9,54; Mk 9,38; 10,35-41) den Beinamen Boanerges, d.h. „Donnersöhne" (Mk 3,17). Das war aber nur die eine Seite von Johannes. Andererseits war er ein nachdenklicher, hochsensibler Mensch. Dies zeigt schon der Stil seiner Schriften, die von einer tiefen Wahrnehmung geprägt sind. Er war kein Pioniertyp wie Petrus (vgl. Apg 2,14; 3,4; 4,8), bildete aber zusammen mit ihm ein perfektes Duo.

Johannes war zuerst ein Jünger von Johannes dem Täufer (Joh 1,35-36.40: Zwei Jünger - Andreas und der namenlose Jünger, d.h. Johannes, der seinen Namen nicht nennt). Er war einer der ersten, die zu Jesus kamen (Joh 1,36-37.40). Später berief Jesus ihn und seinen Bruder Jakobus in seine Nachfolge (Mt 4,21-22) und zu einem der 12 Apostel (Mk 3,17).

---

[31] Maier, 1984, 8.
[32] Kanon Muratori, Zeilen 9-16 zit. nach Reifler, 2006, 57.

Johannes gehörte zum engeren Jüngerkreis, der aus drei Jüngern bestand: Petrus, Johannes, Jakobus (Mt 17,1; Mk 5,37; 14,33). Er versuchte, immer ganz nahe bei Jesus zu sein: beim Verhör von Jesus (Joh 18,15-16); bei der Kreuzigung (Joh 19,26-27); beim letzten Abendmahl (Joh 21,20); bei der Auferstehung (Joh 20,1-4 – der andere Jünger).

Johannes wird als der Jünger bezeichnet, den Jesus liebte: Joh 19,26; 20,1-4; 21,20-24. Das legt die Vermutung nahe, dass nicht jeder Jünger die gleiche intensive Beziehung zu Jesus hatte. Johannes verstand wohl mehr von Jesus als alle anderen.

2. Zeit und Ort der Abfassung

Das Johannesevangelium entstand ca. 25 Jahre später als die anderen. Er hat es vermutlich etwa zur gleichen Zeit wie die Briefe verfasst, d.h. *ca. 90 n. Chr.*, während er als Ältester der Gemeinde in Ephesus vorstand. Nach historischen Quellen zog Johannes nach Ausbruch des jüdischen Krieges (66-70 n.Chr.) von Jerusalem nach Ephesus und wirkte dort als Gemeindeleiter bis zu seinem Tod.[33] Er überlebte alle Apostel, während sein Bruder Jakobus ca. 50 Jahre früher als Märtyrer starb.

3. Empfänger

Johannes nennt in seinem Evangelium keine bestimmten Adressaten. Da er zur Zeit der Abfassung Ältester der Gemeinde in Ephesus war, galt es in erster Linie den Christen in Kleinasien. Diese Vermutung lässt sich auch aus der Absicht des Evangeliums ableiten.

4. Absicht

Die Hauptabsicht des Evangeliums nennt Johannes am Schluss des Buches (20,31). Johannes will seinen Lesern Jesus als Gottes Sohn in seiner ganzen Herrlichkeit vor Augen stellen, damit sie dadurch zum Glauben kommen. Das Ziel ist das ewige Leben in Jesus, dem Sohn Gottes. Das war Johannes generell wichtig (vgl. 1Joh 5,13). Er kannte sicher die ersten drei Evangelien und empfing von Gott her den Auftrag, die Synoptiker mit seiner tiefen Schau von Jesus als Gottes Sohn zu ergänzen.

---

[33] Vgl. Reifler, 2006, 74.

5. Aufbau

Das Johannesevangelium ist zwar gut zu lesen, da Johannes keine theologische Fachsprache, sondern einfache, bekannte Worte verwendet. Er kommt mit dem geringsten Wortschatz aller Evangelien aus, aber diese wenigen Worte sind so tiefsinnig formuliert, dass intensives Nachdenken notwendig ist. Eine grobe Gliederung ist jedoch relativ einfach.

Das Buch lässt sich in *drei Hauptteile* gliedern, die umrahmt sind von einem Vorwort (Prolog) und einem Schlusswort (Epilog):

- Im *Prolog* stellt uns Johannes den Sohn Gottes als das Wort (griech. Logos) vor, das seinen Ursprung bei Gott hat und als Mensch in diese Welt gekommen ist (1,1-18).
- Im *ersten Hauptteil* (1,19-12,50) berichtet Johannes vom öffentlichen Dienst des Sohnes Gottes. Ein Schwerpunkt dieses Abschnitts sind sieben Zeichen, die Jesus getan hatte, so dass manche diesen Teil das „Buch der Zeichen" nennen.
- Der *zweite Hauptteil* (13,1-17,26) ist privater Natur. Nicht die Volksmenge, sondern seinen Jüngern gilt hier der Dienst und die Zuwendung des Sohnes Gottes. Höhepunkt der Abschiedsreden (Kap 13-16) ist das hohepriesterliche Gebet, in dem Jesus für seine Jünger im Gebet eintritt.
- Im *dritten Hauptteil* (18,1-20,31) stehen Leiden und Herrlichkeit des Sohnes Gottes im Mittelpunkt. Johannes berichtet ausführlich vom leeren Grab und den Erscheinungen des Auferstandenen (Kap 20).
- Der längere *Epilog* (21,1-25) enthält letzte Worte sowie ein letztes Zeichen des auferstandenen Sohnes Gottes am See Tiberias. Dabei steht vor allem Petrus im Mittelpunkt. Mit einer Schlussbemerkung des Verfassers endet dieses besondere Evangelium (21,24-25).
- *Schlüsselverse* des Buches sind Kap 20,31 und vor allem Kap 1,14.

6. Überblick

Johannes folgt weitgehend der chronologischen Anordnung der anderen Evangelien. Ansonsten ist das Johannesevangelium eine Ergänzung der Synoptiker, denn über 90% sind neues Material. Er vermeidet Wiederholungen und widmet seine Aufmerksamkeit dem, was noch nicht bekannt ist.

Anders als bei den Synoptikern finden wir bei Johannes wenige Begebenheiten, bei denen Jesus zur Volksmenge redet. Johannes beschränkt sich auf Gespräche mit Einzelnen (z.B. mit Nikodemus in Kap 3; mit der Samariterin in Kap 4 oder im kleinen Kreis mit den Jüngern in Kap 13-17).

Der Prolog: Die Menschwerdung des Sohnes Gottes (1,1-18)

Johannes beginnt mit der Existenz Christi bevor die Welt überhaupt geschaffen wurde. In diesem Vorspann macht Johannes deutlich, mit wem wir es hier zu tun haben. In wenigen Versen zeigt er die Herkunft des Sohnes Gottes und das Ziel seiner Menschwerdung:

- Jesus ist das Wort, das im Anfang bei Gott war (1,1-2)
- Jesus ist der Schöpfer dieser Welt (1,2-3.10-11)
- Jesus ist Leben und Licht dieser Welt (1,4-9)
- Jesus ist Gott, wurde Mensch und offenbarte seine Herrlichkeit (1,14)
- Jesus, der Sohn Gottes, offenbart den Vater (1,18)

Die Dramatik besteht darin, dass die Welt ihren Schöpfer abgelehnt und damit die Finsternis anstelle des Lichts, den Tod anstelle des Lebens gewählt hat (1,5.10-11). Nur diejenigen, die ihn im Glauben in ihr Leben aufnehmen und ihn als Sohn Gottes erkennen, gehören zur Familie Gottes (1,12-13) und sehen seine Herrlichkeit (1,14). Sie leben aus seiner Gnade (1,16). Johannes der Täufer war der erste Mensch, der diese Botschaft vom Sohn Gottes verkündigte, aber seine Botschaft wurde nur von wenigen angenommen (1,6-8.15).

An dieser geistlichen Bestandsaufnahme der Welt hat sich bis heute nichts wesentlich geändert. Die Masse erkennt den Sohn Gottes nicht und lebt deshalb in der Finsternis. Obwohl kein anderes Licht den Menschen aus der Macht der Finsternis befreien kann, lehnen viele Jesus ab. Das ist die Tragik des modernen Menschen. Die Botschaft des Evangeliums muss weiter verkündigt werden, damit Menschen gerettet werden!

Der Dienst des Sohnes Gottes in der Öffentlichkeit (Kap 1,19-12,50)

Der *erste Hauptteil* des Evangeliums berichtet vom Wirken des Sohnes Gottes in der Öffentlichkeit. Im Unterschied zu den Synoptikern, die alle im zweiten Jahr seines Wirkens einsteigen, beginnt Johannes im ersten Jahr seines Auftretens. Durch die Zeitangaben von Johannes wissen wir, wie lange der Dienst Jesu ungefähr dauerte, denn er nennt in seinem Bericht drei aufeinanderfolgende Sabbatfeste (2,13; 6,4; 11,55), sowie weitere Feste (5,1; 7,2; 10,22). Daraus ergibt sich eine Wirkungszeit von mind. 3 Jahren.

Auch geografisch setzt Johannes andere Schwerpunkte: Während bei den Synoptikern der Dienst in Galiläa im Mittelpunkt steht, betont Johannes den Dienst Jesu in Judäa und erwähnt mehrere Besuche in Jerusalem:

Geographie des Dienstes Jesu	
Galiläa, Jerusalem und Samarien	2,1-4,42
Galiläa, Jerusalem und galiläisches Meer	4,43-6,71
Jerusalem	7,10-10,39
Ostjordanland und Jerusalem	10,40-12,50

Aus der Fülle des Wirkens Jesu (vgl. 20,30; 21,25) wählt Johannes sieben Zeichen aus als Beispiele für die Offenbarung der Herrlichkeit Jesu (vgl. 1,14). Interessant ist, dass Johannes für das, was wir „Wunder" nennen, den Begriff „Zeichen" verwendet und nur an einer Stelle einen weiteren Begriff hinzufügt (4,48: Zeichen und Wunder).

Ein Zeichen (griech. σημεῖον *semeion*) ist ein Hinweis auf etwas, das durch dieses Zeichen bekannt oder offenbart werden soll. Es ist ein Machtbeweis, der auf eine tiefere Wirklichkeit hinweisen soll, die allerdings nur mit den Augen des Glaubens erkannt werden kann. Dieser erste Hauptteil wird deshalb „das Buch der Zeichen" genannt.

Die 7 Zeichen Jesu		Hinweis auf die Macht Jesu...
Verwandlung von Wasser zu Wein	2,1-11	...über die Materie
Heilung eines Beamtensohnes	4,46-54	...über den Raum
Heilung eines Gelähmten	5,2-9	...über die Zeit
Speisung der Fünftausend	6,1-14	...über die Menge
Jesus geht auf dem See	6,16-21	...über die Naturgesetze
Heilung eines Blindgeborenen	9,1-7	...über das Schicksal
Auferweckung des Lazarus	11,1-44	...über den Tod

Diese und viele andere Zeichen, die Jesus in der Öffentlichkeit vollbrachte, sollten die göttliche Macht Jesu als Sohn Gottes demonstrieren und dazu führen, dass die Menschen ihm und seinen Worten glauben:

- *Erstes Zeichen:* Eine Lektion für den Glauben seiner Jünger (2,11).
- *Zweites Zeichen:* Der königliche Beamte findet mit seiner ganzen Familie zum Glauben (4,53).
- *Drittes Zeichen:* Es ist nicht bekannt, wie der 38 Jahre lang Gelähmte auf den Anspruch Jesu reagierte (5,14).
- *Viertes Zeichen:* Die Leute erkannten, dass Jesus der verheißene Prophet und Messias war (5,14). Sie waren so begeistert, dass sie Jesus zum König machen wollten (5,15). Wie viele wirklich glaubten, ist ungewiss. Jesus widerstand der Versuchung und ergriff die Flucht, weil er die Leute durchschaute (5,15b).
- *Fünftes Zeichen:* Der Gang auf dem Wasser war eine weitere Glaubenslektion für die Jünger (6,20-21). Sie sollten dadurch lernen, sich nicht zu fürchten.
- *Sechstes Zeichen:* Die Frage nach Schicksal und Schuld (9,2: Wer hat gesündigt?). Eine ungewöhnliche Antwort (9,3), die zeigt, dass es kein unabänderliches Schicksal gibt (9,32). Der geheilte Blindgeborene wurde ein Jünger Jesu und verstand durch dieses Zeichen mehr als alle Schriftgelehrten zusammen (9,25-33).
- *Siebtes Zeichen:* Die Auferweckung des Lazarus führte dazu, dass viele Juden, die es gesehen hatten, zum Glauben kamen (11,45).

Aber schon nach dem dritten Zeichen (5,2-9) regte sich der Widerstand der jüdischen Führerschaft, denn sie erkannten sofort den Anspruch Jesu als Sohn Gottes und was damit verbunden war (5,18). Schon zu diesem Zeitpunkt wurden die ersten Mordpläne geschmiedet. So zeigt Johannes, wie seine Einführungsworte vom Kampf zwischen Licht und Finsternis mit dem öffentlichen Auftreten des Sohnes Gottes Realität wurden.

Beachte: Eine Überbetonung von Wundern führt an ihrem Zweck vorbei. Das Ziel Jesu ist nicht in erster Linie die Heilung, sondern der Glaube, der dadurch geweckt werden soll. Es geht darum, ob durch das Wunder die Herrlichkeit Jesu erkannt wird!

Der Dienst des Sohnes Gottes an den Jüngern (Kap 13,1-17,26)

Im *zweiten Hauptteil* des Evangeliums widmet Johannes seine Aufmerksamkeit den Jüngern Jesu, zu deren Kreis er ja auch gehörte. Jesus weiß, dass seine Jünger vorbereitet werden müssen auf seinen Weggang. Es ist ein Zeichen seiner Liebe, dass er sich ihnen so ausführlich zuwendet.

Die Abschiedsreden Jesu gehören zum Sondergut des Johannes. Bemerkenswert ist, dass Johannes fünf Kapitel seines Evangeliums dafür verwendet, um zwei Tage der Passionswoche zu schildern.

Die Fußwaschung (13,1-32)

Jesus war mit seinen Jüngern allein. Es war kein Diener anwesend, der wie damals üblich, den Gästen die Füße waschen sollte. Wahrscheinlich hielt sich keiner der Jünger für gut genug, denn kurz vorher entstand der Streit darüber, wer der Größte von ihnen sei (vgl. Lk 22,24). Jesus beendete die Diskussion, indem er als Sohn Gottes die Aufgabe eines Dieners übernahm (13,3-5). Dadurch lehrte Jesus seinen Jüngern Demut, Liebe (13,14-15) und Reinheit (13,8-11). Nach 13,12 hatte er auch Judas Iskariot die Füße gewaschen, obwohl er wusste, dass der ihn verraten würde (13,2-3.11.18-19.21-30). Judas fasste hier den endgültigen Entschluss, Jesus zu verraten (vgl. 13,2: ins Herz geben mit 13,27: der Satan fuhr in ihn). Er konnte nicht mehr zurück. Was er nicht wusste: Dieser Verrat gehörte zum Ratschluss Gottes! Auch das diente letztlich zur Verherrlichung Jesu (13,31-32).

Die Abschiedsreden Jesu (13,33-17,26)

Jesus kündigte seinen Weggang während des Passahmahls an (13,33). Diese Abschiedsrede hat folgende Schwerpunkte:

- Das Gebot, einander zu lieben (13,34-35; 15,12.17)
- Der Weggang Jesu und die Verheißung einer Wohnung (14,1-14)
- Das Kommen des Heiligen Geistes (14,15-31; 16,5-15)
- Die Verbundenheit Jesu mit seinen Jüngern (15,1-17)
- Ankündigung von Feindschaft, Hass und Verfolgung (15,18-16,4)
- Verheißung der Wiederkunft und Ermutigung zur Freude (16,16-33)
- Das hohepriesterliche Gebet Jesu (17,1-26)

Leiden und Herrlichkeit des Sohnes Gottes (Kap 18,1-20,31)

Den *dritten Hauptteil* des Evangeliums bildet die Passionsgeschichte mit der Auferstehung des Sohnes Gottes als siegreichen Abschluss.

- Gefangennahme im Garten Gethsemane (18,1-11)
- Verhör vor Hannas und Kaiphas - Verleugnung des Petrus (18,12-27)
- Verhör vor Pilatus (18,28-40)
- Geißelung, Verspottung, Verurteilung (19,1-16)
- Kreuzigung und Tod (19,17-37)
- Grablegung (19,38-42)

Jesus wich dem Leiden nicht aus, weil er überzeugt war, dass auch dieser schwere Weg zu seiner Verherrlichung dienen würde. Er ging den Gehorsamsweg bis zum Ende, denn er wusste, dass dies der Wille des Vaters war und so der Heilsratschluss Gottes erfüllt werden würde.

Der Weg Jesu endete jedoch nicht mit dem Tod. Seine siegreiche Auferstehung ist der Höhepunkt des ganzen Evangeliums. Johannes war selbst Augenzeuge des Ostergeschehens. Er und Petrus liefen als erste zum Grab und waren Zeugen seiner Auferstehung (20,1-10). Die Jünger verstanden immer noch nicht, dass sich hier die Schrift erfüllt hatte (20,9-10).

Erst als der auferstandene Sohn Gottes mehreren Jüngern erschien, wurde ihnen klar, was eigentlich geschehen war:

- Jesus erscheint Maria von Magdala (20,1-18)
- Jesus erscheint den Jüngern während ihres Treffens (20,19-23)
- Jesus erscheint den Jüngern und besonders Thomas (20,24-29)

Verbunden mit diesen Erscheinungen war die Sendung und Bevollmächtigung der Jünger zum Dienst (20,19-23). Sie waren dazu berufen, das Werk Jesu fortzusetzen. Mit der Auferstehung ging der Dienst der Jünger erst richtig los (20,21). Wie sollte das gehen, ohne dass Jesus bei ihnen war? Durch den Heiligen Geist, dessen Kommen Jesus mit dem Anhauchen ankündigte (20,22 vgl. auch Lk 24,49).

Epilog: Sendung des Petrus (Kap 21,1-25)

Das Johannesevangelium endet mit einem Schlusswort, das bei den Synoptikern fehlt. Hier geht es um eine besondere Offenbarung Jesu am See Tiberias. Jesus begegnet einigen Jüngern nach einem erfolglosen Fischfang (21,1-3), aber eigentlich geht es vor allem um Petrus. Nach dem wunderbaren Fischzug erkennt Petrus, dass Jesus bei ihnen ist, denn sie hatten ihn vorher nicht erkannt (20,4.7).

Jesus hatte mit Petrus noch etwas zu klären. Was wie ein normales gemeinsames Frühstück am Kohlenfeuer aussieht (21,9), ist in Wirklichkeit eine Erinnerung an das Versagen des Petrus bei seiner Verleugnung, die auch an einem Kohlenfeuer stattfand (18,18). Bevor Jesus gen Himmel fährt, ist es ihm wichtig, dass die Gemeinschaft zwischen ihm und Petrus wieder vollständig hergestellt wird (21,15-17).

Die Schlussverse (20,24-25) enthalten eine Anmerkung des Verfassers, dass die aufgeschriebenen Zeichen nur eine kleine Auswahl sind von dem, was der Sohn Gottes während seiner Zeit als Mensch gewirkt hat.

EXKURS: DIE GOTTHEIT JESU CHRISTI

Eine wichtige Lehre des Johannesevangeliums ist die Lehre, dass Jesus ganz Gott ist und ganz Mensch war, wobei Johannes die Gottheit stärker betont. Dies bringt er auf verschiedene Weise zum Ausdruck.

Jesus ist der Sohn Gottes

Dass Jesus Gottes Sohn war und ist, betont Johannes an vielen Stellen (z.B. 1,14.34.49; 3,16-18; 3,35-36; 5,19-26; 6,40; 8,36; 10,36; 11,4.27; 14,13; 17,1; 20,31). Für die Juden war klar, dass wer sich Sohn Gottes nennt, sich auf eine Stufe mit Gott stellt, d.h. gleichen Wesens wie Gott ist (vgl. 5,18). Die Tatsache, dass nur Gott Sünden vergeben kann und Jesus dies tat (5,14; 8,11) und er sich selbst als Sohn Gottes bezeichnete (10,36) war für sie ein eindeutiger Anspruch, Gott gleich zu sein.

In den ersten Jahrhunderten kursierten verschiedene Irrlehren darüber, ob Jesus Gott gleich oder ähnlich sei oder nur ein Geschöpf Gottes. Darum wurde im Jahr 325 n.Chr. auf dem Konzil von Nizäa ein Glaubensbekenntnis formuliert, das die Gottheit Jesu betont:

> Wir glauben an einen Gott,
> den Vater, den Allmächtigen, Schöpfer all des,
> das sichtbar und unsichtbar ist;
> und an einen Herrn Jesus Christus, den Sohn Gottes,
> der als Einziggeborener aus dem Vater gezeugt ward,
> das heißt aus dem Wesen des Vaters,
> *Gott von Gott,*
> *Licht von Licht,*
> *wahrhaftiger Gott aus wahrhaftigem Gott,*
> *geboren, nicht geschaffen,*
> *eines Wesens mit dem Vater,*
> durch welchen alles geworden ist,
> sowohl was im Himmel und was auf Erden ist,
> der um uns Menschen und um unseres Heiles willen herabgestiegen
> und Fleisch geworden ist,
> der Mensch ward, litt und am dritten Tag auferstand,
> aufgefahren ist gen Himmel (und) kommen wird,
> um Lebende und Tote zu richten (...)

Johannes will deutlich machen, dass der Sohn Gottes d.h. Gott selbst ganz Mensch geworden ist in einer Person (1,14) und einen menschlichen Körper mit allen seinen Beschränkungen angenommen hat (z.B. 4,6; 11,35; 19,30).

Die Ich-bin Worte Jesu

Die Selbstaussagen Jesu sind ein weiterer Beweis seiner Gottheit. Mit seinen sieben Ich-bin-Worten knüpft Jesus an den Namen Gottes im Alten Testament an (Jahwe = Ich bin, der ich bin: Ex 3,14). Interessant ist auch, dass die Septuaginta den hebräischen Ausdruck „Ich bin Jahwe" in Jes 45,18 mit dem in Johannes verwendeten „Ich-bin" (ἐγώ εἰμι *ego eimi*) übersetzt. Auch in Jes 43,10 bezeichnet sich Gott als Jahwe, der Ich-bin.

Die Ich-bin-Worte Jesu		Bedeutung
Ich bin das Brot des Lebens	6,35	Er gibt geistliche Nahrung
Ich bin das Licht der Welt	8,12	Er verbannt die Finsternis
Ich bin die Tür zu den Schafen	10,7	Er ist der Zugang zum Vater
Ich bin der gute Hirte	10,11	Er schützt vor Gefahren
Ich bin die Auferstehung und das Leben	11,25	Er überwindet den Tod
Ich bin der Weg, die Wahrheit und das Leben	14,6	Er führt zum Vater
Ich bin der wahre Weinstock	15,1	Er gibt geistliche Frucht

Diese Aussagen sprechen für sich. So etwas kann kein Mensch von sich behaupten außer Jesus und das nur deshalb weil er zugleich Gott ist. Darum wollten ihn auch die Juden steinigen, als er die provozierende Aussage machte: *Ehe Abraham war, bin ich (8,58)!*

Weitere Aussagen

Wir finden im Johannesevangelium noch viele weitere Aussagen, die die Gottheit Jesu betonen. Außer dem Prolog (1,1-14) sind folgende Stellen interessant: 5,17; 10,30; 20,28.

Johannes ist ein Meister darin, die Herrlichkeit Jesu, des Sohnes Gottes seinen Lesern vor Augen zu führen. Wer sein Evangelium liest, dem sollte es leicht fallen, vor dem Sohn Gottes in Anbetung niederzufallen.

JOHANNES – JESUS ALS SOHN GOTTES

Schlüsselvers: „Diese aber sind geschrieben, damit ihr glaubt, dass Jesus der Christus ist, der Sohn Gottes, und damit ihr durch den Glauben das Leben habt in seinem Namen" (20,31)

PROLOG	DIENST IN DER ÖFFENTLICHKEIT	DIENST AN DEN JÜNGERN	LEIDEN UND HERRLICHKEIT	EPILOG
Das ewige Wort Gottes (1,1-5) - Der Sohn Gottes - Im Anfang bei Gott - Das schöpferische Wort - Das lebendige Wort - Das erleuchtende Wort **Menschwerdung des Wortes (1,6-18)** - Sein Kommen - Seine Ablehnung - Seine Annahme - Seine Herrlichkeit - Offenbarung des Vaters	- Wirken in Galiläa, Jerusalem und Samarien (2,1-4,42) - Wirken in Galiläa, Jerusalem und am galiläischen Meer (4,43-6,71) - Wirken in Jerusalem (7,1-10,39) - Wirken im Ostjordanland und in Jerusalem (10,40-12,50) **Sieben Zeichen, die Jesus tat** - Die Hochzeit in Kana (2,1-11) - Heilung des Sohnes eines königlichen Beamten (4,46-54) - Heilung eines Gelähmten (5,2-9) - Speisung der Fünftausend (6,1-14) - Jesus geht auf dem See (6,16-21) - Heilung eines Blindgeborenen (9,1-7) - Auferweckung des Lazarus (11,1-44)	**Abschiedsmahl (13)** - Fußwaschung - Der Verräter - Das Liebesgebot - Petrus' Selbstüberschätzung **Abschiedsreden (14-16)** - Das Haus des Vaters - Sendung des Geistes - Der Weinstock und die Reben - Das Wirken des Geistes - Abschied und Wiederkehr **Hohepriesterliches Gebet (17)** - Jesus betet für sich selbst - Jesus betet für seine Jünger - Jesus betet für die Gemeinde	**Passion (18,1-19,42)** - Gefangennahme und Verhör - Verspottung und Verurteilung - Kreuzigung und Tod - Grablegung **Triumph (20,1-31)** - Das leere Grab - Erscheinungen des Auferstandenen - Sendung der Jünger **Inhalt und Zweck des Buches (20,30-31)**	**Jesus und seine Jünger am See Tiberias (21,1-23)** - Offenbarung des Auferstandenen - Der Fischzug des Petrus - Berufung des Petrus - Petrus und Johannes **Schlusswort (24-25)** - Der Verfasser - Die Fülle des Stoffs
1,1 – 1,18	1,19 – 12,50	13,1 – 17,26	18,1 – 20,31	21,1 – 21,25
Sendung Jesu	Zeichen Jesu	Abschiedsreden Jesu	Tod und Auferstehung Jesu	Auftrag Jesu
Einführung	3 ½ Jahre		Wenige Tage	

Themen des Johannesevangeliums

- Die Gottheit Jesu Christi
- Die Herrlichkeit des Sohnes Gottes
- Der Weggang Jesu und das Kommen des Geistes
- Die Bedeutung von Zeichen und Wundern
- Glaubenslektionen für Jünger Jesu
- Die Bedeutung der Liebe zu Jesus und untereinander

Titel: Nach Johannes κατα Ιωαννην kata iōannēn

- Abfassungszeit: ca. 90 n.Chr.
- Abfassungsort: Ephesus
- Empfänger: Christen in Kleinasien
- Verfasser: Johannes
- Schlüsselwort: Sohn Gottes

Literatur

Aebi, Ernst: Kurze Einführung in die Bibel, Marienheide, Bibellesebund, 14. Aufl., 1993.

Blomberg, Craig L.: Jesus und die Evangelien, Nürnberg, VTR, 2. Aufl., 2004.

Carson, D.A. & Moo, J. Douglas: Einleitung in das Neue Testament, Gießen, Brunnen, 2010.

Genfer Studienbibel, Neuhausen, Hänssler, 1995.

Jensen, Irving: Jensen's Survey of the New Testament, Chicago, Moody Press, 1981.

Maier, Gerhard: Johannes-Evangelium, Neuhausen, Hänssler, 1984.

Mauerhofer, Erich: Einleitung in die Schriften des Neuen Testaments Bd. 1: Matthäus-Apostelgeschichte, Holzgerlingen, Hänssler, 1997.

Reifler, Hans Ulrich: Bibelkunde des Neuen Testaments. Die Bibel lieben, kennen und verstehen, Nürnberg, VTR, 2006.

DIE APOSTELGESCHICHTE

Mit der Apostelgeschichte beginnt der zweite große Teil des Neuen Testaments. Im ersten Teil, den Evangelien, stand die *Sendung Jesu* im Mittelpunkt, im zweiten Teil ist es die *Sendung der Gemeinde*. Mit der Apostelgeschichte und den Briefen beginnt eine spannende Tour durch die innere und äußere Entwicklung der neutestamentlichen Gemeinde. Hier entdecken wir, wie alles begann.

1. Titel

Die griech. Bezeichnung praxeis apostolon (Taten der Apostel) wird in deutschen Bibelübersetzungen mit „Apostelgeschichte" wiedergegeben. Damit liegt die Betonung auf den großen Taten, die während der Entstehungszeit der Gemeinde durch die Apostel geschehen sind. Hätte Lukas selbst eine Überschrift gewählt, würde sein Buch vielleicht „Taten des Heiligen Geistes" oder „Taten des auferstandenen Christus" heißen, denn im Mittelpunkt der Apostelgeschichte stehen nicht Menschen, die etwas vollbracht haben, sondern die Person, die sie dazu beauftragt und befähigt hat, die Botschaft des Evangeliums weiterzutragen: Jesus Christus!

2. Verfasser

Der Verfasser der Apostelgeschichte ist derselbe wie der des Lukasevangeliums. Das hängt einerseits damit zusammen, dass das Lukasevangelium und die Apostelgeschichte ursprünglich *ein* Buch waren und erst bei der Zusammenstellung der vier Evangelien getrennt wurden. Anderseits wird aus der Vorrede der beiden Bücher (Lk 1,1-4 und Apg 1,1-2) deutlich, dass es sich um einen einheitlichen Verfasser handelt:

- Beide Bücher sind an die gleiche Person adressiert: Theophilus.
- Die Apostelgeschichte ist der Fortsetzungsband des Lukasevangeliums (Apg 1,1). Lukas beginnt in der Apostelgeschichte da, wo er in seinem Evangelium aufgehört hat: Abschied von den Jüngern und Himmelfahrt (vgl. Lk 24,50-52 mit Apg 1,4ff).
- Die Einheit von Wortschatz, Sprachstil und theologischer Gedankenführung der beiden Bücher weisen auf einen einheitlichen Verfasser hin.

Lukas war ein Mitarbeiter des Apostels Paulus und von Beruf Arzt (Kol 4,14). Er begleitete Paulus auf seinen Reisen. Das lässt sich in der Apostelgeschichte aus den Berichten schließen, bei denen Lukas plötzlich von der dritten zur ersten Person plural wechselt (sog. „Wir-Berichte" in Apg 16,10-17; 20,5-21,18; 27,1-28,16).

3. Zeit und Ort der Abfassung

Die Apostelgeschichte endet mit der ersten römischen Gefangenschaft des Apostels Paulus (28,30-31). Diese Gefangenschaft dauerte zwei Jahre (ca. 60-62 n.Chr.). Aus diesem Grund ist davon auszugehen, dass Lukas als Begleiter des Paulus in Rom blieb und die Apostelgeschichte in Rom verfasst hat und das nicht vor 62 n.Chr. Auf keinen Fall kann das Buch nach 70 n.Chr. verfasst worden sein:

- Der Tempel in Jerusalem wurde im Jahr 70 n.Chr. durch die Römer zerstört. In der Apostelgeschichte existiert er noch: z.B. 21,26-29; 26,21.

- Die Christenverfolgung unter Nero, die nach dem Brand von Rom im Jahr 64 n.Chr. einsetzte, wird mit keinem Wort erwähnt. Eine so entscheidende Entwicklung hätte er sicher nicht verschwiegen.

Die Informationsquellen des Verfassers

Lukas war ein hervorragender Geschichtsschreiber, der es verstand, wissenschaftlich zu arbeiten. Er recherchierte sehr gründlich (Lk 1,3), um mündliche und schriftliche Quellen zu sichten. Lukas sammelte nicht nur Fakten von einer christlichen Bewegung, sondern er war selbst Teil dieser Bewegung. Welche Quellen hat er verwendet?

> Als Reisebegleiter des Apostels Paulus hatte er „direkten Zugang zu den Informationen in Kap 9; 11,25-30; 12,25-28,31. Für den Rest der Apg können andere Zusammenhänge als Hinweise weiterhelfen. Aus Kol 4,10.14 ist ersichtlich, dass Lukas mit Johannes Markus bekannt war und spätestens in Rom in engere Gemeinschaft mit ihm kam. [...] Weiter sehen wir in Apg 21,8, dass Lukas mit dem Diakon und Evangelisten Philippus und dessen Töchtern in Berührung kam, von welchem er alle Informationen erhalten konnte über die Ereignisse, welche Lukas dann in Apg 6-8 beschrieb. Da Philippus bestens bekannt war mit Stephanus, konnte er ihm höchstwahrscheinlich alles über den Märtyrer erzählen. 6,1-7 und Kap. 8 betrafen sogar Philippus selber."[34]

---

[34] Mauerhofer, 1997, 260-261.

4. Empfänger

Die Apostelgeschichte ist einem Mann namens Theophilus (Freund Gottes), den nur Lukas erwähnt, gewidmet. Aus der förmlichen Anrede „hochedler Theophilus" in Lk 1,3 lässt sich schließen, dass er ein hoher römischer Beamter war, denn so wurden z.B. die Statthalter angesprochen (Apg 23,26; 24,3; 26,25). Da er im Vorwort der Apostelgeschichte nicht mehr so genannt wird, schließen manche daraus, dass er in der Zwischenzeit Christ geworden war.[35]

Theophilus, ein Römer, war vermutlich der Unterstützer von Lukas. Weil er genauen Aufschluss über den Ursprung und die Entwicklung des Evangeliums haben wollte, finanzierte er die Forschungsarbeit des Lukas und sorgte für seinen Unterhalt. Das war zur damaligen Zeit durchaus üblich. So hatte der jüdische Geschichtsschreiber Josephus die römischen Generäle Vespasian und Titus als Patrone sowie einen weiteren Gönner namens Epaphroditus. Denen widmete er sein Buch „Gegen Apion".

5. Absicht

Die Apostelgeschichte ist nicht nur ein Forschungsprojekt für geschichtlich interessierte Leser, sondern in erster Linie Gottes Wort, das aus einer dreifachen Absicht überliefert wurde:

Historische Dokumentation

Als Geschichtsbuch ist die Apostelgeschichte eine Fortsetzung der Evangelien, um die weitere Entwicklung nach der Himmelfahrt Jesu zu dokumentieren. Das Evangelium verlief nicht im Sand der Zeit, sondern breitete sich jetzt erst richtig aus. Lukas beschreibt deshalb die Anfänge der Gemeinde und den damit verbundenen Siegeslauf des Evangeliums von Jerusalem bis an das Ende der Welt.

Lukas führt „*den Leser in Windeseile durch drei Jahrzehnte der frühen Kirchengeschichte.*"[36] Ihm geht es nicht in erster Linie darum, lückenlos alle Ereignisse chronologisch aneinander zu reihen, sondern Lukas schreibt selektiv. Unter der Leitung des Heiligen Geistes wählt er die Ereignisse aus, die einen tiefen Eindruck auf ihn gemacht haben.

---

[35] Lexikon zur Bibel, Theophilus, Sp.1582.
[36] Carson/Moo, 2010, 345.

Verteidigungsschrift

Die Apostelgeschichte verfolgt auch eine apologetische (verteidigende) Absicht gegenüber den zwei Hauptgegnern der Gemeinde:

Gegenüber den Juden

Lukas bezeugt die enge Beziehung zwischen Judentum und Christentum. Juden und Christen glauben an denselben Gott und das Alte Testament ist die gemeinsame Bibel der Juden und Christen. Die Juden konnten aufgrund der Erfüllung alttestamentlicher Prophetie von der Wahrheit des Evangeliums überzeugt werden. Gleichzeitig wird die Loslösung von der jüdischen Tradition deutlich, so dass die schlimmsten Feinde der ersten Christen die eigenen Volksgenossen waren.

Gegenüber dem römischen Staat

Für die römische Welt war die Apostelgeschichte wichtig, um den Anspruch der Gemeinde, ein Werk Gottes zu sein, zu verteidigen. Gegenüber dem römischen Staat sollte deutlich werden, dass das Christentum nicht staatsfeindlich war und deshalb den Christen die gleiche Toleranz zustand wie dem Judentum. Dass Rom dies nicht begriff, zeigt sich darin, dass kurz nach der Abfassung des Buches (ca. 62 n.Chr.) die Christenverfolgung unter Nero begann (64 n.Chr.). Nero und spätere Kaiser betrachteten die Christen als Staatsfeinde.

Heilsgeschichtliches Zeugnis

Die Apostelgeschichte steht in der Bibliothek des Neuen Testaments zwischen den Evangelien und den Briefen. Das ist kein Zufall, sondern zeigt die heilsgeschichtliche Bedeutung und die Stellung des Buches innerhalb des Neuen Testaments:

- Die Apostelgeschichte bildet die *Brücke* zwischen den Evangelien und den Briefen. Gegenüber den Evangelien ist sie eine Fortsetzung, für die Briefe liefert sie den historischen Hintergrund. Wer die Briefe verstehen will, muss die Apostelgeschichte kennen.

- Die Apostelgeschichte ist ein *Bindeglied* zwischen dem Wirken Jesu und dem Wirken der Gemeinde. Was Jesus vorausgesagt hatte, erfüllt sich in der Apostelgeschichte (Joh 14,12).

Damit ist dieses Buch ein Zeugnis der Treue Gottes, denn sein Heilsplan entfaltet sich in der Geschichte der Gemeinde Jesu Christi. Das Wort des Evangeliums läuft weiter und breitet sich aus bis an das Ende der Welt.

6. Aufbau

Lukas hat sein Doppelwerk nicht als zusammenhanglose Schrift verfasst, sondern in „guter Ordnung" (Lk 1,3). Diese Ordnung erkennen wir schon im Aufbau des Buches.

Anhand von Kap 1,8 ist eine Gliederung in drei Teile entsprechend der geographischen Ausbreitung des Evangeliums sinnvoll:

- Kap 1-7: Ausbreitung des Evangeliums in Jerusalem
- Kap 8-12: Ausbreitung des Evangeliums in Judäa und Samaria
- Kap 13-28: Ausbreitung des Evangeliums bis an das Ende der Welt.

Eine alternative Gliederung in zwei Teile ist auch anhand der Hauptpersonen möglich: Im ersten Teil liegt die Hauptrolle bei Petrus (Kap 1-12) und im zweiten steht Paulus im Mittelpunkt des Geschehens (Kap 13-28). Schlüsselvers ist Kap 1,8.

7. Überblick

Die Ausbreitung des Evangeliums in Jerusalem (Kap 1-7)

Die Apostelgeschichte beginnt dort, wo das Lukasevangelium aufhört: Mit der Himmelfahrt Christi (1,1-14). Nach seiner Auferstehung gab Jesus letzte Anweisungen an seine Jünger (1,3) und kündigte das Kommen des Heiligen Geistes an, verbunden mit einem klaren Auftrag (1,8).

Im zweiten Abschnitt (1,15-26) geht es um die Nachwahl des zwölften Apostels, denn Judas hatte Selbstmord begangen. Interessant ist, wie Petrus die Ersatzwahl begründet. Er sah das Geschehene als erfüllte Prophetie von zwei messianischen Psalmen an (1,20: Zitat aus Ps 69,26 und Ps 109,8), wobei er Ps 109,8 als Handlungsanweisung für die aktuelle Situation verstand. Ein weiterer Grund für die Nachwahl könnte auch der Zusammenhang zwischen den 12 Stämmen Israels und den 12 Aposteln gewesen sein (vgl. Lk 22,28-30).

Die Apostel ermittelten Gottes Willen durch eine alttestamentliche Methode: Gebet und Los (Spr 16,33). Interessant ist, dass beim Tod des Apostels Jakobus, der wenige Jahre später getötet wurde (Apg 12,1-2), keine Nachwahl mehr stattfand. Die Wahl war demnach eine einmalige Angelegenheit. Eine apostolische Sukzession gab es nicht, da sowieso keiner mehr die ursprünglichen Kriterien erfüllen konnte (Apg 1,21-22).

Das Kommen des Geistes (Kap 2)

Das nächste Kapitel berichtet von der Ausgießung des verheißenen Heiligen Geistes (vgl. 1,4) an Pfingsten[37], einem der drei jüdischen Pflichtfeste, an dem sich eine große Menge Juden aus dem gesamten römischen Reich versammelte. Da das Pfingstfest (o. Wochenfest) bereits 50 Tage nach dem Passahfest stattfand, blieben viele der weitgereisten Pilger vom Passahfest bis zum Pfingstfest in Jerusalem. Während dieser Zeit war Jerusalem restlos ausgebucht.

Der Heilige Geist kam also zu einem Zeitpunkt, an dem möglichst viele Menschen die Botschaft von Jesus als dem Gekreuzigten (Passahfest) und Auferstandenen hören konnten und dann noch jeder in seiner Muttersprache (2,8-12). Jeder sollte die großen Taten Gottes hören, verstehen und in seine Heimat mitnehmen. Die daran anknüpfende Pfingstpredigt des Petrus blieb nicht ohne Wirkung. Etwa 3.000 Menschen bekehrten sich (2,37-41) und somit schlug die Geburtsstunde der Gemeinde Jesu im Jahr 31 n.Chr. in Jerusalem. Erste Eindrücke aus dem Leben der Urgemeinde berichtet Lukas in Kap 2,42-47.

Verkündigung des Evangeliums und erster Widerstand (Kap 3-4)

Petrus trat immer stärker in den Mittelpunkt. Damit erfüllte sich die Voraussage von Jesus (Mt 16,18-19). Auch in der zweiten Predigt von Petrus (3,12-26) aufgrund eines Heilungswunders (3,1-11) ist Jesus Christus das Hauptthema. Die Botschaft von der Auferstehung Jesu war den etablierten jüdischen Führern ein Dorn im Auge und forderte deshalb deren Widerstand heraus (Kap 4). Die Apostel ließen sich jedoch nicht einschüchtern, sondern nutzten die Vorladung vor den Hohen Rat zur Evangelisation (4,8-12). Gegen das geschehene Wunder hatte der Hohe Rat zwar keine Argumente, erteilte aber vorsichtshalber ein Redeverbot (4,17). Aber auch das Redeverbot konnte das geistliche Feuer nicht dämpfen. Im Gegenteil: Die Gemeinde nahm den Widerstand als Gebetsherausforderung an (4,23-31), was zu weiterer Vollmacht führte. Ungelehrte und einfache Leute (4,13) predigten und verkündigten Jesus als Messias und Retter.

Interne und externe Probleme (Kap 5-7)

Aus dem kleinen Jüngerkreis wurde innerhalb kurzer Zeit eine sich immer stärker ausbreitende Bewegung. Dass Probleme kommen würden, war nur eine Frage der Zeit. Die Urgemeinde war keine „problemfreie Zone".

---

[37] Wochenfest: Ex 23,14-17; Lev 23,15-16; Dt 16,16.

Interne Probleme

Die Gütergemeinschaft (4,32-37) führte zum *ersten internen Problem*: Lüge. Hananias und Saphira schummelten bei den Finanzen und belogen damit nicht nur die Gemeinde, sondern den Heiligen Geist, d.h. Gott (5,3-4). Das Paradoxe daran ist, dass sie gar nicht gezwungen waren, ihren Acker zu verkaufen bzw. den ganzen Verkaufserlös der Gemeinde zu spenden (5,4). Die Lüge bestand darin, dass sie behaupteten, sie würden den Gesamtbetrag übergeben, obwohl sie einen Teil für sich behielten. Das erste Problem war schnell gelöst, denn beide starben auf der Stelle!

Ein *zweites internes Problem* waren Spannungen zwischen zwei jüdischen Gruppen in der Gemeinde: Die eine Gruppe bestand aus den Hellenisten (6,1), den griechisch sprechenden Juden aus der Diaspora, die im Alter wieder nach Jerusalem zurückkehrten, um dort zu sterben und am Berg Zion begraben zu werden. Die andere Gruppe bestand aus den einheimischen Juden, die in Jerusalem lebten. Es gab vor allem zwei Probleme:

- *Ein Sprachproblem:* Die Diasporajuden beherrschten die hebräische bzw. aramäische Sprache der Einheimischen nicht. Sie sprachen nur Griechisch und die Dialekte aus den Ländern, in denen sie gelebt hatten (vgl. 2,9-11). Die Einheimischen konnten zwar auch Griechisch, aber doch gab es Verständigungsprobleme.

- *Ein Versorgungsproblem:* Für die Witwen der Hellenisten gab es keinen regulären Lebensunterhalt, da sie nicht in Jerusalem geboren waren. Sie wurden durch tägliche Speisungen versorgt, was eine beträchtliche finanzielle und logistische Belastung verursachte.

Diese Probleme führten zur Unzufriedenheit (6,1: Murren). Darum war eine Gemeindeversammlung notwendig. Die Fürsorge für die Witwen war ein biblisches Gebot, so dass diese Aufgabe bewältigt werden musste. Der damit verbundene Konflikt zwischen den verschiedenen Gruppen erforderte Mitarbeiter mit viel geistlicher Weisheit und Feingefühl. Die Lösung bestand in der Delegation dieser Aufgabe an hierfür begabte Männer (6,2-7). So waren die Apostel frei für die Verkündigung des Wortes (6,2).

Beachte: Die Gemeinde in Kap 6 ist nicht mehr so „ein Herz und eine Seele" wie in Kap 4,32. Das rasante Wachstum brachte Spannungen unter den Gläubigen mit sich. Die Gruppenbildung ist eine Gefahr für alle Gemeinden, unabhängig davon, welche Unterscheidungsmerkmale zugrunde liegen. Da bedarf es viel geistlicher Weisheit – vor allem für die Leiter!

Externe Probleme

Während in Kap 4 der Widerstand hauptsächlich verbaler Natur war, wurden die Gegner in Kap 5 handgreiflich. Die Apostel kamen ins Gefängnis (5,18). Der Aufenthalt war aber nur kurz, denn in der Nacht öffnete ein Engel die Gefängnistür (5,19) und am nächsten Morgen predigten sie schon wieder im Tempel (5,20-25). Als die Apostel dann vor dem Hohen Rat wieder von Jesus redeten und ihre Zuhörer als Schuldige anklagten (5,29-32), steigerte sich der Hass zu konkreten Mordplänen (5,33). Nur der Rat des besonnenen Gamaliel verhinderte eine Eskalation der Situation (5,34-42).

Ein willkommener Anlass für den Hohen Rat war der Streit des geisterfüllten Stephanus mit Gegnern des Evangeliums (6,8-9). Weil den Gegnern die Argumente ausgingen, klagten sie Stephanus vor dem Hohen Rat an, indem sie durch falsche Zeugen seine Aussagen verdrehten (6,10-15). Dadurch erhielt Stephanus die Möglichkeit, sich vor dem Hohen Rat zu verantworten. Er hielt eine denkwürdige Rede (Kap 7), die in einer scharfen Anklage der geistlichen Führer des Volkes gipfelte (7,51-53). Die Stimmung eskalierte und Stephanus wurde auf der Stelle gesteinigt (7,54-60). Die Gemeinde hatte ihren ersten Märtyrer. Dieses Mal gab es kein Wunder der Befreiung!

Mit Kap 7 endet der erste große Abschnitt der Apostelgeschichte. Zum Schluss dieses Teils noch einige zusammenfassende Bemerkungen:

- Das Gemeindeleben spielte sich bis hierher ausschließlich auf jüdischem Boden und unter jüdischen Volksgenossen ab. Die Verkündigung war an Juden gerichtet und nahm Bezug auf das Alte Testament.

- Lukas fasst seinen Bericht in sog. „Summarien" zusammen: 2,42-47; 4,32-37; 5,12-16 (vgl. auch 9,31; 12,24; 19,20). Das sind kurze Zusammenfassungen über das Leben und die Entwicklung der Gemeinde. Lukas betont darin, was ihm wichtig ist.

- Die Verkündigung der Apostel war begleitet von übernatürlichen Zeichen und Wundern (vgl. 2,43; 3,6ff; 4,30; 5,5.10; 5,12-16; 5,19). Sie waren aber nicht Mittelpunkt, sondern Anlass und Bekräftigung der Predigt vom auferstandenen Christus.

Das Zeugnis des Evangeliums in Judäa und Samaria (Kap 8-12)

Mit *Kap 8* beginnt der nächste Schritt bei der Ausbreitung des Evangeliums. Es waren etwa drei Jahre seit Pfingsten vergangen. Trotzdem die Gemeinde ein gewaltiges Wachstum erlebte, beschränkte sich das Zeugnis der Jünger immer noch auf Jerusalem. Wie konnte sich das ändern?

Gott gebrauchte ein ungewöhnliches Mittel: *Verfolgung*. Mit der Steinigung des Stephanus begann eine Zeit der Verfolgung, die zur Zerstreuung der Christen nach Judäa und Samarien führte (8,1b). Dazu müssen wir wissen, dass kein Jude freiwillig nach Samarien gegangen wäre, denn die Samariter[38] mit ihrer Religionsvermischung waren für die Juden schlimmer als die Heiden. Und trotzdem verkündigten die zerstreuten Jünger in ihrer neuen Umgebung das Evangelium (8,4). Die Verfolgung, die das Feuer des Evangeliums auslöschen sollte, bewirkte genau das Gegenteil. Der Gegenwind fachte das Feuer des Heiligen Geistes noch mehr an!

Einer der Zerstreuten war *Philippus* (6,5), der in Samarien das Evangelium mit großer Vollmacht verkündigte. Die Leute erkannten, dass hier Gott am Werk war (8,4-8) und kamen zum Glauben (8,12-13). Bei Simon, dem Zauberer stand jedoch mehr das eigene Machtstreben im Mittelpunkt, so dass er von Petrus scharf zurechtgewiesen wurde (8,9-24). Er hatte nicht verstanden, wer der Heilige Geist ist. Bis heute nennt man daher in der Kirchengeschichte den Kauf oder Verkauf kirchlicher Ämter „Simonie".

Den nächsten Auftrag erhielt Philippus durch einen Engel (8,26). Der Heilige Geist gab ihm genaue Anweisungen, was er zu tun hatte. Er traf auf einen hohen Finanzbeamten, der mit seinem Wagen auf dem Heimweg nach Äthiopien[39] war (8,27-28). Der hatte sich in Jerusalem eine Jesaja-Schriftrolle gekauft und las genau in dem Moment, als er an Philippus vorbeifuhr, im 53. Kapitel. Philippus erklärte ihm die Bedeutung (8,32-35) und der Äthiopier kam zum Glauben (8,36-39), so dass er als veränderter Mensch in seine Heimat zurückkehrte. Danach wurde Philippus durch den Geist Gottes nach Aschdod entrückt (8,39), von wo aus er seine Evangelisationstour fortsetzte. Philippus muss in Cäsaräa gewohnt haben, denn nach Kap 21,8-9 lebte er dort mit seiner Familie in einem Haus.

Kap 9-10 sind weitere Meilensteine der Ausbreitung des Evangeliums. Als erstes beruft Gott den „Missionar der Heiden" (9,15). Saulus, der eifrigste Verfolger der Gemeinde, begegnete Jesus und stürzte von seinem hohen Ross. Die Jünger waren zuerst misstrauisch und erst durch die Vermittlung von Barnabas wurde er in die Gemeinde aufgenommen (9,13-14.21.26). Mit dem gleichen Eifer wie als Verfolger verkündigte er fortan das Evangelium, was dazu führte, dass aus dem Verfolger ein Verfolgter wurde (9,20-29).

---

[38] Ein Konflikt mit langer Vorgeschichte: Vgl. 2Kön 17.

[39] Das Königreich Äthiopien (Im AT: Kusch) lag im Süden des heutigen Ägypten. Es hatte enge historische Bindungen an Jerusalem und den jüdischen Glauben. Nicht zu verwechseln mit dem heutigen Äthiopien.

In *Kap 10* erreichte das Evangelium zum ersten Mal Nichtjuden. Gott bereitete Petrus durch eine Vision darauf vor (10,9-20), im Haus des römischen Hauptmanns Kornelius das Evangelium zu verkündigen (10,23-43). Indem Gott seinen Geist während der Predigt über die heidnischen Zuhörer ausgoss, wurde Petrus und seinen Begleitern klar, dass auch Nichtjuden Zugang zum Heil haben (10,34-35). Dieses Ereignis ist ein entscheidender Meilenstein in der Heilsgeschichte Gottes.

In *Kap 11* muss Petrus Rechenschaft vor den Gemeindeleitern in Jerusalem darüber ablegen, warum er den Heiden das Evangelium verkündigt hat (11,1-17). Nun erkennen alle, dass das Evangelium nicht nur für die Juden gedacht war (11,18). Durch die Zerstreuten kam die frohe Botschaft nach Antiochia, einem zweiten Stützpunkt der Evangelisationsbewegung. Zu dieser Gemeinde gehörten Barnabas und Saulus (11,23-26).

In *Kap 12* berichtet Lukas von einem Rückschlag bei der Ausbreitung des Evangeliums. Vor dem Start der weltweiten Mission wurde die junge Gemeinde auf eine Bewährungsprobe gestellt: Der Tyrann Herodes Agrippa I. tötete Jakobus und warf Petrus ins Gefängnis, beides Apostel und Gemeindeleiter in Jerusalem. Auch wenn Petrus wunderbar befreit wurde, zeigt sich hier ein Prinzip, das sich durch die ganze Geschichte der Gemeinde Jesu hindurchzieht:

> Während der gesamten Kirchengeschichte schwang das Pendel immer zwischen Ausbreitung und Widerstand, zwischen Vormarsch und Rückzug, jedoch immer mit der Versicherung, dass die Mächte des Todes und der Hölle niemals die Gemeinde Christi überwinden würden, da diese sicher auf dem Fels Jesus Christus gebaut ist.[40]

Wie schon in Kap 7 geht auch der nächsten Stufe der Ausbreitung des Evangeliums eine Verfolgungszeit voraus. Krisenzeiten sind Reifezeiten und oft das Tor zu neuer Wirksamkeit!

Das Zeugnis des Evangeliums bis an das Ende der Erde (Kap 13-28)

Kap 13 markiert einen weiteren entscheidenden Wendepunkt in der Apostelgeschichte. Bisher reichte der Horizont der Christen nicht über Palästina und das syrische Festland hinaus. Nun erfüllt sich der dritte Teil der Verheißung Jesu (1,8). Die Grundlagen waren gelegt, weil die Juden erkannt hatten, dass das Evangelium auch den Heiden verkündigt werden musste (Kap 10) und Gott das notwendige „Werkzeug" dazu berufen hatte (9,15).

---

[40] Stott, 1990, 297.

Die Zeit war reif und der Heilige Geist gab den Startschuss in der Gemeinde von Antiochien (13,1-3). In *Kap 13-21* berichtet Lukas von den drei Missionsreisen des Apostels Paulus und seinem Team. Diese Reisen sind so spannend und ereignisreich, dass die direkte Lektüre sinnvoller ist als eine Zusammenfassung. Landkarten der einzelnen Missionstouren sind in fast allen Bibelausgaben im Anhang enthalten.

In *Kap 22-28* finden wir einen ausführlichen Bericht von der Reise des Paulus nach Rom. Bemerkenswert ist hier, dass er nicht als freier Missionar unterwegs war, sondern als Gefangener der römischen Weltmacht. Und trotzdem verkündigt er das Evangelium. Der Schluss der Apostelgeschichte ist offen – vielleicht deshalb, weil der Auftrag bis heute noch nicht abgeschlossen ist.

Exkurs: Der Heilige Geist in der Apostelgeschichte

In seinen Abschiedsreden versprach Jesus seinen Jüngern, dass er sie nicht als Waisen zurücklassen wird, wenn er in den Himmel auffährt, sondern zu ihnen kommt durch den Heiligen Geist (Joh 14,16-18). Die Apostelgeschichte beweist die Erfüllung dieser Verheißung und zeigt, wie wichtig der Heilige Geist bei der Ausbreitung des Evangeliums ist:

Der Heilige Geist kommt zu den Menschen

Das Kommen des Geistes geschieht nicht immer in ein und derselben Weise. Der Geist weht, wie und wo er will und darf deshalb in kein Schema gepresst werden. Beispiele:

- Er „setzt" sich auf jeden Jünger (2,1-4; vgl. 10,46; 19,6).
- Er zieht ein nach Buße und Taufe (2,38). Die Reihenfolge ist nicht zwingend: Taufe vor Geistempfang (19,5-6) oder Geistempfang vor Taufe (10,44.47). Entscheidend ist allerdings die Buße!
- Er „fällt" auf Menschen während einer Predigt (10,44) oder bei Handauflegung (8,17; 19,6).
- Er macht keine Unterschiede: Er kommt zu Juden, Samaritern und sogar zu Heiden (15,8-9; vgl. 2,11; 8,14-15; 10,45; 11,15).

Der Heilige Geist erfüllt einzelne Personen

Der Heilige Geist erfüllt einzelne Personen oder auch Personengruppen:

- Petrus (4,8)
- Diakone (6,3)
- Stephanus (6,5.10; 7,55)
- Barnabas (11,24)
- Paulus (9,17; 13,9)
- Jünger (2,4; verbunden mit Freude: 13,52)
- Apollos (18,25)
- Eine Gebetsversammlung (4,31)

Diese Menschen benötigten keine besonderen Fähigkeiten. Einfache Leute (4,13: ἰδιῶται *idiōtai* Laien, Unkundige) waren zu Taten fähig, die man ihnen nicht zutraute.

Der Heilige Geist leitet Menschen

Die Geistesleitung ist ein Schwerpunkt der Apostelgeschichte. Wer auf ihn hört, empfängt Weisung, ohne dass ein festes Schema erkennbar ist:

- Er spricht direkt zu Philippus (8,29).
- Er redet zu Petrus während er nachdenkt (10,19) und arrangiert das Zusammentreffen mit Kornelius, dem er einen Engel sendet (10,3.5-6).
- Er spricht in der Gemeinde während einer Versammlung (13,2), indem er Menschen namentlich beruft und zum Dienst aussendet (13,4).
- Er bestimmt die Reiseroute. Er verwehrt Pläne (16,6-7) und offenbart neue Missionstouren (16,9-10).

Die Verkündigung des Evangeliums ist ohne den Heiligen Geist nicht möglich. Wer auf seine Stimme hört und sich von ihm leiten lässt, vollbringt übernatürliche Taten und schreibt damit Geschichte der Gemeinde Jesu Christi.

Im Unterschied zur heilsgeschichtlichen Situation in der Apostelgeschichte ist zu beachten, dass alle individuelle Geistesleitung übereinstimmen muss mit dem geoffenbarten Wort Gottes. Der Geist führt nicht im Widerspruch zur Bibel und auch nicht über die Bibel hinaus, sondern öffnet das Verständnis für das geschriebene Wort Gottes. Wort und Geist dürfen nicht voneinander getrennt werden.

Wenn Wort und Geist zusammenkommen, besitzt jeder Nachfolger die optimale Ausrüstung und Vollmacht, um die Botschaft des Evangeliums sowohl in der eigenen Umgebung als auch bis an das Ende der Welt zu bezeugen durch Wort und Tat.

Der Auftrag, Zeuge Jesu Christi zu sein, gilt bis zur Wiederkunft Christi. Die Zeiten ändern sich, der Auftrag bleibt derselbe!

APOSTELGESCHICHTE – AUSBREITUNG DES EVANGELIUMS

Schlüsselvers: „Aber ihr werdet die Kraft des Heiligen Geistes empfangen, der auf euch kommen wird, und werdet meine Zeugen sein..." (1,8)

		IN JERUSALEM					IN JUDÄA UND SAMARIA					BIS AN DAS ENDE DER WELT						
1	2	3	4	5	6	7	8,2	9	10	11	12	13-14	15	15,36	18,23	21,27	23	24	25,13	27-28
Einleitung - Himmelfahrt	Pfingsten	Heilung des Gelähmten	Beginn der Verfolgung - Gemeindeleben	Hananias und Saphira - Rat Gamaliels	Gemeindeprobleme - Diakone	Stephanus - Erster Märtyrer	Zerstreuung - Philippus - Zauberer Simon	Bekehrung des Paulus - Wunder durch Petrus	Hauptmann Kornelius	Bericht des Petrus in Jerusalem - Antiochia	Tod des Jakobus - Petrus im Gefängnis - Tod des Herodes Agrippa	Die erste Missionsreise	Apostelkonzil in Jerusalem	Die zweite Missionsreise	Die dritte Missionsreise	Verhaftung des Paulus - Verteidigungsrede	Paulus vor dem Hohen Rat - Mordanschlag - Überführung nach Cäsarea	Paulus vor Felix	Paulus vor Festus und König Agrippa	Reise nach Rom

Gründung und Festigung der Gemeinde | Zerstreuung der Gemeinde | Ausbreitung der Gemeinde

Hauptperson: Petrus | Hauptperson: Paulus

Zeitraum: ca. 30 Jahre (ca. 31-62 n.Chr.)

Themen der Apostelgeschichte
- Das Zusammenleben in der Gemeinde
- Kein Wachstum ohne Widerstand
- Die Priorität der Mission
- Prinzipien der Geistesleitung
- Zentrale Inhalte der Verkündigung

Titel: Taten der Apostel ΠΡΑΞΕΙC ΑΠΟCΤΟΛΟΝ
- Abfassungszeit: ca. 62 n.Chr.
- Abfassungsort: Rom
- Empfänger: Theophilus
- Verfasser: Lukas (Band 2 - Luk 1,1-4)
- Schlüsselwort: Zeugnis

Literatur

Aebi, Ernst: Kurze Einführung in die Bibel, Marienheide, Bibellesebund, 14. Aufl., 1993.

Bruce, F.F.: The Book of the Acts Revised Edition. The New International Commentary on the New Testament, Grand Rapids, Eerdmans, 1988.

Carson, D.A. & Moo, J. Douglas: Einleitung in das Neue Testament, Gießen, Brunnen, 2010.

Jensen, Irving: Die Geburt der Gemeinde. Ein Studienkurs. Bd. 2: Apostelgeschichte bis Galaterbrief, Oerlinghausen, Betanien, 2003.

Lexikon zur Bibel, Wuppertal, R. Brockhaus, 2003.

Mauerhofer, Erich: Einleitung in die Schriften des Neuen Testaments Bd. 1: Matthäus-Apostelgeschichte, Holzgerlingen, Hänssler, 1997.

Reifler, Hans Ulrich: Bibelkunde des Neuen Testaments. Die Bibel lieben, kennen und verstehen, Nürnberg, VTR, 2006.

Stott, John: Die Botschaft der Apostelgeschichte. Ein exegetisch-homiletischer Kommentar, Holzgerlingen, Hänssler, 2000.

Walvoord, John F., Zuck, Roy B.: Das Neue Testament. Erklärt und ausgelegt. Bd. 4: Matthäus-Römer, Neuhausen-Stuttgart, Hänssler, 1992.

DER RÖMERBRIEF

Es gibt kein anderes Buch der Bibel, das solche umwälzende Bewegungen in der Kirchengeschichte ausgelöst hat wie der Römerbrief. Martin Luther (1483-1546) z.B. erlebte durch den Römerbrief eine Lebenswende und der Kirchenvater Augustinus (354-430 n.Chr.) wurde durch das Lesen von Röm 13,13-14 ein anderer Mensch. Luther schreibt über den Römerbrief:

> Dieser Brief ist das rechte Hauptstück des Neuen Testaments und das allerlauterste Evangelium, welcher wohl würdig und wert ist, dass ihn ein Christenmensch nicht allein Wort für Wort auswendig wisse, sondern täglich damit umgehe als mit einem täglichen Brot für die Seele ... [41]

Es lohnt sich also, eine Tour durch den Römerbrief zu unternehmen.

1. Verfasser

Paulus gibt sich gleich zu Beginn des Briefes als Verfasser zu erkennen (1,1). Er bezeichnet sich selbst als Knecht (δοῦλος *doulos* = Sklave) und Apostel (ἀπόστολος *apostolos* = Apostel, Abgesandter, Bote) Jesu Christi, der von Gott berufen und ausgesondert wurde, um das Evangelium von Jesus Christus zu verkündigen (1,1-3). Sein Mitarbeiter Tertius diente ihm als Sekretär bei der Abfassung des Briefes (16,22). Aus 16,1-2 lässt sich ableiten, dass der Brief durch eine Diakonin mit Namen Phöbe überbracht wurde. Für sie war der Brief gleichzeitig ein Empfehlungsschreiben.

2. Zeit und Ort der Abfassung

Der Römerbrief wurde im Jahr 57 n.Chr. von Korinth aus geschrieben. Dort hielt sich Paulus am Ende seiner dritten Missionsreise auf (Apg 20,2-6). In seiner Grußliste erwähnt er Gläubige aus Korinth: Phöbe aus Kenchräa, der Hafenstadt von Korinth (16,1) und Gajus (16,23 vgl. 1Kor 1,14), dessen Haus der Versammlungsort der Gemeinde war. Paulus plante, die Kollektensammlung von Mazedonien und Achaja nach Jerusalem zu bringen (15,15-27; vgl. 2Kor 8,1-2; 9,1-2; Apg 24,17). Er ahnte bereits, dass sein Aufenthalt in Jerusalem kein gutes Ende nehmen würde (15,30-32).

---

[41] Luther, 1963, 45.

3. Empfänger

Der Brief ist an die Hauptstadtgemeinde des römischen Reiches gerichtet. Rom zählte im apostolischen Zeitalter über eine Million Einwohner und war damit die größte und bedeutendste Stadt der damaligen Welt. In Rom lebten unzählige Sklaven. Sprachlich und religiös war es durch die Griechen geprägt. Als Paulus diesen Brief schrieb, hatte Kaiser Nero gerade seine Herrschaft angetreten (54-68 n.Chr.) und die Christenverfolgung noch nicht begonnen.

Wer die Gemeinde in Rom gegründet hat, ist nicht bekannt. Es war auf jeden Fall nicht Paulus (1,13). Vermutlich kam das Evangelium durch die jüdischen Festpilger, die sich am Pfingstfest in Jerusalem bekehrt hatten (Apg 2,10), nach Rom. Die Verbreitung des Evangeliums führte zu Konflikten zwischen Juden und Heiden, die damit endeten, dass Kaiser Claudius im Jahr 49 n.Chr. ein Edikt erließ, das die Juden aus Rom auswies.[42] Davon waren auch Judenchristen betroffen (Apg 18,1-2). Nach dem Tod des Claudius im Jahr 54 n.Chr. konnten sich die Juden wieder in Rom niederlassen.

Die Gemeinde in Rom setzte sich aus Juden und Heiden zusammen, wobei die Heiden in der Mehrzahl waren (1,5-6.13; 15,15-16). Die Gemeinde traf sich in Privathäusern (16,5.10.11.14.15).

4. Anlass

Paulus hatte von dem vorbildlichen Glauben der Christen in Rom gehört (1,8; 16,19). Er hatte schon öfters die Absicht, die Gemeinde zu besuchen, wurde aber immer wieder davon abgehalten (1,13; 15,22). Nun kündigte er seinen Besuch schriftlich an. Paulus wollte die Gemeinde unbedingt persönlich kennen lernen, um Gemeinschaft mit ihnen zu pflegen, sie im Glauben zu stärken und auch selbst neue Ermutigung zu empfangen (1,10-12).

Der Römerbrief ist aber auch ein Missionsschreiben, denn Paulus plante, von Rom aus nach Spanien weiterzureisen, um dort das Evangelium zu verkündigen. Rom sollte ihm als Missionsbasis für seinen Vorstoß in den Westen dienen (15,24) und er warb deshalb um die Unterstützung der Christen in Rom (15,22-23.30).

---

[42] Nach einer Notiz des römischen Schriftstellers Sueton wurden die Juden wegen einem gewissen „Chrestos" (Christus) aus Rom verwiesen.

Diese Pläne wurden aber durch seine Gefangennahme in Jerusalem durchkreuzt (Apg 21,33). Paulus kam zwar nach Rom, aber als römischer Gefangener. Ob er jemals nach Spanien reiste, ist nicht sicher. Nach Apg 28,30 dauerte seine Gefangenschaft in Rom zwei Jahre. Nach seiner Freilassung soll er gemäß einer späteren Überlieferung nach Spanien gereist sein.

5. Aufbau

Das Thema des Briefes ist die *Gerechtigkeit Gottes*. Der Römerbrief lässt sich in *zwei Hauptteile* gliedern:

- Im ersten Teil (Kap 1-11) geht es um die *Offenbarung der Gerechtigkeit*. Hier liegt der Schwerpunkt auf der Lehre.

- Im zweiten Teil (Kap 12-16) geht es um das *Leben in der Gerechtigkeit*. Hier liegt der Schwerpunkt auf der Praxis des Glaubens.

Wie bei Paulus üblich folgt dem Indikativ der Imperativ, d.h. der Theorie die Praxis. Lehre und Leben gehören für Paulus untrennbar zusammen.

Paulus behandelt die entscheidende Frage, wie denn der Mensch vor Gott gerecht werden kann, wie er Gottes Gerechtigkeit erlangt angesichts seiner Sündhaftigkeit. Paulus verwendet und erklärt eine Anzahl zentraler Begriffe des Neuen Testaments wie z.B. Rechtfertigung und Heiligung, Gesetz und Gnade, Sünde als Macht und Sünden als einzelne Taten, Fleisch und Geist, Übertretung und Erlösung.

Der **Schlüsselvers** des Briefes steht in 1,16-17:

> Denn ich schäme mich des Evangeliums nicht, ist es doch Gottes Kraft zum Heil jedem Glaubenden, sowohl dem Juden zuerst als auch dem Griechen. Denn Gottes Gerechtigkeit wird darin geoffenbart aus Glauben zu Glauben, wie geschrieben steht: »Der Gerechte aber wird aus Glauben leben.«

6. Überblick

Paulus entfaltet wie in keinem anderen Brief den Heilsplan Gottes sowohl für Heiden als auch für Juden. Die spannende Frage ist doch, wie ein Nichtjude überhaupt gerettet werden kann. Muss er zuerst Jude werden und das Gesetz halten? Und was ist mit den Juden? Hebt der Glaube an Jesus das Gesetz auf? Welche Zukunft hat das Volk Israel? Das sind alles Fragen, mit denen sich Paulus auseinandersetzen musste. Das tat er im Römerbrief.

Einleitung (1,1-1,17)

Der Römerbrief beginnt mit einer ungewöhnlich langen Einleitung. Im *ersten Teil* ergänzt Paulus die Absender- und Empfängerangabe durch Details über das Evangelium Gottes von Jesus Christus (1,1-7). Er hat seine Berufung zum Apostel und den Auftrag, das Evangelium unter den Nationen zu verkündigen, direkt vom auferstandenen Christus empfangen.

Verkündigung versteht Paulus nicht als Information über eine Sache, sondern als Aufforderung, Jesus als Herrn (κύριος *kyrios* = Herr, Besitzer, Gebieter) anzunehmen, ein Leben im Gehorsam des Glaubens zu führen und Christus in allem zu verherrlichen (1,5 vgl. 16,26).

Im *zweiten Teil* der Einleitung bringt Paulus seine Sehnsucht zum Ausdruck, die Gemeinde in Rom endlich zu besuchen, um Gemeinschaft mit ihnen zu erleben und auch in Rom das Evangelium zu verkündigen (1,8-15). Paulus umschreibt in 1,11-12 sehr schön, was *echte Gemeinschaft* ausmacht: Er will den römischen Christen mit seinen Gaben dienen, um sie im Glauben zu stärken und er will gleichzeitig Trost und Ermutigung von ihnen empfangen. Echte Gemeinschaft ist keine Einbahnstraße, sondern zeigt sich im gegenseitigen Geben und Nehmen!

Im *letzten Teil* der Einleitung formuliert Paulus das Thema des ganzen Briefes in Form einer These: Das Evangelium ist Gottes Kraft, die den Zugang zur Gerechtigkeit Gottes durch den Glauben bereitet (1,16-17).

Warum und wie wird der Mensch gerettet? (Kap 1,18-4,25)

Nach der Einleitung steigt Paulus in die Diskussion darüber ein, *warum* der Mensch überhaupt Errettung braucht (1,18-3,20) und *wie* dies geschieht (3,21-4,25). Wer nach Rettung und Hilfe verlangt, muss zuerst erkennen, dass er verloren ist. Es gibt kein Heil ohne Sündenerkenntnis! Paulus beweist, dass kein Mensch vor Gott gerecht ist und die ganze Welt unter dem Verdammungsurteil Gottes steht. Zunächst beschäftigt er sich mit den Heiden und danach mit den Juden.

Die Heiden sind schuldig vor Gott (1,18-2,16)

Die hauptsächliche Schuld des Menschen besteht darin, dass er gottlos d.h. ohne Gott lebt und ihm nicht die Ehre und den Dank zukommen lässt, der ihm gebührt. Und das obwohl Gott sich durch die Schöpfung geoffenbart und damit erkennbar gemacht hat, damit keiner eine Entschuldigung hat (1,20,21).

Die *Abwendung* von Gott, dem Schöpfer, wirkt sich verheerend auf den ganzen Menschen aus: Torheit, Unverstand, verfinstertes Herz (1,21-22). Sie ist zugleich eine *Hinwendung* zum Geschaffenen, das anstelle des Schöpfers angebetet wird (1,23).

Auf diese Entscheidung des Menschen hat Gott reagiert. Der Mensch hat die Sünde gewählt und Gott lässt ihn laufen. Er hat sie „dahingegeben" (dreifache Betonung: 1,24.26.28), indem er sie der Macht der Sünde ausgeliefert hat. Erst *will* der Mensch sündigen, nun *muss* er sündigen! Paulus zählt Bereiche auf, die auch heute aktuell sind: Starkult (1,25b: Das Geschöpf mehr ehren als den Schöpfer) und die Homosexualität (1,26-28).

Da Paulus sehr verallgemeinernd geschrieben hat, begegnet er in 2,1-16 den Einwänden der Heiden, die diese Sünden ebenso verurteilen und ein gutes moralisches Leben führen. Paulus verbietet ihnen, sich als Richter aufzuspielen, denn auch sie haben sich von Gott abgewandt und sündigen, wenn es auch Unterschiede im Ausmaß, der Häufigkeit oder dem Grad gibt. Er betont die Maßstäbe für Gottes Gericht: Wahrheit (2,2); Gerechtigkeit (2,5-6); Unparteilichkeit (2,11). Diese Maßstäbe gelten für Juden und Nichtjuden (2,12-16).

Die Heiden sind beherrscht von der Macht der Sünde. Sie stehen unter dem Zorn Gottes und sind schuldig vor Gottes Gericht. Sie brauchen dringend Erlösung! Gott will nicht den Tod des Sünders, sondern dass er umkehrt und lebt.

> **Röm 2,4-5 NGÜ** Oder betrachtest du seine große Güte, Nachsicht und Geduld als selbstverständlich? Begreifst du nicht, dass Gottes Güte dich zur Umkehr bringen will? Doch du bist verhärtet. Dein Herz ist nicht zur Umkehr bereit.

Die Juden sind schuldig vor Gott (2,17-3,8)

Während die Verlorenheit der Heiden noch einleuchtend erscheint, ist die Sache bei den Juden schwieriger. Sie verachten die Lebensweise der Heiden und fühlen sich sicher vor Gottes Gericht, weil sie das Gesetz (2,17-24) und die Beschneidung (2,25-29) haben.

Paulus führt den Juden vor Augen, dass der Besitz dieser Vorrechte sie nicht retten kann: Nicht die Kenntnis von Gottes Willen (Gesetz) ist entscheidend, sondern das Tun des Gesetzes (2,21-24). Nicht die äußere Beschneidung macht einen rechten Juden aus, sondern die Beschneidung des Herzens (2,28-29).

Paulus führt einen inneren Dialog mit seinen Gegnern. Aufgrund des Gesagten würde sofort der Einwand kommen: Welchen Vorteil hat dann der Jude überhaupt gegenüber dem Nichtjuden (3,1-2)? Als Antwort betont Paulus das große Vorrecht der Juden, dass Gott ihnen das Gesetz anvertraut hat. Sie haben die Verheißungen Gottes, zu denen er treu steht und die durch die Untreue des Volkes nicht aufgehoben werden (3,3-4).

Paulus geht noch auf einige spitzfindige Fragen ein (3,5-8):

- Wenn Gottes Gerechtigkeit durch die Ungerechtigkeit des Menschen zur Geltung kommt (d.h. Gott kommt dabei groß raus) – hat er dann überhaupt das Recht, den Menschen zu richten?

- Wenn ich ein Lügner bin, wird dadurch umso deutlicher, dass Gott treu und zuverlässig ist, d.h. ich trage mit meiner Lüge dazu bei, dass Gottes Ruhm größer wird. Kann er dann mich überhaupt noch als Sünder verurteilen?

- Sollten wir folglich nicht Böses tun, damit Gutes dabei herauskomme? Hauptsache ist doch, dass Gott groß gemacht wird.

Solchen Fragen, die letztlich nur dazu dienen, den eigenen Kopf aus der Schlinge zu ziehen, setzt Paulus ein klares zweifaches „Auf keinen Fall!" (μὴ γένοιτο *me genoito* = Niemals! Auf keinen Fall) entgegen (3,4.6 vgl. auch 6,2).

Gottes Urteil: Alle Menschen sind schuldig (3,9-20)

Paulus fasst das Gesagte noch einmal in Frage und Antwort zusammen und kommt zu dem Ergebnis, das für alle Menschen gilt: Alle stehen unter der Herrschaft der Sünde (3,10). Dieses Fazit bekräftigt er durch verschiedene Zitate aus dem Alten Testament (3,11-18).

Paulus schlägt seine Gegner mit ihren eigenen Waffen, denn er argumentiert vom Alten Testament her bzw. mit dem Gesetz (3,19).[43] Paulus betont, welche Bedeutung und welchen Sinn das Gesetz hat: Das Gesetz führt zur Erkenntnis der Sünde, aber nicht zur Erlösung von der Sünde (3,20). Die Kraft zur Befreiung liegt nicht im Gesetz. Etwas überspitzt könnte man die Aussagen des Paulus so formulieren: Das Gesetz ist nicht dazu da, dass ich danach strebe, es einzuhalten, sondern um zu erkennen, dass ich es nicht halten kann.

---

[43] Häufig vorkommender Ausdruck „Es steht geschrieben" (γέγραπται *gegraptai*): 1,17; 2,24; 3,4.10; 4,17.23; 8,36; 9,13.33; 10,15; 11,8.26; 12,19; 14,11; 15,3.9.21).

Aber wie geschieht dann die Errettung wenn nicht durch das Gesetz? Im folgenden Abschnitt gibt Paulus die Antwort darauf (3,21-4,25). Er präsentiert die Lösung und begründet sie beispielhaft an einem Menschen von zentraler Bedeutung für Juden und Heiden: Abraham (4,1-25).

Seine Lösung lautet: Die Gerechtigkeit vor Gott kann nur *durch den Glauben* erlangt werden (3,23-24.28). Indem er betont, dass die Rettung nicht durch die Einhaltung des Gesetzes geschieht, bedeutet das für die Heiden, dass sie nicht erst Juden werden müssen[44], um das Heil zu erlangen. Sie brauchen nur Christus! Wer an ihn glaubt, wird gerettet aufgrund der Gnade Gottes, die man weder verdienen noch kaufen kann.

Dieser Abschnitt war einer der Haupttexte für Martin Luther in der Auseinandersetzung mit der Kirche des Mittelalters. Er entdeckte, dass die Erlösung weder durch Selbstkasteiung noch durch kirchlichen Ablass erworben werden kann, sondern allein durch den Glauben an Christus.

Paulus führt Abraham als Beispiel für die Rechtfertigung durch den Glauben an. Abraham glaubte der Verheißung Gottes und deshalb sprach ihn Gott gerecht (4,3 vgl. Gen 15,6). Und was das Erstaunliche daran ist, dass dies geschah, bevor er beschnitten wurde (4,9-10). Die spätere Beschneidung war lediglich eine Bestätigung der Rechtfertigung (4,11-12). Weiter führt Paulus aus, dass die Verheißung Gottes, ihm als Erben die ganze Welt zum Eigentum zu geben (4,13), nicht an die Einhaltung des Gesetzes gebunden war (4,13-14). Abraham vertraute Gott und glaubte seinem Wort (4,20-21). Das ist das Einzige, was bei Gott zählt!

Abraham ist ein *Vorbild des Glaubens* für Juden und Heiden. Was für ihn galt, gilt auch für uns. Paulus erweitert hier die Perspektive über das AT hinaus: Wir glauben an *den* Gott, der seinen Sohn von den Toten auferweckt hat. Durch ihn ist Erlösung und Freispruch von Schuld möglich (4,23-25).

Wozu wird der Mensch gerettet? (Kap 5-8)

Nachdem Paulus das *Warum* und das *Wie* der Rettung geklärt hat, entfaltet er in den folgenden Kapiteln die *Folgen* oder die Früchte der Rechtfertigung. Ein Überblick ist schwer, weil so eine Fülle darin steckt, dass die beste Einführung darin besteht, diese Kapitel immer wieder zu lesen und darüber nachzudenken. An dieser Stelle sollen nur beispielhaft einige Punkte aufgezählt werden.

---

[44] Vgl. die Auseinandersetzung in der Urgemeinde: Apg 15 und Galaterbrief.

Paulus nennt in 5,1-11 die ersten vier Früchte der Rechtfertigung:

- Frieden mit Gott durch Jesus Christus (5,1-2)
- Hoffnung auf das ewige Leben (5,2)
- Rettung vor dem Gericht Gottes (5,5-10)
- Versöhnung mit Gott durch Jesus Christus (5,11)

Interessant ist, dass Paulus hier einen Begriff verwendet, der jeglicher christlicher Bescheidenheit widerspricht. Er betont mehrfach, dass wir uns „rühmen" können (καυχάομαι kauchaomai = sich rühmen, stolz sein). Das bedeutet nicht, dass wir auf unsere eigene Leistung stolz sein sollen, sondern auf das Geschenk, das wir von unserem Gott unverdienterweise empfangen haben:

- Wir können stolz sein auf die herrliche Zukunft, die uns erwartet (5,2)
- Wir können stolz sein auf unseren Gott (5,11)
- Wir können sogar stolz sein auf Schwierigkeiten in unserem Leben (θλῖψις thlipsis = Bedrängnis, Drangsal), weil sie eine Kettenreaktion auslösen, die zu einer lebendigen Hoffnung führt (5,3-5).

Paulus wird nicht müde zu betonen, dass dies alles uns nur durch oder in Christus geschenkt ist. „Durch Christus" oder „in Christus" sind zentrale Begriffe des Römerbriefes. Auf Christus kommt es Paulus an und darum stellt er den Lesern im folgenden Abschnitt (5,12-21) Adam und Christus einander gegenüber.

Christus hat uns befreit von der Sünde und damit vom Tod, damit wir ein neues Leben in Freiheit führen können (5,17: im Leben herrschen). Diese komprimierte Darlegung von Gottes Heilsplan mit dem Menschen sollte uns zu tiefer Freude, Dankbarkeit und Anbetung führen.

Durch Röm 6-8 entdeckten viele Christen ganz neu, dass sie befreit sind von der Macht der Sünde und berufen zu einem Leben in der Freiheit des Geistes. Diese Kapitel betonen eine *dreifache Freiheit der Erlösten*.

1. Die Freiheit von der Sünde (Kap 6)

In Kap 6 spricht Paulus nicht von einzelnen Sünden, sondern von der *Sünde* als Machtfaktor im Leben des Menschen. Dieser Macht kann der Mensch nur entkommen durch den Tod des alten Menschen (mit Christus gekreuzigt) und der Auferweckung zu neuem Leben durch Christus (6,1-11). Diese Tatsache wird durch die Taufe zum Ausdruck gebracht. Die Macht der Sünde ist durch Christus gebrochen! Wir können noch sündigen, aber wir müssen nicht mehr!

Entscheidend ist, dass wir im Glauben an dieser Tatsache festhalten (6,11: damit rechnen) und unser ganzes Leben Jesus zur Verfügung stellen und ihm dienen (6,12-23). Der Mensch hat nicht die Wahl, *ob* er jemand dienen will, sondern er hat nur die Wahl, *wem* er dienen will!

2. Die Freiheit vom Gesetz (Kap 7)

Kap 7 ist eines der meistdiskutierten Kapitel des Römerbriefs. Die Frage ist, von welcher Zeit seines Lebens Paulus hier spricht. Meint er seine geistliche Erfahrung vor seiner Bekehrung oder seine momentane als Apostel Jesu Christi? Wenn 7,19-21 den Normalzustand eines Christen beschreiben würde, dann wäre die christliche Freiheit nur eine Einbildung.

Paulus betont hier die Freiheit vom Gesetz durch Christus (7,1-6)! Und in diesem Zusammenhang beschreibt er rückblickend seine eigene Erfahrung vor seiner Bekehrung als Muster für den, der versucht, das Gesetz zu halten. Das Gesetz, das eigentlich zum Guten gedacht war, wurde von der Sünde missbraucht (7,7-13). Der Zwiespalt zwischen Wollen und Tun offenbart die Ohnmacht des Gesetzes (7,16-23). Es ermöglicht kein neues Leben, aber es treibt uns in die offenen Arme Christi (vgl. Gal 3,25)!

Um Funktion und Bedeutung des Gesetzes zu verstehen, muss unbedingt als Ergänzung der Galaterbrief berücksichtigt werden.

3. Die Freiheit vom Tod (Kap 8)

Römer 8 ist einer der Berggipfel des Neuen Testaments. Paulus entwirft ein gewaltiges Panorama mit einer Aussicht, die über den Tod hinausreicht. Der Gerechtfertigte ist befreit vom Verdammungsurteil Gottes und damit vom ewigen Tod (8,1). In Christus haben wir neues Leben empfangen.

Unsere Persönlichkeit besteht aus zwei Naturen. Die alte Natur, die bis zur Vollendung des Heils bei der Wiederkunft Christi bestehen bleibt (8,22-24) und die neue Natur, der „Christus in uns", die durch den Heiligen Geist gestärkt und geleitet wird (8,5-14).

Die Kraft zum neuen Leben kommt nicht aus dem Gesetz oder der eigenen Anstrengung, sondern vom Heiligen Geist! In 8,18-30 malt er die zukünftige Herrlichkeit, die er in Kap 5,2 nur kurz angedeutet hat, mit wunderbaren Worten aus.

Das große Finale (8,31-39) bildet die alles überwindende Liebe Gottes, die uns zum Ziel bringen wird durch Christus, der im Leben und im Sterben für uns einsteht.

Wie wird Israel gerettet? (Kap 9-11)

Nachdem Paulus grundsätzlich dargelegt hat, wie der Mensch vor Gott gerechtfertigt wird, widmet er sich in den folgenden Kapiteln ausführlich der Rechtfertigung Israels als Gottes Volk. Während es in den ersten Kapiteln mehr um den einzelnen Menschen ging, ist hier das Volk als Kollektiv angesprochen. Er erläutert den Heilsplan Gottes mit Israel in einer Art und Weise, wie es an keiner anderen Stelle des Neuen Testaments zu finden ist. Seine heilsgeschichtliche Schau umfasst Vergangenheit, Gegenwart und Zukunft. Aus der folgenden Übersicht sind die Schwerpunkte der Kapitel erkennbar:

Vergangenheit	Gegenwart	Zukunft
Erwählung Israels	Beiseitesetzung Israels	Wiederannahme Israels
Röm 9,6-29	Röm 9,30-10,21	Röm 11,1-29
Souveränität Gottes	Evangelium Gottes	Treue Gottes
Ganz Israel wird gerettet werden (11,26)		

Paulus trauert als Jude um sein Volk (9,1-5). Sein Herzenswunsch ist, dass Israel gerettet wird. Das wird geschehen (11,26), aber bis dahin ist es noch ein langer Weg. In Bezug auf die *Vergangenheit* betont er die Souveränität Gottes, die sich in der Erwählung zeigt (9,6-29). Es liegt alles an Gottes Erbarmen (9,16).

Die Situation in der *Gegenwart* charakterisiert Paulus damit, dass Israel Gottes Gerechtigkeit nicht erlangt hat, weil es versuchte, sie auf dem Weg der Gesetzeserfüllung zu verdienen und nicht als Geschenk im Glauben in Anspruch zu nehmen (9,30-33).

Ihrem Eifer fehlt die richtige Erkenntnis (10,1-4). Wahre Gerechtigkeit kann auch das Volk Israel nur durch den Glauben an Christus erlangen (10,4-15). Das Nein Israels zum Evangelium Gottes (10,16-21) hat bewirkt, dass es als Volk beiseitegesetzt wurde.

Aber das heißt nicht, dass Gott sein Volk verstoßen hat (11,1-2). Gott hat eine *Zukunft* für sein Volk, denn sein Bund und seine Treue können nicht aufgehoben werden. In Gottes Heilsplan diente der Fall Israels zur Rettung für die Heiden (11,11-12). Die Heiden sollen sich aber nicht über Israel erheben, sondern Sorge tragen, bei Christus zu bleiben, weil sie ja nur als wilde Zweige in den Ölbaum Israel eingepfropft worden sind (11,17-24). Ganz Israel wird gerettet werden, sobald die „Vollzahl" der Heiden erreicht ist (11,25-32) und damit die Gemeinde als Leib Christi vollständig ist.

Dieser gewaltige Ausblick und Überblick über Gottes Heilsplan ist ein Grund zur Anbetung von Gottes Größe und Treue. Deshalb endet dieser Abschnitt mit einem wunderbaren Lobpreis (Doxologie: 11,33-36).

Wie lebt ein Geretteter? (Kap 12,1-15,13)

Im zweiten Teil des Briefes zieht Paulus die Konsequenzen für das praktische Leben als Christ. Die Rechtfertigung mündet in die Heiligung. Ohne den ersten Teil des Briefes sind die Anweisungen, die wir hier finden, nichts anderes als moralische Appelle, ein gutes Leben zu führen. Wer Kap 1-11 verstanden hat, der kann auch Kap 12-15 richtig anwenden.

In 12,1-2 ist von der Grundhaltung des Gerechtfertigten die Rede: Er gibt sich Gott hin als lebendiges Opfer und richtet sein Leben nicht nach den Maßstäben dieser Welt, sondern nach Gottes Willen aus. Danach wendet Paulus dieses Lebensprinzip auf verschiedene Lebensbereiche an:

- Der Dienst des Christen in der Gemeinde. Er setzt seine Gaben in der Gemeinde ein zur Verherrlichung Gottes (12,3-8).
- Das Verhalten des Christen innerhalb der Gemeinde und der Gesellschaft. Praktische Anweisungen für das alltägliche Leben (12,9-21).
- Das Verhalten gegenüber dem Staat (13,1-7).
- Das Leben in der Liebe als Zentrum der christlichen Existenz (13,8-10).
- Das Leben im Licht als Gebot der Stunde. In der Erwartung der Wiederkunft Christi leben. Den alten Menschen ablegen und den neuen Menschen (Christus) anziehen (13,11-14).
- Das Zusammenleben in der Gemeinde: Gegenseitige Rücksichtnahme (14,1-12); Freiheit nicht auf Kosten anderer (14,13-21); handeln aufgrund des Glaubens (14,22-23); die Schwachen in der Gemeinde tragen (15,1-6); gemeinsam Gott verherrlichen (15,7-13).

Persönliches (15,14-16,23)

Paulus schließt den Brief mit einem Rückblick auf seine bisherige Tätigkeit (15,14-21), seinen Reiseplänen (15,22-33) und mit einer ausführlichen Grußliste (16,1-22). Dazwischen fügt er eine Warnung vor Irrlehrern ein, deren Verführungskünste eine Bedrohung für die Gemeinde sind (16,17-20).

Exkurs: In Christus

„Ich kam einmal in Amerika in ein Haus eines gläubigen Ehepaars, das mich bat, für sie zu beten. Als ich fragte, was ihr besonderes Anliegen sei, sagten sie: „O, Herr Nee, mit uns steht es schlecht seit einiger Zeit. Unsere Kinder bringen uns oft an das Ende unserer Geduld. Während der letzten Wochen haben wir beide mehrmals am Tage die Beherrschung verloren. Wir machen dem Namen des Herrn wirklich Unehre. Wollen Sie ihn bitten, uns mehr Geduld zu geben?"

„Das ist gerade das, was ich nicht tun kann", sagte ich. „Was meinen Sie damit?" „Ich meine, dass es hundertprozentig feststeht, dass Gott dieses Gebet nicht erhören wird."

Voll Verwunderung fragten sie: „Wollen Sie damit sagen, dass wir so weit von ihm abgekommen sind, dass Gott uns nicht erhören wird, wenn wir um Geduld bitten?"

„Nicht direkt", antwortete ich. „Aber sagen Sie mir, haben Sie je dieses Gebet ausgesprochen? Ja? Hat Sie Gott erhört? Nein? Wissen Sie weshalb? Weil Sie keine Geduld nötig haben." Die Frau sah mich scharf an. „Sie wollen sagen, wir haben keine Geduld nötig", sagte sie, „und doch sind wir den ganzen Tag lang voller Zorn und Unmut?"

„Was Sie brauchen", antwortete ich, „ist nicht Geduld, sondern Christus."

Gott gibt uns nicht Demut oder Geduld oder Liebe als einzelne Zeichen seiner Gnade. Er ist kein Verkäufer, der uns die Gnade in Portionen aushändigt: Dem Ungeduldigen ein wenig Geduld, dem Lieblosen Liebe, dem Hochmütigen Demut, damit wir mit dieser Zuteilung wieder eine Weile arbeiten können. Er hat uns eine Gabe gegeben, die alle unsere Bedürfnisse deckt, seinen Sohn Jesus Christus. Indem ich vertraue, dass er in mir lebt, wird er an meiner Statt demütig, geduldig, liebend und alles andere sein, was mir nötig ist.

Dieses Erlebnis von Watchman Nee[45], der in seinen Schriften sehr stark die Bedeutung des In-Christus-Seins hervorhebt, macht in eindrucksvoller Weise deutlich, um was es Paulus im Römerbrief geht.

---

[45] Nee, 1986, 110-111.

Alle Christen stimmen darin überein, dass der Mensch nichts zu seiner Rettung beisteuern kann als nur im Glauben anzunehmen, was Christus vollbracht hat. Aber wie ist es mit der Heiligung? Müssen wir da nicht sehr viel tun? Finden wir nicht im Neuen Testament viele Aufforderungen (Imperative) – auch im Römerbrief?

Manche verstehen Christsein im Sinne einer Partnerschaft: Jesus und ich – wir packen das! Er sagt mir, was ich tun soll und ich strenge mich an, es auszuführen. Um ein guter Christ zu sein und in der Nachfolge zu leben, muss ich auf jeden Fall täglich in der Bibel lesen und beten. Am besten immer zur gleichen Zeit. Je mehr ich im Glauben vorwärts kommen will, desto länger muss ich mir Zeit nehmen dazu: Mehr Zeit = Geistlicher Fortschritt. Dann muss ich jederzeit ein Zeuge Jesu Christi sein und meinen Glauben vor Nichtchristen bekennen und sagen, was Sache ist. Ein Christ muss außerdem an den Versammlungen der Kirche teilnehmen und mitarbeiten.

Das sind alles gute Absichten, aber wenn man so Heiligung versteht, führt sie in Verzweiflung und Resignation. Paulus will im Römerbrief unseren Blick allein und völlig auf Christus richten. Christus ist nicht nur unsere Rechtfertigung, sondern auch unsere Heiligung (1Kor 1,30-31). Wenn er in uns wohnt, dann ist alles da, was ich zum Leben und zum Sterben brauche. Brauche ich Kraft? – Sie ist da! Brauche ich Liebe für schwierige Menschen? – Sie ist da! Brauche ich Standhaftigkeit in Not? – Sie ist da! Alles, was ich brauche, ist bereits vorhanden – in bzw. durch Christus!

Das bedeutet, dass wir nicht ständig darum betteln müssen, sondern im Glauben dankbar in Anspruch nehmen dürfen, was Jesus bereithält. Wir sind viel reicher als wir denken und leben doch wie Bettler. Lassen wir uns doch vom Römerbrief die Augen öffnen und Christus in das Zentrum unseres Denkens und Handelns rücken!

RÖMERBRIEF – DIE GERECHTIGKEIT GOTTES

Schlüsselvers: „Denn Gottes Gerechtigkeit wird darin offenbart (…) Der Gerechte aber wird aus Glauben leben" (1,17)

	OFFENBARUNG DER GERECHTIGKEIT			LEBEN IN DER GERECHTIGKEIT	
Verfasser Empfänger Gruß (1,1-7) Danksagung und Ankündigung des Besuchs (1,8-15) **Briefthema (1,16-17)**	Der Zorn Gottes über alle Menschen (1,18) Alle haben gesündigt: Die Heiden (1,18-32) Die Juden (2,1-27) Alle (3,1-20) Gerechtigkeit aus Glauben für alle (3,21-31) Das Vorbild Abrahams (Kap 4)	Friede mit Gott (5,1-11) Adam und Christus: Das alte und neue Menschsein (5,12-21) Dreifache Freiheit: Freiheit von der Sünde (Kap 6) Freiheit vom Gesetz (Kap 7) Freiheit vom Tod (Kap 8)	Die Gerechtigkeit Gottes und das Volk Israel: Die Gültigkeit von Gottes Verheißungen (Kap 9,1-18) Die Gerechtigkeit aus Glauben für Israel und die Nationen (9,19-10,21) Gottes Heilsplan für Israel (11,1-36)	Die Haltung der Hingabe (12,1-2) Mit Gaben dienen (12,3-8) Liebe gegenüber Christen und Nichtchristen (12,9-21) Dem Staat unterordnen (13,1-7) **Liebe** als Erfüllung des Gesetzes (13,8-10) Im Licht leben (13,11-14)	Auf die Schwachen Rücksicht nehmen (14,1-12) Den Schwachen keinen Anstoß geben (14,13-23) Die Schwachen tragen – In Einheit leben – Einander annehmen (15,1-7) Gottes Barmherzigkeit preisen (15,7-13)	Der Dienst des Paulus (15,14-21) Reisepläne – Bitte um Unterstützung (15,22-33) Grußliste (16,1-16) Warnung und Briefschluss (16,17-27)
1,1-17	1,18-4,25	5,1-8,39	9,1-11,36	12,1-13,14	14,1-15,13	15,14-16,23
Einleitung	Rechtfertigung	Folgen der Rechtfertigung	Rechtfertigung Israels	Leben als Gottesdienst	Freiheit	Persönliches
Warum und wie der Rettung		Wozu der Rettung	Rettung Israels	Leben aus der Rettung		
Lehre – Heilsplan Gottes				Leben – Ermahnung und Ermutigung		

Themen des Römerbriefes:
- Die Verlorenheit des Menschen
- Das vollkommene Heil in Christus
- Freiheit von der Macht der Sünde
- Die Zukunft Israels
- Die Liebe als Maßstab für das alltägliche Leben
- Die zentrale Bedeutung des Glaubens

Titel: An die Römer
- Abfassungszeit: 57 n.Chr.
- Abfassungsort: Korinth (Dritte Missionsreise)
- Empfänger: Hauptstadtgemeinde Rom
- Verfasser: Paulus – Sekretär: Tertius

Literatur

Aebi, Ernst: Kurze Einführung in die Bibel, Marienheide, Bibellesebund, 14. Aufl., 1993.

Haacker, Klaus: Der Brief des Paulus an die Römer. Theologischer Handkommentar zum Neuen Testament Bd. 6, Leipzig, Ev. Verlagsanstalt, 3. Aufl., 2006.

Jensen, Irving: Die Geburt der Gemeinde. Ein Studienkurs. Bd. 2: Apostelgeschichte bis Galaterbrief, Oerlinghausen, Betanien, 2003.

Mauerhofer, Erich: Einleitung in die Schriften des Neuen Testaments Bd. 2: Römer-Offenbarung, Holzgerlingen, Hänssler, 1999.

Morris, Leon: The Epistle to the Romans. The Pillar New Testament Commentary, Grand Rapids, William B. Eerdmans, 1988.

Luther, Martin: Vorrede zum Römerbrief, zit. nach K. Aland, (Hg.), Luther Deutsch, Bd. 5, Stuttgart/Göttingen, 2. Aufl., 1963.

Nee, Watchman: Das normale Christenleben, Wuppertal, R. Brockhaus, 1986.

Reifler, Hans Ulrich: Bibelkunde des Neuen Testaments. Die Bibel lieben, kennen und verstehen, Nürnberg, VTR, 2006.

Walvoord, John F., Zuck, Roy B.: Das Neue Testament. Erklärt und ausgelegt Bd. 5: 1. Korinther-Offenbarung, Neuhausen-Stuttgart, Hänssler, 1992.

DER 1. KORINTHERBRIEF

Der Römerbrief lehrt, wie der Mensch das Heil erlangen kann und welche Folgen das in seinem Leben hat. Im ersten Korintherbrief geht es darum, wie diejenigen, die das Heil erfahren haben, in einer Gemeinde zusammenleben und welche Probleme es dabei geben kann. Paulus behandelt insbesondere im 1. Korintherbrief einen ganzen Fragenkatalog, der aus dem Alltag der Gemeinde heraus entstanden ist. Diese interessante Tour führt uns in viele praktische Details des Gemeindelebens.

1. Verfasser

Paulus nennt sich selbst als Absender und damit Verfasser des Briefes (1,1 und 16,21). An einigen Stellen schreibt er in der ersten Person (z.B. 1,13-14; 3,6). Außerdem nennt er einen Mann namens Sosthenes (1,1), der identisch sein dürfte mit dem Vorsteher der Synagoge, der von den Juden öffentlich verprügelt wurde, weil er ein Freund des Paulus war (Apg 18,17). Der Hinweis in 16,21, dass er den Gruß eigenhändig geschrieben habe, deutet darauf hin, dass er den Rest des Briefes Sosthenes diktierte (vgl. Gal 6,11).

2. Empfänger

Der Brief ist an die Gemeinde in Korinth adressiert (1,1). Paulus spricht die Christen als Heilige an und fügt danach gleich hinzu, was er darunter versteht: Heilige sind Menschen, die den Namen Jesu Christi im Gebet anrufen! Christen sind folglich Heilige, die alle den gleichen „Ansprechpartner" haben ohne dabei an einen bestimmten Ort gebunden zu sein.

Um die Situation der Gemeinde in Korinth verstehen zu können, müssen wir zuerst wissen, in welcher Umgebung sie lebte. Es ist ein Unterschied, ob eine Gemeinde sich in einem kleinen Dorf oder in einer Großstadt befindet.

Die Stadt Korinth

Korinth wurde im Jahr 146 v.Chr. durch den römischen Konsul L. Mummius Achaicus dem Erdboden gleich gemacht und glich in den folgenden 100 Jahren einem Trümmerhaufen. Im Jahr 44 v.Chr. baute der römische Kaiser Julius Cäsar Korinth wieder auf und verlieh der Stadt den Status einer römischen Kolonie.

Kaiser Augustus erhob sie sogar kurze Zeit später (27 v.Chr.) zur Hauptstadt der römischen Provinz Achaja, in der sich der Sitz des Prokonsuls befand (vgl. Apg 18,12). Der Grund dafür lag im steilen wirtschaftlichen Aufschwung bedingt durch die einmalige geographische Lage der Stadt. Korinth lag nämlich am „Isthmus", der Landbrücke zwischen der Halbinsel Peloponnes und dem übrigen Griechenland. Mit seinen beiden Häfen Lechäon im Westen und Kenchräa im Osten kontrollierte es die Ost-West-Verbindung, da die Fahrt um die Halbinsel wegen der berüchtigten Stürme gefürchtet war.

Korinth entwickelte sich deshalb in kurzer Zeit zum Zentrum des Mittelmeerhandels. Dadurch entstanden Arbeitsplätze und großer wirtschaftlicher Wohlstand. Zur Zeit des Apostels Paulus war Korinth die größte Stadt Griechenlands. Die Einwohnerzahl lässt sich schwer schätzen (100.000 bis 700.000), denn den größten Anteil der bunt gemischten Bevölkerung bildeten die Sklaven. Korinth war nicht nur die Metrole von Handel, Gewerbe und Finanzen, sondern auch Ausrichter der Isthmischen Spiele, die nach den Olympischen Spielen die wichtigsten sportlichen Wettbewerbe der Antike waren.

Als Hafenstadt war Korinth weltoffen. Ihre Bürger kamen aus allen Schichten, Kulturen und Religionen. Die Lasterhaftigkeit der Stadt war sprichwörtlich: Der Ausdruck „leben wie die Korinther" (griech. korinthiazesthai) galt als synonymer Begriff für ein zügelloses Leben. Jemand beschrieb Korinth als *„ein Paradies für Seefahrer, einen Himmel für Säufer und eine Hölle für tugendhafte Frauen."*[46]

Die Gemeinde in Korinth

Die Entwicklung der Gemeinde lässt sich aus der Apostelgeschichte und den Korintherbriefen rekonstruieren:

Entstehung der Gemeinde

Paulus kam auf seiner zweiten Missionsreise im Frühjahr 50 n.Chr. von Athen nach Korinth. Dort traf er auf das Ehepaar Aquila und Priscilla, die beide wie Paulus von Beruf Zeltmacher waren. Paulus arbeitete und missionierte zusammen mit ihnen (Apg 18,1-4). Als Timotheus und Silas eintrafen, widmete er sich ganz der Wortverkündigung, durch die einerseits Menschen zum Glauben fanden, die aber andererseits zum Bruch mit der Synagoge führte (Apg 18,5-8).

---

[46] Jensen, 2003, 74.

In den 18 Monaten, die Paulus in Korinth wohnte, entstand eine Gemeinde (Apg 18,9-11), die sich aus Juden und Heiden zusammensetzte und von denen viele der Unterschicht angehörten (vgl. 1Kor 1,26). Paulus war also der Gründer der Gemeinde in Korinth.

Entwicklung der Gemeinde

Die Gemeinde erlebte ständigen Widerstand von den Juden, insbesondere seit Krispus, der Vorsteher der Synagoge, mit seinem ganzen Haus Christ geworden war (Apg 18,8). Obwohl die erste feindliche Aktion vor dem Prokonsul Gallio fehlschlug (Apg 18,12-17) ließen sie nicht locker.

Große Unterstützung in der Auseinandersetzung erhielt die Gemeinde durch Apollos, der auf Empfehlung von Priszilla und Aquila von Ephesus nach Korinth kam. Er war ein brillanter Rhetoriker mit theologischem Sachverstand. Apollos führte öffentliche Diskussionen mit den Juden und wies überzeugend nach, dass Jesus der Messias ist (Apg 18,24-28). Apollos hatte einen so starken Eindruck bei den Christen in Korinth hinterlassen, dass sich in der Gemeinde eine Gruppe von „Apollos-Leuten" bildete (1Kor 1,12; 3,4). Als später Christen aus dem Orient in Korinth eintrafen, wurde die Lage der Gemeinde noch komplizierter, denn sie waren von Petrus geprägt und hatten keinen Bezug zu Paulus. Sie bildeten innerhalb der Gemeinde die Gruppe der „Petrus-Leute" (1Kor 1,12). So entwickelte sich die Gemeinde in Korinth zu einer Fan-Gemeinde mit vier „Fangruppen": Paulus-Fans; Petrus-Fans; Apollos-Fans; Christus-Fans. Die letzte Gruppe berief sich direkt auf Christus und lehnte die apostolische Autorität des Paulus ab. Diese Gruppen stritten gegeneinander, so dass die Einheit der Gemeinde ernsthaft gefährdet war (1Kor 1,10ff).

Zusammensetzung der Gemeinde

Die kulturelle, religiöse und soziale Vielfalt der Stadt spiegelte sich in der Zusammensetzung der Gemeinde wider:

- Die Mehrzahl der Gemeindemitglieder waren Nichtjuden, die vor ihrer Bekehrung heidnischen Götzendienst praktizierten (1Kor 12,2). Daneben gab es auch Judenchristen wie der Synagogenvorsteher Krispus (Apg 18,8).

- Der größte Teil der Gemeinde gehörte zu den unterprivilegierten Schichten der Gesellschaft und sozial Schwachen (1Kor 1,26). Dazu zählten vor allem die Sklaven (1Kor 7,21). Die Konflikte beim Abendmahl lassen auf ein starkes Wohlstandsgefälle schließen (1Kor 11,22b).

- Einige Mitglieder der Gemeinde zählten zur Oberschicht: Gajus, der ein Haus besaß, das er der Gemeinde als Versammlungsort zur Verfügung stellte (Röm 16,23); Erastus, der Stadtkämmerer (Röm 16,23), der zum „Ädilen" (Stadtrat) befördert wurde und dafür zum Dank ein Steinpflaster legen ließ, das heute noch besichtigt werden kann.

- Die „korinthische" Vergangenheit einiger Gemeindeglieder (vgl. 1Kor 6,9-11) mit entsprechendem Lebensstil hinterließ auch in der Gemeinde Spuren und bereitete viele Probleme. Das wird aus den Fragen deutlich, die sie Paulus stellten (1Kor 7,1) – z.B.: Darf man als Christ zu einer Prostituierten gehen (6,12-20)?

Die Gemeinde in Korinth war schon durch ihre Zusammensetzung eine gesellschaftliche Provokation und ein Machtbeweis des auferstandenen Christus. Gottes Weisheit zeigt sich darin, dass er völlig unterschiedliche Menschen in einer Gemeinde zusammenstellt und sie durch seinen Geist so formt, dass sie zu einer Einheit zusammenwachsen. Wir können uns die Mitglieder einer Gemeinde nicht aussuchen. Gott will keine „Zielgruppengemeinde", sondern Einheit in der Vielfalt!

3. Zeit und Ort der Abfassung

Paulus schrieb den ersten Korintherbrief auf seiner dritten Missionsreise in Ephesus (1Kor 16,8; Apg 19,1). Die Abfassungszeit weist auf das *Frühjahr 54 n.Chr.* aus folgenden Gründen hin:

- In 1Kor 16,1-4 erwähnt Paulus eine Geldsammlung für die Gemeinde in Jerusalem, auf die er in seinem zweiten Brief zurückkommt und dort auf das vorige Jahr datiert (2Kor 8,10; 9,2). Den zweiten Korintherbrief schrieb Paulus, nachdem er Ephesus verlassen hatte (2Kor 2,12f; 7,5-7). Das war im Jahr 55 n.Chr., so dass der erste Korintherbrief ein Jahr früher, also im Jahr 54 n.Chr. verfasst wurde.

- Das Frühjahr kommt deshalb in Frage, weil er erwähnt, dass der Brief vor Pfingsten geschrieben wurde (1Kor 16,8). Außerdem fordert er die Gemeinde zur Reinigung auf im Hinblick auf das bevorstehende Passafest (1Kor 5,7).

Außer den zwei bekannten Korintherbriefen muss es weitere Briefwechsel zwischen Paulus und den Korinthern gegeben haben. Dies lässt sich aus verschiedenen Hinweisen in den Korintherbriefen ableiten:

Briefwechsel	Inhalt	Überlieferung
Paulus an Korinther	Nicht bekannt (1Kor 5,9)	Nicht überliefert
Korinther an Paulus	Fragen (1Kor 7,1)	Nicht überliefert
Paulus an Korinther	Fragenbeantwortung	1. Korinther
Paulus an Korinther	Tränenbrief (2Kor 2,4)	Nicht überliefert
Paulus an Korinther	Trost und Verteidigung	2. Korinther

Manche Theologen vermuten, dass der zweite Teil des zweiten Korintherbriefes (2Kor 10-13) in Wahrheit eine Zusammensetzung der verlorenen Briefe ist. Für diese Hypothese gibt es aber keine stichhaltigen Argumente.[47]

4. Anlass

Paulus hatte aus verschiedenen Quellen von der Situation der Gemeinde gehört: Leute aus dem Haus der Chloë (1,11); eine Delegation aus Korinth (16,16). Die Korinther hatten mit vielen Problemen zu kämpfen:

- Die Gemeinde stand in Gefahr, von Spaltungen zerrissen zu werden. Es hatten sich vier verschiedene Parteien gebildet (1,11ff).

- Es kamen Zweifel auf wegen der Lehrautorität des Paulus, die vermutlich durch die Anhänger des Petrus ausgelöst wurden (4,1-3).

- Missstände: Ein Fall von Blutschande (5,1); Prozesse zwischen Gemeindegliedern vor weltlichen Gerichten (6,1-8); Sexueller Verkehr mit Prostituierten (6,12-20); Probleme beim Abendmahl (11,18); Verwirrung bei der Frage bezüglich der Auferstehung (15,1-58).

Paulus sah die Dringlichkeit eines persönlichen Besuches (4,19), aber von Ephesus bis Korinth waren es ca. 400 km mit dem Schiff. Da er nicht sofort kommen konnte, diktierte er diesen Brief, um der verunsicherten Gemeinde Wegweisung zu geben. Während Paulus den 1. Korintherbrief schrieb, hatte er Besuch von einer dreiköpfigen Delegation aus Korinth (16,17):

---

[47] Eine Diskussion dieser Teilungshypothese bietet Weißenborn, 2004, 85-92.

Stephanus, Fortunatus und Achaikus, die vermutlich zur Gemeindeleitung gehörten. Als Paulus sie nach Korinth zurücksandte, hatten sie den gerade geschriebenen 1. Korintherbrief im Gepäck.

Mit keiner Gemeinde hatte Paulus so intensiven Kontakt wie mit den Korinthern. Das lag sicher daran, dass er mit keiner Gemeinde so viele Probleme hatte und es viele Spannungen auszuhalten gab. Die Korinther bescherten ihm sicher manche schlaflose Nacht. Hier eine kurze Übersicht über die Kontakte zur Gemeinde:

Kontakt	Anlass	Details
Erster Besuch	Gründung der Gemeinde	Aufenthalt: 18 Monate Apg 18,1-17
Erster Brief	Probleme in der Gemeinde	Mahnschreiben (1Kor 5,9) Nicht überliefert
Neuigkeiten	Probleme in der Gemeinde	Mündlich: Chloes Leute (1Kor 1,11) und Delegation (1Kor 16,17) Schriftlich: Fragen (1Kor 7,1)
Zweiter Brief	Missstände und Fragen	Fragenbeantwortung **1. Korintherbrief**
Sendung von Mitarbeitern	Hilfestellung in der Krise	Timotheus und Erastus (Apg 19,22; 1Kor 4,17;16,10)
Zweiter Besuch	Briefe und Mitarbeiter haben keinen Erfolg	Paulus wird schwer beleidigt (2Kor 2,1; 7,12) – ist traurig. Besuch nicht in Apg erwähnt.
Dritter Brief	Reaktion auf Besuch	Überbringer: Titus überbringt „Tränenbrief" (2Kor 2,4; 7,8.12)
Neuigkeiten	Reaktion der Gemeinde	Paulus sucht und trifft Titus (2Kor 2,13; 7,5-7) Erfreulicher Bericht: Echte Buße (2Kor 7,13-16)
Vierter Brief	Freude über die Buße und Rechtfertigung seiner Autorität	Paulus kündigt seinen dritten Besuch an (2Kor 12,14; 13,1). **2. Korintherbrief**

Wir müssen beachten, dass Korinth ja nicht die einzige Gemeinde war, mit der Paulus in Kontakt stand und über die er sich Sorgen machte (vgl. 2Kor 11,28). Auch während seines Aufenthalts in Ephesus, wo er den ersten Korintherbrief verfasste, gab es Probleme. Die Geschäftsleute veranstalteten einen Aufstand, bei dem die Volksmenge ihn fast gelyncht hätte, weil er durch die Verkündigung des Evangeliums ihr Geschäft ruinierte (Apg 19,23-40). Er war gezwungen, Ephesus zu verlassen. Zum Abschied ermutigte er die Christen in Ephesus (Apg 20,1).

Bei allen Spannungen und Auseinandersetzungen mit den Korinthern war die Gewissheit, dass Gott ihn durch eine Vision ausdrücklich beauftragt hatte, in Korinth das Evangelium zu verkündigen und eine Gemeinde zu gründen (Apg 18,9-10), die Basis aller Bemühungen. Er wusste genau, dass die Gemeinde nicht sein eigenes Werk war.

5. Aufbau

Der erste Korintherbrief lässt sich in *zwei Hauptteile* gliedern:

- Im *ersten Teil* spricht Paulus *Probleme* der Gemeinde und einige konkrete Missstände an, wobei das Hauptproblem die fehlende Einheit der Gemeinde war (Kap 1-6).
- Im *zweiten Teil* (Kap 7-16) beantwortet er konkrete *Fragen* der Gemeinde, die er durch allgemeine Aussagen erweitert.

Paulus bezieht sich bei der Fragenbeantwortung auf einen Brief, den die Korinther ihm geschrieben hatten. Stilistisch ist das erkennbar an einer griechischen Präposition, die er verwendet, wenn er sich auf ihren Brief bezieht: Περὶ δὲ *peri de* = betreffs, bezüglich o. was aber das betrifft:

Referenz	Frage
7,1	Umgang mit Frauen
7,25	Ledig bleiben?
8,1	Götzenopferfleisch
12,1	Geistesgaben
16,1	Kollekte
16,25	Apollos

Der erste Korintherbrief spricht eine Vielzahl von Themen an. Das Hauptthema des Briefes ist das *Leben der Gemeinde*. Wie sieht Gemeindebau praktisch aus, wenn Christus das Fundament der Gemeinde ist? Wie kommt Ordnung in eine Gemeinde, in der Chaos herrscht? Die Korintherbriefe zeigen, dass auch die Gemeinden des ersten Jahrhunderts nicht perfekt waren.

Schlüsselvers ist Kap 3,11:

> Denn einen anderen Grund kann niemand legen außer dem, der gelegt ist, welcher ist Jesus Christus!

6. Überblick

In diesem Brief geht es Paulus um den Aufbau der Gemeinde als Tempel und Haus Gottes, in dem Christus das Fundament und das Ziel ist. Das praktische Leben der Gemeinde soll auf Christus hin ausgerichtet werden. Die Prinzipien, die Paulus formuliert, sind zeitlos für alle Gemeinden gültig. Die Gemeinde in Korinth ist ein Musterbeispiel für alle, die am Gemeindebau beteiligt sind.

Einleitung (Kap 1,1-9)

Paulus beginnt seinen Brief nicht mit den Problemen der Gemeinde, sondern er betont zuerst das Positive: Er dankt Gott für den Reichtum, der den Korinthern durch Christus zuteil wurde (1,1-7) und rühmt Gottes Treue, die sie befähigt, im Glauben fest zu bleiben bis zur Wiederkunft Jesu Christi (1,8-9). Das Schicksal der Korinther war Paulus nicht gleichgültig, sondern ständiges Gebetsanliegen. Nicht nur die Korinther, sondern alle, die den Namen Jesus im Gebet anrufen (1,2b), sind dazu berufen, in Gemeinschaft mit Jesus Christus, jetzt und in Ewigkeit zu leben!

Probleme der Gemeinde (Kap 1,10-6,20)

Im ersten Hauptteil des Briefes befasst sich Paulus mit den aktuellen Problemen der Gemeinde. Zunächst geht er auf das Hauptproblem der Spaltungen ein (1,10-4,21) und danach auf konkrete Missstände, die offen angesprochen werden mussten (5,1-6,20). Die Gemeinde hatte mit folgenden Problemen zu kämpfen.

Spaltungen (Kap 1,10-4,21)

Paulus kommt ohne Umschweife auf das Hauptproblem der Gemeinde zu sprechen. Er ermahnt die Korinther, weil sie in Spaltung leben.

Im Mittelpunkt steht der Personenkult um führende Persönlichkeiten der Gemeinde. Wie bereits erwähnt, gab es vier Gruppen, die in Streit miteinander lebten (1,10-12):

- Die Anhänger von Paulus
- Die Anhänger von Apollos
- Die Anhänger von Petrus
- Die Anhänger von Christus

Die Christusanhänger bildeten den Fanclub der Autonomen, die sich keiner Führungsperson unterordnen wollten und deshalb die geistliche Autorität des Paulus anzweifelten. Weder Paulus (vgl. 1,14-17) noch Petrus oder Apollos hatten die Absicht, eigene Gruppen zu bilden und sich voneinander abzugrenzen. Paulus war sogar froh, dass er nur wenige in Korinth getauft hatte, damit keiner behaupten konnte, er sei auf den Namen des Paulus getauft worden (1,13-17). Die Ursache der Spaltung lag bei den Korinthern selbst. Sie hatten noch nichts von der Weisheit Gottes verstanden. Deshalb erklärt ihnen Paulus ausführlich den *Unterschied zwischen menschlicher und göttlicher Weisheit*:

Die Botschaft von dem gekreuzigten Christus (1,18-25) ist für das menschliche Denken nicht nachvollziehbar. Der Glaube an einen Erlöser, der ohnmächtig am Kreuz hängt, erscheint dem Menschen völlig unsinnig. Aber was Menschen als Torheit vorkommt, ist Gottes Kraft für den Glaubenden. Gottes vermeintliche Ohnmacht stellt alle menschliche Stärke in den Schatten (1,25).

Der Maßstab der Erwählung (1,26-31), nach dem sich Gott seine Kinder ausgesucht hat, ist genauso widersinnig für den menschlichen Verstand: Nicht die Klugen, Gebildeten und Mächtigen, sondern diejenigen, die nichts gelten in der Gesellschaft. Jesus baut sein Reich mit unbedeutenden Menschen, um zu zeigen, wie groß seine Macht ist und um die menschliche Weisheit zunichte zu machen. Die Christen aus Korinth können sich nicht wegen ihrer Fähigkeiten rühmen, sondern allein dessen, was Christus in und durch sie bewirkt hat.

Der Maßstab der Verkündigung von Paulus (2,1-5) ist ebenso merkwürdig, denn er verzichtete bei seinen Predigten ganz bewusst auf menschliche Überredungskunst, obwohl er ein exzellenter Rhetoriker war. Er wollte den Blick der Korinther nicht auf sich, sondern auf den gekreuzigten Christus lenken. Der Glaube der Korinther sollte sich nicht auf menschliche Weisheit gründen, sondern auf Gottes Weisheit.

Nachdem er diese Unterschiede erläutert hat, erklärt Paulus, wie der Mensch Gottes Weisheit erkennen kann:

- Sie ist ein Geheimnis, das dem natürlichen Menschen verborgen ist.
- Sie wird geoffenbart durch den Heiligen Geist.
- Der Geist öffnet die Augen für das, was uns in Christus geschenkt ist.
- Der Geist befähigt zum weisen Reden.
- Der Heilige Geist schenkt geistliches Beurteilungsvermögen.

Christsein ist nicht logisch. Verstandesmäßige Argumente gegenüber Nichtchristen haben nur eine begrenzte Wirkung. Ohne Wirkung des Heiligen Geistes kann kein Mensch zum Glauben kommen!

Paulus nennt in diesem Abschnitt einige Argumente, warum Spaltungen innerhalb der Gemeinde nicht der Absicht Gottes entsprechen:

- Es gibt nur einen Leib Christi. Spaltungen in der örtlichen Gemeinde widersprechen dem Grundprinzip der universellen Gemeinde (1,13). Wer die Einheit der Gemeinde zerstört, zerstört den Tempel Gottes und widerstrebt dem Heiligen Geist, der ein Geist der Einheit ist (3,16-17).
- Geistliche Leiter sind Diener und Verwalter (4,1-5). Sie weisen auf Christus hin und nicht auf sich selbst. Sie sind Mitarbeiter am Bau der Gemeinde (4,6-10). Wer sich an eine bestimmte Person hängt, verliert den Reichtum, den Christus seiner Gemeinde durch die Vielfalt seiner Diener geschenkt hat (3,21-23).
- Personenkult in der Gemeinde ist ein Zeichen geistlicher Unreife. Rivalität und Streit zeigen keine geistliche Haltung, sondern sind ein Kennzeichen der alten menschlichen Natur (3,1-4).
- Jesus Christus ist das alleinige Fundament der Gemeinde. Was nicht auf diesem Fundament aufgebaut ist, wird der Echtheitsprüfung im Gericht Gottes nicht standhalten (3,10-17).

In Kap 4 stellt Paulus die Sicht der Korinther der eigenen Einschätzung der Apostel gegenüber. Während die korinthischen „Fanclubs" ihre Führer als geistliche Helden verehren, sehen sich die Apostel selbst als Diener Christi, die Leiden, Entbehrungen und die Verachtung der Welt in Kauf nehmen müssen (4,6-13).

Paulus fordert die Korinther durch sein eigenes Vorbild heraus, ebenso Christus nachzufolgen und alle Überheblichkeit abzulegen. Sie sollen keine großen Reden schwingen, sondern in Gottes Kraft Jesus dienen (4,14-21).

Ein Fall von Inzest (Kap 5,1-13)

Paulus hat durch seine Informanten von einem besonders krassen Fall von Unmoral in der Gemeinde gehört. Es soll ein Gemeindemitglied sexuellen Umgang mit der Frau seines Vaters haben, also mit seiner Stiefmutter (5,1). So etwas war im heidnischen Korinth nicht einmal unter Nichtchristen üblich.

Paulus entrüstet sich nicht darüber, dass so etwas vorkommen kann, sondern dass die Gemeinde diesen Zustand toleriert und nichts dagegen unternimmt. Im Gegenteil: Sie blähen sich auf und schweben in geistlichen Höhen, haben aber keinen Blick für die Sünde in ihrer Mitte und wie damit umzugehen ist.

Paulus ermahnt sie, Gemeindezucht zu üben und den Übeltäter aus der Gemeinde auszuschließen (5,2-5). Anhand des bevorstehenden Passafestes erklärt er den Korinthern die Notwendigkeit der Reinigung von Sünde (5,6-9). Auf dieses Thema muss Paulus in seinem ersten Brief, der nicht mehr erhalten ist, ausführlicher eingegangen sein (5,9). Wer zur Gemeinde zählt und offensichtlich in bewusster Sünde lebt, muss aus der Gemeinschaft der Gläubigen ausgeschlossen werden. Die Gemeindeglieder sollen nicht einmal mehr mit ihm essen (5,11). Paulus legitimiert hier nicht den lieblosen Rauswurf jedes Gemeindemitglieds, das nicht in ein bestimmtes Raster passt! Es geht hier um öffentliche Sünde. Wenn sie toleriert wird, ist weder dem, der sündigt, noch der Gemeinde gedient. Dem Sünder kann nur geholfen werden (5,5), wenn klar ist, was Sünde ist und welche zerstörerischen Folgen sie hat: Zerstörung der Gemeinschaft mit Gott und mit der Gemeinde. *Öffentliche Sünde bedarf öffentlicher Buße!*

Streit vor Gericht (Kap 6,1-11)

Ein weiterer Missstand in Korinth war, dass Gläubige gegeneinander Rechtsstreitigkeiten vor weltlichen Gerichten führten (6,1). Wahrscheinlich ging es um Vorfälle, die mit finanziellem Verlust verbunden waren (6,7-8). Paulus kritisiert diese Vorgänge scharf mit folgenden Argumenten:

- Wenn Christen der gleichen Gemeinde miteinander vor Nichtchristen öffentlich Streit führen, wirft das ein schlechtes Licht auf sie selbst und die ganze Gemeinde (6,2.4).

- Wenn es Rechtsstreitigkeiten unter Christen gibt, sollte die Gemeinde fähig sein, eine Lösung für beide Seiten ohne Einschaltung weltlicher Gerichte zu finden. So viel Weisheit sollte in einer Gemeinde vorhanden sein (6,1.4.5).

- Paulus führt noch ein eschatologisches Argument hinzu: Die Gemeinde wird nach ihrer Vereinigung mit Christus herrschen und damit auch über Welt und Engel richten. Wenn das so ist, dann sollten sie jetzt in der Lage sein, über die Streitfälle des täglichen Lebens ein Urteil zu fällen und sich nicht abhängig machen von Leuten, die kein geistliches Urteilsvermögen besitzen (6,2-3).
- Es ist schon ein schlechtes Zeichen für die Gläubigen und die Gemeinde, dass es überhaupt zu Rechtsstreitigkeiten kommt. Ein Kennzeichen der Christen sollte sein, dass sie nicht ständig auf ihr Recht pochen (6,7-8).

Paulus beendet diesen Abschnitt mit einer detaillierten Aufzählung von Sünden, die Teil eines nichtchristlichen Lebensstils sind und deshalb vom Reich Gottes ausschließen (6,9-10). Er erinnert sie, dass diese Verhaltensweisen ihrer Vergangenheit angehören und sie durch Christus gereinigt, geheiligt und befreit sind zu einem neuen Lebensstil (6,11).

Sexuelle Unmoral (Kap 6,12-20)

Paulus kritisiert die Auffassung der Korinther von christlicher Freiheit. „Alles ist erlaubt" war ihr Motto (6,12), nach dem sie lebten. Dazu gehörte für manche Männer der sexuelle Verkehr mit einer Prostituierten (6,15). Das war damals normal. Die Griechen hielten den Umgang mit einer Prostituierten für das gute Recht eines jungen, gesunden Mannes. Paulus erklärt ihnen, dass die Freiheit des Christen kein Freibrief für sexuelle Unmoral beinhaltet. Wer sich mit einer Hure einlässt, wird ein Fleisch mit ihr (6,16) und wer eins wird mit dem Herrn, dessen Geist verbindet sich mit dem Geist Gottes (6,17). Wie passt das zusammen? Im Geist eins mit dem Herrn und im Körper eins mit einer Hure. Eine Aufteilung der Hingabe ist nicht möglich! Der geschlechtliche Verkehr hat weit reichende Folgen für den Geist des Menschen. Der Ruf zu einem heiligen Leben gilt auch dem Körper (6,19-20). Mit der Unzucht ist deshalb nicht zu spaßen. Wer sich ihr hingibt, zerstört sich selbst (6,18). Deshalb hilft hier nur eine klare Distanz, die Flucht (6,18).

Zusammenfassung: Wenn wir den ersten Teil des Briefes im Zusammenhang überblicken, dann erkennen wir, dass die Spaltungen in der Gemeinde negative Auswirkungen im Lebensstil des Einzelnen zeigten. Die Spaltungen führten in Korinth zur Duldung der Sünde in der Gemeinde. Wenn die Gemeinde die Einheit verliert, verliert sie den Blick für die Sünde und vermag nicht mehr zwischen Göttlichem und Weltlichem zu unterscheiden. Die Einheit der Gemeinde ist die Voraussetzung für das Leben in der Heiligung. Es ist deshalb eine schlimme Sache, wenn eine Gemeinde in Spaltung lebt!

Fragen der Gemeinde (Kap 7,1-16,4)

Im zweiten Teil des Briefes beantwortet Paulus Fragen der Gemeinde, die sie ihm schriftlich gestellt hatten (7,1). Der Fragenkatalog umfasst die verschiedensten Lebensbereiche. Aufgrund der Antworten, die Paulus gibt, können wir rekonstruieren, welche Fragen die Korinther bewegten.

Fragen zur Ehe (Kap 7)

Paulus knüpft an seine Ausführungen über die Sexualität in 6,12-20 an und beantwortet zunächst die Fragen rund um die Ehe:

Frage: Ist es nicht das Beste, auf den Geschlechtsverkehr zu verzichten?

Antwort: Sexualität gehört zur ehelichen Gemeinschaft (7,1). Wer meint, vollständig darauf verzichten zu können, zerstört die Ehebeziehung und begibt sich in die Gefahr sexueller Unmoral. Ein Verzicht ist nur dann sinnvoll, wenn er vorher vereinbart wurde, zeitlich begrenzt ist und das Ziel hat, sich auf das Gebet zu konzentrieren (7,2-6). Wer sexuellen Verzicht als Zeichen besonderer Geistlichkeit wertet, öffnet Satan das Tor zur Verführung.

Frage: Ist es besser zu Heiraten oder ledig zu bleiben?

Antwort: Das ist eine persönliche Entscheidung des Einzelnen. Ehelosigkeit ist eine Gabe Gottes (7,7). Der eine hat sie und kommt damit gut klar, der andere nicht.

Wer ohne Partner nicht leben kann, soll heiraten (7,8-9). Wer unverheiratet ist, sollte die Vorteile der Ehelosigkeit bedenken (7,25-35):

- Das irdische Leben ist bei Verheirateten zusätzlichen Belastungen ausgesetzt (7,28). Wer ledig bleibt, lebt unbeschwerter!
- Das Ende der Welt ist nahe. Die Ehe darf nicht der alles bestimmende Lebensfaktor werden (7,29-31). Während der Verheiratete sich um Ehe und Familie sorgen muss, kann der Ledige sich ungeteilter um die Sache des Herrn kümmern (7,32-34).

Paulus betont, dass es keine Sünde ist, sich für oder gegen die Ehe zu entscheiden (7,28). Er will ihnen keine Lasten auflegen, sondern helfen, in Freiheit dem Herrn mit ungeteilter Hingabe zu dienen (7,35).

Frage: Ist eine Scheidung der Ehe möglich?

Antwort: Als Grundsatz nennt Paulus eine Anweisung (7,10), die vom Herrn stammt (Mk 10,2-12; Mt 5,32): Ehescheidung ist nicht erlaubt.

Das gilt auch für Christen, bei denen der Partner nicht gläubig ist (7,12-14). Ausnahme ist, wenn der ungläubige Partner nicht an der Ehe festhalten will (7,15-16).

Aus diesen verschiedenen Fragen formuliert Paulus einen äußerst wichtigen allgemeinen Grundsatz, der für alle Gemeinden verbindlich sein soll:

> **1Kor 7,17 NGÜ** Akzeptiert die Lebensverhältnisse, die der Herr euch zugewiesen hat und in denen ihr wart, als Gott euch zum Glauben rief.

Unterschiede der Herkunft und des Standes sind nicht ausschlaggebend, um als Christ leben zu können. Wenn jemand Christ wird, muss er nicht zuerst seine Lebensumstände verändern, sondern ist herausgefordert, in seinen alten Umständen ein neues Leben führen (7,20.24).

Wenn Jesus die Umstände verändert, dann ist das ein Geschenk, das weder eingefordert noch erzwungen werden kann. Die innere Freiheit ist wichtiger als die äußeren Lebensbedingungen (7,17-24). Denke nicht, dass dein Glaube lebendiger und größer wäre, wenn du in anderen Umständen leben würdest (z.B. anderer Beruf, anderer Ehepartner). Gott schafft keine Konformität der Umstände, sondern gibt kreative Freiheit in *den* Bedingungen im Glauben zu leben, in denen ich mich *jetzt* befinde.

Fragen zu Freiheit und Verzicht (8,1-11,1)

Ein Schwerpunkt der Fragen bildet das Thema *Freiheit und Verzicht*. Am Beispiel des Essens von Götzenopferfleisch zeigt Paulus, wie die Christen untereinander mit unterschiedlichen Gewissensprägungen und geistlichen Erkenntnissen umgehen sollen (8,1-13). In Korinth war das insbesondere ein Problem zwischen den Judenchristen, die mit detaillierten Speisevorschriften aufgewachsen waren und den Heidenchristen, denen jedes Fleisch schmeckte, ganz gleich woher es stammte und wie es geschlachtet wurde.

Ein Zusammenleben beider Gruppen kann nur funktionieren, wenn die Gemeindeglieder nicht sich selbst und ihre Gewohnheiten als das Maß aller Dinge betrachten (8,1-2), sondern in geschwisterlicher Liebe aufeinander Rücksicht nehmen. Sie sollen das geistliche Wohl und Wachstum des anderen im Blick haben. Wer gegen den Bruder sündigt, sündigt gegen Christus (8,12)!

Die Liebe zum Nächsten befreit zum Verzicht auf Freiheiten, mit denen der andere noch nicht umgehen kann (8,13). Es geht dabei aber nicht um ein Diktat der Schwachen, sondern darum, den Schwachen das Reifen im Glauben zu ermöglichen.

Paulus nennt sich selbst als Beispiel, da wohl auch schon Kritik aus der Gemeinde an seiner Lebensweise laut wurde. Er verzichtete auf finanzielle Unterstützung der Korinther, obwohl er das Recht darauf gehabt hätte (9,1-18) und er ordnete sein ganzes Leben dem Auftrag unter, das Evangelium zu verkündigen. Wie ein Wettkämpfer scheut er keine Mühe und Disziplin, damit Menschen zum Glauben an Christus finden (9,19-27).

Paulus warnt die Korinther anhand dem negativen Vorbild Israels eindringlich davor, im Ungehorsam gegenüber Gottes Willen zu leben (10,1-13). Christliche Freiheit, die zur Überheblichkeit wird, endet leicht in falschen Abhängigkeiten. Man kann nicht gleichzeitig Gemeinschaft mit dem Herrn und Gemeinschaft mit Götzen haben (10,14-22). Das Motto der Korinther „Alles ist erlaubt" hat seine Grenze darin, dass alles, was sie tun, zur Verherrlichung Gottes geschehen soll (10,23-33). Die einfache Frage, ob ich mit dem, was ich tue, Jesus verherrliche, sorgt in manchen Überlegungen schnell für Klarheit! Paulus empfiehlt sich selbst als nachahmenswertes Vorbild aus dem Grund, weil er selbst nichts anderes im Sinn hat, als dem Beispiel von Jesus zu folgen (11,1).

Fragen zum Gottesdienst (Kap 11,2-14,40)

Beim nächsten Fragenkomplex geht es um den Gottesdienst der Gemeinde. Hier gab es offensichtlich große Probleme. Die fehlende Einheit der Gemeinde machte sich als erstes in der fehlenden Ordnung im Gemeindeleben bemerkbar. Im Einzelnen ging es um folgende Bereiche:

- Unordnung bei den Gebetsversammlungen (11,2-16)
- Unordnung beim Abendmahl (11,17-34)
- Unordnung bei der Ausübung der Geistesgaben (Kap 12-14)

Es ist sehr wichtig, die beliebten Kapitel über die Geistesgaben nicht zu trennen von dem Anlass, aus dem Paulus den Brief geschrieben hat. Was nützen alle noch so wertvollen Geistesgaben, wenn die Gemeinde in Spaltung lebt und die Liebe untereinander fehlt? Das „Hohelied der Liebe" steht nicht umsonst im Zentrum (Kap 13) der Ausführungen über die Gaben (Kap 12 und 14). *Wenn die Einheit der Liebe fehlt, ist auch keine Einheit des Geistes möglich!*

Die fehlende innere Ordnung macht sich bemerkbar im Fehlen der äußeren Ordnung im Gottesdienst (14,26-33). Paulus hatte nicht die Absicht, die Liebe gegen die Gaben auszuspielen, sondern er führt die Gemeinde in Korinth zurück zu ihrem Fundament: Dem dreieinigen Gott, der die Liebe in Person ist.

Fragen zur Auferstehung (Kap 15)

Es ist schon merkwürdig, dass wir eines der wichtigsten Kapitel des Neuen Testaments dem Umstand verdanken, dass es in Korinth Gemeindeglieder gab, die Probleme hatten mit dem Glauben an die Auferstehung der Toten (15,12). Paulus macht ihnen bewusst, dass es dabei um keine nebensächliche Frage geht, sondern um das Fundament ihres Glaubens und ihrer Gemeinde. Welche Konsequenzen hat die Leugnung der Auferstehung?

- Wenn es keine Totenauferstehung gibt, ist auch Christus nicht auferstanden (15,13.16) und für seine Nachfolger gibt es dann auch keine Auferstehung.

- Ohne Auferstehung gibt es keine Erlösung von Sünde und Tod (15,17-18). Die Gläubigen sind ohne Auferstehung verlorene Menschen.

- Ohne Auferstehung ist der Glaube sinnlos und die Predigt inhaltslose Lüge (15,14-15). Der Gottesdienst wäre Zeitverschwendung.

- Ohne Auferstehung hätte die Gemeinde kein Fundament (3,11) und wäre früher oder später dem Untergang geweiht.

Deshalb betont Paulus in diesem langen, inhaltsreichen Kapitel die Notwendigkeit der Auferstehung und erklärt im Detail, wie die Auferstehung vor sich geht und welche praktische Bedeutung sie für den Alltag und den Dienst des Christen hat.

Paulus will weder die Neugier für das Übersinnliche befriedigen, noch die Christen auf das Jenseits vertrösten, sondern sie dadurch ermutigen, sich unaufhörlich und mit ganzer Kraft für Jesus einzusetzen (15,58).

Fragen zur Kollekte (16,1-4)

Die letzte Frage der Korinther betraf organisatorische Dinge, deren Erwähnung jedoch auch für uns heute bedeutsam ist. Es ging um die Abwicklung einer Kollektensammlung für die notleidende Gemeinde in Jerusalem. Paulus war mit der Abwicklung betraut und deshalb weist er die Korinther an, nicht erst mit der Sammlung zu beginnen, wenn er sie besucht. Die einzelnen Gemeindeglieder sollen je nach persönlichem Einkommen regelmäßig einen Betrag zur Seite legen, um es dem Herrn zu geben.

Was lernen wir daraus im Bezug auf das Geben?

- Wir sollten unser Herz nicht vor der Not anderer verschließen. Wer liebt, denkt nicht nur an die eigenen Bedürfnisse.

- Wir sollten regelmäßig und planmäßig einen Teil unseres Einkommens an bedürftige Menschen weitergeben.
- Die Höhe des Betrages kann variabel sein, je nach persönlicher Situation.

Paulus fordert hier nicht den Zehnten, sondern überlässt es der Verantwortung des Einzelnen, wie viel er bereit ist, zu geben. Es geht beim Geben nicht um eine auferlegte Pflicht, sondern um einen sichtbaren Ausdruck der Liebe.

Schluss (Kap 16,5-24)

Am Schluss des Briefes spricht Paulus über seine Reisepläne (16,5-9), gibt verschiedene Anweisungen an die Korinther, wie sie mit seinen Mitarbeitern umgehen sollen (16,10-18) und fügt eine kurze Grußliste hinzu (16,19-24).

Der erste Korintherbrief ist das beste Lehrbuch für alle Fragen rund um das Thema Gemeindebau und Gemeindeleitung. Er zeigt, wie Gemeinde gelingen kann, wenn sie auf Jesus Christus, dem Fundament, fest gegründet ist.

Exkurs: Gott verherrlichen

Wenn wir den Inhalt und das Anliegen des Briefes in einem Satz zusammenfassen wollen, dann ist ein kurzer Vers des Briefes am Besten dafür geeignet:

1Kor 10,31 Ob ihr nun esst oder trinkt oder sonst etwas tut, tut alles zur Ehre Gottes.

Paulus hat bei allen Ermahnungen und Anweisungen das Ziel vor Augen, dass Gott verherrlicht wird. Mit der Anrede „ihr" ist jedes einzelne Gemeindemitglied, aber auch die Gemeinde als Ganzes gemeint.

Gott verherrlichen heißt, ihn groß zu machen, ihn in den Mittelpunkt zu stellen und sich von ihm leiten zu lassen. Wie sieht das praktisch aus? Drei Beispiele aus dem ersten Korintherbrief:

Gott verherrlichen mit dem Körper (6,20)

Einige Gemeindeglieder in Korinth vertraten dabei die Ansicht, dass mit dem Körper alles erlaubt sei. Dazu gehörte der Gang zur Prostituierten, was damals üblich war. Gott verherrlichen kann nur ganzheitlich geschehen. Wir können unser Leben nicht aufteilen in einen irdischen Bereich, den wir bestimmen und einen geistlichen Bereich, in dem Jesus die Herrschaft hat. Jesus hat nicht nur für unseren inneren Menschen mit seinem Blut bezahlt, sondern für den kompletten Menschen!

Gott verherrlichen in allen Lebensumständen (7,17-24.39)

Ob als Verheirateter oder Single, als Sklave oder Freier, als Mann oder Frau – immer gilt das gleiche Prinzip: Verherrliche Gott in den Umständen, in denen du dich im Moment befindest. Denke daran, wie du Jesus darin am Besten dienen kannst.

Gott verherrlichen im Gemeindeleben durch Einheit

Die Gemeinde ist der Ort, wo der dreieinige Gott sich in besonderer Weise offenbart. Hier ist er gegenwärtig und hier kann sein Name durch die Gläubigen verherrlicht werden. Das Hauptproblem der Korinther war die Spaltung, die fehlende Einheit, die zu Streit und Chaos führte. Eine gespaltene Gemeinde kann Gott nicht verherrlichen.

1. KORINTHERBRIEF – DAS LEBEN DER GEMEINDE

Schlüsselvers: „Denn einen anderen Grund kann niemand legen außer dem, der gelegt ist, welcher ist Jesus Christus" (3,11)

	PROBLEME DER GEMEINDE			FRAGEN DER GEMEINDE		
Verfasser Empfänger Gruß (1,1-3) Dankgebet für die Gnade und Treue Gottes (1,4-9)	Mahnung zur Einheit (1,10-17) Das Wort vom Kreuz als Gottes Weisheit Die Predigt in Weisheit (1,18-31) (2,1-5) Die Erkenntnis der Weisheit durch den Geist (2,6-16) Der Dienst in der Gemeinde in Weisheit (3,1-4,21)	Fall von grober Unzucht in der Gemeinde – Aufforderung zum Ausschluss (Kap 5) Rechtsstreitigkeiten unter Christen vor heidnischen Gerichten (6,1-11) Warnung vor Hurerei – Verherrlichung Gottes mit dem Leib (6,12-20)	Ehefragen: Ehe und Ehelosigkeit (7,1-9) Ehescheidung (7,10-16) In der Berufung bleiben (7,17-24) Über die Unverheirateten (7,25-38) Über die Witwen (7,39-40)	Fragen über das Essen von Götzenopferfleisch: Freiheit und Rücksichtnahme auf die Schwachen (Kap 8) Vorbild des Paulus: Freiwilliger Verzicht auf Rechte (Kap 9) Beispiel Israels: Warnung vor Götzendienst (Kap 10)	Fragen über das Verhalten im Gottesdienst: Frau im Gottesdienst (11,1-16) Abendmahl (11,17-34) Geistesgaben (Kap 12-14) Frage nach der Auferstehung (Kap 15)	Sammlung für die Gemeinde in Jerusalem (16,1-4) Reisepläne des Paulus (16,5-12) Mitteilungen über Mitarbeiter (16,13-18) Grüße (16,19-24)
1,1-9	1,10-4,21	5,1-6,20	7,1-40	8,1-11,1	11,2-15,58	16,1-24
Einleitung	Spaltungen	Missstände	Ehe	Freiheit	Gottesdienst	Briefschluss
	Probleme der Gemeinde		Persönliche Probleme		Probleme des Gottesdienstes	
			Verherrlichung Gottes im Leben des Einzelnen und der Gemeinde			

Wichtige Themen

- Die Einheit der Gemeinde
- Die Vielfalt der Gaben
- Lebensstil der Heiligung
- Das Wort vom Kreuz
- Merkmale einer lebendigen Gemeinde

Titel: An die Korinther A

- Abfassungszeit: Frühjahr 54 n.Chr.
- Abfassungsort: Ephesus (Dritte Missionsreise)
- Verfasser: Paulus – Mitabsender: Sosthenes
- Adressaten: Gemeinde in Korinth

Literatur

Ellwell, Walter A., Yarbrough, Robert W.: Studienbuch Neues Testament, Wuppertal, R. Brockhaus, 2001.

House, H. Wayne: Chronologische Tabellen und Hintergrundinformationen zum Neuen Testament, Marburg, Francke, 1983.

Jensen, Irving: Die Geburt der Gemeinde. Ein Studienkurs. Bd. 2: Apostelgeschichte bis Galaterbrief, Oerlinghausen, Betanien, 2003.

Mauerhofer, Erich: Einleitung in die Schriften des Neuen Testaments Bd. 2: Römer-Offenbarung, Holzgerlingen, Hänssler, 1999.

Reifler, Hans Ulrich: Bibelkunde des Neuen Testaments. Die Bibel lieben, kennen und verstehen, Nürnberg, VTR, 2006.

Weißenborn, Thomas: Apostel, Lehrer und Propheten. Eine Einführung in das Neue Testament. Band 2: Leben und Briefe des Apostels Paulus, Marburg, Francke, 2004.

Der 2. Korintherbrief

Der zweite Korintherbrief ist ganz anders als der erste. Der Schwerpunkt liegt nicht mehr auf dem Leben der Gemeinde, sondern auf der Person des Apostels Paulus. Es ist sein persönlichster Brief. Wir bekommen einen tiefen Einblick in die Hingabe eines Dieners Jesu Christi und seine innersten Gefühle, die von großer Verzweiflung (1,8) bis zu übermäßiger Freude (7,4) reichen. Der zweite Korintherbrief ist Pflichtlektüre für jeden Christen, der Jesus dienen will. Diese Tour verspricht sehr persönlich zu werden.

1. Verfasser

Der Verfasser des Briefes steht im Briefkopf: Paulus (1,1 vgl. 10,1). Als Mitverfasser oder zumindest Mitabsender gibt er seinen geistlichen Sohn Timotheus (1Tim 1,2; 2Tim 1,2) an.

2. Empfänger

Empfänger des Briefes sind die Gemeinde in Korinth und alle Gläubigen in der gesamten römischen Provinz Achaja (1,1b). Daraus wird deutlich, dass die ganze Region mit dem Evangelium erreicht wurde und sich Menschen zu Christus bekehrten. Paulus geht davon aus, dass der Brief auch in den Nachbargemeinden von Korinth öffentlich vorgelesen wird. Das Umfeld und die Situation der Gemeinde ist identisch mit dem ersten Korintherbrief.

3. Zeit und Ort der Abfassung

Nachdem Paulus Ephesus, von wo aus er den ersten Korintherbrief schrieb, verlassen hatte, reiste er nach Troas, um das Evangelium zu verkündigen (2,12). Aber er hatte keine innere Ruhe, denn er wartete sehnsüchtig auf den Bericht des Titus über die angespannte Lage in Korinth. Da er ihn in Troas nicht fand, reiste er ihm entgegen nach Mazedonien (2,13). Dort trafen sich die beiden.

Titus konnte von einer erfreulichen Entwicklung berichten (7,5-7). Daraufhin verfasste Paulus in Mazedonien den zweiten Korintherbrief und sandte Titus mit diesem Brief nach Korinth zurück (8,6.16-24). Das war im Jahr *55 n.Chr.*, ein Jahr nach der Abfassung des ersten Korintherbriefes.

4. Anlass

Nach dem erfreulichen Bericht des Titus über die Lage in Korinth musste Paulus reagieren. Es gab verschiedene Gründe für die Abfassung des zweiten Korintherbriefes:

- Zunächst einmal kündigte er seinen dritten Besuch an, damit sich die Korinther rechtzeitig darauf einstellen konnten (13,1-2). So hatten sie die Möglichkeit, noch einiges untereinander zu klären (12,19-21), denn Paulus wollte Klartext reden bei seinem nächsten Besuch (13,2b).

- Ein weiterer Grund war die Kollekte für die in Not geratene Gemeinde in Jerusalem (Kap 8-9), die er schon im ersten Brief (1Kor 16,1) angekündigt hatte und die Gemeinde nun zur Freigiebigkeit herausforderte.

- Paulus brachte seine Freude zum Ausdruck über die Reaktion der Korinther auf den „Tränenbrief". Sie hatten Buße getan und deshalb sprach Paulus ihnen Trost zu (7,5-16).

- Nicht alle in Korinth waren versöhnt mit Paulus. Es gab eine Minderheit, die seine Autorität als Apostel anzweifelte und weiterhin Unruhe stiftete. Sie erhob schwere Vorwürfe gegen Paulus, gegen die er sich vehement zur Wehr setzte (Kap 10-13), denn hier stand die Glaubwürdigkeit des Evangeliums auf dem Spiel.

Die Probleme mit der Gemeinde brachten es mit sich, dass Paulus sehr persönlich werden musste. Er offenbart sein Herz. Dadurch erhalten wir einen tiefen Einblick in sein Denken und Empfinden als Diener Christi.

Inmitten dieser persönlichen Auseinandersetzung mit den Korinthern behandelt Paulus Fragen der Lehre und formuliert aus aktuellem Anlass grundsätzliche lehrmäßige Aussagen, die unabhängig waren von der zeitbedingten Situation. Beispielsweise enthalten Kap 8-9 die ausführlichsten und wichtigsten Stellen im NT zum Thema Geben. Wir müssen im Auge behalten, dass ja nicht nur die Gemeinde in Korinth, sondern alle Gläubigen in der Provinz Achaja diesen Brief lasen (1,1).

5. Aufbau

Der 2. Korintherbrief lässt sich in *zwei Hauptteile* gliedern: Im *ersten Teil* (Kap 1-9) begründet Paulus die Verzögerung seines Besuches und kommt dabei auf seinen Dienst als Verkündiger des Evangeliums zu sprechen (Kap 1-7).

Dabei fordert er die Gemeinde heraus, auch ihren Beitrag zu leisten (Kap 8-9). Der *zweite Teil* (Kap 10-13) ist im Ton einiges schärfer, denn hier geht es um die Verteidigung seines Dienstes gegenüber falschen Aposteln. Hier finden wir häufiger das „ich" anstelle des „wir" im ersten Teil.

Das *Hauptthema* des Briefes ist das Leben eines Dieners. Der *Schlüsselvers* steht in 4,5: „Denn wir predigen nicht uns selbst, sondern Jesus Christus, dass er der Herr ist, wir aber eure Knechte um Jesu willen."

Wer den Brief aufmerksam durchliest, dem fällt auf, dass Paulus öfters seinen Gedankengang unterbricht, um auf ein Thema detaillierter einzugehen. Beispiel: 2,12 und 7,4. Mitten im biographischen Teil macht Paulus einen längeren thematischen Einschub, in dem er ausführlich auf seinen Dienst als Diener Christi eingeht.

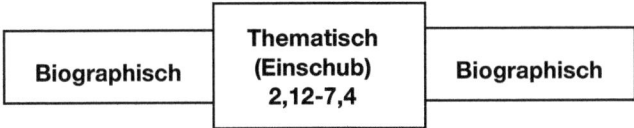

Ebenso überrascht der plötzliche Themenwechsel in Kap 8-9, bei dem es um eine Geldsammlung für die in materieller Armut lebende Gemeinde in Jerusalem geht. Eine weitere Stelle ist 11,32-33, wo Paulus seinen Gedankengang plötzlich unterbricht, indem er seine Flucht aus Damaskus erwähnt. Ein wichtiger Grund dafür ist ohne Zweifel der biographische Charakter des Briefes. Persönliche Empfindungen und Gedankengänge sind nicht unbedingt systematisch und was für den Betrachter aus der Distanz zusammenhanglos erscheint, hat für denjenigen, der Einblick in sein Innerstes gibt, eine besondere Bedeutung.

Darum ist es wichtig, sich in die Lage des Paulus hineinzuversetzen. Manche Passagen verstehen wir vielleicht erst dann, wenn wir selbst in einer ähnlichen Situation sind.

6. Überblick

Die Verkündigung des Evangeliums von Jesus Christus war die Leidenschaft des Paulus, für die er bereit war, alles aufzugeben und sein Leben zu riskieren. Er war so ergriffen von Christus, dass er kein anderes Ziel in seinem Leben verfolgte als Christus zu dienen.

2. Korinther

Einleitung (Kap 1,1-11)

Paulus beginnt seinen Brief mit der üblichen Absender- und Empfängerangabe (1,1-2). Danach folgt ein Lobpreis Gottes (1,3-11) als „Vater der Barmherzigkeit und Gott allen Trostes". Das ist keine bloße Formel, sondern lebendige Erfahrung für Paulus. Inmitten schwerer Bedrängnis (1,8), die ihn an den Rand der Verzweiflung brachte (1,9) hat er die rettende Vaterhand Gottes erlebt. Paulus sieht den Sinn dieser Gotteserfahrung darin, den empfangenen Trost an diejenigen weiterzugeben, die sich in einer ähnlicher Situation befinden (1,4). Dieser Abschnitt des Briefes ist bis heute eine Quelle der Ermutigung für alle, die schwere Zeiten durchleben. Lebendige Hoffnung entsteht da, wo wir ganz am Ende sind mit unseren eigenen Möglichkeiten!

Paulus erklärt die Änderung seiner Reisepläne (Kap 1,12-2,11)

Als ersten Punkt spricht Paulus die Veränderung seiner Reisepläne an (1,15-16; vgl. 1Kor 16,5-6). Er nennt keine Einzelheiten, sondern geht direkt auf das Problem ein, das dadurch entstand. Paulus hatte in Korinth eine Gruppe von Gegnern, welche die Beziehung zwischen ihm und der Gemeinde zerstören wollten. Diese Leute missbrauchten die Änderung seiner Reisepläne als Argument dafür, dass Paulus unzuverlässig sei und nur seine eigenen Interessen im Blick habe (1,17-18.23). Gegen diesen Vorwurf setzt sich Paulus zur Wehr, indem er auf die Reinheit seiner Motive und sein Engagement für die Gemeinde hinweist (1,12-14).

Wir müssen uns vorstellen, was dieser Vorwurf für Paulus bedeutete: Er gründete die Gemeinde, sorgte für sie wie ein Vater für seine Kinder und diente ihnen aufopferungsvoll. Keine andere Gemeinde hat er so oft besucht und dann muss er sich von einigen Leuten vorwerfen lassen, er sei unzuverlässig und seine Motivation wäre egoistisch. Dabei sind sie es, denen Paulus egoistische Motive und Geschäftemacherei vorwerfen kann (2,17; 3,1).

Dieser schmerzhafte Abschnitt offenbart zugleich gewaltige Wahrheiten. Paulus ruft die göttliche Dreieinigkeit zum Zeugen auf: *Gott* ist sein Zeuge (1,18.23), der in *Christus* alle seine Verheißungen erfüllt (1,20), ihn fest macht durch Christus und Vollmacht gibt durch den *Heiligen Geist* (1,22).

In dieser Weise kann ein Diener nur dann reden, wenn er sein Leben von Gott durchleuchten lässt und korrekturbereit ist (2,12). Paulus verfolgt nicht seine eigene Interessen, sondern seine Mission besteht darin, der Gemeinde zur wahren Freude zu verhelfen (1,24). Das bedeutet aber auch, gegen das einzuschreiten, was die Freude zerstört (2,1-11). Wahre Freundschaft muss auch wehtun können (Spr 27,6)!

2. Korinther

Paulus erklärt seinen Dienst am Evangelium (Kap 2,12-7,16)

Nach 2,11 haben wir beim Lesen den Eindruck, dass der Heilige Geist die Schilderung seiner persönlichen Umstände unterbricht und ihn zu einem längeren Einschub inspiriert, um den Dienst am Evangelium zu begründen und zu erklären. Erst in 7,5 fährt er mit der Bewertung dessen fort, was zwischen ihm und der Gemeinde Betrübliches vorgefallen war (7,5-7,16). Der Einschub enthält wichtige Grundgedanken über den Dienst am Evangelium:

Ein Diener des Evangeliums verkündigt...		
...den Sieg in Christus	inmitten des Kampfes	2,12-17
...die Freiheit in Christus	in der Kraft des Heiligen Geistes	3,1-18
...das Licht in Christus	inmitten der Finsternis	4,1-6
...die Herrlichkeit Christi	inmitten des Leidens	4,7-5,10
...die Versöhnung in Christus	in der Funktion eines Botschafters	5,11-6,21
...die Heiligung in Christus	inmitten einer unheiligen Welt	6,11-7,4

Paulus zeigt einerseits das Vorrecht, Diener Jesu Christi zu sein, verschweigt aber andererseits auch nicht die Kämpfe und Probleme, die der Dienst am Evangelium mit sich bringen kann:

Schwierigkeiten im Leben eines Dieners Christi	
Verfolgung, Unterdrückung, Todesgefahr	4,8,12; 1,8-9; 6,5
Ängste, Trübsal, Schwachheit, Traurigkeit	6,5; 12,10; 2,1-3; 6,10
Schläge, Gefängnis, Misshandlung	6,5; 11,24-25; 12,10
Verleumdung, falsche Gerüchte, Streit	6,8; 12,20; 11,13.26b
Gefährliche Reisen	11,25-26
Körperliche Entbehrungen und Beschwerden	6,5; 11,27
Ständige Sorge um alle Gemeinden	11,28
Angriffe Satans und seiner Diener	2,11; 11,3.14; 12,7

Paulus prahlt hier nicht mit seinen Erfahrungen als Diener Christi. Er betont, dass es allein um Jesus geht (4,5) und eigener Ruhm Torheit ist, aber um des Evangeliums willen muss er sich darauf einlassen (11,1; 12,1.11). Paulus geht es allein darum, das Evangelium von Christus zu verkündigen, damit Menschen für Jesus gewonnen werden (5,11).

Paulus fordert die Gemeinde zum Geben heraus (Kap 8,1-9,15)

Nun folgen zwei Kapitel, die in den Zusammenhang des Briefes gar nicht zu passen scheinen. Es geht um ein Spendenprojekt für die Christen in Jerusalem (1Kor 16,1), das Paulus ein Jahr zuvor bei den Korinthern gestartet (8,10; 9,2) und immer noch nicht abgeschlossen hatte. Um hier zu einem Abschluss zu kommen, stellt er den reichen Korinthern zwei Vorbilder vor Augen, denen sie nacheifern können:

- Die Gemeinden in Mazedonien (Philippi, Thessalonich und Beröa), die trotz ihrer Armut übermäßig viel gaben und damit ihre persönliche und finanzielle Hingabe zum Ausdruck brachten (8,1-6).

- Jesus selbst, der die Herrlichkeit des Vaters verließ und arm wurde „um euretwillen" (8,9; vgl. Phil 2,6-7).

Paulus will den Korinthern kein Gesetz aufzwingen, sondern ihre Liebe und ihren Eifer herausfordern (8,7-8). Er argumentiert sehr klug, indem er die Korinther bei ihrer Ehre anpackt: Paulus hatte bei anderen Gemeinden die Großzügigkeit der Korinther gepriesen, um sie zur Freigiebigkeit anzuspornen (9,2) und nun bittet Paulus: Leute, enttäuscht mich nicht, blamiert mich und euch nicht! (9,3-5). Aus dieser konkreten Situation heraus, formuliert Paulus einige Grundsätze für das Geben:

Grundsätze für das Geben		
Liebe	Ausdruck praktischer Nächstenliebe	8,5-8
Ausgleich	Gleichheit im Leib Christi zwischen arm und reich	8,13-15
Saat und Ernte	Ausstreuen von Samen, der Frucht bringt	9,6
Freiwilligkeit	Ohne Zwang – nach eigenem Ermessen – mit Freude	9,7
Weitergeben	Von Gott Empfangenes ist Saatgut zum Weitergeben	9,8-11
Nachahmung Gottes	Gott hat Jesus gegeben	9,15
Ziel: Damit Gott verherrlicht wird (9,13)!		

Andere Christen in Notlagen zu unterstützen, ist ein praktischer Ausdruck der Liebe und der Hingabe an Jesus und seine Gemeinde (8,5-8).

Die Glieder des Leibes Christi sollen füreinander sorgen, indem der abgibt, der viel empfangen hat an den, der Not leidet (8,13-15), so dass ein Ausgleich entsteht und damit die Fürsorge Gottes für alle seine Kinder deutlich zum Ausdruck kommt.

Wie in der Landwirtschaft erntet derjenige, der viel sät, mehr Frucht als der, der wenig sät. Geben ist Aussaat. Was wir geben, ist nicht verloren, sondern bringt Segen in irgendeiner Form (9,8.11-12). *Aber*: Paulus erläutert hier keine betriebswirtschaftliche Formel, die zur Steigerung des eigenen Wohlstands führt. Das Geben beginnt mit der Hingabe der eigenen Person (8,5: zuerst dem Herrn).

Geben ist eine freiwillige Entscheidung und kein Zwang oder Nachgeben gegenüber dem Druck von Spendeneintreibern. Wer gibt, soll dies nach eigenem Ermessen und mit freudigem Herzen tun (9,7). Denn Besitz und Einkommen sind Geschenke Gottes. Sie dienen nicht nur zur Befriedigung unserer eigenen Bedürfnisse, sondern sind zum Weitergeben gedacht wie ein Same, der dazu da ist, um ausgestreut zu werden (9,8-11). Wer gibt, ist ein Nachahmer Gottes (vgl. Eph 5,1), der uns das Größte gegeben hat: seinen Sohn (9,15).

Der konkrete Anlass war eine materielle Notlage von anderen Christen. Es geht hier zuerst um Menschen, um Brüder und Schwestern in Christus, die in Not sind. Wer sein Herz verschließt vor der Not des Nächsten, hat die Liebe Gottes nicht in sich (1Joh 3,17). Im weiteren Sinn geht es aber nicht nur um materielle Nöte: Geben heißt, anderen in Not zu helfen! Das sind heute viel häufiger seelische Nöte oder schwierige Lebensumstände und ist nicht auf Christen beschränkt.

Paulus geht es nicht darum, Christen zu Spendenaktionen aufzurufen, sondern eine geistliche *Haltung der Freigiebigkeit* zu entwickeln, die nicht nur die Finanzen, sondern alle Lebensbereiche beinhaltet.

Von daher können wir verstehen, warum Paulus diese Kapitel hier einfügt: In den ersten sieben Kapiteln schreibt Paulus davon, wie er persönlich sich in den Dienst Christi stellt und was er tut, um das Evangelium zu verbreiten. In Kap 8-9 zeigt er den Korinthern, wie ihre Anteilnahme am Evangelium praktisch aussehen kann. Da die Korinther zu den reichsten Gemeinden zählten, ist hier sicher die finanzielle Herausforderung gemeint.

Paulus verteidigt seinen Dienst (Kap 10,1-13,10)

In diesen drei Kapiteln geht Paulus in die Offensive. Sein Ton wird schärfer, denn er wendet sich gegen die Leute, die von außen (11,4) nach Korinth gekommen waren mit einem anderen Evangelium. Sie wollten seine Autorität als Apostel Jesu Christi angreifen und einen Keil zwischen den Gläubigen in Korinth und Paulus treiben. Der größte Teil der Gemeinde unterstützte zwar Paulus (7,16), aber durch die Probleme in der Vergangenheit bestand die Gefahr, dass der Einfluss der Gegner zu einem Stimmungsumschwung führen könnte (12,20-21). Paulus musste sich gegen eine Reihe von Vorwürfen zur Wehr setzen:

Vorwurf	Bedeutung	Stelle
Fleischliche Lebensweise	Sucht eigenen Ruhm, eigenen Vorteil	10,2-8
Schwaches Auftreten	Feigling, ist nur mutig aus der Ferne	10,2.9-10
Mangelnde Rhetorik	Hat keine Gabe zum Predigen	10,10; 11,6
Mangelnde Qualifikation	Fehlende Voraussetzungen	11,16-33
Mangelnde Berufung	Fehlende Nachweise (z.B. 3,1)	12,11-12; 13,3

Da hier letztlich die Botschaft des Evangeliums auf dem Spiel stand, nahm Paulus kein Blatt vor den Mund. Er bezeichnet seine Gegner als falsche Apostel, Betrüger und Diener Satans, die durch ein falsches Evangelium die Gemeinde verführen (11,3-4.13-15). Sie haben keine Bestätigung von Gott, sondern empfehlen sich selbst (10,18; 11,5 vgl. 3,1). Da seine Gegner und einige von den Korinthern Beweise von Paulus verlangen (13,3), berichtet er von Erfahrungen, auf die er sonst nirgends in seinen Briefen eingeht: Übernatürliche Offenbarungen (12,1-7: Entrückung in das Paradies); Stachel im Fleisch (12,7); Zeichen, Wunder und Kraftwirkungen (12,12). Paulus macht das nicht, um sich in den Mittelpunkt zu stellen (vgl. 12,2 Bericht in der 3. Person: Ich weiß von einem Menschen).

Schluss (Kap 13,11-13)

Am Schluss macht Paulus noch einmal deutlich, warum er diesen Brief geschrieben hat (13,11). Paulus ringt um die Gemeinde, dass sie nicht durch die Machenschaften des Satans von Christus und voneinander getrennt werden. Darum endet der Brief mit einem wunderbaren Segenszuspruch des dreieinigen Gottes (13,13).

EXKURS: DIE METHODEN SATANS

Im zweiten Korintherbrief fällt auf, wie häufig Paulus vom Wirken Satans spricht. Der Hauptgegner eines Dieners ist der Satan, denn das Evangelium verkündigen bedeutet, gegen die Macht der Finsternis anzutreten. Satan kämpft mit allen Mitteln gegen die Diener selbst (vgl. 12,7) und die Gemeinde. Paulus nennt drei verschiedene Methoden Satans:

Beherrschung der Nichtchristen

Paulus bezeichnet den Satan als „Gott dieser Welt" (4,4). Für Welt steht hier im griechischen Grundtext der Begriff für Zeitalter oder Weltzeit. Die Wirksamkeit Satans ist begrenzt bis zur Wiederkunft Christi. Er versucht, die Menschen zu beherrschen. Seine Methode ist die Verblendung des Denkens (4,4).

Der Satan versucht, die Menschen an ein falsches Weltbild zu binden, damit sie keinen Blick für die Herrlichkeit Christi bekommen. Er verblendet ihr Denken durch pseudowissenschaftliche Argumente oder dem Pluralismus, der die Wahrheit relativiert. Wer das Evangelium verkündigt, ist herausgefordert, falsche Gedankengebäude einzureißen (10,4-6).

Überlistung der Christen

Bei Christen hat er nicht ganz verloren. Sie unterstehen zwar nicht seinem Machtbereich, sind aber noch empfänglich für seinen Einfluss. Hier muss er eine Methode anwenden, die seinem Charakter als einer listigen Schlange entspricht (11,3; 2,11).

Der Satan arbeitet mit Lüge und Täuschung, indem er fromme Argumente benutzt. Im Zusammenhang geht es Paulus um die gegenseitige Vergebung unter Christen (2,10). Der Teufel kann mangelnde Vergebungsbereitschaft dazu ausnützen, um die Gemeinschaft mit Gott und untereinander zu zerstören.

Verführung der Christen

Eine weitere Methode ist die Verführung. Er versucht, die Gedanken der Gläubigen von Christus abzuwenden (11,13-15). Die Verführung geschieht durch Diener, die er für seine Zwecke verwendet. Sie sind geschickte Lügner, die mit falscher Lehre Gemeinde zerstören. Die Angriffe Satans sollten uns nicht beunruhigen. Sie sind ein Echtheitsbeweis unseres Glaubens.

2. KORINTHERBRIEF – DAS LEBEN EINES DIENERS

Schlüsselvers: „Denn wir predigen nicht uns selbst, sondern Jesus Christus, dass er der Herr ist, wir aber eure Knechte um Jesu willen" (4,5)

	1	2,1-11	2,12-17	3	4	5	6	7,1-4	7,5-16	8	9	10	11	12	13,1-10	13,11-13
	Verfasser, Empfänger, Gruß / Lobpreis Gottes – Trost in Bedrängnis	Liebe des Paulus zur Gemeinde / Überwindung der traurigen Verhältnisse	Offene Tür in Troas – Titus / Teilhaber am Sieg Christi	Dienst im Alten und im neuen Bund	Das Licht des Evangeliums / Leiden und Herrlichkeit eines Dieners	Die Sehnsucht eines Dieners / Der Diener als Botschafter Christi	Das Vorbild eines bewährten Dieners / Warnung vor Verunreinigung	Bitte um das Vertrauen der Gemeinde	Freude über die Wirkung des Tränenbriefes	Sammlung für die Gemeinde in Jerusalem / Aufruf zur Haltung des Gebens	Vom Segen des Gebens	Verteidigung gegen persönliche Angriffe	Entlarvung der falschen Apostel / Bewährung im Leiden als Diener Christi	Übernatürliche Offenbarung / Geistliche Stärke durch Schwachheit / Ringen um das Vertrauen der Gemeinde / Zurechtbringung der Korinther	Ankündigung des dritten Besuches / Mahnende Worte zur Vorbereitung	Schlusswort – Ermutigung - Segensgruß
	DIENST DES PAULUS											VERTEIDIGUNG DES PAULUS				
			Begründung der Verzögerung des Besuches									Vorbereitung des kommenden Besuches				
	Biographisch		Thematisch									Biographisch				
			„Wir"									„Ich"				

Die vier Briefe des Paulus an die Korinther

- Erster Brief: Mahnschreiben (5,9) – unbekannt
- Zweiter Brief: Der erste Korintherbrief
- Dritter Brief: „Tränenbrief" (2Kor 2,3) – unbekannt
- Vierter Brief: Der zweite Korintherbrief

Titel: An die Korinther B

- Abfassungszeit: 55 n.Chr.
- Abfassungsort: Mazedonien (Dritte Missionsreise)
- Verfasser: Paulus – Mitabsender: Timotheus
- Adressaten: Gemeinde in Korinth

Literatur

Aebi, Ernst: Kurze Einführung in die Bibel, Winterthur, Bibellesebund, 1993.

Ellwell, Walter A., Yarbrough, Robert W.: Studienbuch Neues Testament, Wuppertal, R. Brockhaus-Verlag, 2001.

Genfer Studienbibel, Holzgerlingen, Hänssler, 1999.

Jensen, Irving: Die Geburt der Gemeinde. Ein Studienkurs. Band 2: Apostelgeschichte bis Galaterbrief, Oerlinghausen, Betanien, 2003.

Mauerhofer, Erich: Einleitung in die Schriften des Neuen Testaments Bd. 2: Römer – Offenbarung, Holzgerlingen, Hänssler, 1999).

Reifler, Hans Ulrich: Bibelkunde des Neuen Testaments. Die Bibel lieben, kennen und verstehen, Nürnberg, VTR, 2006.

Tenney, Merrill C: Die Welt des Neuen Testaments, Marburg, Francke, 1979.

Der Galaterbrief

Martin Luthers Lieblingsbuch war der Galaterbrief. Er spricht von ihm wie von seiner Frau: *„Der Galaterbrief ist mein Lieblingsbrief, dem ich mich ganz anvertraut habe. Er ist meine Käthe von Bora."*[48] Das ist nicht verwunderlich, denn im Galaterbrief geht es um das zentrale Thema der Reformation, der Rechtfertigung durch den Glauben. Der Galaterbrief wird auch die „Magna Charta der Freiheit" bezeichnet. Worin diese Freiheit besteht, wie man dazu gelangt und darin lebt, das lernen wir auf der Tour durch den Galaterbrief.

1. Verfasser

Paulus bezeichnet sich am Briefanfang und Briefende als Verfasser (1,1 und 5,2). Mindestens den Briefschluss hat er eigenhändig mit Großbuchstaben geschrieben (6,11), den Rest hat er wahrscheinlich einem Schreiber diktiert. Auch der ausführliche biographische Teil (Kap 1-2) und die Leidenschaft, mit der er als geistlicher Vater um seine Gemeinden ringt, sind weitere eindeutige Hinweise auf seine Verfasserschaft.

2. Empfänger – Zeit und Ort der Abfassung

Die Empfänger des Briefes sind die Gemeinden von Galatien (1,2). Der Galaterbrief ist demnach nicht an eine einzelne Gemeinde gerichtet. Da stellt sich die Frage: Welche Gemeinden meinte Paulus? Wer waren die Galater? Wo lebten sie? Es gibt zwei Möglichkeiten:

- Die geographische Landschaft Galatien, eine Hochebene im Norden Kleinasiens mit Ancyra, dem heutigen Ankara, als Zentrum. Dort siedelten sich im 3. Jh. v.Chr. die Kelten an, die sich selbst als „Galatai" bezeichneten. Diese Möglichkeit bezeichnet man als „Nordgalatische Theorie" oder „Landschaftshypothese".

- Die römische Provinz Galatien in der östlichen Hälfte Kleinasiens. Dazu gehörten seit 25 v.Chr. außer der Landschaft Galatien noch Pisidien, Lykaonien, Teile Phrygiens und Kappadoziens. Diese Möglichkeit bezeichnet man als „Südgalatische Theorie" oder „Provinzhypothese".

---

[48] WA 146 Luther-Werke Bd. 9, 29, Tischreden, 48.

Wie lassen sich diese beiden Theorien in die Apostelgeschichte einordnen und welche ist die wahrscheinlichere?

Die Nordgalatische Theorie

Nach dieser Theorie war der Galaterbrief an Gemeinden im Norden der Landschaft Galatiens gerichtet, die Paulus und seine Begleiter auf der zweiten Missionsreise durchzogen (Apg 16,6). Das Fehlen von Städtenamen lässt auf das ländliche Gebiet im Norden Kleinasiens schließen. Die Gemeinden sind während ihres Aufenthalts entstanden, denn zu Beginn der dritten Missionsreise besuchte Paulus diese Gebiete zum zweiten Mal, um die Gemeinden im Glauben zu stärken (Apg 18,23). Der Galaterbrief wurde nach dieser Theorie von Griechenland aus ca. *55-57 n.Chr.* geschrieben.

Die Südgalatische Theorie

Nach dieser Theorie richtete sich der Brief an die Gemeinden der Provinz Galatien, die Paulus während der ersten Missionsreise im Umkreis von Antiochia bis Derbe gegründet hatte (Apg 13,14-14,25). Er besuchte sie ein weiteres Mal während seiner zweiten Missionsreise (Apg 16,1). Der Galaterbrief wird folglich auf die Zeit zwischen der ersten Missionsreise und dem Apostelkonzil (Apg 15 im Jahr 49 n.Chr.) auf die Jahre *48/49 n.Chr.* datiert. Paulus hat ihn vermutlich von Antiochien (Apg 14,26-28) aus geschrieben. Damit wäre der Galaterbrief der erste Brief des Apostels Paulus.

Folgende Argumente sprechen für die südgalatische Theorie:

Das Schweigen der Apostelgeschichte

Der Verfasser Lukas, der zum Team der zweiten Reise gehörte, gibt keine Auskunft über eine Reiseroute durch das nördliche Galatien und schweigt über die Geschehnisse in diesem Gebiet. Im Gegenteil: Er berichtet davon, dass Paulus ein Predigtverbot vom Heiligen Geist auferlegt war (Apg 16,6-7).

Die Beschlüsse des Apostelkonzils

Das Apostelkonzil hat zentrale Bedeutung für den Galaterbrief, denn dort ging es um das gleiche Thema: Die Bedeutung des Gesetzes für das Heil. Um die Einheit zwischen Juden- und Heidenchristen zu bewahren, verfassten die Apostel eine Vereinbarung, mit der beide Seiten leben konnten (Apg 15,28-29). Hätte das Konzil vor der Abfassung des Galaterbriefes stattgefunden, wäre Gal 2,6 unverständlich. Paulus wäre sicher bei der Auseinandersetzung mit den Irrlehrern auf die Beschlüsse eingegangen.

3. Anlass

Die Gemeinden in Galatien entstanden durch die Verkündigung und das Vorbild des Apostels Paulus (vgl. 1,8-9; 3,1-2). Er betrachtete sie als seine geistlichen Kinder (4,19), denen er das Evangelium verkündigte. Nach der Gründung der Gemeinde besuchte er sie ein zweites Mal (4,13; 5,7).

Kurz nachdem Paulus Galatien verlassen hatte, kamen Irrlehrer in die Gemeinden, wahrscheinlich Judenchristen aus Jerusalem. Sie behaupteten, dass Paulus ihnen nicht die ganze Wahrheit gesagt hätte und verkündigten ein anderes Evangelium (1,6-7):

- Die Beschneidung (5,2.11; 6,12-13) und die Einhaltung des jüdischen Gesetzes sei heilsnotwendig. Dazu gehöre die strikte Einhaltung der Festzeiten (4,10) und Speisegesetze (2,12).

- Der Glaube an Christus *allein* genüge nicht zur Rechtfertigung. Es sei notwendig, das Gesetz zu erfüllen, um dadurch gerechtfertigt zu werden (4,21; 5,4).

Die Irrlehrer bezweifelten damit die Autorität des Apostels Paulus. Sie wollten einen Keil treiben zwischen Paulus und den Galatern (4,16-20) und sie abwerben für sich (4,17-18). Dazu nimmt Paulus Stellung, indem er diesen Brief schreibt und das Evangelium von Jesus Christus verteidigt.

Die Verfolgung um ihres Glaubens willen (vgl. Apg 13,45-50; 14,21-23) hatten die Gemeinden gut verkraftet, aber die Verfälschung des Evangeliums brachte sie ins Wanken.

4. Aufbau

Der Galaterbrief besteht aus 6 Kapiteln und ist klar strukturiert. Er gliedert sich in *drei Hauptteile*, die das Thema des Briefes aus verschiedenen Perspektiven beleuchten: Persönlich (Kap 1-2); Dogmatisch (Kap 3-4); Ethisch (Kap 5-6). Im ersten Teil geht es um die Herkunft des Evangeliums, im zweiten um die Erklärung des Evangeliums und im dritten Teil um die Anwendung des Evangeliums.

Thema des Briefes ist die Freiheit durch den Glauben oder wie die Rechtfertigung durch den Glauben die menschliche Freiheit ermöglicht. Wie bei allen anderen Paulusbriefen folgt der praktische Teil dem dogmatischen, denn das christliche Leben braucht ein stabiles lehrmäßiges Fundament.

Der *Schlüsselvers* des Briefes steht in 5,1:

> Für die Freiheit hat Christus uns freigemacht. Steht nun fest und lasst euch nicht wieder durch ein Joch der Sklaverei belasten!

5. Überblick

Im Galaterbrief geht es Paulus um die Verteidigung der durch Christus gewonnenen Freiheit. Seine Apologetik ist ungewöhnlich scharf, denn er weiß, was auf dem Spiel steht, wenn auch nur in einem Punkt den Irrlehrern nachgegeben wird.

Der persönliche Teil: Die Herkunft des Evangeliums (Kap 1-2)

Das Besondere am Galaterbrief ist der autobiographische Abschnitt. In keinem anderen Brief mit Ausnahme von 2Kor 11 erfahren wir so viel über das Leben des Apostels Paulus. Warum? Weil die Irrlehrer sowohl das Evangelium verfälschten als auch seine apostolische Autorität in Zweifel zogen, war er gezwungen, Stellung zu beziehen. Paulus muss deshalb erklären, von wem er das Evangelium empfangen hat und wer ihn beauftragt hat, es zu verkündigen. Der persönliche Teil gliedert sich in drei Abschnitte:

Warnung vor der Verfälschung des Evangeliums (1,6-10)

Wenn es um das Evangelium geht, schlägt das Herz des Paulus höher. Er kommt ohne lange Vorrede (1,1-5) sofort zum Thema und verteidigt das Evangelium mit scharfen Worten gegen jede Verwässerung und Verfälschung (1,6-10). Paulus belegt jeden, der ein anderes Evangelium verkündigt als das, welches die Galater gehört hatten, auch wenn es ein Engel vom Himmel wäre, mit einem Fluch[49] (1,8-9 vgl. Röm 9,3; 1Kor 16,22).

Mit diesem Ausdruck wünscht Paulus nicht einen strafenden Blitzstrahl Gottes vom Himmel über seine Gegner herbei, sondern er übergibt die Irrlehrer dem Gericht Gottes (vgl. Röm 12,19). Er schließt sich ja in dieses „anathema" ein, falls er irgendwann das Evangelium nicht mehr recht verkündigen würde.

Paulus betont am Schluss des Abschnitts seine Motivation für diese Kompromisslosigkeit: Er spricht als Knecht Gottes, der nicht zugleich Knecht von Menschen sein kann (1,10).

---

[49] Griech. anathema: Eine Gabe, die Gott übergeben wird. Vgl. Bann im AT: Jos 6-7.

Das Evangelium des Apostels Paulus (1,11-2,10)

Paulus verbrachte nach seiner spektakulären Bekehrung und den ersten Konfrontationen mit seinen Gegnern (Apg 9,19-25) drei Jahre in der Wüste Arabiens (1,17). Damit ist vermutlich das Gebiet südöstlich von Damaskus gemeint, ein Teil des heutigen Jordanien. Was hat er dort gemacht? Die beigefügte Übersicht[50] gibt einen Überblick über die Stationen des Paulus vor seiner ersten Missionsreise. Vermutlich hat er während dieser Zeit über seine neue Entdeckung nachgedacht. In der Gemeinschaft mit Jesus ist die Botschaft des Evangeliums gereift, völlig unabhängig von menschlichen Einflüssen.

In diesem Abschnitt wehrt sich Paulus gegen die verleumderischen Vorwürfe seiner Gegner, die versuchen, die Gemeinden in der Provinz Galatien gegen ihn aufzuhetzen (4,17). Paulus betont dreierlei:

- Das Evangelium, das er verkündigt, stammt direkt von Gott. Er hat es ohne menschliche Vermittlung direkt von Jesus empfangen (1,11-12). Damit kann das verfälschte Evangelium, das von den Judaisten verkündigt wurde und eigentlich keines ist, nicht gleichzeitig von Gott stammen. Wenn die Gerechtigkeit durch das Gesetz kommt, dann hätte sich Paulus nicht bekehren müssen, denn er war ein Eiferer für das Gesetz wie kein zweiter (1,14).

- Paulus wurde direkt von Gott mit der Verkündigung des Evangeliums beauftragt. Er hatte die ersten drei Jahre nach seiner Bekehrung keinen Kontakt mit den Aposteln in Jerusalem (1,13-24). Der erste Kontakt war nur kurz und beschränkte sich auf Petrus und Jakobus (1,18-19).

- Die Berufung des Paulus wurde von den Aposteln anerkannt und offiziell bestätigt (2,1-10). Dies geschah erst 14 Jahre[51] später (2,1), als Paulus aufgrund einer Weisung Gottes nach Jerusalem reiste (2,2), um den Aposteln sein Evangelium vorzulegen. Als Resultat wurde eine Aufgabenteilung vereinbart: Paulus sollte das Evangelium den Nichtjuden verkündigen (2,9 vgl. Apg 9,15), Petrus dagegen den Juden (2,1-10).

Zeiten der Stille in der Einsamkeit, Zeiten des geduldigen Wartens auf den rechten Zeitpunkt, sind keine verlorene Zeit. Manche Impulse, manche Pläne brauchen eine gewisse Reifezeit, bevor sie verwirklicht werden können. Wer genau hinhört, bevor er handelt, erspart sich manche Irrwege!

---

[50] Vgl. Seite 160.

[51] Unklar ist, ob 14 Jahre nach dem ersten Besuch (1,18) oder nach der Bekehrung.

Die Auseinandersetzung mit Petrus (2,11-21)

Paulus war kein bequemer Zeitgenosse. Wenn es um die Wahrheit des Evangeliums ging, dann kannte er keine falsche Scheu (vgl. Apg 23,3). Er liebte die direkte Konfrontation. Das bekam auch der hoch angesehene Apostel und als Säule der Gemeinde in Jerusalem bekannte Petrus zu spüren. Bei einem Besuch bei den Christen in Antiochien wurde Petrus von Nichtjuden zum Essen eingeladen. Als dann Jakobus mit anderen Juden auftauchte, zogen er und seine jüdischen Begleiter samt Barnabas sich von den Nichtjuden zurück (2,11-14). Das brachte Paulus so in Rage, dass er Petrus wegen dieses Fehlverhaltens vor allen Anwesenden tadelte und ihn als Heuchler bezeichnete (2,14-16). Das war ein Eklat! Hat hier Paulus durchgedreht oder war seine heftige Reaktion berechtigt?

- Paulus ging es um die Wahrheit des Evangeliums (1,14), also nicht um Personen, sondern um die Sache. Das Motiv war keine private Abrechnung mit Petrus, sondern das richtige Verhalten, das dem Evangelium entspricht. Paulus agiert nicht wie die Irrlehrer hinten herum, sondern sucht die offene Auseinandersetzung mit denjenigen, die es betrifft.

- Das Problem war, dass Petrus zunächst seine Freiheit vom Gesetz dadurch zeigte, dass er mit den Nichtjuden Tischgemeinschaft pflegte, einem Ausdruck brüderlicher Gemeinschaft. Als aber die gesetzestreuen Juden kamen, zog er sich aus Angst zurück und zerbrach damit das Band der Gemeinschaft. Durch dieses heuchlerische Verhalten gibt er den Juden zu verstehen, dass Gesetz und Evangelium doch noch zusammengehören und den Heiden, dass sie ohne das Gesetz keine vollwertigen Christen sind. Er zwingt sie durch seine Inkonsequenz „jüdisch zu leben" (2,14).

- Hier ging es also nicht um Kleinigkeiten, über die man verschiedener Meinung sein kann, sondern um einen Verrat am Evangelium. Es zwang die Juden ja keiner, ihre Speisegewohnheiten zu ändern, sondern es ging um den Stellenwert des Gesetzes. Die Rechtfertigung durch den Glauben hat die Trennwand des Gesetzes zwischen Juden und Nichtjuden abgebrochen. Beide haben Zugang zum Heil. Was allein zählt, ist das Leben im Glauben an Jesus Christus und nicht die Einhaltung gesetzlicher Vorschriften (2,19-20).

Der Mensch hat die natürliche Neigung, zur Erlösung in Christus einen eigenen Beitrag leisten zu wollen. Einer Vermischung des Evangeliums mit menschlicher Leistung müssen wir klar entgegentreten!

Der dogmatische Teil: Die Erklärung des Evangeliums (Kap 3-4)

Paulus bleibt nicht bei seiner eigenen Person stehen, sondern belehrt die Galater darüber, dass die Gerechtigkeit allein aus dem Glauben kommt und nicht aus den Werken des Gesetzes. Dazu führt er mehrere Gründe an:

Die Erfahrung der Galater

Paulus erinnert sie daran, wie sie zum Glauben gekommen sind. Sie haben den Heiligen Geist ohne eigenes Zutun empfangen (3,1-5) und sind durch den Glauben neue Menschen geworden.

Der Bund mit Abraham

Abraham wurde durch den Glauben gerechtfertigt (3,6). Wer glaubt, ist ein Nachkomme Abrahams und Teilhaber des Bundes und damit des Segens (3,7-9). Dieser Segen ist in Christus gegeben, weil er uns losgekauft hat vom Fluch des Gesetzes (3,10-14).

Die heilsgeschichtliche Bedeutung des Gesetzes

Der Bund mit Abraham bestand vor dem Gesetzesbund am Sinai (3,17). Die Verheißung wird durch das Gesetz nicht aufgehoben, sondern ergänzt, denn ohne das Gesetz fehlt die Erkenntnis der Sünde (3,15-19). Gott gebrauchte das Gesetz als Erzieher zu Christus hin. Nachdem Jesus gekommen war, verlor der Erzieher seinen Job an den Glauben (3,19-25). Der Glaube ist eine völlig neue Existenzgrundlage, bei der Unterschiede aufgrund Abstammung oder Geschlecht keine Rolle mehr spielen. Alle sind eins in Christus und Kinder Gottes durch den Glauben (3,26-29).

Knechtschaft und Freiheit

Das Kommen Christi in diese Welt brachte die Freiheit von der Knechtschaft des Gesetzes. Aus Sklaven wurden Kinder und Erben durch den Glauben (4,1-7). Als Seelsorger führt Paulus den Gemeinden vor Augen, welch großes Erbe sie aufs Spiel setzen durch den Rückfall in die Gesetzlichkeit (4,8-20). Anhand einer Allegorie aus dem AT (4,21-31) erklärt er ihnen den Unterschied zwischen Knechtschaft (Hagar) und Freiheit (Sara) und weist sie damit auf ihre einzigartige Stellung als befreite Kinder hin.

Paulus verteidigt die Rechtfertigung durch den Glauben, indem er seine Beweisführung auf die gleiche Schrift des Alten Bundes aufbaut, aus der die Irrlehrer ihre Verfälschung des Evangeliums begründen. Damit machte er den Galatern klar, dass die Gesetzeslehrer gegen das geoffenbarte Wort Gottes lehrten und handelten.

Der ethische Teil: Die Anwendung des Evangeliums (Kap 5-6)

Nach der Dogmatik folgt bei Paulus wie in seinen anderen Briefen die Ethik, d.h. nach der Lehre das Leben. Diese beiden Kapitel handeln von der Realisierung der neu gewonnenen Freiheit im praktischen Lebensalltag. Sie enthalten eine dreifache Ermahnung an die Empfänger:

Ermahnung zur rechten Freiheit (5,1-15)

Paulus warnt die Galater eindringlich davor, die durch Christus gewonnene Freiheit mit dem Joch der Knechtschaft einzutauschen. Wer zurückkehrt zum Gesetz, fällt aus der Gnade und verliert Christus (5,1-5). Was für den Glaubenden zählt, ist die Liebe (5,6). Freiheit bedeutet nicht, tun und lassen zu können, was man will, sondern durch die Liebe zu dienen (5,13 vgl. 1Petr 2,16). Nicht derjenige erfüllt das Gesetz, der sich beschneiden lässt und sich an äußere Vorschriften hält, sondern wer seinen Nächsten liebt wie sich selbst (5,14). Paulus stellt damit die Gesetzeserfüllung auf eine ganz andere Ebene, indem er auf das Hauptziel des Gesetzes und der Gebote hinweist (Röm 13,8-10; vgl. auch 1Tim 1,5). Das Doppelgebot der Liebe galt auch schon im AT. Es wurde von Christus vollkommen erfüllt und ist durch den Glauben an ihn realisierbar. Wichtig ist aber, dass der Blick nicht auf das Gebot und auf uns selbst gerichtet ist, sondern immer auf Christus, der uns befreit hat von aller Schuld und eigenem Versagen.

Ermahnung zum Leben im Geist (5,16-26)

Paulus stellt der akribischen Gesetzeserfüllung das Leben im Geist gegenüber. Wer vom Geist Gottes regiert wird, erkennt den Willen Gottes und hat die Kraft, danach zu leben. Es kommt also im Wesentlichen darauf an, dass der Gläubige vom Geist regiert wird und nicht von seiner alten Natur, dem Fleisch (6,16-18). Damit dies für die Galater (und für uns) konkret wird, zählt Paulus einige Werke des Fleisches auf (5,19-21) und stellt diese der Frucht des Geistes gegenüber (5,22-23). Der Durchbruch zu einem Leben im Geist gelingt da, wo wir unseren alten Menschen als mit Christus gekreuzigt betrachten und dem neuen Leben mit dem Geist Gottes als Führer Raum geben (5,24-26).

Ermahnung zur Brüderlichkeit (6,1-18)

Für Paulus ist es sehr wichtig, wie Christen miteinander umgehen. Gesetzlichkeit äußert sich in Gnadenlosigkeit, Lieblosigkeit und Engherzigkeit (vgl. 5,15.26), weil der Blick auf Christus fehlt. Stattdessen soll ein Geist der Sanftmut unsere Haltung dem anderen gegenüber bestimmen (6,1).

Richtige Gesetzeserfüllung zeigt sich darin, den anderen zu lieben und seine Lasten mitzutragen (6,2) und sich selbst richtig einzuschätzen (6,3-5). Freiheit in Christus bedeutet nicht, nach Selbstverwirklichung zu streben, sondern das Wohl des Nächsten zu suchen (6,6-10).

Im Briefschluss (6,11-18) fasst Paulus noch einmal sein Anliegen zusammen. Das Kennzeichen der neuen Kreatur ist nicht die Beschneidung, sondern das Kreuz Christi (6,14-16). Die Irrlehrer lenken den Blick weg vom Kreuz hin zu sich selbst (6,13) und das kann auf keinen Fall geduldet werden. Dafür kämpft Paulus als einer, der als Apostel von Christus „gebrandmarkt" ist, der willig Leiden erträgt um des Evangeliums willen, das ihm anvertraut ist.

Im Galaterbrief geht es um den Kern des christlichen Glaubens: Wodurch wird der Mensch gerettet? Worauf kommt es an, wenn es um das Heil des Menschen geht? Paulus macht seinen Lesern deutlich, dass der Mensch das Heil allein aus Gottes Gnade durch den Glauben an Jesus Christus geschenkt bekommt. Jesus hat uns durch seinen Tod am Kreuz von der Knechtschaft des Gesetzes erlöst und wahre Freiheit geschenkt. Er hat uns seinen Geist geschenkt, der uns zur Liebe und zu guten Werken befähigt.

Der Galaterbrief zeigt den Unterschied zwischen einem Leben aus dem Glauben und einem Leben aus dem Gesetz. Es ist Torheit, aus eigener Anstrengung ein Leben nach dem Willen Gottes führen zu wollen. Trotz eiserner Disziplin und höchster Willensanstrengung gelingt dies nicht, sondern führt langsam aber sicher entweder in die Depression oder in die Heuchelei.

Rechtfertigung nach dem Galaterbrief

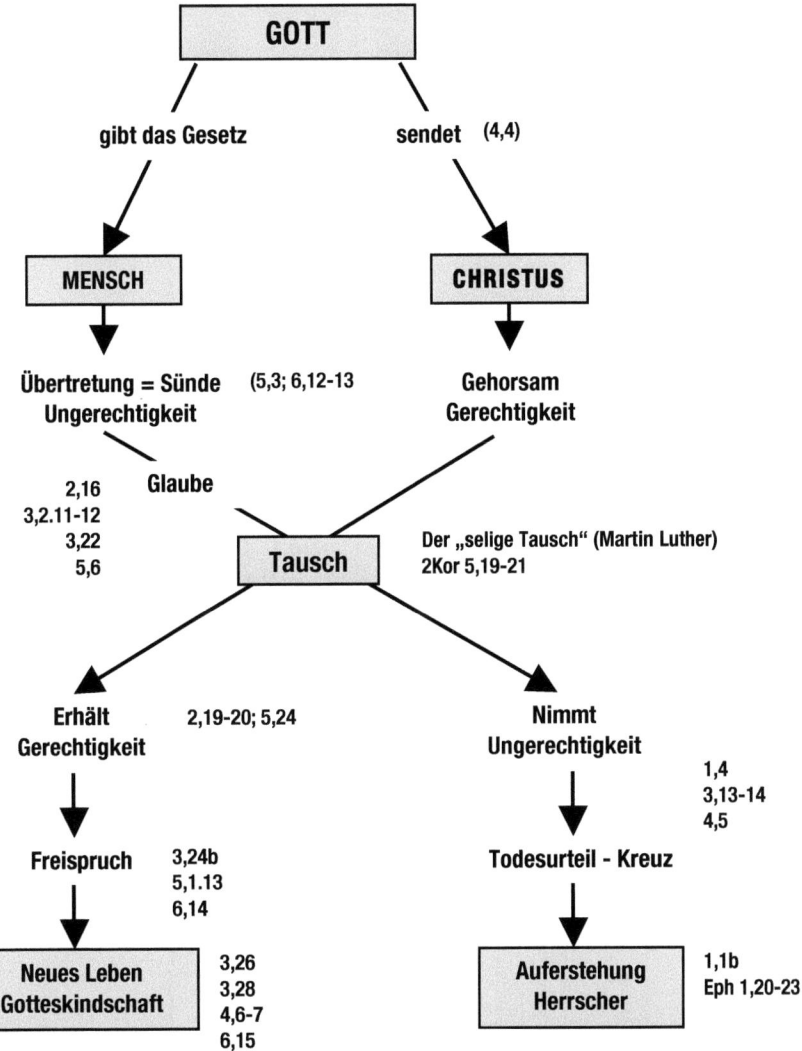

DIE STATIONEN VON PAULUS VOR DER ERSTEN MISSIONSREISE

Reiseroute	Ereignisse	Bibelstellen	Zeitangaben
Reise von Jerusalem nach Damaskus	Verfolgung der Jünger – Bekehrung vor Damaskus	Apg 9,1-9; Gal 1,15-16	
Aufenthalt in der arabischen Wüste	Kein Bericht – Stille Zeit in der Wüste	Gal 1,17	3 Jahre
Rückkehr nach Damaskus	Kein Bericht	Gal 1,17	
Reise von Damaskus nach Jerusalem	Begegnung mit Petrus und Jakobus	Apg 9,26-28; Gal 1,18	15 Tage
Aufenthalt in Syrien und Zilizien – Tarsus	Kein Bericht	Apg 9,30; Gal 1,2	
Von Tarsus nach Antiochia	Barnabas holt ihn nach Antiochia	Apg 11,25-26	
Von Antiochia nach Jerusalem	Überbringt eine Geldsammlung	Apg 11,29-30; Gal 2,1-10	14 Jahre später
Rückweg von Jerusalem nach Antiochia	Barnabas und Paulus nehmen Johannes Markus mit	Apg 12,25	

Insgesamt handelt es sich also um einen Zeitraum von 17 Jahren.

GALATERBRIEF – FREIHEIT DURCH DEN GLAUBEN

Schlüsselvers: „Zur Freiheit hat uns Christus befreit! So steht nun fest und lasst euch nicht wieder das Joch der Knechtschaft auflegen!" (5,1)

	PERSÖNLICH				DOGMATISCH				ETHISCH		
1,1-5	1,6-10	1,11-24	2,1-10	2,11-21	3,1-14	3,15-29	4,1-20	4,21-31	5,1-15	5,16-26	6,1-10	6,11-18
Absender – Empfänger – Doxologie	Ermahnung und Warnung – Verteidigung des Evangeliums gegen Verfälschung	Paulus empfängt das Evangelium durch Offenbarung – seine Unabhängigkeit	Treffen mit den Aposteln – Anerkennung des Paulus	Auseinandersetzung mit Petrus – Glaube und Gesetz in der Praxis	Die Gerechtigkeit kommt aus dem Glauben und nicht aus dem Gesetz – Vorbild Abraham	Gesetz und Verheißung – die Funktion des Gesetzes in der Heilsgeschichte	Das neue Sein des Christen: Von der Knechtschaft durch das Gesetz zur Sohnschaft durch Christus	Hagar und Sara als Gleichnis für das Verhältnis von Gesetz und Verheißung	Ermahnung zur Standhaftigkeit in der geschenkten Freiheit – Beschneidung ist Rückfall ins Gesetz	Ermahnung zum Leben im Geist – die Werke des Fleisches und die Frucht des Geistes	Ermahnung zum brüderlichen Umgang miteinander und zum Gutestun	Eigenhändiger Briefschluss – die zentrale Bedeutung des Kreuzes Christi
Anfang	Verteidigung	Autorität des Paulus			Gesetz und Glaube		Knechtschaft und Freiheit		Freiheit	Leben im Geist	Gesetz Christi	Schluss
	Herkunft des Evangeliums				Erklärung des Evangeliums				Anwendung des Evangeliums		

Wichtige Themen

- Verteidigung des Evangeliums gegen Verfälschung
- Die Errettung geschieht allein aus Glauben
- Als neue Kreaturen sind wir befreit zu neuem Leben
- Der Heilige Geist ist die Triebkraft des neuen Lebens
- Wir sind befreit zur gegenseitigen Liebe

Titel: An die Galater

- Abfassungszeit: 49 n.Chr.
- Abfassungsort: vermutlich Antiochien
- Verfasser: Paulus
- Empfänger: Gemeinden aus der Provinz Asien (südgalatische Theorie)

Literatur

Cole, R.A.: Der Galaterbrief. Ein Kommentar, Darmstadt, ICI, 1986.

Ellwell, Walter A., Yarbrough, Robert W.: Studienbuch Neues Testament, Wuppertal: R. Brockhaus-Verlag, 2001.

Jensen, Irving: Die Geburt der Gemeinde. Ein Studienkurs. Bd. 2: Apostelgeschichte bis Galaterbrief, Oerlinghausen, Betanien, 2003.

Mauerhofer, Erich: Einleitung in die Schriften des Neuen Testaments Bd. 2: Römer-Offenbarung, Holzgerlingen, Hänssler, 1999.

Mock, Dennis J.: New Testament Survey. BTCP Course Manual, Atlanta, 1989.

Reifler, Hans Ulrich: Bibelkunde des Neuen Testaments. Die Bibel lieben, kennen und verstehen, Nürnberg, VTR, 2006.

Stringfellow, Dr. Alan B.: Through The Bible In One Year. A 52-Lesson Introduction to the 66 Books of the Bible, Tulsa, Hensley Publishing, 1988.

Walvoord, John F., Zuck, Roy B.: Das Neue Testament. Erklärt und ausgelegt Bd. 5: 1. Korinther-Offenbarung, Neuhausen-Stuttgart, Hänssler, 1992.

DER EPHESERBRIEF

Der Epheserbrief gehört wie der Römerbrief zu den fundamental wichtigen Briefen des Neuen Testaments. Er offenbart in Kurzform das Geheimnis der neutestamentlichen Gemeinde und ihrer Glieder.

> Der Brief an die Epheser ist ein wunderbar prägnantes und dabei doch umfassendes Resümee der christlichen Guten Nachricht und ihrer Konsequenzen. Niemand kann ihn lesen, ohne in Staunen und Anbetung versetzt und zu einem konsequenten Lebensstil herausgefordert zu werden.[52]

Im Epheserbrief finden wir höchste Wahrheiten in kürzester Form. Deshalb lohnt es sich, bei dieser Tour genau hinzuhören und darüber in Ruhe nachzudenken.

1. Verfasser

Der Verfasser des Briefes wird im Briefkopf genannt: Es ist Paulus, der Apostel Jesu Christi (1,1). Ein weiterer Hinweis ist der mehrfache Gebrauch der ersten Person: „Ich, Paulus, der Gefangene Jesu Christi" (3,1) sowie „ich, der Gefangene im Herrn" (4,1) und „für das ich ein Gesandter in Ketten bin" (6,20). Briefstruktur, Begriffe, Formulierungen und Parallelen zu anderen Paulusbriefen bestätigen, dass dieser Brief aus der Feder des Paulus stammen muss.

2. Empfänger

Paulus nennt die Empfänger zu Beginn des Briefes: Er schreibt an die „Heiligen und an Christus Jesus Gläubigen, die in Ephesus sind" (1,1). Interessant dabei ist, dass der Zusatz „in Ephesus" in einigen bedeutenden alten Handschriften des Grundtextes fehlt oder später hinzugefügt wurde. Auffallend ist auch, dass der Epheserbrief der unpersönlichste Brief des Paulus ist, denn wir finden weder persönliche Bemerkungen (wie z.B. in Phil 1,3-7) noch eine Grußliste (wie z.B. Röm 16,1-16). Und das, obwohl Paulus drei Jahre in Ephesus gewirkt hatte (Apg 20,31) und der wort- und tränenreiche Abschied (Apg 20,18-38) auf eine enge Beziehung zur Gemeinde schließen lässt.

---

[52] Stott, 2001, 7.

Es gibt für diese Besonderheiten verschiedene Erklärungsversuche bis hin zum Zweifel an der Verfasserschaft. Die überzeugendste Erklärung ist die, dass der Brief an die Gemeinde in Ephesus adressiert war, aber gleichzeitig von Paulus als Gemeinderundschreiben für mehrere Gemeinden in der Region gedacht war. Das würde einerseits den unpersönlichen Charakter erklären und andererseits dem großen Thema des Briefes entsprechen.

Die Stadt Ephesus

Ephesus war die Hauptstadt der römischen Provinz Asia an der Westküste Kleinasiens, der heutigen Türkei. Sie war das größte Handelszentrum Kleinasiens und gleichzeitig das bedeutendste religiöse Zentrum der antiken Welt. Durch die Göttin Artemis (Diana) und ihrem Tempel war Ephesus der Mittelpunkt der östlichen Mysterienkulte (Geheimreligion). Der riesige Artemistempel[53] gehörte zu den sieben Weltwundern der Antike.

Der Artemiskult brachte der Stadt Ephesus den Ehrentitel „Tempelhüterin" ein (Apg 19,35), der durch römischen Staatsbeschluss verliehen wurde, weil dieser Tempel zur Verherrlichung des Kaisers diente. Berühmt war auch das Freilichttheater, das für mehr als 24.000 Menschen Platz bot und bis heute erhalten geblieben ist.

Die Gemeinde in Ephesus

Paulus kam auf der Rückreise von seiner zweiten Missionsreise das erste Mal nach Ephesus. Er knüpfte erste Kontakte mit den Juden und versprach zurückzukehren, wenn dies der Wille Gottes sei (Apg 18,18-22). Das mitgereiste Ehepaar Aquila und Priscilla blieb in Ephesus (Apg 18,19).

Danach kam Apollos hinzu, ein begabter und vollmächtiger Verkündiger des Evangeliums, der öffentliche Diskussionen mit den Juden führte. Er zog allerdings kurze Zeit später wieder weiter (Apg 18,24-28).

Auf seiner dritten Missionsreise war dann Ephesus eine der Hauptstationen der Missionsarbeit des Apostels Paulus (Apg 19). Er blieb insgesamt drei Jahre in Ephesus und erlebte dort, wie das Evangelium die Stadt veränderte.

Vor seiner Abreise nach Jerusalem traf er sich in Milet noch einmal mit den Ältesten von Ephesus, um von ihnen Abschied zu nehmen, denn er spürte, dass dieser Abschied endgültig sein würde (Apg 21,17-38).

In diesen drei Jahren erlebte Paulus die Macht Jesu auf besondere Weise:

---

[53] Länge: 130m, Breite: 63m, 127 Säulen ca. 18m hoch.

- Paulus begegnete einer Gruppe von Johannesjüngern, die getauft, aber noch nicht mit dem Heiligem Geist erfüllt waren (Apg 19,1-7). Paulus taufte sie auf den Namen Jesus, legte ihnen die Hände auf und dann kam der Heilige Geist über sie (Apg 19,5-6).

- Paulus wirkte drei Jahre in Ephesus (Apg 20,31) und verkündigte das Evangelium zunächst in der Synagoge und danach in der Rhetorikschule des Tyrannus (Apg 19,8-10). Was er hier verkündigte, verbreitete sich unter der gesamten Bevölkerung der Provinz Asien (Apg 19,10). Seine Predigt wurde bekräftigt von Wundern und Zeichen (Apg 19,11-12).

- Viele, die zum Glauben kamen, waren in dämonischen Bindungen verstrickt und erlebten durch Jesus Befreiung vom Okkultismus. Sie lösten sich öffentlich von ihrer Vergangenheit und veranstalteten eine große Bücherverbrennung (Apg 19,12.18-20). Einige Nachahmer, die fasziniert waren von der Vollmacht des Paulus, kamen bei ihrer Begegnung mit den Dämonen übel unter die Räder (Apg 19,13-17).

- Der Goldschmied Demetrius veranstaltete eine öffentliche Demonstration der Kunsthandwerker gegen Paulus wegen Geschäftsschädigung (Apg 19,23-40). Denn wer gläubig wurde, verehrte nicht mehr die Göttin Diana und kaufte deshalb auch keine Bilder mehr.

- Paulus schwebte in Ephesus in akuter Lebensgefahr (1Kor 15,32). Sein Aufenthalt dort war ein voller Erfolg, aber auch voller Kämpfe (Apg 20,19). Im ersten Korintherbrief, den Paulus in Ephesus schrieb, erwähnt er, dass es offene Türen, aber auch zahlreiche Gegner gab (1Kor 16,8-9). Paulus ließ deshalb Timotheus in Ephesus zurück (1Tim 1,3).

- Viele Gläubige in Ephesus haben sich später von Paulus abgewandt. Ein treuer Freund war Onesiphorus (2Tim 1,15-18).

3. Zeit und Ort der Abfassung

Der Epheserbrief gehört zu den sog. „Gefangenschaftsbriefen". Sie werden deshalb so genannt, weil Paulus diese Briefe im Gefängnis schrieb (vgl. Eph 3,1; 4,1; 6,20; Phil 1,7.13-14; Kol 4,18; Phm 9). Mit höchster Wahrscheinlichkeit sind alle Gefangenschaftsbriefe während seines ersten Gefängnisaufenthalts in Rom (Apg 28,16.30-31) in den Jahren *62-63 n.Chr.* verfasst worden. Dafür spricht die auffallende Ähnlichkeit des Kolosserbriefes mit dem Epheserbrief. Beide Briefe wurden zudem vom gleichen Boten, Tychikus, überbracht (Eph 6,21; Kol 4,7).

4. Anlass

Paulus nennt keinen konkreten Anlass für die Abfassung des Briefes, was wiederum den Rundbriefcharakter bestätigt. Es ging ihm darum, den Gemeinden das Geheimnis der Gemeinde zu enthüllen, das Gott ihm durch den Heiligen Geist geoffenbart hatte (Eph 1,9; 3,3-4). Hier finden wir fundamentale Aussagen über das Wesen der Gemeinde unabhängig von Zeit und Umständen. Der Epheserbrief sieht die universelle Gemeinde als neue Menschheit, die aus Juden und Heiden besteht.

5. Aufbau

Der Epheserbrief lässt sich in *zwei Hauptteile* gliedern:

Der erste Teil (Kap 1-3) ist dogmatisch. Hier entfaltet Paulus die Lehre von der Gemeinde als Leib Christi. Der zweite Teil (Kap 4-6) ist praktisch-ethisch. In ihm steht das Leben der Gemeinde entsprechend dieser Lehre im Mittelpunkt. Ein wichtiges Thema dieses Teils ist die geistliche Waffenrüstung, die für den Kampf der Gemeinde notwendig ist (6,10-24).

Watchman Nee gliedert deshalb den Epheserbrief in drei Teile: *Sitze* (1,1-3,21), *Wandle* (4,1-6,9), *Stehe* (6,10-24). Danach zeigt Paulus im ersten Teil unsere Stellung in Christus, im zweiten Teil die Lebensweise entsprechend dieser Stellung und im dritten Teil die Macht dieser Stellung gegenüber dem Feind.

Hauptthema ist die Gemeinde als Leib Christi und der Schlüsselvers des Briefes steht in Eph 1,22-23: *„und hat ihn gesetzt der Gemeinde zum Haupt über alles, welche sein Leib ist, nämlich die Fülle dessen, der alles in allem erfüllt."* Eine Schlüsselwahrheit des Epheserbriefes ist das neue Sein „in Christus": „Wir in Christus" (Kap 1-3) und „Christus in uns" (Kap 4-6).

6. Überblick

Die Stellung der Gemeinde – Sitze! (Kap 1-3)

Nach der Einleitung (1,1-2) stimmt Paulus einen gewaltigen Lobpreis Gottes an, der im griechischen Grundtext aus einem einzigen Satz besteht (1,3-14). Er lobt Gott für die himmlischen Segnungen, die durch Christus der Gemeinde und ihren Gliedern zuteil geworden sind (1,3):

Erwählung vor Grundlegung der Welt (1,4)

Die Erwählung der Gemeinde geschah zu einer Zeit, als weder sie noch die Welt überhaupt existierte. Gott entschied in der Ewigkeit vor der Schöpfung, dass er durch das Erlösungswerk Christi, das noch gar nicht stattgefunden hatte, Menschen, die noch gar nicht geschaffen waren, zu seinen Kindern zu machen. Der Heilsplan stand also schon, bevor die Menschheit gefallen war (vgl. 1,9-11).

Aber die Erwählung ist kein Freibrief für die Sünde. Wir sind erwählt, um heilig und tadellos zu sein (1,4 vgl. 5,27). Und sie ist kein Grund zum Stolz, sondern zur Dankbarkeit und Demut. Sie geschah aufgrund von Gottes Gnade und Liebe (1,6-7).

Vorherbestimmung zu Söhnen und Töchtern Gottes (1,5-6)

Gott hat uns in Christus als seine Kinder „adoptiert", bevor wir überhaupt geschaffen waren. Nach dem römischen Recht zur Zeit der Abfassung des Briefes hatten adoptierte Kinder die gleichen Rechte wie blutsverwandte Kinder. Dazu gehören alle, die begnadigt sind in Christus „dem Geliebten" (1,6). Sie gehören nicht mehr sich selbst, sondern Gott. Das ist ein großes Vorrecht, aber zugleich eine große Herausforderung (vgl. 5,1).

Erlösung durch das Blut Christi und Vergebung der Sünden (1,7-10)

Das ist die Grundlage aller Heilsgewissheit. In Christus *haben* wir die Erlösung, die Vergebung der Sünden (1,7). Diese Tatsache beruht nicht auf menschlichen Gefühlen und ist nicht von der Tagesform unseres Glaubens abhängig. Sie ist in Christus vollbrachte Wirklichkeit, auf die wir uns im Glauben stützen dürfen. Gott will uns durch sein Wort Einblick in das Geheimnis seines Heilsplanes, den er in Christus beschlossen hat, gewähren (1,8-9). Unter Christus, dem Oberhaupt des Universums soll alles, was im Himmel und auf Erden ist, vereint werden (1,9-10).

Erbe Gottes bzw. Eigentum Gottes sein (1,11-12)

Erbe sein kann unterschiedlich interpretiert werden. Luther und Elberfelder übersetzen die passive Form des Begriffes mit Erbteil bekommen, zu Erben eingesetzt sein. Danach bekommen wir ein Erbe von Gott. Eine andere Möglichkeit der Übersetzung (NZÜ) ist, dass nicht wir etwas erben, sondern dass wir das Erbteil Gottes (o. Eigentum Gottes) sind:

> **Eph 1,11** In ihm sind wir auch sein Eigentum geworden, schon seit langem dazu bestimmt, nach dem Vorsatz dessen, der alles ins Werk setzt nach der Festlegung seines Willens.

Gottes Erbe zu sein bedeutet, wie Israel im AT Gottes Eigentum zu sein (vgl. z.B. Dt 4,20; 32,9). Diese Interpretation entspricht dem Gedanken der Erwählung von 1,4 und meint hier zunächst die Juden (1,12: wir - schon vorher auf Christus gehofft) und dann die Heiden (1,13: seid auch ihr; 1,14: unser Erbe). Dieser Gedanke würde übereinstimmen mit der Thematik des Epheserbriefes von der einen Gemeinde aus Juden und Heiden, die Paulus vor allem in 1,11-22 entfaltet. Beide Möglichkeiten sind denkbar. Heilsgeschichtlich gesehen ist die Gemeinde als Leib Christi aus Juden und Heiden Gottes Eigentumsvolk (vgl. 1Pet 2,9). Wir sind durch Christus jedoch auch Erben Gottes, d.h. Teilhaber am Reichtum Gottes (vgl. Eph 5,5b; Röm 8,17: Miterben Christi).

Bestätigung durch das Siegel des Heiligen Geistes (1,13-14)

Mit einem weiteren „in ihm" macht Paulus deutlich, wer diejenigen sind, denen diese wunderbaren Segnungen gelten: Es sind Menschen, die das Evangelium gehört haben und gläubig geworden sind (1,13). Diese sind versiegelt worden durch den Heiligen Geist. Das Siegel ist ein Zeichen des Eigentumsrechtes wie z.B. damals ein Sklave äußerlich gebrandmarkt wurden, damit jeder wusste, wem dieser Mensch gehört. So ist der Heilige Geist eine innere Bestätigung für die Zugehörigkeit zu Gott.

Wir sind Gottes Eigentum, das allein ihm gehört. Der Geist ist zugleich eine Anzahlung auf das zukünftige Erbe, auf die vollkommene Erlösung (1,14). Dieser Begriff wurde verwendet für eine Teilzahlung bei einem Handelsgeschäft oder für den Verlobungsring. Wenn Gott uns den Heiligen Geist gibt, dann verspricht er uns nicht nur unser endgültiges Erbe, sondern gibt uns jetzt schon einen Vorgeschmack seiner himmlischen Herrlichkeit, der nur ein Bruchteil der „himmlischen Aussteuer" darstellt. Auch hier gilt (1,14b): Wir sind Gottes Eigentum zum Lobpreis seiner Herrlichkeit.

Man könnte diese Segnungen auch in drei Gruppen als Segnungen des dreieinigen Gottes einteilen:

Gott...	Segnung	Stelle	Perspektive
...der Vater	Vom Vater erwählt	1,4-6	Vergangenheit
...der Sohn	Vom Sohn erlöst	1,5-12	Gegenwart
...der Heilige Geist	Vom Heiligen Geist versiegelt	1,13-14	Zukunft
Zugang zu allen Segnungen nur durch Christus!			

Diese wunderbaren Segnungen sind der Gemeinde zur Verherrlichung Gottes geschenkt (1,6.12.14). Die Herrlichkeit Gottes soll durch das Leben der Gemeinde und der Gläubigen sichtbar werden. Dabei steht der verherrlichte Christus im Mittelpunkt, denn er ist der Zugang, der Vermittler aller Segnungen (in ihm: 1,4.7.11.13). Durch Jesus haben wir Zugang zum Vater und damit zu allen himmlischen Segnungen. Ohne Jesus haben wir nichts!

Nach diesem überschwänglichen Lobpreis kann Paulus nur anbetend auf die Knie fallen und für die Empfänger des Briefes darum bitten, dass Gott ihnen die Augen öffnet für diesen geistlichen Reichtum (1,15-23).

Einst und Jetzt: Vom Tod zum Leben (2,1-22)

In Kap 2 stellt Paulus den Gliedern der Gemeinde ihr Einst und Jetzt vor Augen. Zunächst geht es um ihre persönliche Existenz, die durch Christus vom Tod zum Leben erweckt wurde (2,1-3):

Früher	Stelle	Jetzt	Stelle
Tod durch Sünde	2,1	Lebendig durch Christus	2,4-5
Beherrscht von Satan	2,2	Erhoben in den Himmel	2,6
Angepasst an die Welt	2,2	Gerettet aus Gnade	2,8-9
Getrieben vom Egoismus	2,3a	Neuschöpfung in Christus	2,10
Unter dem Zorn Gottes	2,3b	Unter der Führung Gottes	2,10b

Dieser persönliche Zugang zum Heil war nur möglich durch das heilsgeschichtliche Werk Christi (2,11-22).

Er hat den Zaun des Gesetzes zwischen Juden und Nichtjuden abgebrochen und beide Körperschaften zu einer neuen Menschheit, der Gemeinde, zusammengefügt. Dies geschah durch seinen Tod am Kreuz, der Friede mit Gott und Zugang zum Vater für Juden und Heiden ermöglicht hat (2,14-18). Die Gemeinde ist ein Tempel, der ständig im Wachsen ist (2,21-22).

Das Geheimnis der Gemeinde (3,1-21)

In Kap 3 erklärt Paulus, dass diese Würdestellung der Gemeinde als Leib Christi ein Geheimnis ist, das in früheren Zeiten nicht geoffenbart worden war, sondern in ganz besonderer Weise dem Apostel Paulus von Gott anvertraut wurde (3,1-13).

Im AT und in den Evangelien stand das Volk Israel als Gottes erwähltes Volk im Fokus der biblischen Verfasser. Der Zugang zum Heil für Nichtjuden ist in den Evangelien die Ausnahme, da Jesus selbst und auch seine Jünger sich nur zu den „verlorenen Schafen des Hauses Israel gesandt wussten" (vgl. Mt 10,5-6; 15,24). Paulus war von Gott in besonderer Weise zum Apostel der Nationen berufen worden (vgl. Apg 9,15; Eph 3,1-3). Gott hat ihm außerordentliche Einblicke geschenkt in seine heilsgeschichtlichen Pläne und den Reichtum, der den Nationen in Christus geschenkt wurde. Diese zu verkündigen, war seine Mission, für die er bereit war, Leiden zu ertragen (3,13). Dieses Vorrecht machte Paulus nicht stolz, sondern führte ihn in demütige Selbsterkenntnis (3,8) und zur Anbetung des Vaters (3,14-21). Das „Sitze!" im ersten Teil des Briefes meint, dass Gott uns in Christus in die Himmelswelt versetzt hat (1,20; 2,6) und wir mit Christus auferweckt sind. Watchman Nee erklärt das „Sitzen" folgendermaßen:

> Solange wir laufen oder stehen, tragen unsere Glieder das ganze Gewicht unseres Körpers. Sitzen wir aber, so ruht das Gewicht auf dem Stuhl. Gehen oder Stehen ermüdet uns; wir fühlen uns ausgeruht, wenn wir uns eine Weile hinsetzen. Im Gehen und Stehen verbrauchen wir Kraft, im Sitzen ruhen wir aus, weil die Anstrengung außerhalb unseres Körpers liegt. So ist es auch im geistlichen Leben. Sitzen bedeutet, dass unser ganzes Gewicht – unsere Last, wir selbst, unsere Zukunft und was immer es sein mag – auf Jesus ruht. Wir lassen ihn die Verantwortung tragen und hören auf, sie selbst tragen zu wollen (...) Paulus ging es darum, den Gläubigen verständlich zu machen, dass unser Christenleben nicht im Handeln, sondern im Erkennen des schon vollbrachten Werkes Gottes liegt.[54]

Das Leben der Gemeinde – Wandle! (Kap 4,1-6,9)

Diese wunderbaren Wahrheiten über die Stellung der Gemeinde und der Gläubigen bleiben nicht ohne Wirkung auf das alltägliche Leben. Deshalb folgt wie bei Paulus üblich nach dem dogmatischen Teil (Kap 1-3) die Ethik, d.h. die Verwirklichung des Erkannten in der Praxis (4,1).

Im *ersten Abschnitt* von Kap 4 ermahnt Paulus die Gläubigen, die durch Christus geschenkte Einheit der Gemeinde zu bewahren (4,1-7: 7fache Einheit) und die Gemeinde als lebendigen Organismus aufzubauen (4,8-16). Christus, das Haupt der Gemeinde, bestimmt die Ordnungen, nach der sein Leib aufgebaut wird und wie die einzelnen Glieder zusammen funktionieren. Er beruft und begabt Menschen zum Dienst am Aufbau des Leibes (4,9-12) mit dem Ziel der Einheit des Glaubens und der Erkenntnis (4,13).

---

[54] Nee, 1974, 12,14.

Das Wachstum des Leibes und seiner Glieder ist abhängig von der Verbindung mit dem Haupt und der gegenseitigen Unterstützung (4,15-16). Wer meint, alleine klar zu kommen, der lebt entgegen der Ordnung, die Jesus für seinen Leib vorgesehen hat. Ein Solochristentum kann auf die Dauer nicht funktionieren, weil jedes Glied die „Dienstleistung" der anderen Glieder benötigt. Das Ziel der Einheit des Glaubens und der Erkenntnis kann nur gemeinsam erreicht werden (4,13: wir alle).

Im *zweiten Abschnitt* (4,17-32) geht er konkret auf den neuen Lebenswandel ein, der die Gläubigen miteinander verbindet. Sie sollen den alten Menschen, der von Sünde und Egoismus geprägt ist (vgl. 2,1-10), ablegen und den neuen Menschen, der von Christus geprägt ist, anziehen.

In Kap 5 zeigt Paulus die praktische Konsequenz von 1,4-5, der Erwählung zu einem heiligen Leben als Gottes Kind und Eigentum. Er ermahnt die Gläubigen, Nachahmer Gottes zu sein (5,1). Das bedeutet, ein von Liebe geprägtes Leben zu führen und zwar von der gleichen hingabebereiten Liebe, die wir von Jesus erfahren haben (5,2).

Diese Liebe ist weder zu vereinbaren mit Unreinheit in Worten und Gedanken, noch mit Habsucht, die nach irdischen Gütern giert und den geistlichen Reichtum für gering achtet oder vergisst (5,3-6). Das neue Leben ist ein Leben im Licht der Gegenwart Gottes. Kinder des Lichts (5,8) distanzieren sich von finsteren Machenschaften (5,7.11) und sind bereit, alle finsteren Werke aufzudecken (5,11-14).

Deshalb sollen wir genau darauf achten, wie wir unser Leben gestalten (5,15-21). Paulus ermahnt die Gläubigen, den Willen Gottes zu erkennen und zu verstehen und sich vom Heiligen Geist erfüllen und leiten zu lassen. Auch dazu braucht der Einzelne die Gemeinde: Gegenseitige Ermutigung, Lobpreis, Dankbarkeit (5,19-20) und die Unterordnung (5,21), die grammatisch und inhaltlich auch zur Erfüllung mit dem Heiligen Geist gehört.

Ehe und Familie (5,22-6,4)

Danach geht Paulus auf verschiedene Lebensbereiche ein, in denen Unterordnung eine wichtige Rolle spielt (5,22-6,9). Paulus adelt die *Ehe* als Abbild der Beziehung zwischen Christus und der Gemeinde (5,23-33) und bezeichnet sie als großes Geheimnis (5,32), das es zu entdecken gilt. Als Grundprinzip steht auch hier die Liebe (5,1) an erster Stelle: Die Beziehung zwischen Mann und Frau soll von gegenseitiger, hingebungsvoller Liebe geprägt sein wie zwischen Christus und der Gemeinde (5,25.28.33).

Die Unterordnung der Frau als Abbild der Beziehung zwischen Christus und der Gemeinde ist kein Freibrief für männliches Macho-Verhalten, sondern eine göttliche Ordnung, die nur funktioniert auf der Basis der Liebe! Wie Christus und die Gemeinde eine Einheit sein sollen, so sollen die Ehepartner äußerlich und innerlich zu einer Einheit werden in Liebe (5,31).

Nach der Ehe spricht Paulus über die Beziehung zwischen *Eltern und Kindern* (6,1-4). Kinder sollen ihren Eltern gehorchen und sie ehren. Das wird sich positiv auf ihre Zukunft auswirken (6,1-3). Andererseits nimmt Paulus besonders die Väter bei der Erziehung in die Pflicht. Väter stehen besonders in Gefahr, ihre Kinder durch ein falsches Vorbild zum Widerstand zu provozieren. Das erklärt, warum viele Gläubige noch oft nach Jahren mit einem falschen Vaterbild zu kämpfen haben.

Sklaven und Herren (6,5-9)

Die Beziehung zwischen Sklave und Herr (6,5-9) gibt es zwar heute nicht mehr, aber im Grundsatz geht es um ein irdisches Dienstverhältnis und die richtige Einstellung als Christ dazu. Im übertragenen Sinn sind die christlichen Sklaven, von denen viele zur Gemeinde gehörten, gläubige Arbeitnehmer und die Herren entsprechen heute den christlichen Unternehmern. Danach bedeutet die Ermahnung des Paulus, dass die Christen ihren Vorgesetzten mit Respekt begegnen und ihre Arbeit im Blick auf Gott tun sollen (6,5-7). Dieses Verhalten wird Gott segnen (6,8). Aber ebenso soll der christliche Arbeitgeber seine Untergebenen respektvoll behandeln und sie nicht durch Drohen unter Druck setzen. Ihnen soll bewusst sein, dass Jesus der Herr über beide ist und vor ihm alle gleich viel wert sind (6,9).

Der Kampf der Gemeinde – Stehe! (6,10-24)

Der letzte Abschnitt des zweiten Teils macht deutlich, dass alles, was uns als Segen aus Gnaden geschenkt wurde (Kap 1-3), umkämpft ist und ständig vom Teufel, dem Feind der Gemeinde, geraubt werden will. Aber Paulus ermutigt die Gläubigen, standhaft zu bleiben bei den Angriffen des Feindes, denn „im Herrn" sind sie stärker und mit Jesus immer in der Mehrzahl (6,10).

Paulus verwendet das Bild der Waffenrüstung eines römischen Soldaten, um anschaulich zu machen, wie der Verteidigungskampf des Christen aussieht (6,11). Das Kleid des neuen Menschen, das er in Bezug auf den Umgang miteinander *innerhalb der Gemeinde* beschrieben hat (4,17-32) wandelt sich hier *gegenüber dem Feind* zum Kampfanzug. Letztlich sind beide Bilder eine Beschreibung des „In-Christus-Seins".

Der Teufel mit seinem unsichtbaren Heer (6,12) ist dem Menschen ohne Christus in jeder Beziehung überlegen. Nur in Christus ist der Sieg möglich, weil er den Feind bereits am Kreuz besiegt hat und die Gläubigen sich auf diese Tatsache im Glauben stellen können. Darum ist der Kampf des Christen in erster Linie ein Verteidigungskampf und kein Angriff. Ein Angriff auf die Macht des Feindes findet dann statt, wenn ein Christ sich bereit macht, das Evangelium zu verkündigen (6,15). Dann erhebt sich Widerstand, weil der Feind seinen Besitz nicht kampflos hergibt. Der Hass Satans richtet sich in erster Linie gegen eine missionarische Gemeinde. Eine Gemeinde, die nur mit sich selbst beschäftigt ist, macht ihm keine große Mühe.

Paulus hebt drei Rüstungsteile besonders hervor (6,16-17):

- Den standhaften Glauben (Schild) vgl. 3,17: Christus in uns
- Die Heilsgewissheit (Helm) vgl. 1,13-14: Versiegelung
- Das Wort Gottes (Schwert)

Ebenso wichtig ist das Gebet, insbesondere die Fürbitte, ohne die selbst Paulus nicht auskommt (6,18-20).

Ohne diese Ausrüstung sind wir hilflos und machtlos. Deshalb darf die Gemeinde und der einzelne Gläubige seine Rüstung nie ablegen, d.h. er muss ständig in Christus bleiben, dann wird der Segen Gottes Wirklichkeit.

Der Epheserbrief ist das neutestamentliche Gegenstück zum Buch Josua im AT. Gott hatte dem Volk Israel das verheißene Land fest verheißen und den Sieg versprochen (Jos 1,3-9) und trotzdem mussten sie es im Kampf einnehmen. Das hatte auch Paulus in Ephesus erlebt. Geistliches Leben ist immer umkämpftes Leben! Der Epheserbrief lehrt die Gemeinde, richtig, d.h. vom Sieg her zu kämpfen und zu Christus hin, dem Haupt der Gemeinde, zu wachsen.

EPHESERBRIEF – DIE GEMEINDE ALS LEIB CHRISTI

Schlüsselvers: „... und hat ihn gesetzt der Gemeinde zum Haupt über alles, welche sein Leib ist, nämlich die Fülle dessen, der alles in allem erfüllt" (1,22-23)

	DIE STELLUNG DER GEMEINDE					DAS LEBEN DER GEMEINDE			DER KAMPF DER GEMEINDE	
Verfasser – Empfänger - Gruß	Lobpreis Gottes für die Segnungen in Christus – Dank und Fürbitte	Vom Tod zum Leben: Rettung durch Gnade	Vom Fremdling zum Bürger: Juden und Heiden – eine neue Menschheit – ein neuer Tempel	Offenbarung des Geheimnisses: Die Gemeinde aus Juden und Heiden	Anbetung der Liebe des Vaters – Fürbitte für die Gemeinde	Ermahnung zur Einheit der Gemeinde	Ermahnung zum neuen Verhalten: Leben in der Liebe und im Licht	Ermahnung zu neuer Ordnung: Die christliche Haustafel	Ermutigung zum geistlichen Kampf: Die geistliche Waffenrüstung gegen die Bedrohung des neuen Lebens	Briefschluss: Sendung des Tychikus – Segen
1,1-2	1,3-23	2,1-10	2,11-23	3,1-13	3,14-21	4,1-16	4,17-5,20	5,21-6,9	6,10-20	6,21-24
Anfang	Lobpreis	Einst und Jetzt		Geheimnis	Fürbitte	Einheit	Neuheit	Ordnung	Feinde	Ende
	Ihre Stellung – Sitze! (2,6)					Ihre Lebensweise – wandle! (4,1)			Ihr Kampf - stehe! (6,14)	
	Die himmlische Stellung der Gemeinde - wir in Christus					Das irdische Leben der Gemeinde - Christus in uns				

Das Wesen der Gemeinde

- Gemeinde als Leib Christi (1,22-23)
- Gemeinde als neue Menschheit (2,1-18)
- Gemeinde als Tempel Gottes (2,19-22)
- Gemeinde als Einheit (4,1-16)
- Gemeinde als Braut Jesu Christi (5,20-32)
- Gemeinde als Streitkraft Christi (6,10-17)

Titel: An die Epheser

- Abfassungszeit: 58-60 n.Chr.
- Abfassungsort: Rom - Gefangenschaftsbrief
- Verfasser: Paulus
- Empfänger: Gemeinde in Ephesus

Literatur

Carson, D.A. & Moo, J. Douglas: Einleitung in das Neue Testament, Gießen, Brunnen, 2010.

Lasseigne, Jeff: Highway 66. A Unique Journey Through the 66 Books of the Bible, Santa Ana, Calvary Chapel Publ., 2005.

Nee, Watchman: Sitze Wandle Stehe, Lahr-Dinglingen, St. Johannis, 1974.

O'Brien, Peter: The Letter to the Ephesians. The Pillar New Testament Commentary, Grand Rapids, Eerdmans, 1999.

Reifler, Hans Ulrich: Bibelkunde des Neuen Testaments. Die Bibel lieben, kennen und verstehen, Nürnberg, VTR, 2006.

Schnabel, Eckhard J.: Urchristliche Mission, Wuppertal, R.Brockhaus, 2002.

Stott, John: Die Botschaft des Epheserbriefes, Nürnberg, VTR, 2001.

Der Philipperbrief

Der Philipperbrief zählt zweifellos zu den bekanntesten Paulusbriefen. Vielleicht liegt es am Thema oder daran, dass Paulus viel Persönliches berichtet. Es ist ein Brief für alle Lebenslagen. Wer die Botschaft dieser Tour verstanden hat, ist gerüstet für ein abwechslungsreiches Leben.

1. Verfasser

Verfasser des Briefes ist der Apostel Paulus. Dies wird nicht nur zu Beginn deutlich (1,1), sondern der ganze Brief ist sehr persönlich und deshalb auch in der ersten Person geschrieben. Das liegt daran, dass Paulus die Gemeinde persönlich kannte (2,12) und eine enge, herzliche Beziehung zu den Philippern pflegte. Er war sehr an ihrem Ergehen interessiert, so dass er seinen besten Mitarbeiter zu ihnen sandte (2,19-20: Timotheus). Da Paulus an dieser Stelle in der dritten Person von ihm spricht, wird Timotheus wohl nur Mitabsender, aber nicht Mitverfasser gewesen sein.

2. Empfänger

Der Philipperbrief ist an „alle Heiligen in Christus Jesus" in Philippi gerichtet (1,1). Im Vergleich zu den anderen Gefangenschaftsbriefen fällt auf, dass er die „Aufseher und Diener", d.h. die Gemeindeleiter separat anspricht. Der Grund dafür lässt sich aus dem Anlass des Briefes erahnen. Um den Brief recht zu verstehen, ist es wichtig, das Umfeld der Gemeinde zu kennen:

Die Stadt Philippi

Philippi war benannt nach ihrem Gründer Philipp von Mazedonien, dem Vater Alexander des Großen. Sie war die bedeutendste Stadt im Ostteil Mazedoniens, etwa 15 km nordwestlich der Hafenstadt Neapolis. Seit 168 v.Chr. befand sie sich unter römischer Herrschaft. Im Jahr 42 v.Chr. erhielt Philippi als Erinnerung an den Sieg über die Cäsarmörder Brutus und Cassius von Kaiser Augustus den Status einer römischen Kolonie (vgl. Apg 16,12). Das bedeutete, dass Philippi rechtlich so angesehen wurde, wie wenn es in Italien läge, was wiederum mit gewissen Vorrechten verbunden war: Die Stadt konnte sich selbst verwalten und ihre Bürger besaßen die gleichen Rechte wie die Bürger Roms (z.B. Befreiung von bestimmten Steuern und Abgaben).

Die Bevölkerung bestand entsprechend einer Militärkolonie aus Kriegsveteranen, die von Italien eingewandert waren, um in Philippi ihren Altersruhesitz zu genießen. Hinzu kamen Griechen, Thraker und Orientale und eine geringe Anzahl von Juden. Die Einwohnerzahl ist nicht bekannt, jedoch fasste das Theater 50.000 Zuschauer, so dass anzunehmen ist, dass Philippi keine Kleinstadt war.

Die günstige Lage der Stadt in der Nähe der Gold- und Silberminen und der römischen Handelsstraße „Via Egnatia" führte dazu, dass Philippi sich zu einer blühenden Handelsmetropole entwickelte.

Das religiöse Klima war vom Synkretismus geprägt. Die Verehrung von Fruchtbarkeitsgöttern und ägyptischen Mysterienkulten hatten in Philippi ebenso Platz wie Festorgien zu Ehren des griechischen Weingottes Dionysos. Der jüdische Bevölkerungsanteil war so gering, dass es in Philippi nicht einmal eine Synagoge, sondern nur einen Gebetsplatz gab (Apg 16,13).

Die Gemeinde in Philippi

Die Gemeinde in Philippi entstand während der zweiten Missionsreise des Apostels Paulus. Sie war die erste christliche Gemeinde in Europa (Apg 16,11-40). Paulus reiste aufgrund einer Vision (Apg 16,6-10) nach Mazedonien und traf in Philippi auf die Unternehmerin Lydia, die sich als erste Europäerin bekehrte (Apg 16,11-15).

Auf spektakuläre Weise kam als Nächster ein Gefängniswärter mit seiner ganzen Familie zum Glauben, nachdem Paulus und Silas unberechtigterweise geschlagen und ins Gefängnis geworfen worden waren (Apg 16,16-34). Nach einer öffentlichen Entschuldigung für die falsche Behandlung wurden sie höflich, aber bestimmt gebeten, die Stadt zu verlassen (Apg 16,38-40).

Auf seiner dritten Missionsreise kam Paulus noch zwei Mal nach Philippi (Apg 20,2.6), was als Beweis für die gute Beziehung zu der Gemeinde zu sehen ist. Ein entscheidender Grund für die enge Verbundenheit war ohne Zweifel, dass sie sich von Anfang an als Missionspartner des Apostels Paulus verstanden. Sie unterstützten Paulus sowohl finanziell (4,15) als auch personell, indem sie ihm Epaphroditus als Mitarbeiter zur Verfügung stellten (2,25-30). Die im Philipperbrief genannten Namen (4,1-3) lassen schließen, dass die Gemeinde hauptsächlich aus Heidenchristen bestand.

3. Zeit und Ort der Abfassung

Paulus befand sich im Gefängnis, während er den Philipperbrief schrieb (1,7.12-14.16-17.30; 2,17). Vermutlich war dies die Zeit seiner ersten Gefangenschaft in Rom (vgl. Apg 28,16-31), denn er erwähnt die Mitglieder der prätorianischen Garde (1,13: Prätorium – kein Gebäude) und Christen aus dem Haus des Kaisers (4,22). Außerdem wartete Paulus auf sein Urteil (1,20-26; 2,17) und das konnte für einen römischen Bürger nur in Rom gesprochen werden.

Demnach schrieb Paulus den Philipperbrief am Ende seiner ersten Gefangenschaft kurz vor seiner Freilassung etwa im Jahr *62/63 n.Chr*.

4. Anlass

Paulus hat den Philipperbrief hauptsächlich aus zwei Gründen geschrieben: Zuerst ist es ein *Dankesbrief*, denn Paulus bedankt sich für die Unterstützung, die er von den Philippern erhalten hat durch Epaphroditus (4,10-20) und berichtet, wie es im innerlich und äußerlich geht.

Zum zweiten ist es ein *Begleitbrief*, denn Paulus sendet Epaphroditus, den ihm die Philipper zur Unterstützung gesandt hatten, vorzeitig wieder zurück (2,25) und erklärt im Brief, warum (2,28-30): Ephaphroditus war während seines Aufenthalts in Rom todkrank geworden. Jesus heilte ihn und nun plagte ihn das Heimweh, so dass Paulus es für sinnvoll hielt, ihn sofort zurückzusenden (2,26-30). Außerdem kündigt Paulus den Besuch seines Mitarbeiters Timotheus an (2,19) und stellt in Aussicht, dass auch er selbst bald zu ihnen kommen würde (2,24).

Ein dritter Anlass könnten die *Streitigkeiten* innerhalb der Gemeinde, die es offensichtlich gab, gewesen sein. Paulus ruft die Philipper zur Einheit auf (2,1-4; 4,1-3) und ermahnt sogar einzelne Gemeindeglieder, ihr Verhalten zu ändern. Evodia und Syntyche hatten wohl einen solch ernsthaften Streit miteinander (4,2), dass die Atmosphäre unter den Mitarbeitern empfindlich gestört war (4,3). Außerdem gab es einzelne Gemeindeglieder, deren egoistischer Lebensstil Paulus Not bereitete (3,18-19). Und dann existierte noch eine Gruppe Judenchristen, die immer noch Gesetz und Evangelium miteinander vermischten (3,2ff).

5. Aufbau

Der persönliche Charakter des Briefes macht es schwer, eine Gliederung zu erstellen. Paulus hatte das sicher auch nicht im Blick, als er den Brief schrieb. Vielleicht ist es sinnvoll, deshalb den Brief in *vier Grundgedanken* einzuteilen:

Christus ist mein Leben (1,1-26); Christus ist mein Vorbild (1,27-2,30); Christus ist mein Ziel (3,1-21) und Christus ist meine Stärke (4,1-23).

Paulus sitzt im Gefängnis mit dem Ausblick auf eine ungewisse Zukunft. Den einzigen, an den er sich halten kann, ist Christus. In dieser Lage zeigt sich, wie eng die Beziehung zu Jesus ist. Deshalb ist das Zentrum des Philipperbriefes letztlich Jesus Christus und alle Themen, die im Brief angesprochen werden, sind untrennbar verbunden mit seiner Person: Freude, Gemeinschaft, Hingabe.

Als Schlüsselvers und Schlüsselgedanken könnte Kap 1,21 dienen: **Christus ist mein Leben!** Obwohl der Philipperbrief kein ausgesprochener Lehrbrief ist, enthält er eine Perle, die sonst nirgends in der Bibel zu finden ist: Den Christushymnus in Phil 2,5-11.

6. Überblick

Christus ist mein Leben (Kap 1,3-26)

Der erste Teil des Buches besteht aus zwei Abschnitten: Im ersten Abschnitt geht es um die Philipper (1,3-11), im zweiten um Paulus selbst (1,12-26). Der erste Abschnitt ist ein Dank- und Fürbittegebet. Paulus macht deutlich, dass echte Gemeinschaft vom aufrichtigen, freudigen Gebet füreinander lebt. Ohne positive Grundeinstellung zueinander und der Bereitschaft zur Fürbitte verflacht die geistliche Kommunikation zum Smalltalk. Im Zentrum der Beziehung untereinander steht Christus, so dass wir sagen können: *Christus ist unser Leben!* Er ist die Basis lebendiger Gemeinschaft in einer Gemeinde. Paulus denkt und betet christuszentriert:

- Das Evangelium von Jesus Christus muss verkündigt werden (1,5.7)
- Jesus Christus ist Anfang und Ziel des Christenlebens (1,6)
- Herzliche Gemeinschaft ist ein Ausdruck der Liebe Christi (1,8)
- Die Wiederkunft Christi ist der Maßstab für die Lebensprioritäten (1,10)
- Jesus lässt geistliche Frucht in unserem Leben wachsen (1,11)

Dabei wird deutlich, dass Gemeinschaft keine Einbahnstraße ist, sondern vom *gegenseitigen Geben und Nehmen* lebt. Die Philipper setzen sich für Paulus ein und interessieren sich brennend sowohl für sein persönliches Ergehen wie auch für die Verkündigung des Evangeliums:

Paulus...	Die Philipper...
...betet regelmäßig für sie (1,3-4)	...nehmen teil am Evangelium (1,5.19)
...sieht das Wirken Christi bei ihnen (1,6-7)	...unterstützen Paulus treu (1,5)
...ist herzlich verbunden mit ihnen (1,7b)	...halten zu ihm als Gefangener (1,7)
...sehnt sich nach ihnen (1,8)	...kämpfen mit für das Evangelium (1,7.27)
...betet für sie um geistliche Reife (1,9-11)	...praktizieren tatkräftige Liebe (1,9)

Im zweiten Abschnitt (1,12-26) beschreibt Paulus seine momentane äußere und innere Lage. Er hat sein ganzes Leben einem großen Ziel untergeordnet: Der Verkündigung des Evangeliums an jedem Ort und zu jeder Zeit. So beurteilt er seine persönliche Lage nach dem, wie es sich auf die Ausbreitung der Botschaft von Christus auswirkt. Er freut sich darüber, dass seine Gefangenschaft zur Förderung des Evangeliums dient (1,12), weil er auch im Gefängnis missionieren kann (1,13) und weil durch sein Vorbild andere Verkündiger ermutigt wurden, das Evangelium zu predigen, wenn auch aus unterschiedlichen Motiven (1,14-18).

Paulus erträgt die Ungewissheit seines zukünftigen Schicksals mit freudiger Gelassenheit, denn Ziel und Inhalt seines Lebens ist Christus. Er soll verherrlicht und groß gemacht werden (1,19-20). Paulus hat keine Angst vor dem Tod, weil Christus sein Leben ist (1,21). Im Gegenteil, er sehnt sich danach, bei Christus zu sein (1,22-23). Allein die Tatsache, dass er noch einen Auftrag hat für die Philipper, ermutigt ihn zum Bleiben (1,24-26). Paulus bindet sein Schicksal an Christus. Die Römer können also mit ihm machen, was sie wollen, sie erfüllen nur Gottes Willen. 1,26 deutet darauf hin, dass Paulus aber doch noch mit seiner Freilassung rechnete.

Wir können von Paulus hier eine Lebenseinstellung lernen, die absolut wichtig und befreiend ist: Christus ist mein Leben! Er entscheidet über meine Zukunft. Andere Menschen können nur das tun, was Jesus zulässt!

Beachte: 1,23 zeigt, dass der Gläubige nach dem Tod sich sofort in der Gegenwart Christi befindet.

Christus ist mein Vorbild (Kap 1,27-2,30)

Jeder Christ braucht Vorbilder und jeder Christ ist selbst ein Vorbild für andere. Die beste Möglichkeit, das Leben anderer Menschen zu beeinflussen, ist das persönliche Vorbild. Das bedeutet nicht, dass ein Mensch *in allen Bereichen* seines Lebens Vorbild sein muss. Jeder hat seine Stärken und Schwächen und Perfektion zu verlangen, wäre unmenschlich und ungeistlich. Das einzige perfekte und damit wichtigste und größte Vorbild ist Jesus Christus. So zu leben, wie er gelebt hat (1 Joh 2,6), das ist die Herausforderung für jeden Christen. In diesem Teil des Philipperbriefes finden wir verschiedene Vorbilder:

Vorbilder im Philipperbrief		
Paulus	Vorbild im Kampf für das Evangelium	1,27-30
Christus	Vorbild in der Gesinnung	2,1-11
Philipper	Vorbild in der Welt	2,12-18
Timotheus	Vorbild als Mitarbeiter	2,19-24
Epaphroditus	Vorbild in der Hingabe	2,25-30

- Paulus ist ein Vorbild im Kampf für die Verbreitung des Evangeliums. Unerschrockenheit, Mut und Leidensbereitschaft können die Philipper bei ihm lernen. Das, wozu Paulus sie auffordert, praktiziert er selbst: Das ganze Leben nach dem Evangelium auszurichten (1,27-30).

- Christus ist das Vorbild in der Gesinnung, d.h. in der Grundeinstellung christlicher Lebensexistenz (2,5-11). Er verließ die Herrlichkeit Gottes und wurde Mensch, um als Gott wie ein Verbrecher am Kreuz hingerichtet zu werden. Paulus stellt das Vorbild Christi dem Egoismus und der Überheblichkeit (2,3-4) mancher Gemeindeglieder gegenüber und zeigt damit die Richtung an, wie sie miteinander umgehen sollen.

  Beachte: Bei diesem sog. Christushymnus handelt es sich wahrscheinlich um ein frühchristliches Lied, das Paulus hier zitiert. Dieses Bekenntnis über die Erniedrigung und Erhöhung Christi ist einer der wichtigsten Abschnitte der neutestamentlichen Christologie. Hier wird wie an keiner anderen Stelle im Neuen Testament deutlich, dass Jesus in seiner Inkarnation zugleich wahrer Mensch und wahrer Gott ist.

„Er entäußerte sich selbst" (2,7) bedeutet nicht, dass er seine Gottheit ablegte, sondern dass er freiwillig auf seine göttlichen Vorrechte verzichtete. Ganz Mensch und ganz Gott, das ist letztlich ein Geheimnis, das für den menschlichen Verstand nicht fassbar ist.

- Die Philipper sollten ein Vorbild sein für die sie umgebende heidnische Umwelt (2,12-18). Deshalb ermutigt sie Paulus, das empfangene Heil im praktischen Alltag auszuleben (2,12-13). Indem sie ihr Leben nach dem Wort Gottes ausrichten, leuchten sie wie helle Himmelslichter inmitten einer von Dunkelheit geprägten Gesellschaft (2,14-18). Je dunkler die Nacht, desto heller und sichtbarer ist das Licht!

- Timotheus ist das Vorbild eines bewährten Dieners, der treu und selbstlos um das Wohl der Gemeindeglieder besorgt ist (2,19-24). Paulus nennt ihn als Beispiel eines Menschen, der die vorher beschriebene Gesinnung Christi auslebt (2,21).

- Epaphroditus ist ein Vorbild der Hingabe. Er ist ein vorbildliches Gemeindeglied der Philipper, der sich senden ließ, um Paulus bei der Verbreitung des Evangeliums beizustehen. Um des Evangeliums willen hat er sein Leben aufs Spiel gesetzt (2,25-30). Deshalb sollten sie ihn mit Respekt und Freude aufnehmen (2,29).

Christus ist mein Ziel (Kap 3,1-21)

Paulus war ein zielstrebiger Mensch. Er wusste woher er kam und wohin er wollte. Im *ersten Abschnitt (3,1-14)* wendet er sich vehement gegen Irrlehrer, die das Halten des Gesetzes, insbesondere die Beschneidung, für heilsnotwendig erachteten (3,2-3). In diesem Zusammenhang gewährt Paulus einen Einblick in seine Vergangenheit als gesetzestreuer Jude (3,4-6).

Was diese Irrlehrer als großen Gewinn ansahen, bewertet Paulus als Verlust (3,8b: σκύβαλον *skybalon* = Dreck, Mist, Unrat) im Vergleich zu dem, was er durch Christus gewonnen hat (3,7-8). Paulus spricht in leidenschaftlichen Worten von Christus als seinem Ziel, dem er unaufhaltsam nachjagt (3,9-16).

- Er strebt danach, Christus selbst immer mehr zu erkennen (3,8) und immer enger mit ihm verbunden zu sein (3,9). Erkenntnis versteht Paulus nicht nur geistig, sondern wesensmäßig: Er will die Kraft Gottes, mit der Christus von den Toten auferweckt wurde (Eph 1,19-20), in seinem Leben erfahren. Er will teilhaben an den Leiden Christi, d.h. wie Christus die Haltung der Leidensbereitschaft einnehmen um des Evangeliums willen (vgl. 1,29; 2 Tim 2,3).

- Er strebt nach der Auferstehung von den Toten, um bei Christus zu sein (3,11). Dieses Ziel hat er noch nicht erreicht, aber er setzt alles auf eine Karte, um dabei zu sein (3,12 vgl. 1 Kor 15,23; 1Thess 4,14-18). Nachdem er von Christus „ergriffen" wurde, will er alles „ergreifen", was ihm Christus geschenkt hat. Paulus verwendet das Beispiel eines olympischen Läufers: Er schaut nach vorne und jagt konzentriert dem Ziel entgegen, um den Sieg zu erringen (3,13-14).

Im zweiten Abschnitt (3,15-21) ermutigt Paulus die Philipper, das gleiche Ziel anzustreben und nicht auf die Verführung der Irrlehrer hereinzufallen (3,17-19). Sie sollen wie Paulus ihr Leben ausrichten auf den wiederkommenden Christus (3,20-21). Paulus bezeichnet diese Lebenseinstellung nicht als persönlichen Ausnahmefall, sondern als Kennzeichen geistlicher Reife für alle Gläubigen (3,15-16). Christus ganzheitlich erkennen kann letztlich nur, wer sein ganzes Leben auf ihn ausrichtet. Die Kraft Christi ist nicht erfahrbar im Sicherheitsabstand!

Christus ist meine Stärke (Kap 4,1-20)

Im letzten Teil des Briefes zieht er die Konsequenzen aus dem Gesagten (4,1: daher). Im *ersten Abschnitt* (4,1-9) ermutigt er die Gemeinde, in der gleichen Gesinnung und mit dem gleichen Ziel vor Augen zusammenzustehen und für das Evangelium zu kämpfen. So zu leben ist kein geistlicher Krampf, sondern Anlass zu echter, bleibender Freude, weil Christus die Quelle der Freude ist. Weil Jesus in allen Lebenslagen „nahe" und im Gebet erreichbar ist, sind Sorgen unnötig (4,4-7). Die Philipper sollen ihre Gedanken auf das richten, was sie im Glauben weiterbringt und ihre geistliche Reife fördert (4,8) und sich als Vorbilder nicht die Irrlehrer wählen, sondern Paulus, der ihnen das vorlebt, was er verkündigt (4,9).

Im *zweiten Abschnitt* (4,10-20) nennt Paulus den Anlass des Briefes, indem er sich für die Gabe, die er von den Philippern durch Epaphroditus erhalten hat, bedankt (4,10-20). Jedoch Paulus wäre nicht Paulus, wenn er diese formale Angelegenheit nicht nutzen würde, um dadurch etwas zu lehren von allgemeiner Gültigkeit: *Christus ist die Kraft, die jede Lebenslage bewältigen kann (4,13)*. Paulus hat gelernt, zufrieden zu sein in der Lage, in der er sich gerade befindet (4,11 SCH), weil Christus ihn durch seine Kraft dazu befähigt (4,13). In 4,19 zeigt Paulus, dass dies nicht nur für ihn persönlich gilt, sondern jedem, der diese wunderbare Verheißung im Glauben in Anspruch nimmt. Wer vom Reichtum in Christus lebt, der kann trotz allem Kampf voller Freude und Kraft seinen Weg weitergehen!

PHILIPPERBRIEF – LEBEN IN CHRISTUS

Schlüsselvers: „Christus ist mein Leben und Sterben ist mein Gewinn" (1,21)

CHRISTUS – MEIN LEBEN			CHRISTUS – MEIN VORBILD			CHRISTUS – MEIN ZIEL		CHRISTUS – MEINE STÄRKE		
Verfasser – Empfänger - Gruß	Dank und Fürbitte für die Gemeinde	Äußere und innere Lage des Apostels Paulus – Hoffnung auf Freilassung	Aufforderung zum Kampf für die Verbreitung des Evangeliums	Ermahnung zur Einheit und einer Gesinnung nach dem Vorbild Christi	Aufforderung, Vorbild in der Welt zu sein: Lichter in der Dunkelheit	Timotheus und Epaphroditus als vorbildliche Diener	Warnung vor Irrlehrer Das Streben nach dem Ziel	Ermutigung zu einem Lebensstil in der Erwartung der Wiederkunft Christi	Ermutigung zum Gebet und missionarischem Lebensstil	Dank für die Gabe der Philipper und Lob für ihre treue Unterstützung Vertrauen auf die Fürsorge Gottes	Grüße an alle Gläubigen in Philippi von Paulus und den Christen, die bei ihm sind Zuspruch der Gnade
1,1-2	1,3-11	1,12-26	1,27-30	2,1-11	2,12-18	2,19-30	3,1-11	3,12-21	4,1-9	4,10-20	4,21-23
	Freude im Leiden			Freude im Dienen			Freude im Glauben		Freude im Geben und Empfangen		
	Christus verherrlichen (1,20)			Christus ähnlich werden (1,27)			Christus gewinnen (3,8)		Christi Kraft erleben (4,13)		

Titel: An die Philipper

- Abfassungszeit: ca. 62/63 n.Chr.
- Abfassungsort: Rom - Gefangenschaftsbrief
- Verfasser: Paulus
- Empfänger: Gemeinde in Philippi

Wichtige Themen

- Freude in jeder Lebenslage
- Das Geheimnis echter Gemeinschaft
- Die Notwendigkeit der geistlichen Einheit
- Lehre von Christus - Christushymnus
- Kampf für das Evangelium
- Zielorientierter Lebensstil
- Zufriedenheit in jeder Lebenslage
- Geistlicher Reichtum

Literatur

Carson, D.A. & Moo, J. Douglas: Einleitung in das Neue Testament, Gießen, Brunnen, 2010.

de Boor, Werner: Die Briefe an die Philipper und Kolosser. Wuppertaler Studienbibel, Wuppertal, R. Brockhaus, 1976.

Ellwell, Walter A., Yarbrough, Robert W.: Studienbuch Neues Testament, Wuppertal, R. Brockhaus, 2001.

Jensen, Irving: Jensen's Survey of the New Testament, Chicago, Moody Press, 1981.

Lasseigne, Jeff: Highway 66. A Unique Journey Through the 66 Books of the Bible, Santa Ana, Calvary Chapel Publ., 2005.

Mauerhofer, Erich: Einleitung in die Schriften des Neuen Testaments Bd. 2: Römer-Offenbarung, Holzgerlingen, Hänssler, 1999.

Reifler, Hans Ulrich: Bibelkunde des Neuen Testaments. Die Bibel lieben, kennen und verstehen, Nürnberg, VTR, 2006.

Walvoord, John F., Zuck, Roy B.: Das Neue Testament. Erklärt und ausgelegt Bd. 5: 1. Korinther-Offenbarung, Neuhausen-Stuttgart, Hänssler, 1992.

Weißenborn, Thomas: Apostel, Lehrer und Propheten (2). Eine Einführung in das Neue Testament. Band 2: Leben und Briefe des Apostels Paulus, Marburg, Francke, 2004.

DER KOLOSSERBRIEF

Die Gemeinde Jesu Christi ist nicht immun gegen menschliche Einflüsse und weltliche Philosophien. Das war schon immer so und die Briefe des Paulus sind größtenteils von dieser Auseinandersetzung geprägt. Das gilt ganz besonders für den Kolosserbrief. Er ist ein „Handbuch" dafür, wie eine Gemeinde Irrlehren entlarven kann und wie sie damit umgehen soll. Deshalb lohnt es sich, diesen Brief intensiv zu studieren, um zu erkennen, was wir in Christus haben und deshalb nicht von jedem Wind menschlicher Lehre hin- und hergeworfen werden.

1. Verfasser

Der Verfasser des Briefes ist zweifellos Paulus. Er bezeichnet sich als Absender (1,1) und schreibt in der ersten Person (z.B. 1,23b). Als Mitverfasser nennt er seinen geistlichen Sohn Timotheus (1,1), dem er offensichtlich den Brief diktiert hat, denn am Schluss des Briefes merkt er an, dass der Gruß von ihm eigenhändig geschrieben wurde (4,18). Paulus und Timotheus bildeten eine geistliche Einheit (vgl. 1Kor 4,17; 16,10 und Timotheusbriefe) und waren ein eingespieltes Korrespondenzteam (vgl. 2Kor 1,1; Phil 1,1; 1Thess 1,1; 2Thess 1,1; Philemon 1). Die Überbringer des Briefes waren Tychikus und Onesimus (4,7-9).

2. Empfänger

Die Empfänger des Briefes sind die „Heiligen und Gläubigen" in Kolossä, also in erster Linie die Gemeinde in Kolossä (1,2 vgl. Eph 1,1). Jedoch empfahl Paulus, den Brief auch die Gemeinde in Laodicäa lesen zu lassen (4,16).

Die Stadt Kolossä

Über die Stadt Kolossä ist nicht viel bekannt. Sie lag im Lykos-Tal in Phrygien, ca. 160 km südöstlich von Ephesus und wurde wie die größeren Nachbarstädte Hierapolis und Laodicäa häufig von Erdbeben heimgesucht. Nachdem die Handelsstraße von Pergamon über Sardes weiter westlich verlegt worden war, entwickelte sich Kolossä zu einer unbedeutenden Kleinstadt. Seine Bevölkerung bestand neben den einheimischen Phrygiern aus Griechen und Juden.

Die Gemeinde in Kolossä

Von der Gemeinde in Kolossä wissen wir sehr wenig. Sie lag nicht auf der paulinischen Reiseroute in der Apostelgeschichte und wurde nicht von Paulus gegründet (2,1), sondern von seinem eifrigen Mitarbeiter und Schüler Epaphras (1,7; 4,11-12). Er muss zum Zeitpunkt der Abfassung bei Paulus in Rom gewesen sein (1,8), um ihn während der Zeit seiner Gefangenschaft zu unterstützen. Epaphras kümmerte sich vorbildlich um den Aufbau und das Wohl der Gemeinde. Sie bestand mehrheitlich aus Nichtjuden (1,21.27; 2,13) und versammelte sich in Privathäusern wie das des reichen Philemon (Phlm 1-2). Gemeindeleiter könnte Archippus gewesen sein (4,17).

3. Zeit und Ort der Abfassung

Die Umstände der Abfassung entsprechen denen des Epheserbriefes (siehe dort). Paulus erwähnt in 4,1 und 4,18 seine Situation als Gefangener. Jedoch genoss er während dieser ersten römischen Gefangenschaft viel Freiheit und konnte deshalb Gäste wie z.B. Ephaphras empfangen (4,10.14). Der Brief an die Kolosser dürfte daher etwa *62 n.Chr.* in Rom verfasst worden sein.

4. Anlass

Aus dem Zusammenhang des Briefes lassen sich zwei Hauptgründe für die Abfassung des Briefes rekonstruieren:

- Warnung der Gemeinde vor Irrlehren, die durch Gemeindemitglieder verbreitet wurden. Menschliche Philosophie (2,8), vermischt mit Engelverehrung (2,18) und jüdischer Gesetzlichkeit (2,16.20-23) bedrohten das Fundament der Gemeinde.

- Ermutigung der Gemeinde, im Glauben an Christus standhaft zu bleiben und an der überlieferten Lehre festzuhalten (2,6-7). Paulus zeigt ihnen die Fülle, die sie in Christus bereits haben.

Vom Kolosserbrief können wir lernen, wie die Gemeinde mit Irrlehren umzugehen hat, die sowohl die Lehre als auch die Lebenspraxis der Gläubigen bedrohen.

5. Aufbau

Der Kolosserbrief lässt sich in zwei Hauptteile gliedern. Im ersten Teil dominiert die Lehre (Kap 1-2) und im zweiten die Lebenspraxis (Kap 3-4). Den Schwerpunkt des dogmatischen Teils bildet die Christologie (Lehre von Christus) als Antwort auf die Irrlehren der Philosophie.

Das Hauptthema ist die *Fülle in Christus*. Schlüsselverse sind Kol 2,9-10:

> Denn in ihm wohnt die ganze Fülle der Gottheit leibhaftig; und ihr seid in ihm zur Fülle gebracht. Er ist das Haupt jeder Gewalt und jeder Macht.

Obwohl der Kolosserbrief viele Parallelen zum Epheserbrief aufweist, hat er doch eine andere Perspektive: Im Epheserbrief steht die Gemeinde als Leib Christi im Mittelpunkt, im Kolosserbrief Christus als das Haupt der Gemeinde. Paulus stellt dem philosophischen Lehrgebilde eine Person entgegen: Christus!

6. Überblick

Dank und Fürbitte für die Gemeinde (Kap 1,3-14)

Einer kurzen Einleitung (Absender, Empfänger, Segensgruß: 1,1-2) folgen Dank und Fürbitte für die Gemeinde (1,3-14). Paulus beginnt mit einem großen Lob der Kleinstadtgemeinde in Kolossä. Das Evangelium hatte hier Großes bewirkt. Die Gemeinde war voll geistlichen Lebens. Deshalb hatte Paulus viel Grund zur Dankbarkeit:

- Für ihren Glauben an Christus Jesus (1,4)
- Für ihre Liebe zu allen Heiligen (1,4.8)
- Für ihre Hoffnung auf die zukünftige Herrlichkeit (1,5)
- Für ihren Einsatz bei der Ausbreitung des Evangeliums (1,6-8)

Paulus war ein Mann der Fürbitte. Folgende Anliegen sind ihm wichtig:

- Weisheit und geistliches Verständnis (1,9)
- Ein Lebensstil, der Gottes Willen entspricht (1,10)
- Wachstum in der Erkenntnis Gottes (1,10-12)

Weil die Gläubigen befreit sind aus dem Herrschaftsbereich der Finsternis und versetzt sind in das Reich Jesu Christi durch die Erlösung, die er vollbracht hat (1,13-14), sind dies keine frommen Wünsche, sondern erfahrbare Realität. Geistliches Wachstum ist ein Ziel, das erreichbar ist!

Der Lobpreis des Christus (Kap 1,15-23)

Paulus fährt fort mit einem Lobpreis Christi, der seine Wesenszüge und sein allumfassendes Versöhnungswerk auf den Leuchter stellt (1,15-20). Danach zeigt er, welche Bedeutung die Versöhnung durch Christus sowohl für das ganze Universum als auch für den Einzelnen hat und ermutigt die Gemeinde, sich von diesem Glaubensfundament nicht abbringen zu lassen (1,21-23).

7 Wesenszüge Christi	
Das Ebenbild des unsichtbaren Gottes	Kol 1,15
Der Erstgeborene der Schöpfung	Kol 1,15-16
Der Schöpfer und Erhalter des Universums	Kol 1,17
Das Haupt der Gemeinde	Kol 1,18
Der Erstgeborene von den Toten	Kol 1,18
Die Fülle Gottes	Kol 1,19
Der Versöhner aller Dinge	Kol 1,20

Paulus betont in diesem Christushymnus, der damals vermutlich als Anbetungslied gesungen wurde, die absolute Vorrangstellung und Überlegenheit Christi (vgl. häufige Pronomen: alles, vor allem, ganz). Christus ist in allem der Erste und der Höchste. Er steht über allem. Er ist der Anfang und das Haupt von allem.

Diese Vorrangstellung wird hier besonders durch einen Begriff deutlich: Der Erstgeborene. Was bedeutet das? Was will Paulus damit zum Ausdruck bringen?

Christus, der Erstgeborene

Der Erstgeborene zu sein, bedeutete im Alten Testament mehr als nur die biologische Reihenfolge bei der Geburt. Damit verbunden war eine besondere Vorrangstellung (vgl. Ex 13,1-16; Dt 21,17; Jakob und Esau: Gen 27). In diesem Sinne wird auch das Volk Israel als erstgeborener Sohn Gottes bezeichnet (Ex 4,22); ebenso David (Ps 89,28: Höchster unter den Königen).

Die Erstgeburt beinhaltet einen zweifachen Vorrang – nach Zeit und Status:

Der Erstgeborene der Schöpfung (1,15)

- *Zeit:* Jesus war schon da, bevor das Universum geschaffen wurde (vgl. Ps 2,7). Erstgeborener bedeutet nicht Erstgeschaffener! Wer Schöpfer ist (1,16-17), kann nicht selbst Teil der Schöpfung sein.
- *Status:* Jesus steht über der Schöpfung. Er ist nicht Teil, sondern Herr der Schöpfung. Das gesamte Universum, die sichtbare und unsichtbare Welt ist in ihm, durch ihn und zu ihm hin geschaffen (1,16-17).

Aber das ist noch nicht alles: Alles besteht in ihm oder durch ihn. Das bedeutet, dass Jesus nicht nur Schöpfer, sondern auch Erhalter von allem ist. Weitere Parallelen im Neuen Testament: Joh 1,3; Hebr 1,2: Durch den Sohn hat der Vater die Welt gemacht.

Der Vater ist die letzte Ursache der Schöpfung, der Sohn das Mittel, durch das die Welt entstanden ist.

Paulus will damit betonen, dass Jesus über den kosmischen Mächten steht, ja sogar Schöpfer *der* Engelmächte ist, die nach der Irrlehre der Philosophie verehrt werden sollen, weil die Gläubigen durch sie angeblich direkter in die Gegenwart Gottes gelangen (Kol 2,18).

Der Erstgeborene von den Toten (1,18)

- *Zeit:* Jesus ist der Erste, der von den Toten auferstanden (1Kor 15,20) und nie wieder gestorben ist. Die Auferstehung war der Beweis für den Sieg über den Tod (Hebr 2,14).
- *Status:* Jesus ist der Anfang der neuen Schöpfung. Er ist der Erste, der mit einem unsterblichen Körper auferstanden ist. Er ging damit allen voraus, die durch ihn eine neue Schöpfung geworden sind (1Kor 15,20-23). Auch sie werden wie Christus einen neuen, unsterblichen Körper empfangen und auferstehen. Die Neuschöpfung beginnt jedoch schon bei der Bekehrung und hat eine völlige Neuordnung des Lebens zur Folge. Darauf geht Paulus in Kap 3-4 ein.

Diese gewaltigen Wahrheiten sind mit dem menschlichen Verstand schwer zu begreifen. Hier müssen wir wie Paulus um Weisheit und geistliches Verständnis bitten (1,10).

Auf jeden Fall gilt: Wir können nie groß genug von Jesus denken. Er soll in allem den Vorrang haben und die absolute Priorität in unserem Leben sein (1,18b)!

Das Geheimnis des Christus (Kap 1,24-2,7)

Paulus ist so ergriffen von der Fülle in Christus, dass er etwas Persönliches einschiebt, bevor er sich mit den Irrlehren auseinandersetzt. Paulus ist nämlich ein Geheimnisträger. Gott hat ihm ein Geheimnis geoffenbart, das bisher verborgen war, und nun durch ihn als frohe Botschaft verkündigt werden soll: *Christus in euch – die Hoffnung der Herrlichkeit* (1,27). Dieser herrliche, über allem stehende Christus wohnt in euch. Das ist revolutionär. Ganz neu ist, dass diese Botschaft auch den Nichtjuden gilt. Die Herrlichkeit Gottes ist für alle da. Das ist das Zentrum seines Dienstes und seines Kampfes für die Gemeinde.

Der Dienst des Apostels Paulus (1,24-29)

Paulus betrachtet sein Leiden und die Nöte, die er durchmachen muss, aus der Perspektive seines Dienstes. Er sieht sich als Teil der universellen Gemeinde und seine Bedrängnisse um Christi willen als seinen Beitrag zum gesamten Leiden des Leibes Christi (1,24). In 1,28 gibt uns Paulus Einblick in sein persönliches „mission statement" (Lebensziel): *Jeden* Menschen dahin zu führen, dass er durch die Zugehörigkeit zu Christus als geistlich reifer Mensch vor Gott treten kann. Um das zu erreichen, verkündigt er *jedem* Menschen die Botschaft von Christus. Ermahnung (Seelsorge) und Lehre sind die zwei Grundpfeiler seines Dienstes.

Den Menschen das Wort Gottes lebensnah lehren und sie in der praktischen Umsetzung begleiten, das könnte auch für uns ein lohnendes Lebensziel sein.

Der Kampf des Apostels Paulus (2,1-7)

Dienst ist kein Spaziergang, Verkündigung keine bloße Mitteilung einer Nachricht und Seelsorge kein reines Weitergeben guter Ratschläge. Dieser Auftrag ist echte Arbeit, die mit Mühe und Kampf verbunden ist (1,29; 2,1). Im nächsten Abschnitt teilt Paulus den Kolossern mit, wofür er kämpft:

- Die Gläubigen sollen im Glauben gestärkt und ermutigt werden (2,2)
- Die Gläubigen sollen in Liebe zusammenwachsen (2,2)
- Die Gläubigen sollen zunehmen in der Erkenntnis Jesu Christi (2,3)
- Die Gläubigen sollen immer tiefer verwurzelt werden in Christus (2,6-7)

Paulus weiß, dass dies kein Kampf mit Fleisch und Blut ist, sondern mit Mächten und Gewalten, die gesteuert werden vom Satan, dem Widersacher Gottes. Der will genau das Gegenteil erreichen: Die Zerstörung der Gemeinde durch falsche Lehre. Jesus dienen heißt, den Sieg Christi verwirklichen.

Die Fülle in Christus (Kap 2,8-23)

Im folgenden Abschnitt setzt sich Paulus mit einer Lehrströmung auseinander, die Eingang in die Herzen und Gedanken der noch jungen Gemeinde gefunden hatte. Aus den Hinweisen im Kolosserbrief können wir die Grundzüge dieses Lehrgebäudes rekonstruieren:

- Ein Schlüssel ist der Begriff „Fülle" (griech. pleroma: 1,19; 2,9-10). Damit weckten die Irrlehrer die Sehnsucht nach dem Vollkommenen. Sie zeigten den Weg, wie man zu dieser Fülle gelangen kann. Dabei wurde die Person Christi zwar nicht geleugnet, aber nicht als ausreichend angesehen. Es ging letztlich um die Frage: Wie füllt man die Lücke aus, die zwischen Gott und dem Menschen besteht?

- Der Weg dazu führe über die Einhaltung der jüdischen Gesetze: Speisevorschriften und Beachtung von Festtagen (2,16.20-23); Beschneidung (2,11-13); asketisches Fasten (2,18.23), um die leiblichen Bedürfnisse auszuschalten und offen zu sein für das Übernatürliche.

- Der Weg dazu führe über direkte Botschaften aus der himmlischen Welt durch Visionen (2,18).

- Der Weg dazu führe über die Anbetung von Engeln (2,18). Dies könnte auch so verstanden werden, dass die Anbetung Gottes durch Vermittlung der Engel geschieht.

Offensichtlich handelte es sich um eine frühe Form der Gnosis, ein synkretistischer Engelkult, der von Juden begründet wurde und einen heidnischen Überbau aufweist.[55] Im 2. Jh. n.Chr. war die Gnosis eine der größten Bedrohungen für das frühe Christentum.

Das Urteil des Paulus über dieses System ist eindeutig:

- Es ist eine menschliche Philosophie (2,8), die den Menschen zum Abfall von Christus verführt. Sie ist leer (oder inhaltslos; vgl. aufgeblasen in 2,18b) und betrügerisch, weil sie aus weltlichen Bausteinen (Elementen) besteht, die Christus entgegenstehen (2,8).

- Der Gottesdienst dieser Bewegung ist eigenwillig und dient zur Befriedigung der alten Natur (2,18.23). Es ist eine selbsterwählte Frömmigkeit mit einem Schein von Weisheit und Demut (2,23). Es geht also letztlich um die Befriedigung menschlicher Bedürfnisse.

---

[55] Vgl. F.F. Bruce, 1997, 222.

Paulus nennt folgende Gründe für diese Beurteilung:

- Christus reicht vollkommen aus. Er ist die Fülle der Gottheit (1,19; 2,9) und der Gläubige hat durch die Verbindung mit Christus *direkten Anteil an dieser Fülle* (2,10). Es bedarf keiner zusätzlichen Hilfsmittel oder Vermittler – auch keiner Engel (Offb 19,10). Anbetung gebührt allein Jesus (1,15-20). Somit können die Visionen, auf die sich die Irrlehrer berufen, keiner göttlichen Quelle entspringen. Jesus ist gekommen, um erfülltes Leben zu schenken (Joh 10,10). Eine Fülle darüber hinaus gibt es nicht!

- In Christus sind alle Schätze der Weisheit und Erkenntnis personifiziert (3,2). Die Gläubigen müssen nicht nach Höherem streben, denn das Höchste haben sie bereits – Christus. Es gibt auch keine höheren Erkenntnisse oder ein Geheimwissen, zu dem man sich auf besondere Weise Zugang verschaffen muss. Die personifizierte Weisheit in Christus (Spr 8) ist geoffenbart in der Bibel. Wer nach Weisheit strebt, muss hier graben und forschen (Spr 2,1-6; Kol 3,16).

- Die Einhaltung von gesetzlichen Vorschriften ist ein Rückfall in den Zustand vor der Bekehrung (2,16-17.20). Christus hat sie durch seinen Tod am Kreuz befreit von den Forderungen des Gesetzes und den Schuldbrief zerrissen (2,13-14). Eine Beschneidung am Körper ist nicht mehr notwendig, da sie ein Symbol ist, das durch die Verbindung mit Christus wesenhaft erfüllt ist. Die Gläubigen stehen nicht mehr unter der Herrschaft der Sünde und damit der alten Natur (2,11-13).

- Durch das Leben nach dieser menschlichen Philosophie unterwerfen sie sich wieder den Mächten, über die Christus gesiegt und von denen er sie befreit hat (2,14-15). Christus ist das Oberhaupt über alle Mächte und Gewalten (2,10b). Diese Irrlehre beraubt sie ihrer Freiheit. Es gibt keine kosmische Macht, über der Christus nicht steht. Wenn Jesus befreit, dann ist der Mensch wirklich frei und muss keine Macht der diesseitigen und jenseitigen Welt fürchten!

Das Gefährliche an dieser Irrlehre war, dass der Blick der Gläubigen abgewendet wurde weg von der Fülle in Christus hin zu dem Angebot einer Scheinfülle, die von Menschen und Mächten stammte (2,19). Wir müssen dabei beachten, dass die Irrlehrer nicht von außen kamen, sondern aus ihrer eigenen Gemeinde (vgl. Apg 20,29-30). Es handelte sich um Gläubige, die nicht mehr an Christus als alleinigem Haupt festhielten (2,19) und damit die „Hauptsache" verloren hatten.

Das Leben in Christus (Kap 3,1-4,6)

Nach dem lehrhaften Teil (Kap 1-2) folgt nun die Auswirkung auf die Lebenspraxis. Zunächst zeigt Paulus ihnen die Grundausrichtung des neuen Lebens: Nach oben, hin zu Christus (3,1-4). Das neue Leben ist keine christliche Moral, sondern ein Leben in der Auferstehungswirklichkeit Christi. Die Gläubigen sollen nach dem streben, was unvergänglich ist, ihre Gedanken auf das ausrichten, was im Himmel ist (3,2; vgl. Mt 6,33). Dort ist dieses vollkommene Leben, nach dem sich die Gläubigen sehnen, verborgen.

Paulus deutet hier an, dass es eine „Lücke" gibt, die erst vollständig ausgefüllt wird, wenn Christus wiederkommt (3,4). Sie bleibt bestehen, solange wir hier auf Erden sind und keine geistliche Technik und kein Vermittler kann sie überbrücken. Die vollkommene Herrlichkeit kann erst Wirklichkeit werden, wenn wir bei Jesus sind. Bis dahin bleibt ein „Seufzen" nach Vollendung (Röm 8,23).

Das Leben in Christus besteht jedoch nicht in spirituellen Gedankenflügen in himmlischen Sphären, sondern kommt im irdischen Leben zur Darstellung und Entfaltung. Wenn auch diese geistlichen Wahrheiten den Menschen, die Christus nicht kennen, verborgen sind (3,3b), so sollen sie an der Lebensweise der Gläubigen erkennen, wer Christus ist. Wie das Leben in der Fülle Christi in der Praxis aussieht, das zeigt Paulus im folgenden Abschnitt. Dazu benötigen sie keine kluge Philosophie, sondern die Kraft Christi:

- Sie sollen den alten Menschen mit seinen sündhaften Verhaltensweisen ablegen (3,5-11) und den neuen Menschen anziehen (3,12-17). Der alte Mensch kann nicht durch Gesetze dressiert werden. Neues kann nur durch einen „Kleiderwechsel" entstehen (vgl. Eph 4,17-32).

- Die Aufforderung „Tötet!" (3,5 – grammatisch: Imperativ aktiv) ist hier kein gesetzlicher Appell, seinen alten Adam zu ersäufen, sondern bedeutet hier den sündhaften Haltungen, die im folgenden aufgezählt werden, kein Ohr mehr zu leihen. Sie gehören zu der gefallenen Welt, gegenüber der sie durch die Auferstehung gestorben sind (3,3). Es geht hier um ein konkretes Rechnen im Glauben mit der Auferstehungskraft Christi (vgl. Röm 6,11). Diese Kraft ist der „neue Anzug", Christus in uns, die Hoffnung der Herrlichkeit. Sein Hauptmerkmal ist die Liebe (3,12-15), seine Hauptnahrung das Wort Gottes (3,16). Das ganze Leben ist auf Christus bezogen – von ihm, aus ihm, durch ihn, zu ihm hin – in Worten und Werken (3,17).

- Das neue Leben soll ihre zwischenmenschlichen Beziehungen bestimmen: Ehe und Familie (3,18-20); Berufsleben (3,22-4,1). Kein Lebensbereich ist von der Herrschaft Christi ausgeschlossen.

- Die Beziehung zu Jesus im Gebet darf nicht vernachlässigt werden. Dazu gehört auch die Fürbitte für Paulus, d.h. für die Verkündiger des Evangeliums (4,2-3).

- Die Gläubigen sollen sich weise verhalten gegenüber Nichtchristen. Eine missionarische Gesinnung in Wort und Tat ist das Kennzeichen einer lebendigen Beziehung zu Jesus (4,5-6) und damit eines Lebens in der Fülle.

Am Schluss des Briefes kündigt Paulus den Besuch von Tychikus und Onesimus an (4,7-9). Danach folgen Grüße von verschiedenen Mitarbeitern und weitere Anweisungen (4,10-17). Den Abschluss bildet ein eigenhändiger Gruß von Paulus (4,18). Der Briefschluss ist kein unbedeutender Anhang, sondern macht deutlich, wie entscheidend echte Gemeinschaft, lebendiger Austausch und Anteilnahme sind.

Exkurs: Christus genügt!

Die Sehnsucht nach Fülle und Vollkommenheit ist ein beliebtes Einfallstor für falsche Lehren. An dieser Stelle trifft es weniger die oberflächlichen Christen, sondern mehr diejenigen, die mehr wollen. Sie empfinden den Schmerz der Unvollkommenheit und sehnen sich nach übernatürlichen Erfahrungen. Sie wollen alles dafür tun.

Die Irrlehrer haken an dieser Stelle ein und bieten einen praktischen Weg an, um dies zu erreichen. Dabei spielen Gebote und Verbote und die Anwendung bestimmter Rituale und Techniken eine wichtige Rolle. Vor allem bieten sie sich selbst an als von Gott autorisierte Vermittler. Da die Kolosser im Glauben lebten (1,4-7) und trotzdem auf diese Irrlehrer hereinfielen, muss es sich um eine raffinierte Form der Irrlehre gehandelt haben, die einen Reiz auf die Gläubigen ausübte.

Falsche Lehre ist auch heute nicht unbedingt sofort erkennbar. Dabei kann es sich um eine Teilwahrheit handeln, die vereinseitigt oder verabsolutiert wird. Wie kann das konkret aussehen?

Grundsätzlich: Betonung dessen, was zusätzlich zu Christus notwendig ist, um ein bestimmtes Ziel oder einen Zustand zu erreichen. Beispiele:

- Wenn menschlicher Führungsanspruch und göttliche Autorität vermischt werden: Bindung an Menschen, die sich auf einen göttlichen Auftrag berufen aufgrund von Visionen. Der Besuch ihrer Veranstaltungen und das (unkritische) Lesen ihrer Bücher ist Pflicht. Merkmal solcher „Autoritäten" ist meist, dass sie sich selbst keiner Korrektur unterwerfen.

- Wenn im Zentrum der Verkündigung nicht die Person und das Werk Christi steht und die Grundlage dafür das geschriebene Wort Gottes ist, sondern ein bestimmtes Ziel, das erreicht werden soll oder ein Bedürfnis, das befriedigt werden soll: z.B. Heilung empfangen, gefühlsmäßige Hochstimmung, richtiges moralisches Verhalten.

- Wenn Christus allein nicht mehr genügt, sondern das geistliche Wachstum davon abhängig gemacht wird, bestimmte Regeln einzuhalten, indem der Gläubige etwas tun oder lassen muss: z.B. Essensvorschriften oder Fasten, Kleidervorschriften, sexuelle Enthaltsamkeit, sklavische Unterordnung unter Menschen.

- Wenn geistliche und weltliche Prinzipien vermischt werden: Die Überzeugung, dass sich geistliche Ziele durch menschliche Methoden erreichen lassen. Beispiele: Überbewertung der Psychologie in der Seelsorge; Überbewertung von Organisation und Managementmethoden beim Gemeindebau.

Für diese Gefahren sind nicht nur bestimmte Gemeinden anfällig. Der Teufel versteht die Kunst, die einzelnen Elemente dem jeweiligen Gemeindetyp anzupassen. Sein Hauptziel ist dabei immer, von Christus abzulenken und ihn aus dem Zentrum zu verdrängen (2,8: Nicht festhalten am Haupt).

Die „Anbetung" von Führungspersönlichkeiten ist eine besonders große Gefahr in allen Gemeinden. Man hat vielleicht keinen Papst oder Heilige, aber dafür ein Doktor oder Professor als Titel, was vielfach automatisch mehr Autorität verleiht.

Dazu helfen besonders die unzähligen Konferenzen, die dazu führen können, dass Gläubige von einem Highlight zum anderen pilgern, um ihre Sehnsucht nach mehr zu stillen. Wer eine Veranstaltung besucht, sollte sich immer ehrlich fragen: Erwarte ich von dem Verkündiger etwas oder von Jesus? Geht es mir in erster Linie um die Befriedigung meiner Bedürfnisse oder möchte ich Jesus begegnen?

KOLOSSERBRIEF – CHRISTUS GENÜGT!

Schlüsselvers: „Denn in ihm wohnt die ganze Fülle der Gottheit leibhaftig; und ihr seid in ihm zur Fülle gebracht" (2,9-10)

DIE LEHRE VON CHRISTUS

1,1-2	1,3-14	1,15-23	1,24-2,7	2,8-23
Verfasser – Empfänger – Gruß	Dank für die lebendige Gemeinde / Fürbitte für die Gemeinde	Christushymnus – Lobpreis der Person und des Werkes Christi	Der Dienst und der Kampf des Apostels Paulus für die Gemeinde	Die Irrlehre der menschlichen Philosophie und die Antwort darauf: Christus genügt
Anfang	Gemeinde	Christus	Paulus	Irrlehrer

Richtige und falsche Lehre

Christus als Zentrum der Lehre

DAS LEBEN MIT CHRISTUS

3,1-4	3,5-17	3,18-4,1	4,2-6	4,7-18
Die richtige Blickrichtung und Gesinnung der Gläubigen	Das Ablegen des alten Menschen und Anziehen des neuen Menschen / Die richtige innere Haltung	Das Leben mit Christus in verschiedenen Beziehungen: Ehe, Familie, Beruf	Ermutigung zum Gebet und missionarischem Lebensstil	Die Sendung des Tychikus / Grüße von Mitarbeitern / Anweisungen / Eigenhändiger Gruß des Paulus
Gemeinde und Einzelne			Nichtchristen	Schlussworte

Richtiges und falsches Leben

Christus als Zentrum des neuen Lebens

Die Einzigartigkeit Jesu Christi

- Das Ebenbild Gottes (1,15)
- Der Schöpfer des Universums (1,16-17)
- Das Haupt der Gemeinde (1,18)
- Der Erstgeborene von den Toten (1,18)
- Die Fülle Gottes (1,19)
- Der Versöhner (1,20-23)
- Das Zentrum aller Weisheit und Erkenntnis (2,3)
- Das Haupt jeder Gewalt und Macht (2,10)

Titel: An die Kolosser

- Abfassungszeit: 62 n.Chr.
- Abfassungsort: Rom - Gefangenschaftsbrief
- Verfasser: Paulus
- Empfänger: Gemeinde in Kolossä

Literatur

Bruce, F.F.: Basiswissen Neues Testament, Wuppertal, R.Brockhaus,1997.

Carson, D.A. & Moo, J. Douglas: Einleitung in das Neue Testament, Gießen, Brunnen, 2010.

de Boor, Werner: Die Briefe an die Philipper und Kolosser. Wuppertaler Studienbibel, Wuppertal, R. Brockhaus, 1976.

Ellwell, Walter A., Yarbrough, Robert W.: Studienbuch Neues Testament, Wuppertal, R. Brockhaus, 2001.

Jensen, Irving: Jensen's Survey of the New Testament, Chicago, Moody Press, 1981.

Lasseigne, Jeff: Highway 66. A Unique Journey Through the 66 Books of the Bible, Santa Ana, Calvary Chapel Publ., 2005.

Mauerhofer, Erich: Einleitung in die Schriften des Neuen Testaments Bd. 2: Römer-Offenbarung, Holzgerlingen, Hänssler, 1999.

Moo, Douglas J.: The Letters to the Colossians and to Philemon. The Pillar New Testament Commentary, Grand Rapids, Eerdmans, 2008.

Reifler, Hans Ulrich: Bibelkunde des Neuen Testaments. Die Bibel lieben, kennen und verstehen, Nürnberg, VTR, 2006.

Walvoord, John F., Zuck, Roy B.: Das Neue Testament. Erklärt und ausgelegt Bd. 5: 1. Korinther-Offenbarung, Neuhausen-Stuttgart, Hänssler, 1992.

Weißenborn, Thomas: Apostel, Lehrer und Propheten (2). Eine Einführung in das Neue Testament. Band 2: Leben und Briefe des Apostels Paulus, Marburg, Francke, 2004.

DIE THESSALONICHERBRIEFE

„Achtung – Bei der Entrückung wird dieses Fahrzeug führerlos!" So lautet die Botschaft eines Autoaufklebers. Diese kühne Behauptung begründet der Fahrzeuglenker mit einer Stelle im 1. Thessalonicherbrief (4,17). Es ist richtig, dass in den beiden Thessalonicherbriefen viel von der Wiederkunft Christi die Rede ist. Die Frage ist nur, wie diese Aussagen zu verstehen sind. Bei dieser Tour wollen wir nicht abheben in die himmlischen Sphären, sondern die Bedeutung der Wiederkunft Christi für heute erkennen.

1. Verfasser

Paulus nennt sich in beiden Briefen als Verfasser und seine Freunde und Mitarbeiter Silvanus[56] und Timotheus (1Thess 1,1; 2Thess 1,1) als Mitabsender. Obwohl beide Briefe größtenteils in der 3. Person abgefasst sind, deutet das wiederholte „ich" darauf hin, dass Paulus der eigentliche Hauptverfasser war (vgl. 1Thess 2,18; 3,5; 5,27; 2Thess 2,5; 3,17).

2. Empfänger

Beide Briefe sind an die Gemeinde in Thessalonich adressiert (1Thess 1,1; 2Thess 1,1). Interessant ist, dass Paulus in einem Nebensatz hinzufügt, worin die Gemeinde ihren Bestand hat: „in Gott, dem Vater (2Thess 1,1: unserem Vater) und dem Herrn Jesus Christus". Das „in" hat hier eine doppelte Bedeutung:

- *Zugehörigkeit*: Die Gemeinde in Thessalonich gehört[57] dem Vater und dem Sohn.
- *Beziehung*: Die Gemeinde steht in Gemeinschaft mit Gott, ihrem Vater und dem Herrn Jesus Christus.

Gründer und Erhalter der Gemeinde ist letztlich die göttliche Trinität[58]. Das war den Empfängern eine große Ermutigung, denn die Umgebung, in der sie wohnten, war ihnen nicht gerade freundlich gesonnen.

---

[56] Lateinische Form des aramäischen Namens Silas (vgl. Apg 15,22).
[57] Vgl. NGÜ und GNB.
[58] Heiliger Geist: 1Thess 1,5-6; 4,8; 2Thess 2,13.

Die Stadt Thessalonich

Das alte Thessalonich liegt heute zum größten Teil unter dem heutigen Thessaloniki (o. Saloniki) begraben. Thessalonich wurde 315 v.Chr. durch den griechischen General Kassandros gegründet.

Er benannte die Stadt nach seiner Frau Thessalonika, der Schwester Alexander des Großen. 150 Jahre später eroberten die Römer Thessalonich und 42 v.Chr. erhielt sie die eigene Verwaltungshoheit. Zur Zeit des Neuen Testaments war Thessalonich die Hauptstadt der römischen Provinz Mazedonien und Sitz des Provinzgouverneurs. Die Stadt zählte ca. 100.000 Einwohner. Thessalonich lag an der berühmten Ost-West-Handelsstraße des römischen Reiches, der „Via Egnatia" und besaß einen wirtschaftlich bedeutenden Seehafen. Die Bevölkerung bestand aus einer Mischung von einheimischen Thrakern, Römern, Handelsleuten aus dem Orient und einer Anzahl Juden, die eine Synagoge besaßen (Apg 17,1). Das religiöse Leben war in erster Linie von heidnischen Kulten bestimmt. Neben den klassischen griechischen Göttern wurden auch ägyptische verehrt, ebenso der Fruchtbarkeitsgott Kabeiros sowie der allseits beliebte Weingott Dionysus als Garant für wilde Orgien. Außerdem stand in Thessalonich der Augustus-Tempel als Ausdruck der Kaiserverehrung (vgl. Apg 17,7).

Die Gemeinde in Thessalonich

Paulus kam auf seiner zweiten Missionsreise (ca. 49 n.Chr.) nach Thessalonich. Es war seine zweite Station auf dem europäischen Festland nach Philippi (Apg 17,1-9). Durch seine Verkündigung entstand eine kleine Gemeinde, die innerhalb kurzer Zeit bis weit über Thessalonich hinaus bekannt wurde (vgl. 1Thess 1,5-9). Die Christen in Thessalonich hatten von Anfang an einen schweren Stand:

- Paulus begann wie gewohnt seine Predigt in der Synagoge (Apg 17,1-2), indem er den Juden Jesus als den Messias verkündigte (Apg 17,3). Die Reaktion der Zuhörer war geteilt: Eine nicht geringe Gruppe glaubte der Botschaft (Apg 17,4) und eine andere lehnte das Evangelium radikal ab (Apg 17,5). Aus der ersten Gruppe entstand die Gemeinde und aus der zweiten Gruppe die Verfolger der Gemeinde.

- Die Gegner des Paulus beließen es nicht bei verbalem Widerspruch, sondern sie initiierten einen Volksauflauf, um die breite Öffentlichkeit auf ihre Seite zu bringen (Apg 17,5). Das Hauptmotiv dabei war allerdings kein religiöses, sondern reine Eifersucht (Apg 17,5a), d.h. die Angst vor Machtverlust und Bedeutungslosigkeit.

- Die nächste Stufe war eine Anklage vor der römischen Obrigkeit, indem sie Paulus unterstellten, Führer einer kaiserfeindlichen Bewegung zu sein, die sich nun auch in dem für die Kaiserverehrung bekannten Thessalonich breit machen wollte (Apg 17,6-7). Diese Vorwürfe verfehlten ihre Wirkung nicht, so dass eine Kaution notwendig war, um die Brüder wieder frei zu bekommen (Apg 17,8-9).

- Als das Missionsteam aufgrund der gefährlichen Atmosphäre bald abreisen musste (Apg 17,10a) und ihre Wirksamkeit in Beröa fortsetzte, reisten ihre jüdischen Gegner nach, nachdem sie erfahren hatten, dass auch dort Juden zum Glauben gekommen waren (Apg 17,12). Sie organisierten einen öffentlichen Aufstand (Apg 17,13) und machten den Christen das Leben schwer.

Die Thessalonicherbriefe sind an eine sehr junge Gemeinde geschrieben, denn Paulus konnte sich nicht lange dort aufhalten: Mindestens drei Wochen (Apg 17,2: drei Sabbate), jedoch eher zwei bis drei Monate, da er während seines Aufenthalts seinen Lebensunterhalt selbständig durch mühevolle Arbeit finanzierte (1Thess 2,9). Die Gemeinde bestand mehrheitlich aus Nichtjuden (vgl. 1Thess 1,9: Götzendienst). Die Christen hatten innerhalb kurzer Zeit viel gelernt. Die Startbedingungen waren zwar menschlich gesehen ein Handikap, aber aus geistlicher Sicht ein Wachstumsturbo.

3. Zeit und Ort der Abfassung

Beide Briefe wurden kurz nach der Rückkehr des Timotheus (1Thess 3,6) von Korinth aus geschrieben. Aufgrund der sog. „Gallio-Inschrift" lässt sich die Zeit des Aufenthalts in Korinth präzise bestimmen, da Gallio von Juni 51 bis Juni 52 n.Chr. Prokonsul in Korinth war. In der Apostelgeschichte (Apg 18,11-12) wird erwähnt, dass Gallio sein Amt einnahm, nachdem Paulus bereits 18 Monate in Korinth wirkte, so dass die Thessalonicherbriefe auf das Jahr *50 n.Chr.* zu datieren sind, da er sie kurz nach seiner Ankunft in Korinth verfasst hat. Der zweite Brief entstand wenige Zeit später, auf jeden Fall vor seinem nächsten Besuch in Thessalonich (Apg 20,1-2).

4. Anlass

Die beiden Thessalonicherbriefe wurden kurz hintereinander geschrieben. Der Grund für den zweiten Brief ergab sich aus den Reaktionen, die der erste bei den Thessalonichern auslöste.

1. Thessalonicherbrief

Sorge um die Entwicklung der Gemeinde

Nach seiner vorzeitigen Abreise aus Thessalonich (Apg 17,10) war Paulus in Sorge, ob die junge Gemeinde dem Druck der Gegner standhalten würde. Das neue Leben stand in Gefahr, durch das Wirken des Satans wieder ausgelöscht zu werden. Deshalb sandte er Timotheus nach Thessalonich, um zu erfahren, wie es der Gemeinde ging (1Thess 3,1-5). Nach dem überaus positiven Bericht von Timotheus war Paulus überglücklich (1Thess 3,6-13) und schrieb daraufhin den ersten Brief.

Ermutigung zur Standhaftigkeit im Glauben

Paulus ermutigt die Thessalonicher zu einem Lebensstil, der Gott gefällt und seinem Willen entspricht (1Thess 4,1-12). Ihre Liebe zueinander und zu den Nichtchristen in ihrer Umgebung sollte immer mehr zunehmen (1Thess 3,12-13).

Beantwortung von Fragen

Paulus deutet an drei Stellen an, dass er auf Fragen der Gemeinde eingeht, die sie Timotheus mitgegeben haben mit der Bitte um eine Antwort. Es handelt sich um Fragen zur Liebe untereinander (4,9), zum Schicksal verstorbener Mitchristen (4,13) und Fragen zur Wiederkunft Christi (5,1).

2. Thessalonicherbrief

Warnung vor falscher Lehre und deren Auswirkungen

Paulus hatte neue Nachrichten aus Thessalonich erhalten (2Thess 3,11). Positiv war, dass die Christen trotz andauernder Verfolgung im Glauben standhaft geblieben waren. Besorgniserregend war jedoch, dass sie in Gefahr standen, sich von Irrlehrern beeinflussen zu lassen. Es waren Schwärmer, die auf verschiedene Weise die Gemeinde lehrten, dass der Tag des Herrn schon angefangen hatte (2Thess 2,2). Sie beriefen sich auf übernatürliche Geistesoffenbarungen, mündliche und schriftliche Aussagen, die angeblich von Paulus stammten, wogegen sich Paulus vehement wehrt (2Thess 2,2). Paulus korrigiert diese Irrlehre, indem er auf die Ereignisse hinweist, die der Wiederkunft Christi vorausgehen (2Thess 2).

Diese Irrlehre führte dazu, dass manche Christen aufhörten zu arbeiten und unnütze Dinge trieben (2Thess 3,6-15). Paulus verlangt von der Gemeinde eine konsequente Haltung gegenüber solchen Leuten (2Thess 3,6.14-15).

Ermutigung zum Festhalten und Praktizieren der richtigen Lehre

Im zweiten Brief will Paulus die Gemeinde ermutigen, sich weder durch Feinde noch durch Irrlehrer, die in der jungen Gemeinde Verwirrung stiften wollten, durcheinander bringen zu lassen. Statt dessen sollten sie an der Lehre festhalten, die sie von Paulus empfangen hatten und anstatt unnütze Dinge zu treiben, sollten sie Gutes tun in Wort und Tat (2Thess 2,15).

5. Aufbau

Der **1. Thessalonicherbrief** lässt sich in *zwei Hauptteile* gliedern: Im ersten Teil (Kap 1-3) steht der persönliche *Rückblick* von Paulus im Mittelpunkt. Im zweiten, lehrmäßigen Teil, dominiert der *Ausblick* auf die herrliche Zukunft, die Wiederkunft Christi. Paulus macht deutlich, welche praktischen Konsequenzen die Wiederkunft für das Leben in der Gegenwart hat. Das *Thema* des Briefes ist die *Wiederkunft Christi*. Jedes Kapitel endet mit einem Ausblick auf die Wiederkunft (1,10; 2,18-19; 3,13; 4,16-17; 5,23).

Der kürzere **2. Thessalonicherbrief** ist als Reaktion auf die Wirkung des ersten Briefes zu verstehen. Paulus geht noch einmal auf die Wiederkunft Christi ein wegen den Behauptungen der Irrlehrer. Er lässt sich ebenfalls in *zwei Hauptteile* gliedern: Einen lehrhaften Teil (Kap 1,2-2,12), bei dem Paulus die *Vorbedingungen zur Wiederkunft Christi* beschreibt, und einen seelsorgerlichen Teil (Kap 2,13-3,15), bei dem es um die *richtige Lebensgestaltung* im Hinblick auf die Wiederkunft Christi geht. *Hauptthema* ist ebenfalls die *Wiederkunft Christi*.

Der *Hauptunterschied* zwischen den beiden Briefen liegt darin, dass der Schwerpunkt im ersten Brief auf der Ermutigung der Gemeinde liegt, während im zweiten Brief die Ermahnungen vor negativen Fehlentwicklungen dominieren.

1. Thessalonicher	2. Thessalonicher
Förderung der positiven Entwicklung	Warnung vor Fehlentwicklungen
Gesunde Lehre von der Wiederkunft Christi	Falsche Lehre von der Wiederkunft
Bedeutung der Wiederkunft für die Gemeinde	Bedeutung der Wiederkunft
Ermutigung zum Leben in der Heiligung	Warnung vor falscher Heiligung

Wenn man bedenkt, dass zwischen den Briefen nur wenige Monate liegen, dann wird deutlich, dass neues geistliches Leben immer auch angefochtenes, vom Feind bekämpftes Leben ist. Sowohl Gemeinden als auch einzelne Christen brauchen reife Begleiter mit geistlichem Durchblick und Unterscheidungsvermögen.

6. Überblick

1. Thessalonicher

Der persönliche Rückblick (Kap 1-3)

Die Gemeinde in Thessalonich war eine vorbildliche Gemeinde wie sie sich jeder Gemeindegründer wünscht. Sie hatten innerhalb kurzer Zeit begriffen, wozu andere Gemeinden Jahre oder Jahrzehnte benötigten.

Was war das Geheimnis dieser schnell wachsenden Gemeinde? Ein Hauptgrund ist, dass das Wort Gottes von Anfang an eine zentrale Rolle im Leben der Gemeinde spielte. Einige Beispiele:

Das richtige Aufnehmen des Wortes Gottes

- Die Verkündigung durch Paulus geschah in der Vollmacht und Kraft des Heiligen Geistes (1,5). Die Kraft des Wortes wurde sichtbar und erfahrbar in Thessalonich.

- Die Aufnahme des verkündigten Wortes geschah bei den Thessalonichern nicht als Menschenwort, sondern als Gottes Wort, dem absolute Autorität zukommt und das lebensspendende und lebensverändernde Kraft in sich trägt (2,13).

- Das Aufnehmen und Festhalten am Wort Gottes wurde trotz schweren Anfeindungen (1,6; 2,14-16) nicht beeinträchtigt. Dies geschah durch den Heiligen Geist, der den Christen inmitten des Kampfes Freude schenkte (1,6b; 2,2b).

Die konsequente Umsetzung des Wortes

- Ihre Bekehrung hatte eine innere und äußere *Abwendung* vom Götzendienst zur Folge. Damit verbunden war eine bedingungslose *Hinwendung* zu Christus (1,9), die konkret wurde im Dienst für Jesus.

- Die Basis ihres Lebens waren *Glaube* und *Liebe* in Wort und Tat und die *Hoffnung* auf die Wiederkunft Christi (1,3; 5,8; vgl. 5,23).

- Das Weitergeben des Wortes geschah durch Verkündigung und persönliches Vorbild in ihrer unmittelbaren Umgebung sowie in anderen römischen Provinzen (1,7-8). Die Thessalonicher hatten begriffen, dass das Wort unter die Leute muss und der Glaube keine Privatsache ist (1,8: hinausgedrungen).

Vorbildliche Lehrer des Wortes Gottes

- Vollmächtige Verkündiger gaben das Wort Gottes in der Kraft des Heiligen Geistes in Wort und Tat weiter (1,5).
- Die Verkündigung des Wortes unter Kampf und Leiden (2,1-2) machte sowohl das Missionsteam als auch das Wort Gottes glaubwürdig. Sie hielten trotz Widerstand am Glauben und am Wort Gottes fest (1,6; 2,14-16).
- Sie erhielten von Anfang an umfassende biblische Belehrung in Theorie und Praxis (4,1-2), auch über schwierige Themen wie Erwählung (1,4) und die Wiederkunft Christi (1,10; vgl. 5,1-2).
- Das Auftreten des Apostels und seiner Mitarbeiter in der Reinheit ihrer Motive (2,3-6) und ihrem selbstlosen, liebevollen Einsatz für die Gemeinde (2,7-12) war vorbildlich.

Der lehrhafte Ausblick (Kap 4-5)

In diesem Abschnitt fließen seelsorgerliche Ermahnung und Ermutigung und biblische Lehre ineinander über. Selbst die lehrhaften Abschnitte schließt Paulus mit einer Ermahnung oder Ermutigung als Konsequenz des Dargelegten ab (4,18; 5,11). Paulus will nicht, dass ihre Köpfe rauchen, sondern dass ihre Herzen brennen für Jesus:

Ermutigung zu einem heiligen Leben (4,1-12)

Unter Heiligung oder einem geheiligten Leben versteht Paulus einen Lebensstil, der dem Wort Gottes und seinen Anweisungen entspricht (4,2). Paulus nennt in diesem Abschnitt zwei Lebensbereiche, die für die Thessalonicher von besonderer Bedeutung waren:

- Das richtige Verhalten im sexuellen Bereich (4,3-8). Das bedeutete für die Christen eine radikale Verhaltensänderung, da sexuelle Ausschweifungen damals untrennbar mit Götzendienst verbunden waren. Sie sollten sich davon fern halten und lernen, Herr über ihre Begierden und Leidenschaften zu werden, indem sie Gott die Herrschaft über diesen Bereich einräumen (4,3-8).

- Das richtige Verhalten gegenüber Christen und Nichtchristen (4,9-12) soll geprägt sein von der Liebe. Ein geheiligtes Leben zeigt sich darin, dass die Liebe gegenüber anderen Menschen zunimmt (4,10). Zur Liebe gegenüber Außenstehenden gehört auch, die soziale Verantwortung für das eigene Leben zu übernehmen. Offenbar gab es dort einige Christen, die nichts arbeiteten und den Nichtchristen finanziell auf der Tasche lagen (4,11; vgl. 2Thess 3,10-11). Ein geheiligtes Leben zeigt sich in der Zielsetzung, ein geordnetes Leben zu führen.

Das NT sagt hier unmissverständlich, dass ein geheiligtes Leben Gottes Wille ist! Die beiden genannten Bereiche sind zu allen Zeiten und in jeder Kultur von großer Bedeutung. Grundsätzlich umfasst aber die Heiligung alle Lebensbereiche (vgl. 1Petr 1,15) und die gesamte Persönlichkeit nach Geist, Seele und Leib (5,23).

Die Frage nach der Auferstehung (4,13-18)

Paulus schreibt nicht über die Entrückung, um den Thessalonichern etwas Interessantes über die Endzeit zu präsentieren, sondern beantwortet eine konkrete Frage der Christen: Was geschieht mit denen bei der Wiederkunft Christi, die bereits gestorben sind? Vielleicht gab es einen tragischen Todesfall in der Gemeinde oder sie fürchteten sich davor, als Märtyrer zu sterben. Die Antwort des Paulus will keine apokalyptische Neugier befriedigen, sondern Mut und Hoffnung (4,13.18) in schwierigen Zeiten und Lebensumständen schenken.

Die Frage nach dem Zeitpunkt der Wiederkunft Christi (5,1-11)

Eine weitere Frage der Thessalonicher ist die nach dem Zeitpunkt der Wiederkunft (5,1-2). Interessant wäre hier zu wissen, was Paulus damit meint, dass die Thessalonicher es nicht nötig haben, dass er auf Daten eingeht (5,1). Das begründende „denn" (5,2a) könnte ein Hinweis darauf sein, dass für Paulus nicht das Datum, sondern die innere Haltung entscheidend ist.

Er ermahnt sie deshalb, wachsam und nüchtern zu sein, im Licht des kommenden Tages zu leben und nicht in der Dunkelheit der gegenwärtigen Weltzeit. Im Bild eines römischen Soldaten ermutigt er die Christen zu einer aktiven Glaubenshaltung, indem sie den Brustpanzer des Glaubens und der Liebe sowie den Helm der Hoffnung auf das zukünftige Heil tragen (5,8). Damit können sie auch in schlimmsten Zeiten bestehen und sind nicht auf Diskussionen über Termine und Daten angewiesen.

Anweisungen für das Gemeindeleben (5,12-22)

Paulus zeigt der jungen Gemeinde, worauf es ankommt, wenn Christen miteinander in einer Ortsgemeinde zusammen leben. Diese konkreten Anweisungen sind in jeder Gemeinde überlebensnotwendig:

- Zeigt Liebe und Respekt gegenüber den Gemeindeleitern (5,12-13)!
- Weist diejenigen zurecht, die ein unordentliches Leben führen (5,14)!
- Ermutigt die Schwachen und Mutlosen in aller Geduld (5,14-15)!
- Lasst euch die Freude, das beständige Gebet und die Dankbarkeit in jeder Lage nicht rauben, denn das will Gott und dazu seid ihr fähig durch Christus (5,16-18)!
- Hindert den Heiligen Geist nicht an seinem Wirken, indem ihr lernt, prophetische Aussagen zu beurteilen und Gutes und Böses voneinander zu unterscheiden (5,19)!

Der Schluss des Briefes ist eine wunderbare Zusammenfassung des Inhalts in Form einer Verheißung: Gottes Kraft und Treue ist es, die ein geheiligtes Leben ermöglicht und ans Ziel bringt, um ewig bei Jesus zu sein (5,23-28).

2. Thessalonicher

Im zweiten Brief reagiert Paulus auf die Auswirkungen des ersten Briefes und die Entwicklung der Gemeinde, denn er hatte neue Nachrichten erhalten (2,2; 3,11). Obwohl die Gemeinde sich vorbildlich entwickelte und standhaft im Glauben blieb trotz Verfolgungen (1,3-5), gab es doch gefährliche Umstände, auf die Paulus sofort und konsequent reagieren wollte. Der zweite Brief besteht aus zwei Hauptteilen mit folgenden Schwerpunkten:

Die Lehre von der Wiederkunft Christi (Kap 1,3-2,12)

Paulus offenbart hier Details über die Wiederkunft, die sonst an keiner Stelle im NT so deutlich zum Ausdruck kommen. Obwohl er auf eine konkrete Gemeindesituation eingeht, erhalten wir hier ein wichtiges „Puzzleteil" für das prophetische Gesamtbild der ganzen Schrift.

Im ersten Abschnitt geht er auf die Verfolgungssituation der Gemeinde ein (1,3-12), im zweiten Abschnitt auf eine Irrlehre in Bezug auf den Zeitpunkt der Wiederkunft Christi, durch die Verwirrung in der Gemeinde entstanden war.

Die Bedeutung der Wiederkunft für Christen und Nichtchristen (1,3-11)

Die Wiederkunft Christi schafft die langersehnte Gerechtigkeit in der Welt. Das Leiden durch Verfolgung hat ein Ende und die Feinde des Evangeliums werden zur Rechenschaft gezogen:

- Für *Christen* ist die Wiederkunft ein freudiges Ereignis: Der Eingang in das Reich Gottes (1,5) und das Ende aller Not (1,7). Nach der kurzen Leidenszeit folgt die ewige Herrlichkeit in der Gegenwart Jesu (1,10.12).

- Für *Nichtchristen*, die den Gläubigen Leiden bereitet haben, ist es der Beginn ihres Leidens (1,6). Gott wird alle zur Rechenschaft ziehen, die ihn abgelehnt und das Evangelium verworfen haben. Ihr Ende ist die ewige Verdammnis (1,7-9).

Beachte: Paulus unterscheidet hier nicht eine zweifache Wiederkunft Christi zu unterschiedlichen Zeiten: Eine erste Ankunft zur Entrückung der Gläubigen (1Thess 4,17) und eine zweite zusammen mit den entrückten Gläubigen zum Gericht über die Ungläubigen (2Thess 1,7-10).

Der Hauptzweck dieses Abschnitts ist jedoch, die Christen in ihrer schwierigen Situation zum Ausharren im Glauben zu ermutigen. Er antwortet hier auf den Schrei nach Gerechtigkeit ähnlich dem sehnsüchtigen „Bis wann" der Märtyrer in Offb 6,10.

Die Voraussetzung für die Wiederkunft Christi (2,1-12)

Dieser Abschnitt ist einer der wichtigsten eschatologischen Texte des NT, da an keiner Stelle die Person des Antichristen so detailliert beschrieben wird wie hier. Warum geht Paulus darauf ein?

- Die Lehre von der Entrückung (1Thess 4,13-18) und vom Tag des Herrn (1Thess 5,1-11) führte in Thessalonich zu Missverständnissen (2,1). Einige verbreiteten die Irrlehre, dass der Tag des Herrn schon da sei (2,2). Es gab Gerüchte, dass Paulus das auch glaube (2,2b). Aufgrund der Verfolgungssituation waren die Gläubigen empfänglich für diese Lehre, denn der Tag des Herrn ist verbunden mit Bedrängnis (vgl. z.B. Mt 24,1ff) und diese erlebten sie ja gerade.

- Paulus muss Klarheit schaffen und diese Irrlehre widerlegen (2,3-12). Deshalb sagt er den Gläubigen ganz klar, dass dieser Tag noch zukünftig ist und zuerst zwei wichtige Voraussetzungen erfüllt sein müssen: Bevor Christus erscheint, kommt der weltweite Abfall von Gott und der Antichrist (2,3).

Paulus nennt einige wichtige Merkmale des Antichristen:

- *Seine Namen:* Mensch der Gesetzlosigkeit, Sohn des Verderbens (2,3b), der Gesetzlose (2,8).
- *Sein Werk:* Widerstand gegen Gott und jegliche Gottesverehrung. Er setzt sich an die Stelle Gottes in den Tempel (Antichristus = Anstatt-Christus) und lässt sich als Gott anbeten (2,4).
- *Sein Auftraggeber:* Er wirkt in der Macht Satans, vollbringt große Zeichen und Wunder mit dem Ziel, die Menschen zu verführen und ins Verderben zu stürzen (2,9-10).
- *Seine Methode:* Lüge, Betrug (2,9-10) und Verführung. Wer der Wahrheit Gottes nicht glaubt, fällt auf die Lügen des Antichristen herein. Das Ausgeliefertsein an die Lüge ist eine Form von Gottes Gericht (2,11-12).
- *Sein Ende:* Jesus wird den Antichristen bei seiner Wiederkunft (Parusie) durch den „Hauch seines Mundes" töten (2,8).

Ermutigung und Ermahnung der Gemeinde (Kap 2,13-3,15)

Nach dem dogmatischen Teil des Briefes folgt der seelsorgerliche als Konsequenz der Lehre von der Wiederkunft Christi. Dieser Teil besteht aus ermutigenden und ermahnenden Worten:

Ermutigung der Gemeinde (2,13-3,5)

Paulus ist voller Dank für die Gemeinde. Er erinnert sie an ihre Wiedergeburt, ihre Erwählung und ihre Berufung zum Heil (2,13-14). Sie sollen an der Lehre des Wortes festhalten und sich nicht davon abbringen lassen (2,15). Paulus betet darum, dass den Gläubigen Hoffnung und Trost zuteil wird durch Christus, damit sie die nötige Kraft für jede gute Tat und jedes gute Wort haben (2,16-17).

Außerdem ermutigt er die Gemeinde zur Fürbitte für seinen Dienst und den damit verbundenen Gefahren durch böse Menschen (3,1-2). Paulus beschließt diesen Abschnitt mit einer wunderbaren Verheißung: Der treue Gott gibt die nötige Kraft und bewahrt vor dem Bösen. Er ist es, der zu Liebe und Ausharren befähigt (3,3-5).

Ermahnungen an die Gemeinde (3,6-15)

Paulus muss als weiser Seelsorger und Mentor der Gemeinde auch die kritischen Punkte ansprechen. Die Lehre von der Wiederkunft Christi hatten manche Gläubigen zu ihrem eigenen Vorteil ausgelegt.

Wo lag das Problem?

Es gab in Thessalonich einige Christen, die ein unordentliches Leben führten (vgl. 1Thess 5,14). Sie gingen keiner Arbeit nach, trieben sich herum und lagen anderen auf der Tasche, obwohl Paulus es den Christen anders vorgelebt hatte (3,7-10). Warum dieses Verhalten? Es ist anzunehmen, dass einige Christen die Lehre von der Wiederkunft Christi so interpretierten, dass die irdischen Pflichten nun nicht mehr wichtig seien. Vielleicht war es auch Teil der verführerischen Irrlehre (2,2): Der Tag des Herrn ist da und nun warten wir auf die Entrückung.

Paulus wendet sich gegen diese Verirrung mit klaren Worten. Er ermahnt die Gläubigen, der Lehre des Wortes gehorsam zu sein und einer geregelten Arbeit nachzugehen. Wer sich weigert, dem soll klar gesagt werden, dass er auf dem falschen Weg ist (3,11-15).

Briefschluss (Kap 3,16-18)

Paulus beschließt den 2. Thessalonicherbrief mit einer Segenszusage. Inmitten der Verfolgung wird der Herr der Gemeinde seinen Frieden und seine Gnade schenken (3,16.18).

Dazwischen finden wir einen ungewöhnlichen Hinweis: Paulus betont, dass er den Brief selbst geschrieben habe und seine Schrift das Echtheitszeichen des Briefes ist (3,17). Vermutlich will er den Gläubigen ein Merkmal nennen, an dem sie erkennen können, ob ein Brief von Paulus stammt oder ob es sich um eine Fälschung handelt (vgl. 2,2).

Die Thessalonicherbriefe zeigen, wie eine Gemeinde wachsen kann, wenn sie sich auf das lebendige Wort Gottes gründet und die Lehre der Schrift in die Praxis umsetzt.

Gleichzeitig wird deutlich, dass eine wachsende Gemeinde immer auch eine angefochtene Gemeinde ist und sein wird. Der Feind wird nichts unversucht lassen, um neues Leben zu verhindern und zu zerstören. Doch bei aller Anfeindung gilt die Verheißung der Treue Gottes:

> **2Thess 3,3** Treu ist aber der Herr, der euch stärken und vor dem Bösen bewahren wird!

Exkurs: Entrückung der Gemeinde

Einer der bekanntesten und wohl am meist diskutiertesten Abschnitte der Thessalonicherbriefe ist 1Thess 4,13-18, wo Paulus aus gegebenem Anlass über ein Geschehen schreibt, das allgemein unter dem Begriff „Entrückung" in die Theologie eingegangen ist. Paulus hat das nicht getan, um die Zukunftsneugier der Thessalonicher zu befriedigen, sondern um sie zu trösten wegen der Gläubigen, die gestorben waren. Das müssen wir beachten, da manche Christen, insbesondere die „Endzeitspezialisten" das Thema Entrückung auf die Frage nach dem Zeitpunkt reduziert haben. Das geht jedoch an der Absicht des Paulus völlig vorbei.

Jesus hatte seinen Jüngern schon eine herrliche Zukunft versprochen als er noch bei ihnen war. Er hatte versprochen, wiederzukommen und sie zu sich holen:

> **Joh 14,3** Und wenn ich hingehe und euch eine Stätte bereite, so komme ich wieder und werde euch zu mir nehmen, damit auch ihr seid, wo ich bin.

Jesus konnte den Jüngern die Einzelheiten seiner Wiederkunft noch nicht erklären, da sie es nicht verstanden hätten (Joh 16,12). Von der Wiederkunft Christi zur Entrückung der Gläubigen ist außer in 1Thess 4,13-18 noch in 1Kor 15,51-54 die Rede. Weitere Paralleltexte sind 2Kor 5,1-9; Phil 3,11.20-21; Jak 5,7-8.

Das griechische Verb ἁρπάζω *harpazo* kommt im NT insgesamt 14 Mal vor und bedeutet grundsätzlich rauben, an sich reißen, wegführen, entrücken, rasch eingreifen, mit Gewalt rauben, in schneller, plötzlicher Bewegung an sich reißen. Einige Beispiele: Mt 12,29; Joh 10,28; Apg 8,39; 23,10.

Mit Entrückung ist die Hinwegnahme der Gläubigen von der Erde gemeint, die bei der Wiederkunft Jesu geschieht. Bei der Entrückung geschieht die Vereinigung des Hauptes, Christus, mit seinem Leib, der Gemeinde.

Was geschieht bei der Entrückung?

Stufe 1: Es ertönt ein Signal (1Thess 4,16; 1Kor.15,52)

- Die Entrückung geschieht blitzschnell, in einem Augenblick, aber nicht unangemeldet. Paulus verwendet den militärischen Ausdruck Befehlsruf oder Kommando, Signal. Es wird eine Signalposaune geblasen, die an das Aufbruchzeichen bei der Wüstenwanderung erinnert: Num 10,2-5.

- Wir können daraus folgern, dass die Betroffenen kurz vorher durch eine eindeutige Ankündigung in Bereitschaft gesetzt werden. Das Signal hören wahrscheinlich nur die, die entrückt werden. Vielleicht geschieht es durch das Erscheinen von gläubigen Verstorbenen wie bei der Auferstehung Jesu (Mt 27,52-53).

Stufe 2: Jesus wird herabkommen vom Himmel (1Thess 4,16)

Stufe 3: Die verstorbenen Gläubigen werden auferstehen (1Thess 4,16)

Die Bibel berichtet von zwei Auferstehungen: Die erste ist vor dem Tausendjährigen Reich (Millennium) und die zweite danach: Offb 20,4-6. Die erste Auferstehung ist eine Auferstehung zum Leben und zum Heil, die zweite zum Gericht und zur Verdammnis: Joh 5,28-29; Apg 24,15; Dan 12,2.

Stufe 4: Die noch lebenden Gläubigen werden verwandelt (1Kor 15,51-53)

- Das bedeutet, dass nicht alle Christen sterben müssen. Es gab im AT nur zwei Gläubige, die ohne zu sterben entrückt wurden: Henoch (Hebr 11,5) und Elia (2Kön 2,11).
- Ihr Leib wird in einem Augenblick in einen unsterblichen Herrlichkeitsleib verwandelt, denn Fleisch und Blut können nicht in Gottes Reich eingehen (1Kor 15,50 vgl. Phil 3,20-21).

Stufe 5: Alle Gläubigen werden mit Christus vereint

- Sie werden aufgehoben „in Wolken" zu Christus wie bei der Himmelfahrt Jesu (Apg 1,9).
- Es gibt eine Wiedervereinigung von Lebenden und Verstorbenen, also ein Wiedersehen. Das war ja die eigentliche Frage der Thessalonicher, ob sie ihre verstorbenen Geschwister wiedersehen werden.

Die Begegnung mit Christus geschieht in der Luft, dem „Hauptquartier" des Feindes: Satan, der Fürst, der in der Luft herrscht (Eph 2,2; 6,12).

> Größer kann der Triumph nicht sein; eine herrlichere Siegesfeier kann es nicht geben. Christus hat völlig gesiegt; seine himmlische Gemeinde hat restlos überwunden. Darum findet die Krönung der Verfolgten gerade in dem Hauptquartier ihres niedergerungenen Gegners statt.[59]

Die Gläubigen werden für alle Zeit mit Jesus, ihrem Haupt vereinigt sein (Joh 16,22). Sie werden ihm gleich sein (1Joh 3,2).

---

[59] Sauer, 1983, 124.

Wann geschieht die Entrückung?

Der Zeitpunkt der Entrückung lässt sich nicht berechnen. Die Bibel warnt sogar davor (Apg 1,7; Mt 24,36). Bei dieser Frage kann es also nicht um eine Terminberechnung gehen, sondern um die Einordnung in die zukünftigen Ereignisse insbesondere der Gerichte im Buch der Offenbarung.

Es gibt verschiedene Auffassungen über die zeitliche Einordnung der Entrückung: Vor, in der Mitte oder am Ende der sog. „Großen Trübsal" oder „Zeit der Bedrängnis":

Erste Auffassung: Entrückung vor der Zeit der Bedrängnis

Sie findet vor dem Auftreten des Antichristen statt. Die Gemeinde wird kein Gericht der Offenbarung erleben. Die Entrückung kann folglich jeden Augenblick stattfinden. Hauptargumente: 1Thess 1,10; Offb 3,10; Röm 5,9.

Zweite Auffassung: Entrückung in der Mitte der Bedrängnis

Die Gemeinde erlebt die erste Hälfte der „Großen Trübsal", die 7 Jahre dauert und mit dem Auftreten des Antichristen beginnt und damit auch die Siegelgerichte und Posaunengerichte der Offenbarung.

Die Entrückung kann also auf keinen Fall vor dem Auftreten des Antichristen geschehen. Hauptargumente: 2Thess 2,1-3; 1Kor 15,52; Offb 10,7.

Die dritte Auffassung: Entrückung am Ende der Bedrängnis

Diese Auffassung sieht das Kommen Christi für die Gemeinde zur Entrückung und die sichtbare Wiederkunft Christi zum Gericht als ein Geschehen.

Wer wird entrückt?

- Die entscheidende Frage ist: Bin ich dabei? Es gab zu allen Zeiten verschiedene Antworten. Irgendwelche Gruppen nehmen für sich in Anspruch, dass nur sie entrückt werden (z.B. Neuapostolische Kirche). Sicher ist: Die Entrückung bringt eine Scheidung zwischen denen, die zum Leib Christi gehören und dem Namenschristentum (Mt 24,39-40).

- Eine einfache Antwort ergibt sich aus 1Thess 4,16b: Wenn die Toten in Christus entrückt werden, gilt das Gleiche für die Lebenden in Christus! Entscheidend ist das „in Christus-Sein". „In Christus" ist ein häufig gebrauchter Begriff bei Paulus und bedeutet: In lebensmäßiger Verbindung mit ihm sein; im Besitz des neuen Lebens und des Heiligen Geistes sein (2Kor 5,17; Röm 8,9).

- Wie ein Magnet nur Eisenteilchen anzieht und alles andere liegen lässt, so wird Christus alle, die seine göttliche Natur empfangen haben, an sich ziehen. Dann wird deutlich, wer Nachfolger oder nur Mitläufer war. Jesus kennt die, die zu ihm gehören (2Tim 2,19).

Persönliche Konsequenzen

- Die Botschaft von der Entrückung soll für die Gläubigen ein Wort des Trostes und der Ermutigung sein (1Thess 4,18). Einer soll dem anderen den Blick für die Ewigkeit öffnen und damit eine Sicht des Lebens im Hinblick auf den kommenden Christus vermitteln.

- Eine Gefahr der Kirchen und Gemeinden heute ist die zu starke Ausrichtung auf die Diesseitigkeit und der fehlende Blick für die Ewigkeit. Die eschatologische Ausrichtung des Lebens war und ist in *den* Gemeinden viel stärker ausgeprägt, die bedrängt und verfolgt werden!

- Die Ausrichtung des Lebens auf den „Tag des Herrn" hat weit reichende Konsequenzen: z.B. im Licht wandeln, Wachsamkeit, Nüchternheit, gegenseitige Erbauung, Nächstenliebe, Gebetsleben (1Thess 5). Es geht gar nicht darum, wann Jesus wiederkommt, sondern *dass* er wiederkommt. Wenn es vielleicht heilsgeschichtlich nicht zu jeder Zeit sein kann (vgl. 2Thess 2), so doch jederzeit für mich persönlich, wenn ich sterbe oder besser gesagt: Wenn ich zu Jesus heimgehe.

- Es ist nicht gleichgültig, wie ich heute lebe, denn das kommende Leben ist mehr oder weniger eine Folge des jetzigen Lebens. Das bedeutet, dass die Betonung der Wiederkunft Christi eine ungemein starke ethische Motivation zur Folge hat! Das haben die Thessalonicher sehr schnell begriffen: 1Thess 1,9-10: zu Gott *bekehrt* (...) zu *dienen* (...) zu *erwarten*.

- Welche Konsequenzen möchte ich ziehen z.B. im Hinblick auf meine Einstellung zu Geld und Besitz, zur Arbeit, zu allem, was wichtig ist in meinem Leben? Spiegelt sich diese Hoffnung in meinem Vokabular wieder? Wie real ist für mich die Ewigkeit? Die Thessalonicher-Tour will mein ganzes Leben auf den Prüfstand stellen!

THESSALONICHERBRIEFE – DIE WIEDERKUNFT CHRISTI

Schlüsselvers: „Er selbst aber, der Gott des Friedens, heilige euch völlig; und vollständig möge euer Geist und Seele und Leib untadelig bewahrt werden bei der Ankunft unseres Herrn Jesus Christus!" (5,23)

DER ERSTE BRIEF

1,1	1,2-10	2,1-12	2,13-20	3,1-13	4,1-12	4,13-18	5,1-11	5,12-22	5,23-28
Absender – Empfänger Gruß	Danksagung für die Gemeinde – Gründung und Wachstum einer vorbildlichen Gemeinde	Die Wirksamkeit von Paulus und seiner Mitarbeiter in Thessalonich	Standhaftigkeit im Glauben trotz Verfolgung – Die Freude des Paulus über die Gemeinde	Die Sorge des Paulus um die Gemeinde: Sendung des Timotheus – Ermutigender Bericht	Ermutigung zu einem geheiligten Leben: im sexuellen Bereich und im Umgang miteinander	Die Entrückung als Trost im Blick auf die verstorbenen Gläubigen	Die richtige Lebenshaltung im Hinblick auf die Wiederkunft Christi	Verschiedene Anweisungen für das Zusammenleben in der Gemeinde und das persönliche Leben	Segensgebet und Verteilung – Bitten und Grüße
	Persönlich – Historisch				Lehrhaft – Ermahnend – Ermutigend				
	Rückblick				Ausblick				
Paulus als Diener der Gemeinde					Paulus als Lehrer der Gemeinde				

DER ZWEITE BRIEF

1,1-2	1,3-12	2,1-12	2,13-3,5	3,6-15	3,16-18
Absender – Empfänger - Gruß	Dank und Fürbitte für die Gemeinde – Gottes Gerechtigkeit im Gericht	Was der Wiederkunft vorausgeht: Die Offenbarung des Antichristen	Ermutigung, an der Wahrheit festzuhalten und füreinander zu beten	Ermahnung an unordentliche Gemeindeglieder, zu arbeiten	Segenszusage und persönlicher Gruß
	Lehrhaft			Ermahnend	
	Ausblick			Durchblick	
	Paulus als Seelsorger der Gemeinde				

Titel: An die Thessalonicher

- Abfassungszeit: ca. 50 n.Chr.
- Abfassungsort: Korinth
- Verfasser: Paulus
- Empfänger: Gemeinde in Thessalonich
- Thema: Wiederkunft Christi

Wichtige Themen

- Lehrbuch für Gemeindebau und Gemeindewachstum
- Vorbildlicher Glaube
- Wesen und Bedeutung der Heiligung
- Die Entrückung und ihre ethischen Folgen
- Person und Wesen des Antichristen
- Standhaftigkeit im Glauben trotz Verfolgung
- Paulus als Vorbild eines Mentors
- Glaube, Liebe, Hoffnung als Säulen geistlichen Lebens

Literatur

Hahn, Eberhard: Thessalonicherbriefe. Edition C Bibelkommentar, Holzgerlingen, Hänssler, 1996.

Hörster, Gerhard: Bibelkunde und Einleitung zum Neuen Testament, Wuppertal, R. Brockhaus, 1998.

Jensen, Irving: Jensen's Survey of the New Testament, Chicago, Moody Press, 1981.

MacDonald, William: Kommentar zum Neuen Testament Bd. 2, Bielefeld, CLV, 1989.

Mauerhofer, Erich: Einleitung in die Schriften des Neuen Testaments Bd. 2: Römer-Offenbarung, Holzgerlingen, Hänssler, 1999.

Reifler, Hans Ulrich: Bibelkunde des Neuen Testaments. Die Bibel lieben, kennen und verstehen, Nürnberg, VTR, 2006.

Schnabel, Eckhard J.: Urchristliche Mission, Wuppertal, R. Brockhaus, 2002.

Sauer, Erich: Der Triumph des Gekreuzigten, Wuppertal, R. Brockhaus, 1983.

Weißenborn, Thomas: Apostel, Lehrer und Propheten. Band 2: Leben und Briefe des Apostels Paulus, Marburg, Francke, 2004.

DER 1. TIMOTHEUSBRIEF

Mit dem ersten Timotheusbrief beginnt eine neue Gattung der Paulusbriefe, die sog. „Pastoralbriefe". Sie werden deshalb so bezeichnet, weil sie Anweisungen für den Hirtendienst in der Gemeinde enthalten (lat. pastor = Hirte). Dazu zählen die beiden Timotheusbriefe und der Titusbrief. Unabhängig von dieser Kategorisierung, die erst im Jahr 1703 eingeführt wurde, ist das Besondere an diesen Briefen, dass sie an die „geistlichen Söhne" des Apostels Paulus geschrieben wurden: Timotheus und Titus.

Die vielen Anweisungen, die Paulus ihnen hier gibt, betreffen aber nicht nur ihren Dienst als Seelsorger und Lehrer der Gemeinde, sondern auch ihr persönliches Leben. Persönliches und Dienstliches lassen sich im Reich Gottes nicht voneinander trennen. Das wird bei dieser Tour deutlich!

1. Verfasser

Der Verfasser des Briefes ist Paulus (1,1). Er betont, dass ihm seine apostolische Autorität von Gott, dem Vater und Gott, dem Sohn übertragen wurde. Den Vater bezeichnet er mit einem Titel, mit dem an anderen Stellen[60] überwiegend Jesus angesprochen wird: Retter o. Heiland (σωτήρ *soter* = Retter, Erlöser, Befreier). Auffallend ist, dass nur in den Pastoralbriefen Gott, der Vater, als Retter bezeichnet wird: 1Tim 1,1; 2,3; 4,10; Tit 1,3; 2,10; 3,4. Jesus, den Sohn Gottes, nennt Paulus als den, der unsere Hoffnung ist (1,2). Die unterschiedliche Verwendung der Begriffe macht die Einheit von Gott, dem Vater und dem Sohn sowie deren Autorität deutlich.

2. Empfänger

Der Brief ist adressiert an Timotheus (1,2.18; 6,20), den Paulus als seinen geistlichen Sohn anspricht (1,2). Wahrscheinlich war er durch Paulus zum Glauben gekommen, als er während seiner ersten Missionsreise in Lystra evangelisierte (Apg 14,8-20) und dadurch eine Gruppe von Jüngern und eine Gemeinde entstand (Apg 14,21-22).

---

[60] Jesus als Retter (griech. soter): Lk 1,47; 2,11; Joh 4,42; Apg 5,31; 13,23; Eph 5,23; Phil 3,20; 2Tim 1,10; Titus 2,13; 3,6; 2Petr 1,1.11; 2,20; 3,2.18; 1Joh 4,14; Jud 1,25.

Sein biologischer Vater, dessen Name nicht genannt ist, war griechischer Abstammung, also ein Heide. Seine Mutter dagegen war Jüdin mit Namen Eunike (Apg 16,1). Von ihr und seiner Großmutter Lois wurde Timotheus im Glauben unterwiesen (2Tim 1,5; 3,15). Vielleicht war der Vater gar nicht gläubig oder bereits gestorben.

Auf seiner zweiten Missionsreise kam Paulus wieder nach Lystra und erkannte sofort die Qualitäten des jungen Timotheus, der einen guten Ruf in der Gemeinde hatte (Apg 16,2), so dass er ihn gleich in sein Mitarbeiterteam aufnahm (Apg 16,3). Timotheus reifte trotz seinem jugendhaften Alter (4,12) zu einem der wichtigsten Mitarbeiter des Apostels heran (vgl. Röm 16,21; 1Kor 4,17;16,10; Phil 2,19-20).

Er war der Mann für schwierige Aufträge (Apg 17,14; 19,22; 1Thess 3,2.6), obwohl er von Natur aus ängstlich (2Tim 1,6-7) und kränklich war (1Tim 5,23) und deshalb immer wieder von Paulus ermutigt werden musste. Sein Name (Timotheus = einer, der Gott ehrt, verherrlicht) entsprach seinem Lebensziel. Die enge Verbundenheit von Paulus und Timotheus als Diener Christi wird auch darin deutlich, dass Paulus ihn in mehreren Briefen als Mitabsender nennt oder in der Grußliste aufführt (2Kor 1,1; Phil 1,1; Kol 1,1; 1Thess 1,1; 2Thess 1,1; Phm 1 Röm 16,21).

3. Zeit und Ort der Abfassung

Der erste Timotheusbrief wurde verfasst, während Paulus auf Tour durch Mazedonien war (1Tim 1,3). Die Zeit der Abfassung lässt sich nicht genau bestimmen. Auf jeden Fall muss es nach seiner ersten Gefangenschaft in Rom gewesen sein, denn Paulus war wieder als freier Mann unterwegs zu den Gemeinden.

Folgendes Szenario lässt sich nach den Briefen rekonstruieren und ist nach alten kirchengeschichtlichen Quellen wahrscheinlich:

- Die Apostelgeschichte endet nicht mit dem Tod des Paulus, sondern mit der ersten Gefangenschaft in Rom (Apg 28,17-31). Wir können davon ausgehen, dass Paulus nach seiner Freilassung eine „vierte Missionsreise" startete, um in noch unerreichten Gebieten das Evangelium zu verkündigen und die bestehenden Gemeinden zu stärken.

- Von Rom aus reiste Paulus wie ursprünglich geplant nach Spanien (Röm 15,24.28). Von Spanien ging es wieder zurück nach Kreta. In Kreta ließ er Titus als Gemeindeleiter zurück (Tit 1,5).

- Von Kreta reiste Paulus weiter über Achaja nach Mazedonien (vgl. Phil 2,24). Von dort aus schrieb er den ersten Brief an Timotheus nach Ephesus und den Brief an Titus nach Kreta.

- Paulus plante, in Nikopolis zu überwintern, wo er Titus treffen wollte (Tit 3,12), um dann von Mazedonien (1Tim 1,3) weiter nach Ephesus zu Timotheus (1Tim 3,14; 4,13) und zu Philemon nach Kolossä (Phm 22) zu reisen. Weitere Stationen könnten Milet und Korinth gewesen sein (2Tim 4,20).

- Unterwegs wurde Paulus in Troas verhaftet, wobei er seinen Mantel und seine Bücher verlor (2Tim 4,13). Von Troas aus wurde Paulus dann wieder als Gefangener nach Rom überführt.

- Während seiner zweiten Haft in Rom entstand der zweite Brief an Timotheus, in dem er seine Gefangenschaft und sein bevorstehendes Ende erwähnt (2Tim 1,8; 2,9; 4,6). Kurz nach der Abfassung des zweiten Timotheusbriefes wurde Paulus im Zusammenhang mit den Christenverfolgungen unter Kaiser Nero in Rom hingerichtet.

- Der 1. Timotheusbrief und der Titusbrief dürften demnach *ca. 65/66 n.Chr.* verfasst worden sein, der 2. Timotheusbrief *ca. 66/67 n.Chr.*

4. Anlass

Paulus ließ Timotheus in Ephesus zurück, während er selbst weiterzog nach Mazedonien (1Tim 1,3). Er hoffte, ihn bald in Ephesus besuchen zu können (3,14; 4,13) und bis es soweit war, gab er ihm eine Reihe von Anweisungen. Der Brief hat eine *dreifache* Absicht:

- Timotheus sollte den falschen Lehren, die dort kursierten, entschlossen entgegentreten (1,3-11) und statt dessen die gesunde Lehre des Evangeliums verkündigen (1,10; 4,6.11.16; 5,17; 6,1-3).

- Paulus gab Timotheus Anweisungen für die Ordnung des Gemeindelebens (3,14-15). Er erstellte eine Checkliste, um die Qualifikation von leitenden Mitarbeitern prüfen zu können (3,1-13) und erteilte ihm einige Lektionen in praktischer Seelsorge an unterschiedlichsten Gemeindegliedern (Kap 5-6).

- Paulus ermutigte Timotheus, seinen Dienst mutig auszuführen und sich nicht durcheinander bringen zu lassen (z.B. 1,18-20; 4,12-16; 5,22-25), sondern am überlieferten Glauben festzuhalten (6,20-21).

5. Aufbau

Der erste Timotheusbrief lässt sich in *zwei Hauptteile* gliedern. Im ersten Teil (Kap 1-3) steht die Gemeinde und ihre äußere und innere Ordnung im Mittelpunkt. Im zweiten Teil liegt der Schwerpunkt auf der Person und dem Dienst des Timotheus als Lehrer und Seelsorger (Kap 4-6).

Dieser Brief ist zusammen mit dem Titusbrief ein optimales „Handbuch für den Gemeindebau". Darin wird deutlich, wie entscheidend wichtig und deshalb unverzichtbar klare biblische Lehre und darauf aufbauende Seelsorge sind. Paulus macht deutlich, dass die Duldung von Irrlehren zur Zerstörung der Gemeinde und deren Mitglieder führt.

Schlüsselvers des Briefes ist Kap 3,15:

> (...) damit du weißt, wie man sich verhalten muss im Hause Gottes, das die Gemeinde des lebendigen Gottes ist, der Pfeiler und die Grundfeste der Wahrheit.

Ein *Schlüsselbegriff* ist „Gottseligkeit" (εὐσέβεια *eusebeia* = Frömmigkeit; Ehrfurcht vor Gott: 3,16; 4,7), der eine Anspielung sein könnte auf die Bedeutung des Namens Timotheus (= Einer, der Gott ehrt). Als Überschrift über den Brief könnte man *„Ordnung in Lehre und Leben der Gemeinde"* setzen. Die Basis der Ordnung ist das Geheimnis des Glaubens (3,16), dessen Inhalt allein Jesus Christus ist (3,16).

6. Überblick

Der erste Timotheusbrief ist reich an Theorie und Praxis, Lehre und Leben. Dabei müssen wir beachten, dass es sich hier nicht einfach um Ratschläge des Mentors Paulus an seinen geistlichen Sohn und Schüler Timotheus handelt, sondern um Gottes Wort jede Gemeinde oder Kirche.

Die Lehre der Gemeinde (Kap 1)

Die Gemeinde in Ephesus war in Gefahr, durch verschiedene Irrlehren zerstört zu werden. Deshalb muss der Brief auf dem Hintergrund dieser Auseinandersetzungen verstanden werden. Es war genau das eingetreten, wovor Paulus die Ältesten in Ephesus bei seinem Abschied gewarnt hatte (Apg 20,29-30). Offensichtlich hatten sie ihren Auftrag als Hirten nicht ernst genommen (Apg 20,28), so dass diese Entwicklung möglich war. Die Gemeinde in Ephesus war kein Pfeiler der Wahrheit mehr (3,15).

Im ersten Kapitel beschreibt Paulus die Irrlehrer und stellt deren zerstörerischen Lehren die gesunde, heilmachende Lehre des Evangeliums gegenüber:

Die zerstörerische Irrlehre (1,3-11)

Paulus ließ Timotheus in Ephesus zurück, um gegen die Irrlehrer vorzugehen (1,3). Diese bezeichneten sich als Lehrer des Gesetzes (1,7) und spezialisierten sich auf Detailfragen wie Geschlechtsregister verbunden mit einer außerbiblischen Mythologie (1,4). Die Wirkung auf die Gemeinde war verheerend: Streitigkeiten um Nebensächlichkeiten, Spekulationen, falsches Verständnis des Gesetzes. Das Hauptziel und der Inhalt der Unterweisung war nicht mehr die Liebe (1,5), sondern leeres Geschwätz (1,6).

Paulus bescheinigt den Irrlehrern, dass sie keine Ahnung haben von dem, was sie behaupten (1,7) und erklärt deshalb, für wen das Gesetz eigentlich gilt: Denjenigen, die bewusst gegen Gottes Gebot leben und nicht für diejenigen, die ein Leben nach Gottes Willen führen wollen (1,9). Beispielhaft zählt er eine ganze Reihe von Menschen auf, für die das Gesetz bestimmt ist (1,9-10): Gesetzlose und Widerspenstige; Gottlose und Sünder; Heillose und Unheilige; Vatermörder und Muttermörder; Mörder; Unzüchtige; Knabenschänder (homosexuelle Pädophile); Menschenhändler; Lügner; Meineidige (die einen falschen Eid schwören); und wenn etwas anderes der gesunden Lehre entgegensteht.

Das bedeutet nicht, dass das Gesetz nicht gut und nützlich für Gläubige ist, jedoch ist das rechte Verständnis und die angemessene Weise der Anwendung entscheidend (1,8). Paulus betont, dass die Hauptsumme, das Ziel des Gesetzes die Liebe aus reinem Herzen, gutem Gewissen und ungeheucheltem Glauben ist (1,5). Wer liebt, erfüllt das Gesetz (Röm 13,10) und nicht, wer über Nebensächlichkeiten streitet. Die Irrlehre führt zur Verwirrung, so dass die Gläubigen vor lauter Bäumen den Wald nicht mehr sehen und das Wesentliche vom Unwesentlichen, die Lüge von der Wahrheit nicht mehr unterscheiden können.

Das Problem in Ephesus bestand darin, dass die Irrlehrer Gemeindemitglieder waren, die früher einmal klar zum Evangelium standen (1,3; vgl. Apg 20,30: aus eurer Mitte). Das erschwert die klare Abgrenzung, denn die Lehre ist das eine, die persönlichen Beziehungen, die im Lauf der Zeit gewachsen sind, das andere. Irrlehre führt auch zu menschlichen Tragödien!

Die gesunde Lehre des Evangeliums (1,12-20)

Paulus stellt der zerstörerischen Lehre das Evangelium von der Herrlichkeit Gottes (1,11) und der Gnade Gottes (1,12-17) gegenüber. Die Lehre von der Gnade formuliert er persönlich, biographisch. Seine Erfahrung der Gnade ist ein Vorbild für alle kommenden Generationen (1,16), denn wenn er als größter Sünder und Verfolger der Gemeinde (1,13-15) sie erfahren durfte, dann gilt sie auch für alle anderen „Sünder" (vgl. Liste von 1,9-10).

Paulus will betonen, dass es hauptsächlich darum geht, dass Menschen gerettet werden durch den Glauben (1,15), ewiges Leben empfangen (1,16b) und zur Verherrlichung Gottes (1,17) leben. Diese Lehre ist gesund und heilsam für den Menschen und deshalb soll Timotheus daran festhalten und dafür kämpfen (1,18-19).

Zum Glauben gehört auch ein reines Gewissen. Wer das missachtet, kann Schiffbruch erleiden wie Hymenäus (2Tim 2,17) und Alexander (Apg 19,33) und auch als Christ wieder unter die Herrschaft Satans[61] geraten.

Der Verführung zur Irrlehre geht der Abfall vom Glauben, der Abwendung vom Evangelium voraus (1,5-6). Abfall vom Glauben bedeutet nicht zwingend Hinkehr zur Welt, zum alten Leben ohne Christus, sondern er kann auch darin bestehen, dass man sich Spezialbereichen zuwendet, wo die Gnade und das Bleiben in Christus nicht wesentlich sind.

Man kann „theologische Forschung" betreiben ohne Christus. Auf diesem düsteren Hintergrund leuchtet die persönliche Beziehung zu Jesus Christus als das Wesen des Glaubens besonders klar hervor.

Der Gottesdienst der Gemeinde (Kap 2)

Im zweiten Kapitel steht der öffentliche Gottesdienst der Gemeinde im Mittelpunkt. Die Anweisungen, die Paulus hier gibt, richten sich zuerst an die gesamte Gemeinde (2,1-7), danach an die männlichen Gemeindemitglieder (2,8-10) und schließlich an die gläubigen Frauen der Gemeinde (2,11-15).

Offensichtlich haben sich die falschen Lehren auch auf die Gestaltung und die Prioritäten des Gottesdienstes, sowie auf die Beziehungen zwischen Männer und Frauen ausgewirkt.

---

[61] Dem Satan übergeben (2,20) bedeutet vermutlich: Aus der Gemeinde ausschließen.

Die Priorität des Gebets (2,1-7)

Paulus ermahnt die Gemeinde, die richtigen Prioritäten zu setzen. Nicht die Auseinandersetzung um Gesetzesfragen soll ihre Versammlungen prägen, sondern das gemeinsame Gebet und die Fürbitte für alle Menschen. Gottes Heilswille in Christus soll Mittelpunkt ihres Gemeindelebens sein. Das ist die Botschaft des Evangeliums, das Paulus, dem „Lehrer der Nationen", von Gott anvertraut wurde (2,7). Diese Fürbitte schließt auch die Regierung und alle Personen in verantwortlichen Positionen mit ein (2,2).

Das Verhalten der Männer (2,8)

Paulus ermutigt ganz besonders die Männer zum öffentlichen Gebet an allen Orten. Vielleicht war es damals schon so, dass die Männer das Beten den Frauen überließen und sich lieber mit „praktischen" Dingen beschäftigten. Zorn und Zweifel sind offensichtlich die männlichen Gebetsblockierer: Zorn (ὀργή *orge*) meint hier einen ärgerlichen, zornigen Gemütszustand und Zweifel (διαλογισμός *dialogismos*) das ständige hin- und herüberlegende Abwägen. Diese Haltungen verhindern das glaubensvolle Gebet und das konkrete Rechnen mit der Wirkung der Fürbitte.

Besonders Männer können unter dem Vorwand des Realismus unfähig werden zum Blick nach oben (Aufheben der Hände).

Das Verhalten der Frauen (2,9-15)

Den Männern widmet Paulus nur einen Vers, den Frauen einen ganzen Abschnitt. Das *„ebenso"* stellt die Verbindung zu der vorigen Ermahnung an die Männer her und meint hier, dass die schwache Seite der Frauen damals die Überbetonung der äußeren Erscheinung war.

Auch das kann eine Ablenkung vom Gebet sein. Paulus wendet sich hier nicht generell gegen ein geschmackvolles Äußeres, sondern betont die Übereinstimmung der äußeren Erscheinung mit dem inneren Wesen (vgl. 1Petr 3,1-5). Natürlich können auch Männer eitel sein, aber es ist wohl eher eine Gefahr für Frauen.

Der folgende Abschnitt (2,11-15) über die Frauen mit dem allseits bekannten „Lehrverbot" ist wesentlich schwerer zu verstehen. Vermutlich gab es damals Frauen, die aufgrund der Irrlehren nach Führungspositionen in der Gemeinde strebten mit dem Ziel, über die Männer zu herrschen. Dabei vernachlässigten sie ihre familiären Pflichten oder heirateten erst gar nicht, da dies dem Ideal der Irrlehrer entsprach (4,3).

Das zeitlos gültige Grundprinzip kann so verstanden werden, dass Paulus nicht generell dagegen ist, dass Frauen Lehraufgaben übernehmen. Aber dort, wo es um autoritative Belehrung der Gemeinde geht verbunden mit einer bestimmten Position, da soll sich die Frau zurückhalten. Wer Paulus hier männlichen Chauvinismus vorwirft, sollte bedenken, dass die Anweisung an die Frauen, zu lernen (2,11), für damalige Verhältnisse revolutionär war. Leider missbrauchen viele Männer diese Stelle als Machtmittel und rechtfertigen damit ihr Machoverhalten.

Die Ordnung der Gemeinde (Kap 3)

Im dritten Kapitel legt Paulus den Schwerpunkt auf die Ordnung der Gemeinde in Bezug auf ihre Leitung. Er unterscheidet zwischen Aufsehern (3,1-7) und Diakonen (3,8-13). Wer einen solchen Dienst anstrebt (3,1), muss bestimmte persönliche Voraussetzungen erfüllen, d.h. erfahren und bewährt im Dienst sein, sowie einen guten Ruf in der Öffentlichkeit besitzen. Wer für die Ordnung der Gemeinde zuständig sein soll, in dessen Leben und Familie muss auch die Ordnung Gottes erkennbar sein. Paulus fordert zwar keine Perfektion, aber eine klare Lebensausrichtung. Denn auch Leiter können versagen und die Familie kann aus den Fugen geraten (3,5), aber die Einstellung sollte stimmen. Wer im Persönlichen gleichgültig und nachlässig ist, wird auch in der Gemeinde keinen begeistern können!

Der Vergleich zwischen den Aufsehern und Diakonen zeigt, dass die Anforderungen ähnlich sind. Unterschiedlich ist, dass Diakone auch Frauen sein können[62] (z.B. Phöbe in Röm 16,1) und dass die Ältesten eine Lehrbegabung haben müssen. Eine ähnliche Liste findet sich in Tit 1,5-9. Die Begriffe Älteste und Aufseher meinen die gleiche Person (vgl. Apg 20,17.28). Paulus betont, dass beide Dienste, Aufseher und Diakone, schöne Aufgaben sind, die den Einzelnen im Glauben reich machen.

Im letzten Abschnitt des Kapitels (3,14-16) weist Paulus in der Form eines Christushymnus (vgl. Phil 2,5-11) auf den hin, der das Fundament aller Ordnung der Gemeinde ist: Jesus Christus. Die Gemeinde ist das Haus Gottes, dessen Säulen die Wahrheit und dessen Fundament Christus ist. Paulus nennt dieses Christusbekenntnis das Geheimnis der Gottseligkeit (3,16).

Dieses wunderbare Bild zeigt deutlich, dass die Leiter und Mitarbeiter nicht einer äußeren Organisation, einem Gebäude oder einer Kirche dienen, sondern Christus, dem Hausherrn, der Wahrheit in Person.

---

[62] Andere übersetzen: Ihre Frauen d.h. die Frauen der Diakone (z.B. LUT) – „ihre" fehlt im Grundtext.

Timotheus als Lehrer der Gemeinde (Kap 4)

Mit dem folgenden Kapitel beginnt der zweite Teil des Briefes (Kap 4-6), in dem die Person des Timotheus als Lehrer und Seelsorger der Gemeinde im Mittelpunkt steht. Im ersten Abschnitt ermutigt Paulus Timotheus, klar Stellung zu beziehen zu verführerischen Irrlehren (4,1-11) und im zweiten Abschnitt ermutigt ihn Paulus, seinen Dienst mutig, treu und ausdauernd auszuüben (4,12-16).

Paulus nennt einige Merkmale der Irrlehre, gegen die Timotheus sich wenden soll. Es handelte sich wahrscheinlich wie beim Kolosserbrief um eine Frühform der Gnosis (= Erkenntnis vgl. 6,20), deren Vertreter in die urchristlichen Gemeinden eindrangen. Die leibliche Enthaltsamkeit war für sie ein Weg zu höherer Erkenntnis. Sie gingen davon aus, Gott und die Welt mit ihrem Verstand ergründen zu können:

- *Ihre Quelle:* Verführerische Geister, Dämonen (4,1)
- *Ihre Verkündiger:* Menschen mit abgestumpftem Gewissen (4,2)
- *Ihre Botschaft:* Körperliche Askese – Heiratsverbot; Essensvorschriften (4,3); gottlose Altweiberfabeln (4,7) – Streben nach Erkenntnis (6,20)
- *Ihre Wirkung:* Abfall vom Glauben (4,1)

Paulus weist Timotheus an, diese falschen Lehren abzuweisen (4,7), da keine Speise verwerflich ist, wenn sie in Dankbarkeit aus Gottes Hand verzehrt wird (4,3-5). Als Diener Gottes soll er das lehren, was dem Glauben und dem Wort Gottes entspricht (3,6) und durch sein Vorbild zeigen, worauf es ankommt: Gottseligkeit, d.h. ein Leben, das Gott ehrt (4,7). Timotheus soll in Lehre und Leben beweisen, dass der lebendige Gott ein Retter aller Menschen ist (4,7-11). Timotheus war ein schüchterner Mensch (vgl. 2Tim 1,7-8). Er hatte Hemmungen, seinen Dienst auszuüben, da er noch jung[63] und der Altersdurchschnitt in der Gemeinde in Ephesus wahrscheinlich höher war. Vielleicht gab es Autoritätsprobleme. Paulus ermutigt ihn, ein Vorbild für *alle* Gläubigen zu sein und die Gaben auszuüben und zu entfalten, die er von Gott empfangen hatte. Vorbild zu werden und Jesus mit seinen Gaben zu dienen, ist nicht abhängig vom Alter. Eine Gemeinde muss auch seinen Leitern Raum zur persönlichen Reife einräumen (4,15)!

Timotheus soll Lehrer und Seelsorger der Gemeinde sein (4,13) und dabei seine eigene Seele und geistliche Entwicklung nicht außer Acht lassen (4,16).

---

[63] Timotheus war vermutlich Mitte 30, Paulus Anfang 60 Jahre alt.

Timotheus als Seelsorger der Gemeinde (Kap 5-6)

Die beiden letzten Kapitel bestehen aus konkreten Einzelanweisungen, wie Timotheus mit unterschiedlichen Menschen in der Gemeinde umgehen soll. Der Schwerpunkt liegt hier auf seinem Dienst als Seelsorger, der mit den unterschiedlichsten persönlichen und sozialen Probleme der Gemeindeglieder konfrontiert wird. Da dies zu den Auseinandersetzungen mit den Irrlehrern noch hinzukommt, ist diese Aufgabe für Timotheus selbst eine große Herausforderung. Es ist ein Kampf des Glaubens, zu dem Paulus ihn ermutigt (6,12). Seine seelsorgerliche Aufgabe war sehr vielseitig:

- Ermahnung von älteren Männern und Frauen (5,1-2)
- Ermahnung von jüngeren Männern und Frauen (5,1-2)
- Umgang mit älteren und jüngeren Witwen (5,3-16)
- Umgang mit den Ältesten (Aufsehern) der Gemeinde (5,17-25)
- Umgang mit Sklaven und deren Problemen mit ihren Herren (6,1-2)
- Umgang mit Gläubigen, die durch Irrlehre verführt wurden (6,3-5)
- Eigener Lebensstil und Glaubenskampf (6,6-16)
- Ermahnung der reichen Gemeindeglieder (6,17-19)

Bemerkenswert ist, dass Paulus inmitten der vielen Anweisungen immer das persönliche Wohlergehen seines geistlichen Sohnes Timotheus im Blick hat (vgl. 4,16; 5,22-23; 6,11-12.20). Timotheus ist kein Dienstknecht des Paulus, der zu funktionieren hat und seine Aufgabe erfüllen muss. Nein, Paulus will, dass Timotheus inmitten der Spannungen und Herausforderungen nicht untergeht. Er fordert ihn heraus, vorwärts zu gehen ohne ihn zu überfordern, gibt ihm Raum zur Entfaltung und steht ihm hilfreich zur Seite.

Deshalb endet der Brief mit einer persönlichen Ermutigung an Timotheus, im Glauben standhaft zu bleiben und am Wort Gottes festzuhalten und sich nicht verführen zu lassen (6,20-21).

Exkurs: Dürfen Frauen Lehren?

„Einer Frau gestatte ich nicht, dass sie lehre". Dieser Satz und der entsprechende Kontext aus 1Tim 2,11-15 erregt die Gemüter vieler christlichen Frauen und beschäftigt die Ausleger, seit dies verfasst wurde. Was Paulus hier schreibt, ist in der Tat nicht einfach auszulegen, so dass über diese wenigen Verse lange Artikel und sogar Bücher geschrieben wurden. Hier einige grundlegende Gedanken:

Grundsätzliches

Obwohl Paulus diesen Brief in eine konkrete Situation hinein geschrieben hat, beschränken sich seine Aussagen nicht auf die damalige Zeit. Was er hier sagt, ist relevant für die Gemeinde Jesu Christi aller Zeiten! Er erteilt hier auch keinen persönlichen Ratschlag[64] ,sondern schreibt Gottes Wort nieder.

Kein Ausdruck von Wertigkeit

Paulus will an dieser Stelle keine unterschiedliche Wertung von Mann und Frau zum Ausdruck bringen. Vor Gott sind alle Menschen gleich viel wert. Bei ihm gilt kein Ansehen der Person (1Petr 1,17). Das gilt auch für Mann und Frau und erst recht in Gottes eigener Familie (Gal 3,26-28).

Das Grundprinzip lautet: Frauen sind nicht weniger wert in Gottes Augen, erst recht nicht weniger intelligent oder begabt als Männer. Deshalb sind Frauen genauso wertvolle und notwenige Mitarbeiterinnen in den Gemeinden wie Männer – Beispiele:

- Evodia und Syntyche als Mitarbeiterinnen des Paulus (Phil 4,2-3).
- In Kol 4,15 wird eine Frau mit Namen Nympha[65] genannt, in deren Haus sich die Gemeinde versammelte.
- In der Grußliste des Römerbriefes erscheint eine Frau namens Junia in Röm 16[66], die unter den Aposteln angesehen war.

---

[64] Vgl. Grünzweig, 2007, 107.

[65] Nach besten Handschriften kein Mann namens Nymphas (Fehler in Luther 1912; Schlachter 2000).

[66] Röm 16,7: Nicht Junias sondern Junia. Nach den besten Handschriften ist hier eine Frau gemeint, Andronikus ist wahrscheinlich ihr Mann.

Kein generelles Lehrverbot

In 1Tim 2,8-15 gibt Paulus Anweisungen an Timotheus für das Verhalten von Männern und Frauen im Gottesdienst. Die Männer ermutigt er zum öffentlichen Gebet, die Frauen ermahnt er, nicht durch das Äußere, sondern durch gute Werke aufzufallen und der Bereitschaft zu lernen. Die Neue Genfer übersetzt hier sinngemäß sehr treffend:

> **1Tim 2,11** Eine Frau soll still und mit ganzer Bereitschaft zur Unterordnung auf das hören, was 'im Gottesdienst' gelehrt wird.

Nun fügt Paulus noch hinzu, dass eine Frau weder lehren noch über den Mann herrschen soll (2,12). Paulus meint hier aber kein generelles Lehrverbot oder Redeverbot für Frauen, sondern lediglich im Rahmen des öffentlichen Gottesdienstes.

Außerdem ist zu klären, was mit „lehren" gemeint ist. Ein generelles Lehrverbot würde dem NT und anderen Aussagen des Apostels widersprechen:

- Ältere Frauen sollen jüngere Frauen lehren (Tit 2,3-5)
- Beispiel eines lehrendes Ehepaares: Aquila und Priscilla (Apg 18,26)
- Aufforderungen zum Lehren, die für alle Gemeindeglieder gelten (z.B. Kol 1,28; 2Tim 2,2; Mt 28,20; 1Kor 14,26; Kol 3,16)
- Beten und Weissagen der Frauen (1Kor 11,5; Apg 21,9)

Dass Frauen sich „still" verhalten sollen im Gottesdienst, bedeutet nicht, dass sie nichts reden dürfen, sondern dass sie sich beim öffentlichen Lehren zurückhalten sollen.

Die Bedeutung des Lehrens

Dass Paulus den Frauen nicht jede Form des Lehrens untersagt, ist offensichtlich. Der Schlüssel zum Verständnis dessen, was hier gemeint ist, liegt in dem zweiten Halbsatz des Verses (2,12b):

> (...) auch nicht, dass sie über den Mann Herr sei, sondern sie sei still.

Es geht also um ein Lehren, das in Verbindung mit dem Herrschen steht. Das soll Timotheus in den Gemeinden nicht zulassen. *„Eine Frau soll nicht lehren und durch dieses Lehren herrschen. Sie soll das Lehren nicht als Mittel und Gelegenheit zum Herrschen benutzen."*[67]

---

[67] Hoffmann/Grabe, 1991, 34.

Paulus begründet diese Anweisung mit dem Schöpfungsgeschehen: Adam wurde zuerst geschaffen (2,13) und danach die Frau als seine Gehilfin. Eva ließ sich von der Schlange verführen und nicht Adam (2,14). In Bezug auf die Gemeinde bedeutet dies, dass es sich hier um ein richtungsweisendes Lehren handelt, um die Lehre der Gemeinde, deren Verkündigung in erster Linie Sache der Ältesten ist (3,2b).

Darum soll auch keine Frau Älteste sein[68] (3,2a: Mann einer Frau). Darin liegt meiner Ansicht der springende Punkt: Das Lehren in Zusammenhang mit der Position eines Ältesten. Die Ältesten sollen über die Lehre der Gemeinde wachen (Apg 20,28). Das ist eine Form von Herrschaft (vgl. 1Petr 5,1-4).

Mit der „Errettung durch Kindergebären" ist keine Werkgerechtigkeit gemeint, sondern eine Ermahnung an die Frauen, die von der Schöpfung zugeordnete Rolle als Mutter nicht zu verlassen oder zu vernachlässigen. Diese Tendenz bestand in Ephesus, motiviert durch die Irrlehre. Die gläubigen Frauen drängten in Führungspositionen. Auch hier gibt die Neue Genfer den Sachverhalt am Besten wieder:

> **1Tim 2,15-17** Doch auch sie wird gerettet werden, auch und gerade dann, wenn sie ihre Aufgabe als Mutter erfüllt – vorausgesetzt, sie hält am Glauben und an der Liebe fest und führt ein geheiligtes und verantwortungsbewusstes Leben.

Der Begriff Rettung bedeutet hier nicht den Empfang des Heils, sondern die Versorgung und Bewahrung bis zum Ziel. Der Sündenfall hat seine Folgen bis heute, sowohl beim Mann wie auch bei der Frau (Gen 3,16-19). Gleichwertigkeit von Mann und Frau bedeutet nicht automatisch, dass sie die gleichen Aufgaben haben. Im Gegenteil: Mann und Frau sind von Gott auf Ergänzung angelegt. Das gilt auch für die Gemeinde.

Deshalb sollten sie sich nicht als Konkurrenz verstehen, sondern als gegenseitige Bereicherung im Dienst für Jesus, dem Haupt der Gemeinde. Mann und Frau sollten einander als gleichwertige Gotteskinder respektieren und füreinander dankbar sein.

---

[68] Vgl. auch das Bild vom Haus Gottes (3,15), das dem Hausvater untersteht.

1. TIMOTHEUSBRIEF – ORDNUNG IN LEHRE UND LEBEN

Schlüsselvers: „… damit du weißt, wie man sich verhalten muss im Hause Gottes, das die Gemeinde des lebendigen Gottes ist …" (3,15)

DIE GEMEINDE	1,1-11	Verfasser – Empfänger – Gruß / Zerstörerische Irrlehren
	1,12-20	Gesunde Lehre – Das Musterbeispiel des Apostels Paulus
		Lehre
	2,1-7	Die Priorität des Gebets
	2,8	Das Verhalten der Männer
	2,9-15	Das Verhalten der Frauen
	3,1-13	Qualifikation der Ältesten und Diakone
		Gottesdienst – die Gemeinde
	3,14-16	Der Glaube an Christus als Basis der Gemeinde
		Ordnung
		Das Haus Gottes – die Gemeinde
		Die Lehre des Glaubens – Pfeiler der Wahrheit
TIMOTHEUS	4,1-5	Der Abfall vom Glauben und die Verführung durch Irrlehren
	4,6-16	Leben und Dienst des Timotheus zur Verherrlichung Gottes
		Lehrer
	5,1-2	Umgang mit älteren und jüngeren Gemeindegliedern
	5,3-16	Umgang mit Witwen in der Gemeinde
	5,17-25	Umgang mit den Gemeindeleitern
	6,1-2	Umgang mit den Sklaven in der Gemeinde
	6,3-16	Umgang mit Irrlehrern und deren Geldgier – Kampf des Glaubens
	6,17-19	Umgang mit Reichen
	6,20-21	Ermutigung und Segensgruß
		Seelsorger
		Die Bewohner des Hauses – die Gläubigen
		Die Verwirklichung des Glaubens – Leben in Gottseligkeit

Titel: An Timotheus A

- Abfassungszeit: ca. 65/66 n.Chr.
- Abfassungsort: Mazedonien
- Verfasser: Paulus
- Empfänger: Mitarbeiter Timotheus

Handbuch für den Gemeindebau

- Die Notwendigkeit biblischer Lehre
- Die Notwendigkeit klarer Ordnungen
- Die Prioritäten einer lebendigen Gemeinde
- Die persönliche Qualifikation der Mitarbeiter
- Die Verherrlichung Gottes als Lebensziel
- Der richtige Umgang mit unterschiedlichen Menschen

Literatur

Getz, Gene A.: Kompetent leiten & führen. Gottes Plan für die Leitung der Gemeinde, Marburg, Francke, 2006.

Grabe, Hans-Peter/Hoffmann, Klaus: Folgt ihm in das Haus. Aus der Praxis der neutestamentlichen Gemeinde, Leer-Loga, Christus für dich, 1991.

Grünzweig, Fritz: Timotheusbriefe. Edition C Bibelkommentar, Holzgerlingen, Hänssler, 1996.

Hörster, Gerhard: Bibelkunde und Einleitung zum Neuen Testament, Wuppertal, R. Brockhaus, 1998.

Jensen, Irving: Jensen's Survey of the New Testament, Chicago, Moody Press, 1981.

Mauerhofer, Armin: Gemeindebau nach biblischem Vorbild, Neuhausen, Hänssler, 1998.

Mauerhofer, Erich: Einleitung in die Schriften des Neuen Testaments Bd. 2: Römer-Offenbarung, Holzgerlingen, Hänssler, 1999.

Moo, Douglas J.: 1Timothy 2:11-15: Meaning and Significance, Trinity Journal 1, 1980, 62-83.

Reifler, Hans Ulrich: Bibelkunde des Neuen Testaments. Die Bibel lieben, kennen und verstehen, Nürnberg, VTR, 2006.

Der 2. Timotheusbrief

Der zweite Timotheusbrief ist ganz anders als der erste. Es geht nicht um Gemeindeprobleme, sondern um das geistliche Leben des Mitarbeiters. Das wundert nicht, denn Paulus sah sein Ende kommen (4,6-8) und schrieb deshalb seinem engsten Mitarbeiter und Freund Timotheus einen Abschiedsbrief. Es ist eine Art geistliches Vermächtnis, denn Paulus zieht hier Bilanz über sein Leben und betont, was im Leben wirklich zählt. Deshalb können wir auf dieser Tour lernen, die richtigen Prioritäten zu setzen.

1. Verfasser

Paulus bezeichnet sich im Briefkopf als Verfasser dieses zweiten Briefes an Timotheus (1,1). Der Brief ist in der 1. Person abgefasst. Der „Ich-Du"-Stil kennzeichnet die persönliche Verbindung zwischen Absender und Empfänger. Paulus ist als Apostel von Gott beauftragt ist, das Evangelium zu verkündigen (1,1). Dieser Auftrag als Lehrer der Nationen bestimmte sein ganzes Leben (1,11 vgl. 1Tim 2,7).

2. Empfänger

Paulus adressiert diesen Brief an seinen „geliebten Sohn" Timotheus (1,2; 2,1). Diese vertrauliche Anrede verwendet er deshalb, weil Timotheus durch Paulus während seiner ersten Missionsreise (Apg 14,8-22)[69] zum Glauben an Jesus gefunden hatte und daraus eine Art Vater-Sohn Beziehung entstanden ist. Timotheus war für Paulus viel mehr als nur sein bester Mitarbeiter (Phil 2,20) und für Timotheus war Paulus nicht nur Teamleiter, sondern väterliches Vorbild (3,10-11). Geistliche Vaterschaft sieht in erster Linie die Person des anderen und nicht seine Nützlichkeit.

3. Zeit und Ort der Abfassung

Paulus schrieb diesen Brief am Ende seiner zweiten Gefangenschaft aus dem Gefängnis in Rom (1,16-17; 4,16). Dieser letzte Brief aus der Feder des Apostels Paulus entstand *ca. 66/67 n.Chr.*, kurz vor seinem Märtyrertod.

---

[69] Vgl. 1. Timotheusbrief, 218-219.

4. Anlass

Paulus rechnete mit seiner Verurteilung in naher Zukunft (4,6). Ein erstes Verhör hatte bereits stattgefunden (4,16). Der größte Wunsch von Paulus war, seinen geistlichen Sohn Timotheus noch einmal zu sehen (1,4). Die Zeit drängte und deshalb bat er ihn, möglichst bald zu ihm nach Rom zu kommen (4,21a). Er sollte Markus mitbringen (4,11) sowie einige persönliche Dinge (4,13: Mantel, Bücher und Notizen), die wahrscheinlich bei seiner plötzlichen Verhaftung in Troas liegen geblieben waren. Ob dieses Treffen noch stattgefunden hat, ist nicht bekannt.

Paulus befand sich bereits zum zweiten Mal in römischer Gefangenschaft. Ein Vergleich mit der ersten zeigt, dass seine Lage viel schwieriger war, sowohl äußerlich wegen der schlechteren Haftbedingungen als auch geistlich wegen der fehlenden Unterstützung durch andere Christen:

Erste Gefangenschaft		**Zweite Gefangenschaft**	
Anklage durch Juden	Apg 24-26	Anklage durch Rom	Christenverfolgung durch römischen Kaiser Nero
Mietwohnung	Apg 28,30	Dunkler Kerker	
Zeugnis möglich	Apg 28,31	Einschränkungen	
Viele Kontakte	Apg 28,30	Verlust von Kontakten	2Tim 1,15; 4,16
Freilassung möglich	Phil 1,25	Hinrichtung möglich	2Tim 4,6-8.18
Briefe: Gefangenschaftsbriefe		Brief: 2. Timotheus	
Zeit: ca. 62 n.Chr.		Zeit: ca. 66/67 n.Chr.	

Lukas war als einziger Mitarbeiter bei Paulus (4,11). Eine große Stütze hatte Paulus in einem Mann namens Onesiphorus, der treu zu ihm hielt, indem er Paulus immer wieder besuchte und ermutigte (1,16-17).

Andere jedoch, wie Phygelus und Hermogenes, die Timotheus sicher kannte, hatten ihn verlassen (1,5). Das bedeutet nicht unbedingt, dass sie vom Glauben abgefallen waren, sondern dass sie sich einfach nicht mehr um Paulus kümmerten nach dem Motto: Aus den Augen, aus dem Sinn! Paulus verbirgt nicht seine Enttäuschung darüber, dass im bei seinem ersten Verhör keiner zur Seite stand (4,16-17).

Paulus schrieb den zweiten Timotheusbrief aus einem *dreifachen* Anlass:

- Ermutigung von Timotheus, am Evangelium festzuhalten und es mutig und konsequent zu verkündigen, auch wenn dies Leiden bedeutet (vgl. 1,8; 2,3; 4,2.5).

- Bitte an Timotheus, ihn zusammen mit Markus zu besuchen (4,11.21) und einige persönliche Dinge mitzubringen, die Paulus dringend brauchte (4,13).

- Geistliches Vermächtnis an Timotheus. Paulus zeigte ihm die Lebenseinstellung eines treuen Dieners Christi. Er sollte am Vorbild seines geistlichen Vaters lernen, was es heißt, das Wort Gottes zu verkündigen und für das Evangelium zu leben.

5. Aufbau

Der zweite Timotheusbrief lässt sich grob in *vier Teile* entsprechend der Kapiteleinteilung gliedern. Anhand eines Schlüsselverses in jedem Kapitel lassen sich vier ermutigende Anweisungen an Timotheus in Bezug auf das Evangelium unterscheiden: Bewahre (1,14)! Kämpfe (2,3)! Bleibe (3,14)! Verkündige (4,2)!

Der Oberbegriff, der über allen Kapiteln steht, ist das *Evangelium von Jesus Christus*, für dessen Verbreitung das Herz des Paulus schlug.

Paulus übergibt den Stab an seinen geistlichen Sohn Timotheus, denn nur er konnte wie kein anderer das Werk des Paulus fortsetzen (vgl. Phil 2,20). Paulus verschweigt nicht, dass zur *Leidenschaft* auch die *Leidensbereitschaft* und die *Treue* gehören, so dass diese zu den Schlüsselbegriffen des Briefes zählen. Einer der *Schlüsselverse* ist Kap 4,2 (NGÜ):

> Verkünde die Botschaft 'Gottes'! Tritt für sie ein, ob sie erwünscht ist oder nicht. Decke Schuld auf, weise zurecht, ermahne und ermutige, und lass es dabei nicht an der nötigen Geduld und an gründlicher Unterweisung fehlen.

Thema ist die Leidenschaft für das Evangelium, die alle Christen erfüllen soll. Das gilt nicht nur für die Verkündiger, die auf der Kanzel stehen. Jeder ist dazu bestimmt, das Evangelium von Jesus Christus mit seiner ganzen Persönlichkeit in der Umgebung weiterzugeben, in der er sich befindet.

6. Überblick

Bewahre das Evangelium! (Kap 1)

Im ersten Kapitel fordert Paulus seinen geliebten Sohn Timotheus (1,2) dazu auf, das Evangelium zu bewahren. Es ist ein kostbares Gut (1,12.14), ein wertvoller Schatz, der ihm anvertraut wurde (1,14) durch sein Elternhaus (1,5) und später durch seinen geistlichen Vater Paulus (1,3-4; 3,10-11). Dieses reiche *Erbe der Vergangenheit* sollte den ängstlichen Timotheus (1,7) ermutigen, seinen *Auftrag in der Gegenwart* ohne Scham und Scheu (1,8-12) in der Kraft des Heiligen Geistes (1,7) auszuführen.

Die Lehre des Evangeliums, die Gott dem Apostel Paulus anvertraut hatte (1,11 vgl. 1Tim 2,7: Lehrer der Nationen), sollte Timotheus als Maßstab für seine eigene Verkündigung dienen (1,13). Das Zentrum dieser Lehre ist der Glaube und die Liebe, die in Christus geschenkt sind (1,13b) und die Hoffnung, dass Christus mächtig ist, die Gläubigen ans Ziel zu bringen (1,12). Dieses kostbare geistliche Gut kann nur durch den Heiligen Geist zum dauerhaften Besitz werden (1,14). Hier noch einige Details:

- Paulus nennt Timotheus negative Vorbilder wie Phygelus und Hermogenes (1,15), die sich von Paulus abgewandt hatten. Ihre Namen tauchen sonst nirgends im NT auf. Vermutlich waren sie Gemeindeleiter in Kleinasien, die ihre Gemeinden dazu verleitet haben, Paulus nicht mehr zu unterstützen. Vielleicht war deren Leidenschaft für das Evangelium erloschen und ihnen Paulus deshalb zu extrem. Ein positives Vorbild dagegen war Onesiphorus, der zu Paulus auch während seiner Gefangenschaft hielt und sich um ihn kümmerte (1,15-18). Wahre Freunde zeigen sich in schwierigen Zeiten!

- Das Evangelium von Christus ist so gewaltig, dass keiner sich deshalb zu *schämen* braucht (1,8). Auch wenn der Botschaft nicht geglaubt wird und sie im Gegensatz zur öffentlichen Meinung steht, ändert dies nichts an deren Wahrheit. Wir sollten mutig und voller Überzeugung zum Evangelium stehen (1,12), auch wenn es nicht zeitgemäß erscheint.

- Das Evangelium ist die *Botschaft der Erlösung* durch Jesus Christus. Die Gnade Gottes rettet den Menschen von der Macht des Todes und schenkt ihm neues, ewiges Leben (1,9-11). Diese Botschaft muss allen Menschen verkündigt werden, damit sie den Ruf Gottes hören (1,11). Wenn wir das Evangelium weitergeben, liegt unser Leben im Plan Gottes, den er schon vor „ewigen Zeiten" gefasst hatte (1,9).

- Das Evangelium ist eine *gesunde, heilsame Botschaft* für den Menschen. Darum lohnt es sich, diese Worte fest im Gedächtnis einzuprägen (1,13). Der Heilige Geist schenkt dann zur rechten Zeit das rechte Wort (1,14b). Timotheus sollte nicht nur das Leben, sondern auch die Lehre des Paulus zum Maßstab für seine eigene Verkündigung verwenden.

  Praktisch ist das so vorstellbar, dass er sich die Hauptthemen mit den Bibelstellen schriftlich festgehalten und im Gedächtnis eingeprägt hat.[70] Deshalb ist es auch für uns eine gute Übung, sich Bibelverse, die in kompakter Form das Evangelium zum Ausdruck bringen (z.B. 2Tim 1,9-10), sich so einzuprägen, dass sie jederzeit abrufbar sind.

- Paulus kennt die Stärken und Schwächen seines „Sohnes". Er übt keinen Druck auf ihn aus, sondern erinnert ihn an seine Stärken: Die Gaben, die er empfangen hat (1,6) und den Heiligen Geist, der in ihm wohnt (1,7.14). Damit soll er rechnen. Durch die Kraft des Heiligen Geistes kann aus Angst Mut werden!

Kämpfe für das Evangelium! (Kap 2)

Schon im ersten Kapitel hatte Paulus angedeutet, dass das Einstehen für das Evangelium nicht nur Begeisterung, sondern auch Widerstand hervorruft (1,8). Im zweiten Kapitel ermutigt Paulus Timotheus zum Kampf für das Evangelium, verschweigt dabei aber nicht die Konsequenzen. Paulus erklärt mit eindrücklichen Bildern, dass lebendiger Glaube kein Sofachristentum ist. Er macht deutlich, dass wir in einem Kampf auf Leben und Tod stehen. Der Teufel fürchtet kampfbereite Christen! Was gehört zu diesem Kampf?

- Die Kampf für das Evangelium *erfordert übernatürliche Kraft*, die der Gnade entspringt, die uns in Christus geschenkt ist (2,1). Der Ausdruck „Sei stark" zeigt, dass es keine Kraft auf Vorrat gibt, sondern dass sie in der jeweiligen Situation durch Jesus geschenkt wird. Die übernatürliche Kraft kommt beim Kämpfen und wer nicht kämpft, wird nicht stark! Damit bleibt der Diener immer abhängig von seinem Herrn.

- Der Kampf für das Evangelium *erfordert eine schlagkräftige Truppe*. Deshalb soll Timotheus die Lehre, die er von Paulus empfangen hat, an fähige Leute weitergeben, die ihrerseits wiederum das Empfangene nicht für sich behalten (2,2). So entsteht eine geistliche Multiplikation mit dem Ergebnis, dass die Kraft der Gemeinde stetig zunimmt.

---

[70] Vgl. auch 2,8: Halte o. merke dir im Gedächtnis Jesus Christus!

- Der Kampf für das Evangelium *erfordert Leidensbereitschaft* (2,3), die dann entsteht, wenn der Gläubige die Bedeutung des Evangeliums verstanden hat und davon begeistert ist (2,8-10). Wofür es sich zu sterben lohnt, für das lohnt es sich auch zu leben und wofür es sich zu leben lohnt, dafür lohnt es sich, auch zu sterben (2,11-13)! Die Frage ist: *Was lohnt sich?*

- Der Kampf für das Evangelium *erfordert volle Konzentration, vollen Einsatz und Disziplin*. Paulus verwendet drei Bilder, um dies zu illustrieren:

Der Soldat (2,4) benötigt Disziplin und volle Einsatzbereitschaft für das, wofür er kämpft, aber auch Gehorsam gegenüber seinem Auftraggeber.

Der Sportler (2,5) benötigt Disziplin und Ausdauer zur Vorbereitung auf den Wettkampf. Er muss auf die Einhaltung der Wettkampfregeln achten (vgl. 1Kor 9,24-27).

Der Bauer (2,6) benötigt Ausdauer und Motivation zu harter Arbeit als Voraussetzung für das Ernten und Genießen der Frucht.

Der gemeinsame Vergleichspunkt dieser drei Bilder liegt in dem Ziel, das sie erreichen wollen: Der Soldat will dem gefallen, der ihn eingestellt hat, der Sportler will den Wettkampf gewinnen und der Bauer will die Frucht genießen. Die Motivation zum Kampf und der damit verbundenen Mühe liegt also in dem erstrebenswerten Ziel.

Beim Diener Christi besteht dieses Ziel darin, dass Menschen zum Glauben finden und darin wachsen.[71] Disziplin ist also in diesem Zusammenhang kein unnötiger Drill zum Selbstzweck, sondern Mittel zum Erreichen eines wunderbaren Zieles.

- Der Kampf für das Evangelium *erfordert ein Einstehen für die Wahrheit*. Timotheus soll sinnlose Streitgespräche und Diskussionen mit Menschen meiden, die in Wirklichkeit nicht an der Wahrheit interessiert sind (2,14-21). Kampf bedeutet nicht Streitsucht, sondern das intensive Bemühen, Menschen aus den Stricken des Satans zu retten (2,23-26).

Wer das Evangelium weitergibt, braucht Gottes Sicht für die wahre Situation eines Menschen. Durch Vernunftgründe und Diskussionsgeschick kann niemand aus dem Strick des Teufels befreit werden. Dazu bedarf es der übernatürlichen Kraft des Heiligen Geistes.

---

[71] Vgl. das „Mission-Statement" des Apostels Paulus in Kol 1,28-29.

- Der Kampf für das Evangelium *erfordert klare Ziele im eigenen Leben* (2,22). Der Kämpfer muss lernen, mit falschen Leidenschaften richtig umzugehen und sein Leben in die richtige Richtung zu lenken. Paulus zeigt hier den Weg zum Sieg durch zwei Aufforderungen: Fliehe und jage nach! Wer dem alten Menschen keinen Raum, keine Nahrung gibt und dem nachstrebt, was uns in Christus geschenkt ist (Gerechtigkeit, Glaube, Liebe, Frieden), wird frei von sich selbst. Dies ist allerdings kein einmaliges Geschehen, sondern eine tägliche Herausforderung, die nur in Gemeinschaft mit anderen Christen (2,22) bewältigt werden kann.

Bleibe beim Evangelium! (Kap 3)

In diesem Kapitel ermutigt Paulus Timotheus, beim überlieferten Evangelium, das ihm von Kind auf (1,5) und vor allem durch Paulus gelehrt wurde, zu bleiben (3,14-17). Er soll nicht dem Sog der breiten Masse folgen (3,1-9), sondern dem Vorbild des Paulus (3,10-13). Paulus selbst folgt Jesus nach, so dass es letztlich um die Jesusnachfolge geht. In diesem interessanten Kapitel stellen sich einige wichtige Fragen:

Wann beginnen die letzten Tage?

Paulus spricht in 3,1 von der Zukunft, in 3,5 fordert er aber Timotheus dazu auf, sich in der aktuellen Situation von diesen Menschen zu distanzieren und in 3,6-9 nennt er konkrete Beispiele aus der Gegenwart.

Einen ähnlichen Ausdruck verwendet Paulus in 1Tim 4,1 (spätere Zeiten). Auch hier sind gegenwärtige Situation und zukünftige Entwicklung miteinander verbunden. Meint Paulus nun die damalige Situation oder die letzten Tage dieser Welt vor der Wiederkunft Christi?

- Entscheidend ist, wann die „letzten Tage" beginnen. Mit diesem Begriff bezeichnet das Neue Testament den Zeitabschnitt, der mit dem ersten Kommen Christi begann und mit dem zweiten Kommen abgeschlossen wird: Hebr 1,2; Apg 2,17; 1Petr 1,20; 1Joh 2,18.

- Paulus deutet an, dass es eine dynamische Entwicklung geben wird: Je näher das Ende, desto stärker der Trend! Je mehr der Mensch den Bezug zu Gott verliert, desto mehr macht er sich selbst zu Gott!

Wer sind die Menschen der letzten Tage? (3,1-9)

Paulus zählt 19 Eigenschaften der Menschen dieser letzten Tage auf. Wen meint er mit „den Menschen"? Beschreibt er den Zustand der Menschen im allgemeinen oder meint er eine bestimmte Gruppe?

- Da Paulus Timotheus auffordert, sich von solchen Menschen zu distanzieren (3,5b), kann dies kaum bedeuten, dass er sich von allen Menschen fern halten soll. Im Gegenteil: Er soll ihnen ja das Evangelium verkündigen (4,2.5).

- Paulus meint hier keine Nichtchristen, die mit dem Glauben nichts zu tun haben wollen, sondern Scheinchristen, die sich innerhalb der christlichen Szene, der Gemeinde, bewegen. Er beschreibt sie folgendermaßen:

  > **2Tim 3,5 NGÜ** Sie geben sich zwar einen frommen Anschein, aber von der Kraft Gottes, die sie so verändern könnte, dass sie wirklich ein frommes Leben führen würden, wollen sie nichts wissen.

  Diese Leute widerstehen der Wahrheit und dem Evangelium (3,6-9). Sie werden verführt durch Irrlehrer, die sich an ungefestigte Christen heranmachen und ihnen Dinge erzählen, die sie gerne hören wollen (4,3-4).

- Die Eigenschaften, die Paulus aufzählt, zeigen die Ichhaftigkeit dieser Menschen. Die menschliche Natur war ja schon immer „böse von Jugend auf" (vgl. Gen 8,21; Jer 17,9; Mt 15,19-20; Röm 1,21-31; Gal 5,19-21), aber je näher das Ende kommt, desto stärker wird sie öffentlich. Interessant ist, dass die ersten und die letzten zwei Eigenschaften die gleiche Wortwurzel „liebend" haben:

  > **2Tim 3,2-5 MNT** Selbstliebend, geldliebend, prahlend, überheblich, lästernd, den Eltern ungehorsam, undankbar, unheilig, lieblos, unversöhnlich, verleumderisch, unbeherrscht, ungezügelt, das Gute nicht liebend, Verräter, verwegen, aufgeblasen, lustliebend mehr als gottliebend, habend den Anschein von Frömmigkeit, ihre Kraft aber verleugnend.

- Die Endzeit ist eine Zeit der religiösen Ichsucht nach dem Motto: Verwirkliche dich selbst! Da die Gläubigen zur Ehre Gottes leben wollen und nicht nach ihren eigenen Vorstellungen, sind die letzten Tage für sie schwere Zeiten (3,1). Hinzu kommt, dass die Botschaft vom Kreuz Christi das Reizthema der Endzeit sein wird (vgl. 4,3-4), da hier das Scheitern aller menschlichen Bemühungen besonders deutlich wird.

- Dem allgemeinen Ausdruck „*denn die Menschen*" steht das zweifache persönliche „*Du aber*" gegenüber (3,10.14). Timotheus ist herausgefordert, für sich persönlich die Entscheidung zu treffen, gegen den Strom der Zeit zu schwimmen. Lebendige Fische schwimmen gegen den Strom! Dazu gehört eine gesunde Distanz (3,5), um nicht mitgerissen zu werden vom „Strom der Heillosigkeit" (1Petr 4,4; 2Tim 2,19-21).

- Die Wahrheit richtet sich nicht nach der Masse. Je mehr die Endzeit fortschreitet, desto mehr dominieren Lüge und Verführung verbunden mit einem wachsenden Widerstand gegen das Evangelium und deren Verkündiger (3,12-13).
- Das Wort Gottes ist die wichtigste und effektivste Ausrüstung für jeden Christen (3,17). Am Evangelium festhalten heißt am gesamten Wort Gottes (AT und NT) festhalten! Die ganze Schrift ist von Gottes Geist eingegeben. Sie ist keine Mischung von fehlerhaftem Menschenwort und fehlerlosem Gotteswort (vgl. 2Petr 1,20-21). Die Ganzinspiration ist ein Wunder Gottes, das die menschliche Vorstellungkraft sprengt. Wer die Autorität des Wortes in Frage stellt, macht das Schwert des Geistes stumpf und damit unwirksam (3,16).

Verkündige das Evangelium! (Kap 4)

Der letzte Abschnitt des Briefes richtet sich vor allem an diejenigen, die Gottes Wort verkündigen. Paulus verwendet in 4,1 den intensivsten sprachlichen Ausdruck der Dringlichkeit: διαμαρτύρομαι *diamartyromai* = beschwören; bezeugen; warnen.[72] Im Blick auf die Wiederkunft Christi (4,1) und deren Umstände (4,3-4 vgl. 3,1-5) ist es unbedingt notwendig, das Wort Gottes zu verkündigen.

- Nicht Rückzug, sondern Offensive ist gefragt! Timotheus soll seine evangelistische Gabe voll zur Entfaltung bringen (4,5), denn die Wirksamkeit des Paulus ist während seiner zweiten Gefangenschaft stark eingeschränkt. Seine Zeit neigt sich dem Ende zu, sein Kampf ist vorbei (4,6-8). Paulus steht kurz vor dem Ziel und freut sich auf die Begegnung mit Jesus (4,7-8).
- Die Endzeit ist gekennzeichnet durch Abwendung von der gesunden Lehre des Wortes Gottes und Hinwendung zu Irrlehren; von der Wahrheit zur Lüge; von Lehrern des Wortes zu Lehrern, die den Menschen nach dem Mund reden (4,3-5). Paulus meint hier wahrscheinlich christliche Gemeinden, denn abwenden kann man sich nur von etwas, dem man sich vorher zugewandt hatte. Je näher die Wiederkunft Christi, desto notwendiger ist gesunde biblische Lehre!
- Der Schluss des Briefes enthält verschiedene persönliche Mitteilungen (4,9-17), ein Lobpreis Gottes als Retter (4,18), sowie eine kurze Grußliste (4,19-20) und ein abschließendes Segenswort (4,2).

---

[72] NGÜ: Ich bitte dich eindringlich vor Gott; NZÜ: Ich beschwöre dich vor Gott.

2. Timotheus

- Timotheus soll Markus mitbringen. Paulus bezeichnet ihn als nützlichen Diener (4,13). Das ist interessant, denn das war nicht immer so. Johannes Markus hatte während der ersten Missionsreise das Missionsteam eigenmächtig verlassen (Apg 12,25; 13,13) und als sein Vetter Barnabas ihn bei der zweiten Reise wieder mitnehmen wollte, entstand ein so heftiger Streit, dass sie sich in zwei Teams aufteilen mussten (Apg 15,37-41). Offensichtlich war Markus gereift und die Beziehung zwischen Paulus und ihm in der Zwischenzeit wieder in Ordnung gekommen (vgl. Kol 4,10). Unter Dienern kann es durchaus hitzig werden, wenn es um geistliche Fragen geht. Entscheidend ist jedoch die Korrekturbereitschaft und die Fähigkeit, nicht beim Versagen stehen zu bleiben. Wie Jesus müssen wir auch einander immer wieder eine neue Chance geben!

Der zweite Timotheusbrief ist wie ein unverzichtbares Handbuch für jeden Christen, der zur Ehre Gottes leben will und seine ganze Leidenschaft dem Evangelium von Christus widmet. Paulus zeigt, was im Leben wirklich zählt und worauf es ankommt, um das Ziel des Glaubens zu erreichen.

Gott zeigt hier in seinem Wort am Beispiel des Apostels Paulus, was sowohl beim einzelnen Gläubigen als auch in der örtlichen Kirche oder Gemeinde von entscheidender Bedeutung ist: Die Leidenschaft für Jesus und sein Evangelium zu entfachen und lebendig zu erhalten!

2. TIMOTHEUSBRIEF – LEIDENSCHAFT FÜR DAS EVANGELIUM

Schlüsselvers: „Verkündige das Wort, stehe bereit zu gelegener und ungelegener Zeit, überführe, weise zurecht, ermahne mit aller Langmut und Lehre" (4,2)

	BEWAHRE…	KÄMPFE…	BLEIBE…	VERKÜNDIGE…
Verfasser – Empfänger – Gruß	**… das Erbe der Vergangenheit** - Prägung durch Paulus (1,3-4) - Prägung durch Elternhaus (1,5) - Empfangene Gaben (1,6) **… den Auftrag in der Gegenwart** - Entfalte deine Gaben! (1,6) - Schäme dich nicht! (1,7-12) - Halte fest an der Lehre (1,13-14) - Lerne durch Vorbilder (1,15-18) **… die Zusagen für die Zukunft** - Das anvertraute Gut (1,12.14) - Die empfangene Lehre (1,13) - Verlasse dich auf ihre Erfüllung (1,12) - Bewahre sie durch den Heiligen Geist (1,14)	**… als guter Soldat Christi** - Werde stark durch Gnade (2,1) - Werde stark durch Multiplikation (2,2) - Werde stark durch Disziplin (2,3-7) Dreifache Illustration: Soldat: Konzentration Wettkämpfer: Disziplin Bauer: Ausdauer - Sei bereit zum Leiden (2,8-13) **… für die Wahrheit** - Meide unnötigen Streit (2,14-23) - Bezeuge die Wahrheit (2,15) - Belehre die Gegner (2,24-26)	**… standhaft im Sog der Masse** **Die Menschen** (3,1) - Steigerung in der Endzeit (3,1) - Inmitten der Gottlosigkeit (3,2-4) - Inmitten der Scheinfrömmigkeit (3,5-7) - Trotz Widerstand gegen die Wahrheit (3,8-9) **… bei deiner Überzeugung** (3,10.14) - Bei deinem bisherigen Lebensstil **Du aber!** (3,10.14) - Trotz Verfolgung (3,12-13) - Bei der Schrift als Kraft zur Rettung (3,14-15) - Bei der ganzen Schrift als perfekte Ausrüstung (3,16-17)	**… weil es dringend ist** - Wegen dem kommenden Gericht (4,1) - Wegen der Abkehr von der Wahrheit (4,2-4) **… das Wort Gottes** - Erwünscht oder nicht (4,2) - Ermahne und lehre (4,2) - Die gesunde Lehre (4,3) - Das Evangelium (4,5) **… als Evangelist** - Bleibe klar trotz Leiden und Widerstand (4,3-5) **Du aber!** (4,5) - Kämpfe den guten Kampf bis zum Ziel (4,6-8)	Persönliche Mitteilungen – Grußliste – Segen
1,1-2	1,3-18	2,1-26	3,1-17	4,1-8	4,9-22
	… das kostbare Gut (1,14)	… für das Evangelium (2,3)	… beim Evangelium (3,14)	… das Evangelium (4,2)	
	Die gesunden Worte (1,13)	Das Wort der Wahrheit (2,15)	Die Heilige Schrift (3,15)	Die gesunde Lehre (4,3)	

Das geistliche Vermächtnis eines leidenschaftlichen Kämpfers für das Evangelium von Jesus Christus!

Letzte Worte

- Widme dein Leben der Verbreitung des Evangeliums!
- Stehe zur Wahrheit auch in schwierigen Zeiten!
- Werde stark durch die Gnade in Christus!
- Schwimme mutig gegen den Strom der Zeit
- Lies und studiere das ganze Wort Gottes!
- Konzentriere dich auf das, was wesentlich ist!

Titel: An Timotheus B

- Abfassungszeit: ca. 66/67 n.Chr.
- Abfassungsort: Rom – Gefangenschaft
- Verfasser: Paulus
- Empfänger: Timotheus

Literatur

Brockhaus Kommentar zur Bibel Bd. 4 Matthäus-Offenbarung, Wuppertal, R. Brockhaus, 1985.

Carson, D.A. & Moo, J. Douglas: Einleitung in das Neue Testament, Gießen, Brunnen, 2010.

Ellwell, Walter A., Yarbrough, Robert W.: Studienbuch Neues Testament, Wuppertal, R. Brockhaus, 2001.

Grünzweig, Fritz: Timotheusbriefe. Edition C Bibelkommentar, Holzgerlingen, Hänssler, 1996.

Hörster, Gerhard: Bibelkunde und Einleitung zum Neuen Testament, Wuppertal, R. Brockhaus, 1998.

Jensen, Irving: Jensen's Survey of the New Testament, Chicago, Moody Press, 1981.

Lasseigne, Jeff: Highway 66. A Unique Journey Through the 66 Books of the Bible, Santa Ana, Calvary Chapel Publ., 2005.

Mauerhofer, Erich: Einleitung in die Schriften des Neuen Testaments Bd. 2: Römer-Offenbarung, Holzgerlingen, Hänssler, 1999.

Reifler, Hans Ulrich: Bibelkunde des Neuen Testaments. Die Bibel lieben, kennen und verstehen, Nürnberg, VTR, 2006.

Walvoord, John F., Zuck, Roy B.: Das Neue Testament. Erklärt und ausgelegt Bd. 5: 1. Korinther-Offenbarung, Neuhausen-Stuttgart, Hänssler, 1992.

DER TITUSBRIEF

Der letzte Brief in der Reihe der sog. Pastoralbriefe ist der Titusbrief. Im Vergleich zu den Timotheusbriefen klingt er nicht so persönlich, sondern eher wie ein offizielles Schreiben. Obwohl Titus nur drei Kapitel umfasst, ist er so lehrreich, dass Luther in seiner Vorrede zu dem Ergebnis kam: „Dies ist eine kurze Epistel, aber ein Ausbund christlicher Lehre, darin allerlei so meisterlich verfasst ist, das einem Christen not ist zu wissen und zu leben."

1. Verfasser

Der Verfasser des Titusbriefes ist Paulus (1,1). Er bezeichnet sich als Knecht o. Sklave Gottes und Apostel Jesu Christi. Mit dem Begriff Knecht betont Paulus seine Verpflichtung zum Dienst Gott gegenüber und mit dem Titel Apostel stellt er die ihm von Christus verliehene Autorität als Botschafter in den Vordergrund. Sein Dienst hat das Ziel, diejenigen, die Gott auserwählt hat, zum Glauben und zur tieferen Erkenntnis der Wahrheit zu führen (1,1.3). Diese Erkenntnis führt zur Gottseligkeit (1,1), d.h. einem Lebensstil, der Gott verherrlicht. Damit verbunden ist die Hoffnung des ewigen Lebens (1,2).

2. Empfänger

Der Empfänger des Briefes ist ein Mann namens Titus, den Paulus wie Timotheus als seinen geistlichen Sohn bezeichnet (1,4). Titus ist demnach durch Paulus zum Glauben gekommen. Was wissen wir von Titus?

- Er war griechischer Abstammung (Gal 2,3).
- Er begleitete Paulus beim zweiten Besuch in Jerusalem (Gal 2,1).
- Er war ein Partner (κοινωνός *koinonos* = Teilhaber, Gefährte, Mitbetroffener) und Mitarbeiter (συνεργός *synergos* = Gehilfe, Mitarbeiter) des Apostels Paulus (2Kor 8,23), den er sehr schätzte (vgl. die Ausdrucksweise in 2Kor 7,6.13-16).
- Er überbrachte den Korinthern den sog. „Tränenbrief" und berichtete Paulus von deren Reaktion (2Kor 7,6-7.13-16).
- Er war Leiter des „Kollektenteams", das Paulus nach Korinth sandte und Überbringer des zweiten Korintherbriefes (2Kor 8,6ff).

- Er war eine Zeitlang bei Paulus während seiner zweiten Gefangenschaft und ging anschließend nach Dalmatien (2Tim 4,10).

Titus scheint wie Timotheus ein Mann für besonders schwierige Aufgaben gewesen zu sein. Im Gegensatz zum Beziehungstyp Timotheus war er aber eher ein sachorientierter Mitarbeiter.

3. Zeit und Ort der Abfassung

Paulus schrieb den Brief während seiner vierten Missionsreise, die sich aus den Pastoralbriefen rekonstruieren lässt.[73] Er wurde zur gleichen Zeit wie der erste Timotheusbrief verfasst, also ca. *65/66 n. Chr.*

4. Anlass

Paulus ließ Titus auf der Insel Kreta zurück, wo es mehrere Gemeinden gab. Wer sie gegründet hat, ist nicht bekannt. Vermutlich kam das Evangelium durch die Juden nach Kreta, die das erste Pfingstwunder in Jerusalem miterlebt hatten (Apg 2,11). Es entstanden im Lauf der Zeit Gemeinden, die in Gefahr standen, durch Irrlehrer verführt zu werden und deren Leben sich ungesund entwickelte. Deshalb setzte Paulus Titus unterwegs in Kreta ab und gab ihm kurz nach seiner Abreise schriftliche Anweisungen (1,5). Paulus schrieb diesen Brief aus mehreren Gründen:

- Titus sollte zum Abschluss bringen, was zum Aufbau und zur Ordnung einer Gemeinde gehörte, indem er in jeder Stadt qualifizierte Gemeindeleiter einsetzen sollte (1,5-9). Das Hauptproblem auf Kreta war offensichtlich ein Führungsproblem, denn er musste sie auch ermahnen, sich der staatlichen Autorität unterzuordnen (3,1-2).
- Titus sollte den Irrlehrern energisch und entschlossen entgegentreten und ihren wahren Charakter samt ihren unlauteren Motiven offenlegen (1,10-16; 3,9-11).
- Titus sollte die Gläubigen anleiten, ihr Leben nach der gesunden Lehre des Wortes Gottes auszurichten (2,1.15). Paulus lehrt Titus, wie er mit den einzelnen Gruppen umgehen soll: Alte Männer (2,2); alte und junge Frauen (2,3-5); junge Männer (3,6-8); Sklaven (3,9-10). Der Charakter der Kreter war eine zusätzliche Herausforderung für Titus (1,12-13).

---

[73] Vgl. 1. Timotheusbrief, 219-220.

- Titus sollte nicht allzu lange in Kreta bleiben, sondern durch andere Mitarbeiter abgelöst werden, um möglichst bald zu Paulus nach Nikopolis zu kommen, der dort den Winter über bleiben wollte (3,12-13).

5. Überblick

Der Titusbrief lässt sich in *zwei Hauptteile* gliedern. Im *ersten Teil* (Kap 1) stehen die *Verkündigung* und der *Verkündiger* der gesunden Lehre im Mittelpunkt. Das sind die von Gott beauftragten Gemeindeleiter (1,5-9), die einerseits das Wort Gottes lehren und andererseits den Irrlehrern (1,10-16) widerstehen sollen (1,9b). Im *zweiten Teil* (Kap 2-3) liegt der Schwerpunkt auf der *Verwirklichung* der gesunden Lehre. Dabei handelt es sich nicht um „Dienstanweisungen" die einfach befolgt werden sollen, sondern um folgerichtige Konsequenzen[74] der Lehre des Wortes Gottes.

Hauptthema des Briefes ist das Leben der Gemeinde, das der gesunden Lehre des Evangeliums entspricht. *Schlüsselvers* ist 2,10 (NGÜ):

> Alles, was sie tun, soll eine Empfehlung für die Lehre sein, die von Gott, unserem Retter, kommt.

Das Verb, das die Neue Genfer hier mit Empfehlung übersetzt, ist von Kosmos abgeleitet: κοσμέω *kosmeo* = in Ordnung bringen; schmücken, verzieren, attraktiv machen. Das Leben der Gläubigen soll eine Empfehlung für das Wort Gottes sein und kein Grund zur Lästerung bieten (2,5).

Die Christen sollen eine Visitenkarte sein für die Wahrheit! Da dies nicht im Verborgenen geschieht, betont Paulus im Titusbrief das Festhalten am gesunden Wort Gottes (1,3.9; 2,1.5.7.10) und ganz besonders das Tun guter Werke (1,16; 2,7.14; 3,1.8.14).

Die Verkündigung der gesunden Lehre (Kap 1)

Im ersten Teil steht die *Verkündigung der Lehre* des Wortes Gottes im Mittelpunkt. Zunächst geht es darum, wer für Leitungsaufgaben qualifiziert ist. Lehre ist in erster Linie Aufgabe der Ältesten (Apg 20,28). Paulus ließ seinen Mitarbeiter Titus in Kreta zurück, um Älteste in den verschiedenen Gemeinden einzusetzen (1,5). Die Gemeinden brauchten dringend Leiter, aber nicht irgendwelche, sondern mit einer bestimmten Qualifikation (1,6-9).

---

[74] Vgl. das zweifache „Denn" (2,10; 3,3), das die vorhergehenden Anweisungen geistlich begründet.

Die Anforderungsprofile ähneln denjenigen im 1. Timotheusbrief, waren aber von der örtlichen Situation der Gemeinde abhängig. *Beispiel*: Auf Kreta gab es offensichtlich Alkoholprobleme (vgl. 2,3), so dass Paulus hier betont, dass ein Gemeindeleiter nicht alkoholsüchtig sein darf.

Beide Listen stimmen darin überein, dass der Gemeindeleiter ein authentisches, glaubwürdiges Leben führen soll. Glaube und Leben dürfen kein Widerspruch sein: Im persönlichen Bereich, in der Familie und in der Öffentlichkeit.

Die Begriffe Älteste und Aufseher meinen die gleiche Person (1,5.7 vgl. Apg 20,17.28). Die Gemeinden benötigten fähige Leiter, die in der Lage waren, die gesunde Lehre zu verkündigen und die Gläubigen zur Umsetzung des Erkannten anzuleiten. Das war dringend notwendig, denn wo gesunde Lehre ist, versucht der Satan die Gläubigen durch Irrlehren zu verwirren.

Die Irrlehrer

Der gesunden Lehre steht ungesunde, zerstörerische Lehre gegenüber. Die Konjunktion „Denn" (1,10) betont die Notwendigkeit der gesunden Lehre. Trotz ihrer frommen Sprüche waren diese Leute Werkzeuge des Teufels. Paulus fand keine diplomatischen Worte für ihren Charakter und ihre Motive.

- Es müssen Juden dabei gewesen sein (1,10), die sich von der Wahrheit des Wortes abgewandt hatten und das Gesetz predigten in Verbindung mit jüdischer Mythologie (1,14 vgl. 1Tim 1,4.7).

- Paulus bezeichnet sie als Aufsässige, hohle Schwätzer und Betrüger, die nur den eigenen Gewinn im Sinn haben (1,10-11). Diesen Menschen muss man „das Maul stopfen" (1,11a).

- Es sind Leute, die der Wahrheit den Rücken gekehrt haben und in ihrem Gewissen und ihrer Gesinnung von Sünde befleckt sind. Und diese Leute unterstehen sich, die Gläubigen zu belehren über das, was rein und unrein ist (1,14-15).

- Ihre Frömmigkeit war nur eine Scheinfrömmigkeit. Sie gaben vor, Gott zu kennen, aber durch ihre Taten bewiesen sie das Gegenteil. Lehre und Leben widersprachen der Wahrheit (1,16a).

- Paulus bezeichnet diese Leute als verabscheuungswürdige Menschen, die ungehorsam und zu jedem guten Werk unfähig sind. Dieser Charakter ist genau das Gegenteil von dem, was die Gnade Gottes aus den Gläubigen machen will (vgl. 2,14; 3,1.8.14).

Die Kreter

Offensichtlich waren die Kreter anfällig für diese Irrlehren aufgrund ihrer nationalen Prägung, die Paulus durch ein Zitat von einem ihrer Dichter[75] charakterisiert (1,12-13):

> Es hat einer von ihnen, ihr eigener Prophet, gesagt: »Kreter sind immer Lügner, böse, wilde Tiere, faule Bäuche.« Dieses Zeugnis ist wahr; aus diesem Grund weise sie streng zurecht, damit sie im Glauben gesund seien.

Kreta war ein schwieriges Missionsfeld. In der apostolischen Zeit gab es ein geflügeltes Wort in Bezug auf die Kreter: *kretizein* d.h. „leben wie die Kreter". Das war ein Ausdruck für einen lockeren Umgang mit der Wahrheit.

Nationale Prägung wird nicht einfach abgestreift mit der Bekehrung, sondern schrittweise verändert durch die Wahrheit (vgl. Röm 12,2). Darum benötigten die Kreter ganz besonders die gesunde Lehre des Wortes und auch nachdrückliche Ermahnung (1,13), um den Unterschied zwischen dem alten und neuen Wesen zu erkennen.

Die Praxis der gesunden Lehre (Kap 2-3)

Im zweiten Teil steht die *Praxis der gesunden Lehre* im Mittelpunkt. Hier wird der Gegensatz zwischen den Auswirkungen gesunder Lehre nach dem Wort Gottes und den Irrlehren der Verführer besonders deutlich. Jede Lehre hat Auswirkungen auf das Leben derer, die ernstlich daran glauben – positive oder negative! Paulus gab Titus konkrete Anweisungen, welche *Veränderungen* die gesunde Lehre im Leben der Gemeinde bewirken sollte: Bei älteren Männern und Frauen (2,2-3); bei jungen Frauen und Männern (2,4-8); bei Sklaven (2,9-10); bei allen (3,1-4).

Das Ziel dieser Anweisungen geht aus dem Schlüsselvers in 2,10 hervor: *„Die Lehre unseres Retter-Gottes in allem attraktiv machen!"* Es geht nicht darum, ein besserer Mensch zu werden, sondern dem Evangelium Glaubwürdigkeit zu verleihen! Das Wort Gottes soll durch das Verhalten der Gläubigen nicht verlästert werden (2,5: Ehe und Familie). Paulus hat das Heil von Menschen im Blick, die noch nicht gläubig sind (2,11). Kein Mensch soll daran gehindert werden, Gottes Gnade zu ergreifen.

Beachte: Heiligung zum Selbstzweck führt in die Verirrung! Es geht nicht darum, dass wir immer perfekter werden, sondern darum, dass Nichtchristen an unserem Leben sehen, wie Gottes Gnade Menschen verändern kann!

---

[75] Epimendes, Dichter und religiöser Reformer aus dem 6. Jh. v.Chr.

Gute Werke

Gesunde Lehre bringt gesunde Frucht hervor. Gute Werke sind Bestandteil eines lebendigen Glaubens! Paulus betont hier wie in keinem anderen seiner Briefe die Notwendigkeit guter Werke:

- Die Rettung geschieht nicht durch gute Werke, sondern allein durch die unverdiente Gnade Gottes in Jesus Christus. Nicht aufgrund menschlichen Tuns, sondern nach Gottes Barmherzigkeit wird der Mensch wiedergeboren und erneuert durch den Heiligen Geist (3,4-7).
- Das Leben des Glaubens ist untrennbar verbunden mit dem Tun des Guten. Die Gläubigen sollen eifrig sein in guten Werken (2,14), bereit sein zu guten Werken (3,1) und sich bemühen um gute Werke (3,8.14). Das soll Titus mit Nachdruck lehren (2,15).

Im Gegensatz dazu bringt die „ungesunde" Irrlehre ihre negativen Früchte hervor: Deren Nachfolger sind „zu keinem guten Werk zu gebrauchen" (1,16 NZÜ).

Das Werk der Gnade

Das Missverständnis vieler Christen liegt darin, dass sie meinen, das Werk der heilbringenden Gnade sei abgeschlossen, wenn ein Mensch sich bekehrt hat. Der Begriff „Heil" umfasst nicht nur die Rettung vom Tod, sondern auch die Bewahrung und Vollendung bis zum Ziel. Paulus betont daher im Titusbrief, dass die Rettung nur der Anfang eines Veränderungsprozesses ist (2,11-14):

- Die in Jesus personifizierte Gnade Gottes ermöglicht allen Menschen das Heil (2,11).
- Die Gnade Gottes erzieht die Gläubigen (2,12-14) – wozu?
    - Zur Ablehnung der Gottlosigkeit und der weltlichen Begierden
    - Besonnen, gerecht und gottesfürchtig zu leben im jetzigen Zeitlauf
    - In der Erwartung der Wiederkunft Christi zu leben
    - Als Eigentum Christi eifrig zu sein in guten Werken

Das doppelte Werk der Gnade in Lehre und Seelsorge konsequent zu betonen und zu verfolgen, dazu fordert Paulus am Schluss Titus noch einmal ausdrücklich auf (2,15).

Beachte: Sich um gute Werke zu bemühen, gilt auch für die Verkündiger des Evangeliums (3,14)!

Während Titus die Gemeindeglieder in aller Geduld lehren soll, muss er gegenüber den unbelehrbaren Irrlehrern eine abweisende Haltung einnehmen (3,9-11). Es gibt eine Grenze, bei der eine weitere Diskussion über Streitfragen Zeitverschwendung ist. Eine Auseinandersetzung mit einem sektiererischen Menschen, der unaufrichtig ist, bringt nichts.

Ein Lehrer des Wortes braucht deshalb ein vom heiligen Geist geschenktes Unterscheidungsvermögen, um aufrichtige, wahrheitssuchende Kritiker von unaufrichtigen Sektierern unterscheiden zu können.

Der Titusbrief fordert uns heraus, konsequent mit dem Wort Gottes umzugehen: Wir sollen es nicht nur aufnehmen, sondern auch umsetzen in unserem Leben! Dann machen wir das Evangelium attraktiv für Nichtchristen. Veränderte Menschen sind das beste Zeugnis für die gesunde Lehre des Wortes Gottes. Die beste Bibelübersetzung ist die Übersetzung ins alltägliche Leben!

TITUSBRIEF – LEBEN, DAS GOTTES WORT EHRE MACHT

Schlüsselvers: „... damit sie für die Lehre Gottes, unseres Retters, in allen Dingen eine Zierde sind." (2,10)

	VERKÜNDIGUNG GESUNDER LEHRE			PRAXIS GESUNDER LEHRE		
Verfasser – Empfänger – Gruß	Anforderungen an geistliche Leiter	Widerlegung ungeistlicher Lehrer	Veränderung durch die gesunde Lehre	Verhalten als Christ in der Welt		Persönliche Mitteilungen – Grußliste – Segen
	Leben nach dem Wort Gottes - Im persönlichen Leben - In der Ehe - In der Familie - In der Kindererziehung **Lehrer des Wortes Gottes** - Festhalten am Wort - Fähigkeit zum Lehren des Wortes - Ermahnen mit dem Wort - Überführung mit dem Wort **Dreifache Glaubwürdigkeit** - Innerhalb der Familie - Innerhalb der Gemeinde - Außerhalb der Gemeinde	**Ihre Identität** - Juden u.a. - Aufsässige - Schwätzer - Betrüger - Scheinfrömmigkeit **Ihre Lehre** - Jüdische Mythen - Gebote von Menschen - Abwendung von der Wahrheit - Aus Geldgier **Widerstand** - Den Mund stopfen - Warnung der Gläubigen **Unbewährt zu jedem guten Werk! (1, 16)**	**Einzelne Gruppen (1-10)** - Im Leben alter Männer - Im Leben alter Frauen - Im Leben junger Frauen - Im Leben junger Männer - Im Leben von Sklaven ... damit sie die Lehre unseres Retter-Gottes in allem zieren! **Begründung – Denn ... (11-15)** ..die Gnade (Jesus) ist erschienen ..die Gnade rettet alle Menschen ..die Gnade erzieht die Gläubigen: - zur Abwendung von Gottlosigkeit - zur Abwendung von Begierden - zum Leben in Gottesfurcht - zur Erwartung der Wiederkunft **Eifrig in guten Werken! (2,14)**	**Gegenüber dem Staat (1)** - Unterordnung - Gehorsam **Bereit zu guten Werken! (3,1)** **Gegenüber Mitmenschen (2)** - Nicht lästern - Nicht streitsüchtig - Milde und sanftmütig **Begründung – Denn ... (3-11)** ... einst waren auch wir so ... wir sind gerettet durch seine Liebe ... wir sind wiedergeboren ... wir sind erneuert durch den Geist **Bemüht um gute Werke! (3.8.14)**		
1,1-4	1,5-9	1,10-16	2,1-15	3,1-11		3,12-15
	Älteste	Irrlehrer	Anweisungen für Einzelne	Anweisungen für alle		
	Organisation der Gemeinde			Geistliches Leben der Gemeinde		

Wichtige Themen
- Das Wort Gottes ist gute und gesunde Nahrung!
- Widerstehe jeder Verfälschung des Wortes Gottes!
- Das Wort Gottes bewirkt Veränderung!
- Die Gnade befreit und befähigt zu guten Werken!
- Das Rettungsangebot Christi gilt allen Menschen!

Titel: An Titus
- Abfassungszeit: ca. 65/66 n.Chr.
- Abfassungsort: Mazedonien
- Verfasser: Paulus
- Empfänger: Titus

Literatur

Hörster, Gerhard: Bibelkunde und Einleitung zum Neuen Testament, Wuppertal, R. Brockhaus, 1998.

Jensen, Irving: Jensen's Survey of the New Testament, Chicago, Moody Press, 1981.

Mauerhofer, Erich: Einleitung in die Schriften des Neuen Testaments Bd. 2: Römer-Offenbarung, Holzgerlingen, Hänssler, 1999.

Reifler, Hans Ulrich: Bibelkunde des Neuen Testaments. Die Bibel lieben, kennen und verstehen, Nürnberg, VTR, 2006.

Weißenborn, Thomas: Apostel, Lehrer und Propheten (2). Eine Einführung in das Neue Testament Band 2: Leben und Briefe des Apostels Paulus, Marburg, Francke, 2004.

Der Philemonbrief

Der Brief an Philemon ist der kürzeste Brief, den der Apostel Paulus geschrieben hat. Im griechischen Original passt er auf eine einzige Seite. Mancher Leser dieses kurzen Bibelbuches wird sich fragen, ob diese Begebenheit aus der damaligen Zeit für uns heute überhaupt von Bedeutung ist. Lassen wir uns von der Kürze des Briefes nicht täuschen.

1. Verfasser

Der Apostel Paulus hat diesen Brief eigenhändig geschrieben (19). Interessant ist, wie Paulus in diesem kurzen Brief sich selbst sieht: Als Gefangener Christ Jesu (1.9); als der Alte (9); als geistlichen Vater (10); als Gefährte (17). Mitabsender ist Timotheus (1), den er als Bruder anspricht. Die Häufung dieser Ausdrücke deutet an, dass im Philemonbrief persönliche Beziehungen eine große Rolle spielen.

2. Empfänger

Paulus schrieb an einen Mann namens Philemon (1). Außerdem nennt er zwei weitere Namen: Aphia und Archippus und dann noch die Gemeinde, die sich im Haus des Philemon versammelte (2). Wer sind diese Leute?

- *Philemon:* Paulus bezeichnet ihn als „Geliebten" und „Mitarbeiter" (1), dessen Glaube und Liebe er hervorhebt (4-7). Wahrscheinlich war Philemon durch Paulus zum Glauben gekommen (19) während seines dreijährigen Aufenthalts in Ephesus. Paulus kannte ihn daher persönlich und hatte die Absicht, ihn nach seiner Freilassung zu besuchen (22).

- *Aphia:* Paulus nennt sie „die Schwester" (1). Der Name kommt nur hier vor. Möglicherweise ist es die Frau des Philemon oder eine Mitarbeiterin der Gemeinde oder beides, d.h. Philemon und Aphia sind ein Ehepaar, das zusammen dem Herrn dient (wie Aquila und Priscilla: Apg 19,26).

- *Archippus:* Paulus nennt ihn seinen „Mitkämpfer" (2). Sein Name wird in Kol 4,17 erwähnt, wo er als Diener (evtl. Gemeindeleiter) in der Gemeinde in Kolossä angesprochen wird. Möglicherweise ist Archippus der Sohn von Philemon und Aphia oder der Leiter der Hausgemeinde.

- *Die Gemeinde:* Eine Hausgemeinde in Kolossä. Onesimus stammte von dort und Paulus sandte ihn dahin zurück (Kol 4,9). Denkbar ist, dass die Hausgemeinde (vgl. Röm 16,5; 1Kor 16,19; Kol 4,15) nur aus der Familie bestand, zu der auch die Sklaven gezählt wurden (Apg 11,14; 16,31) oder Philemon stellte sein Haus einer Teilgemeinde, etwa den Christen seines Stadtquartiers, für Versammlungen zur Verfügung.

Der Inhalt des Briefes betrifft in erster Linie Philemon und ist deshalb überwiegend in der ersten Person verfasst. Nur am Anfang (3) und Schluss des Briefes spricht Paulus alle Personen an (22; 25). Tatsache ist, dass der Brief wie üblich der ganzen Gemeinde vorgelesen wurde und so alle das Problem kannten, das in erster Linie Philemon, der Herr des Hauses, zu lösen hatte. Was Paulus vorbrachte, war keine Privatangelegenheit, sondern betraf die ganze Gemeinde.

3. Zeit und Ort der Abfassung

Paulus saß im Gefängnis in Rom (1.9-10.13) und schrieb diesen Brief etwa zur gleichen Zeit wie die anderen Gefangenschaftsbriefe (Epheser, Philipper, Kolosser), also *ca. 62 n.Chr.* Aus Kol 4,7-9 wird deutlich, dass der Philemonbrief zusammen mit dem Kolosserbrief durch Tychikus und Onesimus überbracht wurde.

Allein zu reisen, wäre für Onesimus zu riskant gewesen, denn im ganzen Land waren Sklavenfänger unterwegs, die entlaufene Sklaven zu ihren Herren zurückbrachten. Interessant ist, dass Paulus einen separaten Brief schrieb. Bei der Kürze hätte er ja auch einfach ein weiteres Kapitel dem Kolosserbrief hinzufügen können als Anhang für die Hausgemeinde des Philemon. Hier zeigt sich die seelsorgerliche Weisheit des Paulus, denn diese schwierige Situation lässt sich nicht so nebenbei lösen. Da bedarf es der persönlichen Ansprache und der Wertschätzung des Einzelnen.

4. Anlass

Paulus hat diesen Kurzbrief aus einem konkreten Anlass verfasst, der aufgrund des Inhalts rekonstruiert werden kann. Folgendes Szenario ist wahrscheinlich:

Onesimus, ein Sklave, der zum Haus des Philemon gehörte (11), war entlaufen. Zur Finanzierung seiner Flucht hatte er Geld aus der Kasse des Philemon mitgehen lassen (18).

Wie viele Sklaven war sein Ziel die Großstadt Rom, wo er in der Menge untertauchen konnte. Ausgerechnet dort begegnete er Paulus während seines Gefängnisaufenthalts. Paulus kümmerte sich um ihn. Onesimus fand zum Glauben und diente Paulus (10.11b.13). Da jedoch die Vergangenheit des Onesimus sowohl geistlich als auch rechtlich geklärt werden musste (14), sandte Paulus ihn zu Philemon zurück (12) und gab ihm den Brief als Empfehlungsschreiben mit. Darin erklärt er die Situation und setzt sich für Onesimus ein (10). Nun liegt es an Philemon, wie er darauf reagiert (20-21).

5. Aufbau

Der Brief besteht aus einem Kapitel und kann in *vier Abschnitte* gegliedert werden: Absender, Empfänger, Gruß (1-3); Dankgebet für Philemon (4-7); Fürsprache für Onesimus (8-22); Grüße und Segenswunsch (23-25).

Der Hauptteil besteht aus der Fürsprache für Onesimus (8-22). Bevor Paulus dieses heikle Thema anspricht, hebt er den Glauben und die Liebe des Philemon hervor und dankt Gott dafür. Das ist keine taktische Schmeichelei, sondern ein Ausdruck echter Wertschätzung und Anerkennung dessen, was Gott in diesem Bruder gewirkt hat.

Schlüsselthemen des Philemonbriefes sind Liebe (9) und Vergebung, die in dieser schwierigen Situation zu einer konkreten Herausforderung werden. Paulus will nicht nur über Liebe reden, sondern deren verändernde Kraft nachweisen. Auffallend ist die Häufigkeit des Begriffes Bruder (1,7,16,20), der untrennbar mit dem Thema Liebe verbunden ist.

6. Überblick

Dankgebet für Philemon (4-7)

Paulus denkt nicht nur in seiner regelmäßigen Fürbitte an ganze Gemeinden, sondern auch namentlich an einzelne Personen wie z.B. Philemon. Er war einer der Schlüsselpersonen der Gemeinde in Kolossä, da er als wohlhabender Christ nicht nur sein Haus als Versammlungsort der Gemeinde zur Verfügung stellte (2), sondern selbst ein Ermutiger, Seelsorger und Mentor der Gläubigen war (7).

Glaube und Liebe waren für Philemon nicht nur fromme Begriffe, sondern Praxis im Alltag (5). Das hebt Paulus lobend hervor und schafft damit die Basis für das Anliegen des Briefes, auf das er im Folgenden zu sprechen kommt. Er traut dem Philemon zu, dass er die Sache mit Onesimus in der Weise behandelt, wie es die Gemeinde von ihm gewöhnt ist.

Dadurch, dass der Brief ja öffentlich im „Hauskreis" vorgelesen wurde, war das natürlich eine geistliche Herausforderung für Philemon. Er konnte seinem Namen alle Ehre machen: Philemon = der Liebreiche.

Es ist kein Zeichen besonderer Demut, möglichst tief zu stapeln und deshalb keinen Mitarbeiter in der Gemeinde zu loben, weil die Gefahr bestehen könnte, dass dieser hochmütig wird. Ein ehrliches Lob als Ausdruck der Wertschätzung und Anerkennung dessen, was Jesus im anderen gewirkt hat, ermutigt und motiviert ungemein. Die Gefahr, dass der andere durch ein Lob stolz wird ist wesentlich geringer als die Gefahr, dass er durch das fehlende Lob frustriert und entmutigt wird!

Fürsprache für Onesimus (8-22)

Um die Brisanz dieser Begebenheit einschätzen zu können, müssen wir uns die Situation klar machen, in der sich Onesimus befand:

Die rechtliche Situation

- Das römische Recht gewährte den Sklaven einen doppelten Status: Sie waren einerseits Personen, vom wirtschaftlichen Standpunkt aus galten sie jedoch als Eigentum. Der Hausherr hatte das Recht, seine Sklaven zu töten und wenn damals ein Hausherr ermordet wurde, wurden alle seine Sklaven hingerichtet.

- Die männlichen Haussklaven, die einen Beruf erlernt hatten oder gebildet waren, wurden häufig mit Aufträgen betraut. Es kam ab und zu vor, dass ein Sklave die Gelegenheit nutzte, um zu flüchten und zu diesem Zweck Geld mitgehen ließ (18). Um einigermaßen in Sicherheit leben zu können, musste er möglichst weit weg fliehen und deshalb war Rom, wo viele Sklaven lebten, ideal. Wer gefasst wurde, musste mit einer schweren Strafe rechnen.

- Die Flucht eines Sklaven verursachte dem Besitzer einen finanziellen Verlust durch den Arbeitsausfall und die Beschaffung eines Ersatzes, der nicht billig war. Deshalb wurde ein entflohener Sklave vor dem Gesetz als gestohlenes Eigentum behandelt, für das derjenige aufkommen musste, der ihn aufnahm.

- Paulus war aus diesem Grund rechtlich verpflichtet, den Sklaven Onesimus an seinen Eigentümer zurückzusenden. Andernfalls musste er mit schlimmen Konsequenzen rechnen. Er erklärt sich deshalb auch bereit, Schadensersatz zu leisten (18-19a: Ich will bezahlen). Paulus protestiert nicht gegen die römische Gesetzgebung, sondern ordnet sich unter.

- Es kam damals vor, dass jemand mit einem Empfehlungsschreiben an einen Gleichgestellten herantrat, um sich für einen Angehörigen von niedrigerem sozialem Status wie z.B. einem Sklaven einzusetzen. Diesen offiziellen Weg hielt Paulus formal ein.

Die geistliche Situation

Die Brisanz der Situation liegt darin, dass Philemon durch Paulus zum Glauben gekommen war (19) und Onesimus ebenfalls (10). Onesimus war zwar widerrechtlich geflohen, aber auf diesem Fluchtweg fand er den Heimweg zu Gott. Aus dem Sklaven war ein Bruder geworden. Paulus wollte das Beste für Philemon *und* für Onesimus, aber das konnte nicht bedeuten, dass Philemon seinen Sklaven töten würde. Wie konnte diese Situation geistlich gelöst werden? Paulus sieht zwei Möglichkeiten:

Die „Basta-Lösung"

Paulus hätte einfach von seiner Autorität als Apostel Gebrauch machen und Philemon gebieten können, Onesimus als Bruder aufzunehmen (8). Wenn Philemon nicht darauf eingegangen wäre, hätte er geistlichen Druck über die Gemeinde in Kolossä ausüben können. Vermutlich wäre aber dadurch die Beziehung zwischen Paulus und Philemon in die Brüche gegangen.

Die „Liebes-Lösung"

Paulus favorisiert eine andere Lösung: Die Gewährung von Liebe und Vergebung aus freiem Willen. Anstatt zu gebieten, bittet er Philemon „um der Liebe willen" (9). In seelsorgerlicher Weisheit verwendet Paulus Argumente, die Philemon geistlich herausfordern:

- Onesimus ist dadurch, dass er zum Glauben gekommen ist, jetzt nützlicher für Philemon als vorher (11). Aber nicht nur für Philemon, sondern auch für Paulus (dir und mir), der ihn am liebsten behalten hätte (13). Mit dem pikanten Nebensatz *„damit er statt deiner mir diene"* deutet Paulus das geistliche „Recht" an, Onesimus als indirekte Gabe des Philemon zur Unterstützung des Evangeliums zu betrachten. Jedoch betont er sofort, dass dies nur auf freiwilliger Basis möglich ist (14).

- Paulus regt Philemon zu einer geistlichen Sichtweise des Vorfalls an: Vielleicht hat Gott ihm zunächst einen wirtschaftlichen Verlust zugefügt, um ihn nachher geistlich reicher zu machen (15-16: vom Sklaven zum geliebten Bruder). Dann könnte Philemon ja nicht anders handeln, als Onesimus freudig aufzunehmen.

- Paulus wirft seine eigene Person in die Waagschale: Onesimus ist nicht irgendein Bruder, sondern *„sein Herz"* (12), d.h. wenn Philemon Onesimus ablehnt, dann lehnt er Paulus ab (17) und das würde ihrer persönlichen Beziehung als „Mitkämpfer" (2) widersprechen.

- Vergebung ist verbunden mit Wiedergutmachung, wenn ein Schaden entstanden ist. Da aber Onesimus mittellos ist, erklärt sich Paulus bereit, für den finanziellen Verlust aufzukommen (18-19: Ich will bezahlen). Jedoch fügt Paulus hinzu, dass Philemon auch geistlich von Paulus profitiert hat, indem er durch ihn zum Glauben gefunden hat. Damit stellt er indirekt die Frage, ob es richtig ist, in diesem Fall auf Wiedergutmachung zu bestehen.

- Paulus betont die Beziehung, die sie zueinander haben. Die Sache mit Onesimus soll diese nicht beeinträchtigen, sondern fördern (20). Er traut Philemon sogar noch mehr zu als nur das absolut Nötige. Die Bemerkung *„dass du noch mehr tun wirst"* (21) deutet auf die Möglichkeit der Freilassung hin, denn jeder Sklavenbesitzer hatte das Recht, Sklaven freizulassen. Paulus vertraut darauf, dass Philemon im Gehorsam gegenüber Gott die richtige Entscheidung treffen wird.

- Damit steht die sensible Frage im Raum: Muss Philemon Onesimus nicht freilassen, weil er Christ geworden ist? Vor Christus sind doch alle gleich (vgl. Gal 3,28: nicht Sklave noch Freier). *Beachte:* Paulus fordert hier keine gesetzliche Abschaffung der Sklaverei, sondern ein Handeln in Liebe (vgl. Kol 3,22-4,1). Dieser Präzedenzfall im Philemonbrief veranlasste amerikanische Sklavenhalter dazu, die Verkündigung des Evangeliums an Sklaven zu verbieten aus Angst, dass diese sich bekehren und sie dann gezwungen wären, sie freizulassen.

- Wahrscheinlich hat Philemon seinen Sklaven Onesimus wirklich freigelassen. Denn Ignatius erwähnt in seinem Brief an die Epheser drei Mal den Bischof Onesimus von Ephesus.[76] Sollte er damit nicht den in diesem Paulusbrief genannten Onesimus gemeint haben?

---

[76] Vgl. Ignatius, An die Epheser, 1,3; 2,1; 6,2.

Persönliche Grüße (22-25)

Paulus kündigt mit diesem Brief nicht nur die Rücksendung des Onesimus an, sondern auch seinen eigenen Besuch. Dabei ist nicht zu vergessen, dass er ja im Gefängnis in Rom saß und nicht wusste, ob er überhaupt noch einmal freigelassen wird. Wie kommt er dazu?

- Diese Mitteilung ist an alle aufgezählten Empfänger gerichtet (1.22: *eure* Gebete *euch* werde geschenkt werden), also an die gesamte Hausgemeinde. Obwohl Paulus weit weg in Rom war, bestand offensichtlich eine innere Verbindung.

- Paulus rechnete mit der Fürbitte der Hausgemeinde um Freilassung und hoffte, dass Gott dieses Gebet erhören würde. Aber er legte sich nicht fest, sondern er spricht von der Erhörung als etwas, das Gott schenkt (22). Wenn Gott Gebet erhört, ist das immer ein Geschenk!

- Die Grußliste am Schluss (23-24) entspricht derjenigen des Kolosserbriefes (Kol 4,10ff). Paulus befand sich zwar im Gefängnis, konnte aber Besuch empfangen, schreiben und Informationen erhalten von den Gemeinden.

Am Schluss des Briefes steht der Zuspruch der *„Gnade unseres Herrn Jesus Christus"*. Damit erinnert Paulus alle Beteiligten daran, dass letztlich jeder aus dieser Gnade lebt und von dieser Gnade abhängig ist. Wer sich dessen bewusst ist, wird fähig sein, seine Brüder und Schwestern zu lieben und ihnen zu vergeben.

PHILEMONBRIEF – LIEBE UND VERGEBUNG

Schlüsselvers: „...bitte ich dich vielmehr um der Liebe willen..." (9)

	GEMEINSCHAFT	VERGEBUNGSBEREITSCHAFT	BRUDERSCHAFT
Verfasser - Paulus **Empfänger** - Philemon - Aphia - Archippus - Hausgemeinde **Gruß** - Gnade - Friede	**Dank an Gott für Philemon** - Für seinen Glauben an Jesus (5) - Für seine Liebe zu Jesus (5) - Für seine Liebe gegenüber allen Heiligen (5) - Für die empfangene Freude (7) - Für die empfangene Ermutigung (7) - Weil die Herzen der Gläubigen durch ihn erquickt werden (7) **Bitte an Gott für Philemon** - Erkenntnis alles Guten, das uns in Christus geschenkt ist (6) *...da ich von deiner Liebe höre (5)* *...wegen deiner Liebe (7)*	**Fürsprache für Onesimus** - Als der alte Paulus (9) - Für seinen geistlichen Sohn (10) - Für einen nützlichen Sklaven (11) **Bitte an Philemon** - Ihn aufzunehmen, wenn er zurückkehrt (12-14) - Paulus sendet sein eigenes „Herz" (12) - Ihn als Bruder zu behandeln und nicht als Sklaven (15-16) *...bitte ich um der Liebe willen (9)*	**Bewährungsprobe** - Wenn ich dein Freund bin - Nimm ihn auf wie mich! **Wiedergutmachung** - Wenn er Schaden angerichtet hat (18) - Rechne es mir an! (18) - Ich will es bezahlen! (19) **Vertrauen** - Gegenseitige Verpflichtung - Auf Handeln im Gehorsam (21) **Gemeinschaft** - Besuch bei Philemon (22) - Gegenseitige Fürbitte (22)	**Grußliste** - Epaphras - Markus - Aristarch - Demas - Lukas **Segen** Gnade des Herrn Jesus Christus sei mit eurem Geist!
1-3	4-7	8-21	17-22	23-25
Briefkopf	**Lob an Philemon**	**Bitte an Philemon**	**Versprechen an Philemon**	**Briefschluss**

Beispiel für praktizierte Liebe und Vergebung in schwierigen Umständen

Wichtiges
- Kürzester Brief des Apostels Paulus
- Überwindung der Sklaverei durch die Liebe
- Die Auswirkungen echter Bruderschaft
- Vergebung und Wiedergutmachung
- Die verbindende Macht des Gebets
- Die Veränderung eines Menschen durch den Glauben
- Wie aus einem Fluchtweg ein Heimweg zu Gott wird!

Titel: An Philemon
- Abfassungszeit: ca. 62 n.Chr.
- Abfassungsort: Rom - Gefangenschaft
- Verfasser: Paulus
- Empfänger: Philemon u.a.

Literatur

Ellwell, Walter A., Yarbrough, Robert W.: Studienbuch Neues Testament, Wuppertal, R. Brockhaus, 2001.

Hörster, Gerhard: Bibelkunde und Einleitung zum Neuen Testament, Wuppertal, R. Brockhaus, 1993.

Ignatius, An die Epheser, Bibliothek der Kirchenväter, www.unifr.ch/bkv/kapitel6.htm, eingewählt am 13.09.2011.

MacArthur, John: Basisinformation zur Bibel, Bielefeld, CLV, 2003.

Mauerhofer, Erich: Einleitung in die Schriften des Neuen Testaments Bd. 2: Römer-Offenbarung, Holzgerlingen, Hänssler, 1999.

Moo, Douglas J.: The Letters to the Colossisans and to Philemon. The Pillar New Testament Commentary, Grand Rapids, Eerdmans, 2008.

Reifler, Hans Ulrich: Bibelkunde des Neuen Testaments. Die Bibel lieben, kennen und verstehen, Nürnberg, VTR, 2006.

Stringfellow, Dr. Alan B.: Through the Bible in one Year. A 52-Lesson Introduction to the 66 Books of the Bible, Tulsa, Hensley Publ., 1988.

DER HEBRÄERBRIEF

Der Hebräerbrief nimmt im Regal der Bibelbibliothek einen besonderen Platz ein. Er lässt sich nicht zweifelsfrei zuordnen und steht deshalb zwischen den Paulusbriefen und den sog. „katholischen (allgemeinen) Briefen". Der Hebräerbrief zählt nicht gerade zu den Favoriten der Bibelleser, da viele Bezüge aus der Welt des alttestamentlichen Gottesdienstes stammen und es sich spätestens hier rächt, wenn bei der Lektüre des AT das dritte Buch Mose übergangen wurde. Hier bietet die Tour durch diesen Brief eine neue Chance zum Verständnis des Alten Testaments!

1. Verfasser

Bei dieser Frage beginnt schon die erste Besonderheit des Briefes: Der Verfasser wird nicht genannt und es lässt sich nicht zweifelsfrei bestimmen, wer den Brief geschrieben hat. Dass es sich überhaupt um einen Brief handelt, ist nur am Schluss erkennbar (13,18-25), denn der Verfasser verzichtet auf einen Briefkopf. Sein Schreibstil deutet mehr auf eine Predigt oder eine Zusammenfassung mehrerer Predigten hin (vgl. 2,5; 5,11; 6,1; 8,1; 9,5; 11,32), so dass der Hebräerbrief als eine „Briefpredigt" bezeichnet werden könnte.

Aber wer hat ihn nun geschrieben? In der engeren Auswahl sind Paulus, Barnabas und Apollos. Gegen Barnabas und Apollos spricht, dass sie zur ersten Generation gehörten (vgl. 2,3). Auch wenn der Hebräerbrief anders ist als die übrigen Paulusbriefe, spricht vieles dafür, dass Paulus der Verfasser ist: die Erwähnung des Timotheus (13,23); die Betonung des Glaubens und die kirchliche Überlieferung. Obwohl der Verfasser, den die ersten Leser zweifellos kannten, seine Identität nicht verrät, können wir davon ausgehen, dass er ein jüdischer Christ der zweiten Generation (2,3) war, der seine Informationen von den Jüngern Jesu hatte und das AT bestens kannte.

Wie der Kirchenvater Origenes müssen wir erkennen: *„Gott allein weiß genau, wer diesen Brief geschrieben hat."* Auf jeden Fall wurde der Hebräerbrief in den biblischen Kanon aufgenommen und gehört damit zu Gottes unfehlbarem Wort.

2. Empfänger

Den einzigen Hinweis auf die Empfänger finden wir in der Überschrift des Briefes: *„An die Hebräer"*. Sie gehört zwar nicht zum inspirierten Text, wurde aber von Anfang an so verwendet. Aufgrund einiger Hinweise im Text wird allerdings deutlich, dass es sich um Judenchristen handeln muss:

- Der Verfasser argumentiert fast ausschließlich mit dem AT. Er ging davon aus, dass die Leser sich darin bestens auskannten und mit dem levitischen Kult vertraut waren. Der Schreiber holte sie da ab, wo sie standen.

- Die Hauptgefahr, vor der der Verfasser warnt, ist ein Rückfall in das alttestamentliche Gesetz. Zurück fallen kann nur, wer vorher schon einmal darin gelebt hat. Für Nichtjuden wäre diese Warnung unverständlich gewesen.

- Verschiedene einzelne Hinweise:
    - Gott hat zu den Vätern geredet, d.h. zu den Vätern ihres Volkes (1,1).
    - Die Aufforderung, vor das Lager hinauszugehen, macht nur Sinn, wenn sie vorher Teil des jüdischen Lagers waren (13,13).
    - Die Anrede *„Brüder"* (2,17) und *„heilige Brüder"* (3,1) lässt auf die gemeinsame Herkunft von Verfasser und Empfänger schließen.

Wo diese Christen gewohnt haben, ist ebenso schwierig zu klären wie die Verfasserfrage. Manche schließen aus dem Hinweis in 13,24, dass sie sich in Rom befanden. Andere schlagen Jerusalem vor und wieder andere die Gemeinden Judäas außerhalb Jerusalems. Tatsache ist, dass diese jüdischen Christen schon längere Zeit gläubig waren (5,11-6,3) und schwere Zeiten der Verfolgung hinter sich hatten (10,32-39).

3. Zeit und Ort der Abfassung

Der Ort der Abfassung ist unklar. Aufgrund von 13,24 könnte es Rom gewesen sein. Die Zeit lässt sich dagegen eindeutiger bestimmen: Clemens von Rom, einer der frühen Kirchenväter, schrieb im Jahr 95 n.Chr. Briefe, in denen er aus dem Hebräerbrief zitierte. Also muss der Hebräerbrief vorher verfasst worden sein. Der Hinweis auf Timotheus, der aus dem Gefängnis entlassen wurde (13,23), bedeutet, dass er zur Abfassungszeit noch lebte.

Nach der Überlieferung starb Timotheus im Jahr 81 n.Chr. als Märtyrer, so dass der Brief vorher verfasst worden sein muss. Wenn der Verfasser ausführlich auf den Opferkult eingeht und vor einer Rückkehr dazu warnt, dann ist davon auszugehen, dass der Tempel in Jerusalem noch vorhanden war. Da der Tempel im Jahr 70 n.Chr. zerstört wurde, ist also von einer Abfassungszeit von *ca. 68 n.Chr.* auszugehen.

4. Anlass

Der Verfasser selbst bezeichnet seinen Brief als *Wort der Ermahnung* (13,22), um die Empfänger des Briefes vor einem Rückfall in die Gesetzesfrömmigkeit zu warnen. Sie waren in Gefahr, vom Glauben abzufallen (3,12), weil sie das Heil, das Jesus auch für sie vollbracht hatte, dadurch missachteten (2,3; 10,29; 12,25).

Die Leser waren in ihrem Glaubenswachstum stehen geblieben (5,11-6,3). Darum war ihre Lage sehr ernst. Die Ermahnungen sind jedoch zugleich auch mit Ermutigungen verbunden. Der Autor lenkt ihren Blick ganz neu auf Jesus, um sie aus ihrem Loch der Verzweiflung herauszuholen (10,23.35; 12,1-3).

5. Aufbau

Der Hebräerbrief besteht aus *zwei Hauptteilen:*

Im ersten Teil (Kap 1,1-10,18) steht die *Überlegenheit Jesu Christi* im Mittelpunkt und im zweiten Teil (Kap 10,19-13,25) die *Überlegenheit des Glaubens* gegenüber dem Gesetz.

Der Schwerpunkt des ersten Teils liegt auf der Lehre, der des zweiten Teils auf der Glaubenspraxis, wobei die Darlegungen des ersten Teils auch immer wieder durch seelsorgerliche Ermahnungen unterbrochen werden (z.B. 2,1-3; 3,7-8; 4,11; 6,1). Der Charakter des Briefes als „Wort der Ermahnung" (13,22) ist in jedem Kapitel spürbar.

Das *Hauptthema* des Briefes ist die *Standhaftigkeit im Glauben*, zu der die Leser ermutigt werden. Der Schreiber entfaltet die Größe Jesu Christi gegenüber der Gottesoffenbarung im Alten Testament und betont die Vorzüge des Glaubens gegenüber dem Gesetz. Wenn schon dem Volk Gottes des alten Bundes so vieles geschenkt wurde, wie viel mehr ist der Gemeinde des Neuen Bundes durch den Glauben an Jesus geschenkt worden!

Um das zu verdeutlichen, stellt der Verfasser immer wieder das Alte und das Neue einander gegenüber. Seine Lieblingsbegriffe sind: besser, vorzüglicher, vollkommen, ewig.

Gegenüberstellungen im Hebräerbrief		
Das Gesetz - AT	**Jesus Christus - NT**	**Stellenangabe**
Der alte Bund	Der neue Bund	8,7–10.13–9,1; 9,15.18; 10,16
Das Gute	Das Bessere	6,9; 7,7.19.22; 8,6; 9,23; 10,34; 11,4.16.35.40; 12,24; 1,4
Das Unvollkommene	Das Vollkommene	2,10; 9,9.11; 10,1.14
Das zeitlich Begrenzte	Das Ewige	ewig: 1,8; 5,6.9; 6,2.20; 7,17.21.24.28; 9,12.14–15; 13,8.20–21; zeitlich: 2,7.9; 4,7; 6,5; 9,9–10.26; 11,25
Das Irdische	Das Himmlische	himmlisch: 3,1; 6,4; 8,5; 9,23; 11,16; 12,22; irdisch: 9,1
Schatten	Wirklichkeit	8,5; 10,1

Warum macht sich der Verfasser diese Mühe?

Weil er seinen Lesern die Augen öffnen möchte für den Reichtum, den sie in Christus haben und welche Torheit sie begehen, wenn sie wieder zum alten Bund zurückkehren. Er will die frühere Leidenschaft ihres Glaubens wieder neu entfachen. Dieser Brief ist nicht nur für Judenchristen wichtig, sondern für jeden Gläubigen, der im Lauf der Zeit müde und leidenschaftslos geworden ist und sich mit dem Gedanken trägt, teilweise oder ganz zum alten Leben zurückzukehren. Jede Erneuerung beginnt mit einem neuen Blick auf Jesus!

6. Überblick

Die Überlegenheit Jesu Christi (Kap 1,1-10,18)

Der Verfasser beginnt mit einem Prolog, der die Heilsgeschichte in zwei Zeitperioden aufteilt (1,1-2): Die vergangenen Zeiten, in denen sich Gott auf verschiedene Art und Weise geoffenbart hat und die „letzten Tage".

Diese haben mit dem Auftreten Christi begonnen. Seit dieser Zeit offenbart sich Gott nur noch in der Person Jesu Christi, mit dessen universeller Größe der Schreiber beginnt (1,1-3):

Die Größe Jesu Christi	Bedeutung	Stelle
Gott redet durch den Sohn	Größer als die Propheten	1,1
Erbe des Alls	Größer als das Weltall	1,2
Schöpfer der Weltzeiten	Größer als die Zeit	1,2
Abglanz von Gottes Herrlichkeit	Größer als die Menschen	1,3
Ebenbild von Gottes Wesen		
Er trägt alles durch sein Wort	Größer als alles	1,3
Er ist der Befreier von Sünde	Größer als die Sünde	1,3
Er sitzt zur Rechten Gottes	Größer als die Engel	1,3-14

Im AT hat sich Gott durch die Propheten geoffenbart, im NT ist einzig der Sohn Gottes die Quelle der Offenbarung und das nicht nur durch sein Reden, sondern in seiner ganzen Person. Die Propheten waren fehlbare Menschen, der Sohn Gottes ist unfehlbarer Gott. Das sind gewaltige Aussagen, die unser Vorstellungsvermögen sprengen.

Beispiel: Jesus trägt alles o. das All. Jesus hält die ganze Schöpfung zusammen. Wenn er sich zurückziehen würde, könnte nichts und niemand existieren. Er bewahrt die Erde vor der Zerstörung bis zu seiner Wiederkunft.

Jesus ist größer als die Engel (1,4-2,18)

Der Verfasser des Hebräerbriefes beginnt mit der Feststellung, dass Jesus größer ist als die Engel. Als Beweis zitiert er Stellen aus dem AT[77], die auf Christus hinweisen, vorzugsweise aus den Psalmen. Warum ist Jesus größer als die Engel?

- Weil er einen höheren Namen (= Rang, Stellung) hat als die Engel (1,4). Der Sohn steht über den Engeln. *Begründung aus dem AT:* Ps 2,7; 2Sam 7,14; Ps 97,7: Alle Engel müssen den Sohn anbeten.

---

[77] Interessant ist, dass der Verfasser nach der Septuaginta zitiert und nicht nach dem hebräischen Text.

- Weil er als Sohn Gott und König ist, der über das All eingesetzt wurde (1,7-14). Die Engel sind nur Diener, die der Herrschaft Gottes unterstehen. *Begründung aus dem AT:* Ps 104,4; 45,7-8; 102,26-28; 110,1.

- Der Vater hat den Sohn über alles erhöht und ihm alles unterworfen, auch die Engel. Das gilt auch, obwohl er durch seine Menschwerdung kurze Zeit niedriger geworden ist als die Engel (2,9). *Begründung aus dem AT:* Ps 8,5-7.

- Die Erniedrigung durch die Menschwerdung war nötig, um das Werk der Erlösung zu vollbringen, damit Menschen Kinder Gottes werden können (2,9-18). Ohne Menschwerdung keine Erlösung! *Beachte:* Im Mittelpunkt des Heilsgeschehens Gottes stehen nicht die Engel, sondern die Menschen (2,16-18). *Begründung des AT:* Ps 22,23; Jes 8,18.

Einschub: Die erste Warnung (2,1-4)

Im Zusammenhang mit den Engeln fügt der Verfasser eine Warnung ein (2,1-4). Er vergleicht das geringere mit dem größeren: Wenn schon das Wort, das durch die Engel übermittelt wurde, zuverlässig war, wie viel wichtiger, zuverlässiger und ernstzunehmender ist dann erst das Wort des Sohnes, der über den Engeln steht!

Was hatten die Engel mit dem Gesetz zu tun?

Die Engel als Diener Gottes hatten am Sinai die Aufgabe, dem Volk Gottes das Gesetz zu übermitteln. Eine Andeutung finden wir in Dt 33,3, wo der Begriff „Heilige" sich auf Engel bezieht. Im NT finden wir eine entsprechende Erklärung dazu in Apg 7,53 und Gal 3,19.

Was haben die Leser damit zu tun?

Sie sollen genau auf die Heilsbotschaft des Wortes Gottes, die durch Christus und seine Boten vollmächtig verkündigt wurde, achten (2,1.3-4). Wer nicht auf das Wort Gottes achtet, verfehlt das Ziel! (2,1). Deshalb gilt es, genau hinzuhören und zu tun, was Gott sagt!

Jesus ist größer als Mose und Josua (3,1-4,13)

Der Verfasser geht einen Schritt weiter von den Überbringern des Gesetzes, den Engeln, zu den Männern, die das Gesetz zu lehren und im Alltag umzusetzen hatten: Mose und Josua. Er vergleicht diese Führer des Volkes Gottes mit Jesus, dem wahren und größeren Apostel und Hohepriester seines Volkes (3,1):

Jesus ist größer als Mose

- Mose war ein treuer Führer seines Volkes als Verwalter des ihm anvertrauten Hauses (3,2 ist Zitat aus Num 12,7). Aber er war selbst Teil dieses Hauses (Volkes) und damit auf der gleichen Stufe wie das Volk.
- Jesus war ebenso treu wie Mose (3,5), aber in der Stellung höher, weil er Erbauer des Hauses und Sohn des Hauses ist, das Gott gehört (3,3-4.6). Zu diesem Haus, das ist die Gemeinde, gehören die Leser auch dazu (3,6).

Jesus ist größer als Josua

- Josua hatte die Aufgabe, Gottes Volk in das verheißene Land zu führen und damit in die versprochene Ruhe Gottes. Diese Ruhe war jedoch unvollkommen und die Verheißung noch nicht endgültig erfüllt (4,8-9).
- Die dauerhafte Ruhe ist noch zukünftig (4,3-4.10). Nicht Josua, sondern Jesus allein kann seine Gemeinde in die vollkommene Ruhe führen, d.h. in die himmlische Herrlichkeit (4,8-10).

Einschub: Die zweite Ermahnung (3,7-4,13)

Nach dieser zweiten Gegenüberstellung folgt eine weitere Ermahnung als Einschub (3,7), indem der Verfasser Parallelen zieht zwischen Josua und Jesus und zwischen der Wüstengeneration und den Briefempfängern:

- Wie Josua das Volk des alten Bundes in das verheißene Land, in die Ruhe Gottes, führen wollte, so will Jesus seine Gemeinde in die vollkommene Ruhe, die himmlische Herrlichkeit führen (4,8-10). Die Voraussetzung dazu ist bei Josua und Jesus identisch: Der Glaube an das verkündigte Wort Gottes (4,1-3).
- Die Wüstengeneration durfte nicht in das verheißene Land und versäumte damit die Ruhe Gottes wegen ihres Unglaubens (3,7-19). Die Hebräer standen in der gleichen Gefahr. Darum ermahnt er sie zur sofortigen Umkehr (Heute: 3,7.15; 4,7 - Zitat aus Ps 95,7-11). Er warnt sie am Beispiel der Wüstengeneration (4,11) vor der zerstörerischen Wurzel des Unglaubens (3,12), die den Eingang in die Ruhe Gottes verhindert.
- Die Leser sollen sich der Wirkung des Wortes Gottes (4,1) aussetzen, um ihre Herzenshaltung zu prüfen (4,12-13). Sie sollten einander ermahnen, um nicht von Gott abzufallen (3,13), sondern standhaft zu bleiben im Glauben und auf Gottes Verheißungen zu vertrauen (3,14).

Jesus ist größer als Aaron (4,14-10,18)

Nun kommt der Verfasser zu einer zentralen Person und einem zentralen Amt im alten Bund: Dem Hohepriester und dem Hohepriestertum. Bereits in 2,17 und 3,1 erwähnte er nebenbei das Hohepriestertum Christi, aber nun geht er ausführlich darauf ein. In diesem Abschnitt zeigt der Verfasser, dass das Hohepriestertum Christi dem levitischen Priestertum weit überlegen ist, sowohl in Bezug auf die Person des Hohepriesters als auch bezüglich seiner Aufgabe. Er zählt fünf Punkte auf, die *„besser"* sind:

Eine bessere Stellung (4,14-16)

Während der levitische Priester nur ein Mal im Jahr Zutritt ins Allerheiligste hatte und seine Wirksamkeit auf die Erde beschränkt war, hat Jesus den Zugang zum Thron der Gnade für jeden und zu jeder Zeit bereitet. Er hat die Himmel durchschritten (4,14) und ist ständig in der Gegenwart seines Vaters. Und obwohl er Gott ist, kann er trotzdem Mitleid haben mit unseren Schwachheiten, weil er sie durchlitt und versucht worden ist wie wir. Deshalb sollen wir nicht aufhören, uns ihm zu nahen (4,16), denn er hat Barmherzigkeit und rechtzeitige Hilfe versprochen.

Ein besserer Priester (5,1-7,28)

Der Hohepriester musste bestimmte Voraussetzungen erfüllen, um für dieses Amt tauglich zu sein. Diese galten sowohl für den levitischen Priester als auch für Jesus als den größeren Hohepriester:

- Er musste ein Mensch sein, der für andere Menschen einsteht (5,1)
- Er musste fähig sein, Gaben und Opfer darzubringen (5,1)
- Er musste Anteil nehmen können und Mitgefühl haben (5,2)
- Er musste selbst rein sein (5,3)
- Er musste von Gott berufen sein (5,4)

Der Verfasser weist nach, dass Jesus alle diese Bedingungen erfüllte (5,5-10). Im Gegensatz zum levitischen Priester musste er kein Opfer für seine eigenen Sünden darbringen (5,3), da er als Mensch ohne Sünde und deshalb ständig rein war (5,7-8 vgl. 4,15; 7,27-28).

Hier wird deutlich, wie entscheidend wichtig es ist, dass Jesus Mensch wurde. Hätte er sich nicht erniedrigt, könnte er nicht Hohepriester sein und damit gäbe es keine Erlösung (5,9 vgl. 4,16 und vor allem 2,17-18).

Bedenke: Jesus kennt alle unsere Anfechtungen und Kämpfe! Er versteht uns, weil er als Mensch selbst alles durchlebt hat (vgl. Mt 4,1-11).

Einschub: Die dritte Ermahnung (5,11-6,20)

Wieder unterbricht der Verfasser seine Argumentation mit einer eindringlichen Ermahnung (5,11-6,20). Die Leser des Briefes waren keine Neubekehrten, sondern „alte Hasen", die jedoch im Glauben keine Fortschritte mehr gemacht haben. Geistlich waren sie Kleinkinder, die immer noch die Milch der Glaubensgrundlagen (6,1-2) brauchten anstelle der festen Nahrung der weiterführenden Lehre des Wortes Gottes für reife Gläubige (5,11-14).

Was war das Problem dieser Christen?

- Sie waren träge[78] geworden im Hören (5,11). Das Problem war allerdings nicht der Mangel an Wissen, denn sie kannten sich aus im AT, sondern die Umsetzung des Wissens im Alltag.

- Der Zeit nach hätten sie Lehrer des Wortes sein können (5,12). Jedoch haben sie die Wahrheit, die man sie gelehrt hatte, nicht praktiziert, so dass sie sich zurückentwickelt haben vom Erwachsenenalter zum Kleinstkinderstadium.

- Diese Rückentwicklung ist gefährlich, denn sie kann zum allmählichen Abfall im Glauben führen. Obwohl der Zugang zum Thron der Gnade immer offen steht (4,16), darf nicht mit der Gnade gespielt werden. Je länger jemand im Glauben gelebt hat und sich dann bewusst von Jesus abwendet, desto schwieriger wird die erneute Umkehr (6,4-8).

    Beachte: Hier spricht der Verfasser von einem möglichen Szenario und nicht vom Zustand der Leser.

Bedenke: Nur die Umsetzung des Wortes führt zur geistlichen Reife! Nur die Einübung des Wortes Gottes im Alltag führt zum geistlichen Unterscheidungsvermögen zwischen Gutem und Bösem (5,14).

„Use it or loose it" (Gebrauche es oder verliere es). Der Mangel an Umsetzung des Wortes führt zu einer Rückentwicklung von der Reife zur Unreife.

Diese Warnung ist aber auch verbunden mit der Ermutigung, im Glauben vorwärts zu gehen und wie Abraham an den Verheißungen Gottes festzuhalten (6,9-18). Sie sollten ihre Seele wie einen Anker festmachen an der lebendigen Hoffnung, die Gott zugesagt hat (6,19-20). Dieser Anker hält den stärksten Gegenwind aus.

---

[78] Griech. νωθρός *nōthros* = faul, träge, schwerfällig, nachlässig.

Die Ordnung Melchisedeks

Der Verfasser erklärt, was er unter der Ordnung Melchisedeks versteht, die er in 5,6.10 angedeutet hat. Er weist in Kap 7 nach, dass die Verheißung eines ewigen Hohepriesters aus Ps 110,4 in Christus erfüllt wurde (Gen 14,18-20 und Ps 110,4) und vergleicht deshalb Jesus mit Melchisedek:

- Melchisedek war Priester und König zugleich. Er war Priester Gottes, des Höchsten und König von Salem bzw. Jerusalem (7,1-2). Diese Titel zeigen zwei Aspekte seiner Herrschaft: Er herrschte in Gerechtigkeit (Melchisedek = König der Gerechtigkeit) und in Frieden (Salem = Frieden). Damit ist die zukünftige Herrschaft des Messias Jesus gemeint (vgl. Jes 9,6-7). Jesus ist zugleich König und Priester! Und seine Herrschaft ist geprägt von Gerechtigkeit und Frieden.

- Melchisedek war größer als Abraham. Die Vorrangstellung Melchisedeks wird durch zwei Handlungen deutlich: Er segnete Abraham und Abraham gab Melchisedek den Zehnten (7,2.4-11). Der Größere segnet den Geringeren (7,7). Melchisedek lebte schon, bevor die levitische Ordnung eingeführt wurde. Sie ist eine ewige Ordnung eines ewigen Hohepriesters: Christus.

- Melchisedek war ein unabhängiger Priester (7,3). Im Gegensatz zum levitischen Priestertum, bei dem die Abstammung maßgeblich war, ist von Melchisedek weder Vater noch Mutter noch Abstammung bekannt. Ebenso weder Anfang noch Ende seines Lebens. Sein Priestertum war zeitlos (7,3), während der levitische Priester nur im Alter zwischen 25 und 50 Jahren dienen durfte (vgl. Num 8,24-25). So ist und bleibt auch Jesus ein zeitloser, ewiger Hohepriester (7,3.24).

- Die levitische Ordnung war unvollkommen (7,11-24) und diente nur dem Volk Israel, während das Priestertum nach der Ordnung Melchisedeks vollkommen war, weil es auf einer neuen Ordnung und einem vollkommenen Hohepriester gegründet (7,26-28) und für jeden Menschen zugänglich war (7,25). Jesus steht für jeden Menschen ein, der zu ihm kommt. Das gilt bis heute, denn er wird nie zu alt oder geht in Rente!

Ein besserer Bund (8,1-13)

Während das levitische Priestertum den mosaischen Gesetzesbund zur Grundlage hatte, basiert das Priestertum Christi auf dem Neuen Bund. Der mosaische Bund war abgelaufen (8,7.13), der neue Bund ist ewig und besser als der alte Bund, da er auf besseren Verheißungen beruht (8,6).

Die levitische Ordnung mit seinem irdischen Heiligtum war nur ein *Schatten*, ein Modell für die *Wirklichkeit* der himmlischen Stiftshütte (8,1-5). Darum musste sie abgerissen werden und der neuen Ordnung Platz machen, dem neuen, ewigen Bund.

Ein besseres Heiligtum (9,1-10)

Um diese Ausführungen zu verstehen, sollte der Leser Ex 25-40 kennen, wo der Aufbau der Stiftshütte erklärt wird: Vorhof, Heiligtum, Allerheiligstes. Dieser Aufbau zeigt, dass es für den Israeliten, der Gott anbeten wollte, keinen direkten Zugang gab. Er durfte nur den Vorhof betreten und die Priester nur das Heiligtum, um dort ihren Dienst zu verrichten. Nur der Hohepriester durfte ein Mal im Jahr ins Allerheiligste. Von der Bundeslade aus redete Gott zu ihm und er gab diese Botschaft dann an das Volk weiter. Darum war eine *„bessere Ordnung"* (9,10) notwendig, denn die Verheißung des neuen Bundes, dass alle Gott kennen werden (8,11), konnte im irdischen Heiligtum nicht erfüllt werden. Das himmlische Heiligtum ist das Original, das irdische Heiligtum (Stiftshütte und Tempel) dagegen nur eine Kopie, ein Nachbau des Originals (8,2). Im neuen Bund ist kein Gebäude mehr notwendig, denn durch Jesus Christus haben wir direkten Zugang zu Gott.

Ein besseres Opfer (9,11-10,18)

Das neue Priestertum musste auf einem besseren Opfer beruhen, denn das Tierblut des levitischen Priestertums konnte nur vorläufige Sühnung schaffen (10,1-4). Die Grundlage des neuen Bundes ist das Opfer Jesu Christi, der sein Blut ein für alle Mal (9,24-28; 10,14) vergossen hat, um eine ewige Erlösung zu schaffen (9,12). Ohne Blutvergießen geschieht keine Vergebung (9,22), aber erst durch das Blut Christi konnte Vergebung endgültig sein (10,10-14). Dieser letzte Abschnitt des ersten Teils ist ein Höhepunkt des ganzen Briefes, da den Lesern hier das Erlösungswerk Jesu Christi deutlich vor Augen geführt wird.

Die Überlegenheit des Glaubens (Kap 10,19-13,25)

Im zweiten Teil des Briefes zieht der Verfasser die Konsequenzen aus dem, was er seinen Lesern im ersten Teil mit vielen Argumenten bewiesen hat. Die Erkenntnis des Besseren muss zu einem besseren Leben führen. Das Bessere ist, im Glauben zu leben und deshalb ermahnt und ermutigt der Verfasser seine Leser, im Glauben standhaft zu bleiben und vorwärts zu gehen, anstatt wieder zum alten Leben unter dem Gesetz zurückzukehren.

Ermutigung zur Gemeinschaft mit Gott (10,19-25)

Der Weg ist frei und deshalb sollte jeder einzelne „herzutreten" und genauso die Gemeinde als Ganzes. Das ist der große Vorzug gegenüber dem AT: Der Gläubige braucht keinen Menschen mehr als Vermittler oder Fürsprecher. Alles konzentriert sich auf Christus, durch den jeder Gläubige zu jeder Zeit Zutritt hat in die Gegenwart Gottes.

In Gottes Seelsorge gibt es keine Sprechstundentermine! Das bedeutet allerdings nicht, dass Christen autonom leben, sondern Teil einer Gemeinschaft sind, die von gegenseitiger Ermutigung lebt (10,24-25). Der Gläubige braucht Gemeinschaft mit anderen Christen, um in der Liebe wachsen zu können. Das Neue Testament kennt keinen christlichen Individualismus!

Warnung vor dem Abfall (10,26-31)

Der Verfasser verschweigt jedoch nicht die Kehrseite: Wer den Weg des Glaubens und damit das Erlösungswerk Christi willentlich ablehnt, dem bleibt keine andere Wahl als die Erwartung des Gerichtes Gottes. Der Verfasser nimmt den Lesern die Illusion, als gäbe es eine alternative Möglichkeit der Sündenvergebung durch das Gesetz. Seit Christus in diese Welt kam, existiert der Weg des Gesetzes nicht mehr. Der neue lebendige und zugleich einzige Weg zur Freiheit ist Christus (10,20). Wer diesen Weg wider bessere Erkenntnis „mutwillig"[79] (10,26) ablehnt, hat ein härteres Gericht zu erwarten als der Unkundige, weil er das Blut Jesu Christi mit Füßen tritt (10,29-31). Das ist die *vierte* Warnung des Briefes an Gläubige, die hartnäckig ihre frühere Erkenntnis ablehnen und einen Heilsweg ohne Christus suchen.

Ermutigung zur Standhaftigkeit (10,32-39)

Vor diesem Hintergrund ermutigt der Verfasser seine Leser eindringlich zur Standhaftigkeit im Glauben (10,32-39). Sie waren ja keine Neubekehrten, sondern hatten in der Vergangenheit schon Stehvermögen bewiesen und viel erlitten um ihres Glaubens willen (10,32-34). Darum richtet er ihren Blick auf die zukünftige Hoffnung, um deretwegen es sich lohnt, im Glauben auszuharren (10,35-39). Die Erfahrungen der Hebräerchristen zeigen, dass es im Leben eines Christen Zeiten geben kann, in denen er voller Leidenschaft für Christus lebt und dann auch Zeiten, in denen er auf dem schmalen Grat des Glaubens in Gefahr gerät, abzustürzen.

---

[79] Griech. ἑκουσίως hEkousiōs = freiwillig; aus eigenem Antrieb; vorsätzlich.

Das Leben des Glaubens ist immer angefochtenes und unberechenbares Leben, das steht und fällt durch die Verbundenheit mit Christus. Ohne Jesus stehen wir ständig am Abgrund. Darum ist der erste Schritt aus dem Dilemma immer die Neuausrichtung des Herzens auf Jesus, der alles vollbracht hat und ans Ziel führt.

Ermutigung durch Vorbilder des Glaubens (11,1-40)

Im vorigen Abschnitt hat der Verfasser seine Leser an ihre eigene Vergangenheit erinnert, in Kap 11 erinnert er sie an verschiedene Vorbilder des Glaubens im AT. Er erteilt ihnen eine eindrückliche Lektion über das Wesen (11,1) und die Praxis des Glaubens. Der Schlüsselausdruck *„durch den Glauben"*, der bei jeder Person wiederholt wird, betont das Handeln nach Gottes Verheißungen, obwohl deren Erfüllung nicht in Sicht war. Diese Männer und Frauen des alten Bundes harrten aus im Glauben, obwohl sie nichts sahen, weil die endgültige Erfüllung der Verheißungen und das Eingehen in die vollkommene Ruhe Gottes noch ausstand (11,39-40). Durch das Kommen Jesu sind wir zwar in einer weit besseren Situation als diese Glaubenszeugen, aber die Vollerfüllung der Ruhe Gottes ist auch für uns noch Teil der Hoffnung, die bei der Wiederkunft Christi Wirklichkeit wird.

Verschiedene Ermutigungen und Mahnungen (12,1-13,25)

Der letzte Abschnitt des Briefes (12,1-13,25) besteht aus unterschiedlichen Ermahnungen und Ermutigungen. Hier geht es nicht um Moral, sondern um den Weg des Glaubens in der Nachfolge Christi. Der Blick auf Jesus ist die Quelle der Ausdauer im Glauben (12,1-3) auch wenn die Erziehungswege Gottes manchmal schmerzhaft sind (12,4-11). Der Verfasser ermutigt die Christen, aufzustehen und den Weg der Heiligung zu gehen (12,12-14) und nicht wie Esau Gottes Gnade zu versäumen (12,15-24), sondern auf das Wort Gottes zu hören und danach zu handeln (12,25-29). Das ist die *fünfte Warnung* des Briefes. In Kap 13 folgen weitere Einzelermahnungen, wie die zur praktischen Liebe (13,1-4), zum Vertrauen auf Gottes Fürsorge (13,5-6) und zu einem Gottesdienst, der dem neuen Bund entspricht (13,7-17). Der Verfasser betont noch einmal, dass die Rückkehr zum Gesetz der falsche Weg ist und nur das völlige Vertrauen auf die Gnade Gottes (13,9), die in Christus geschenkt ist, zum Ziel bringt.

Im Schlussteil bittet der Verfasser um Fürbitte (13,18-19), formuliert einen Segen, der das Ziel des Briefes in einem Satz zusammenfasst (13,20-21) und beendet sein *„kurzes Schreiben"* mit verschiedenen Grüßen (13,22-25).

HEBRÄERBRIEF – STANDHAFTIGKEIT IM GLAUBEN

Schlüsselvers: „Werft nun eure Zuversicht nicht weg, die eine große Belohnung hat." (10,35)

ÜBERLEGENHEIT JESU CHRISTI			ÜBERLEGENHEIT DES GLAUBENS	
Überlegenheit Christi (1,1-3) -Offenbarung Gottes im Sohn (1,1-2) -Erbe des Alls (1,2) -Schöpfer der Weltzeiten (1,2) -Ausstrahlung von Gottes Herrlichkeit (1,3) -Abdruck von Gottes Wesen (1,3) -Erhalter des Weltalls (1,3) **Überlegenheit über die Engel (1,4-2,18)** -Höherer Name (1,4) -Höherer Status als Sohn (1,5-14) **Erste Warnung (2,1-4)** -Urheber des Heils (2,5-18)	**Überlegenheit über Mose (3,1-6)** -Erbauer des Hauses steht über dem Verwalter (3,1-5) -Sohn des Hauses steht über dem Diener (3,6) **Überlegenheit über Josua (3,7-4,13)** **Zweite Warnung (3,7-4,13)** -Negatives Vorbild: Wüstengeneration (3,7-19) -Das Ringen um den Eingang in die Ruhe Gottes (4,1-11) -Die zukünftige Ruhe (4,8-11) -Lasst uns nun eifrig sein! (4,11) -Die Wirkung des Wortes Gottes (4,12-13)	**Überlegenheit über Aaron (4,14-7,28)** -Ewiger Hohepriester (4,14-5,11) **Dritte Warnung (5,11-6,20)** -Hohepriester nach Gottes Verheißung (6,13-20) -Hohepriester nach der Ordnung Melchisedeks (7,1-28) **Überlegenheit des Dienstes als Hohepriester (8,1-10,18)** -Hohepriester eines besseren Bundes (8,1-13) -Hohepriester eines besseren Heiligtums (9,1-10) -Hohepriester eines besseren Opfers (9,11-28) -Das vollkommene Opfer Christi (10,1-18)	**Zuversicht im Glauben (10,19-39)** -Lasst uns hinzutreten! (10,22) -Lasst uns festhalten! (10,23) -Lasst uns achthaben! (10,24) **Vierte Warnung (10,26-39)** -Werft euer Vertrauen nicht weg (10,35) **Vorbilder des Glaubens (11,1-40)** -Hebr 11: Das „Hohelied des Glaubens" -Vorbilder des Alten Testaments **Ausdauer im Glauben (12,1-29)** -Lasst uns laufen mit Ausdauer! (1-3) -Schmerzhafte Kämpfe (4-11) -Ermutigung zur Heiligung (12-29) **Fünfte Warnung (15-29)** **Praxis des Glaubens (13,1-17)** -Praxis der Bruderliebe -Praxis der ehelichen Liebe -Warnung vor Geldliebe -Festwerden in der Gnade	Ermutigung zur Fürbitte (18-19) Segen (20-21) Grüße (22-25)
			Blick auf Jesus, den Anfänger und Vollender des Glaubens! (12,2)	
	Verhärtet eure Herzen nicht! (3,7)	**Wachset in der Lehre des Wortes Gottes! (5,12)**		
1,1 – 2,18	3,1 – 4,13	4,14 – 10,18	10,19 – 13,17	13,18-25
Größer als Engel	**Größer als Mose und Josua**	**Größer als Aaron**	**Größer als das Gesetz**	**Schluss**
		Das Wort der Ermahnung (13,22)		

Wichtige Themen
- Die Größe und Gottheit Jesu Christi
- Die Gefahr des Abfalls vom Glauben
- Die Bedeutung des Alten Testaments
- Die fundamentale Bedeutung des Glaubens
- Warnung vor Leichtfertigkeit in der Nachfolge

Titel: An die Hebräer
- Abfassungszeit: ca. 68 n.Chr.
- Abfassungsort: Unbekannt – evtl. Rom
- Verfasser: Unbekannt
- Empfänger: Hebräer = Judenchristen

Literatur

Aebi, Ernst: Kurze Einführung in die Bibel, Marienheide, Bibellesebund, 1993.

Delitzsch, Franz: Kommentar zum Hebräerbrief, Giessen/Basel, Brunnen, 1989, Nachdruck der 1. Auflage von 1857.

Fruchtenbaum, Arnold: Der Hebräerbrief. Eine Auslegung aus messianisch-jüdischer Perspektive, Hünfeld, CMD, 2009.

Mauerhofer, Erich: Einleitung in die Schriften des Neuen Testaments Bd. 2: Römer-Offenbarung, Holzgerlingen, Hänssler, 1999.

Reifler, Hans Ulrich: Bibelkunde des Neuen Testaments. Die Bibel lieben, kennen und verstehen, Nürnberg, VTR, 2006.

Walvoord, John F., Zuck, Roy B.: Das Neue Testament. Erklärt und ausgelegt Bd. 5: 1. Korinther-Offenbarung, Neuhausen-Stuttgart, Hänssler, 1992.

Der Jakobusbrief

Der Jakobusbrief zählt zu den sog. „katholischen" d.h. allgemeinen Briefen. Die Fehleinschätzung Luthers als „stroherne Epistel" hat nicht gerade zu dessen Beliebtheit beigetragen, aber wer sich auf eine intensive Tour durch diesen Brief begibt, wird schnell erkennen, wie absolut wichtig dieser Teil des Neuen Testaments ist.

1. Verfasser

Der Verfasser des Briefes wird zu Beginn kurz und knapp genannt: Jakobus, Knecht Gottes und Jesu Christi (1,1). Da es jedoch vier Männer im NT mit dem Namen Jakobus gibt, stellt sich die Frage, welcher davon gemeint ist?

Jakobus, der Sohn des Zebedäus

Das ist der Bruder des Johannes (Mt 10,2). Er war einer der 12 Jünger und damit Apostel und gehörte zum engeren Jüngerkreis (vgl. Mk 5,37; 14,33). Dieser Jakobus wurde von Herodes Agrippa I. im Jahr 44 n.Chr. mit dem Schwert getötet (Apg 12,2) und kann somit nicht der Verfasser sein.

Jakobus, der Sohn des Alphäus

Ebenfalls einer der 12 Jünger (Mt 10,3; vgl. Mk 3,18; Apg 1,13). Möglicherweise ist er identisch mit Jakobus, dem Kleinen (Mk 15,40), dem Sohn der Maria (Mk 16,1). Von ihm ist außer dem Namen nichts bekannt. Auch er hat diesen Brief nicht geschrieben.

Jakobus, der Vater des Apostels Judas

Von diesem Jakobus ist ebenfalls außer seinem Namen nichts bekannt (Lk 6,16; Apg 1,13). Er war keine herausragende Gestalt der frühen Kirche und damit auch nicht der Schreiber des Jakobusbriefes.

Jakobus, der Halbbruder Jesu

Er war ein Sohn von Josef und Maria und damit einer der vier Halbbrüder von Jesus (Mk 6,3; Gal 1,19). Zunächst verstand er nicht, wer Jesus eigentlich war (Mk 3,21) und glaubte nicht an ihn (Joh 7,5). Erst nach der Auferstehung begegnete Jesus ihm ganz persönlich und das war vermutlich der Wendepunkt seines Lebens (1Kor 15,7), denn danach ist er zusammen mit Maria und seinen Brüdern im Jüngerkreis zu finden (Apg 1,13-14).

Er entwickelte sich neben Petrus und Johannes zur tragenden Säule der Jerusalemer Urgemeinde (Gal 2,9). Nach dem Weggang von Petrus übernahm er die Gemeindeleitung (Apg 12,17; 21,18).

Jakobus war ein Mann des Ausgleichs, ein Vermittler, der das entscheidende Wort bei der Auseinandersetzung zwischen Juden- und Heidenchristen auf dem Apostelkonzil sprach (Apg 15,13-21). Sein Ruf als maßgebende Persönlichkeit mit geistlicher Autorität reichte über Jerusalem hinaus (Gal 2,12; 1Kor 9,5). Er war verheiratet (1Kor 9,5) und starb im Jahr 62 n.Chr. als Märtyrer. Die Überlieferung weiß einiges von ihm zu berichten. Ein Mann namens Hegesippus, dessen Erinnerungen der Geschichtsschreiber Eusebius (260-339) in seiner Kirchengeschichte zitiert, beschreibt ihn folgendermaßen:

- Jakobus erhielt wegen seinem strengen Leben nach dem alttestamentlichen Gesetz den Beinamen „der Gerechte".

- Jakobus war ein Mann des Gebets. Seine Knie seien vom Beten so hart geworden wie die eines Kamels.

- Jakobus wurde auf Anweisung des Hohepriesters Ananias von der Tempelzinne gestürzt. Als er dann trotz des gewaltigen Sturzes noch am Leben war, fiel er, während sie begannen, ihn zu steinigen, auf seine Knie, um für sie zu beten. Nach Hegesippus erschlug ihn schließlich ein Walker mit seinem Walkerholz.

Aus dem Jakobusbrief geht hervor, dass der Verfasser allen Juden bekannt war und höchste Autorität besaß. Als einziger ernsthafter Kandidat bleibt also nur Jakobus, der Halbbruder Jesu, übrig. Nur er konnte in der Autorität auftreten, die der Schreiber des Briefes in Anspruch nimmt. Das geistliche Profil des Jakobus zeigt sich in seiner schlichten Selbstbezeichnung als Knecht Gottes und Jesu Christi. Er muss seine Autorität nicht von seiner verwandtschaftlichen Beziehung zu Jesus herleiten.

2. Empfänger

Als Empfänger des Briefes nennt Jakobus die zwölf Stämme in der Zerstreuung (1,1). Damit sind die 12 Stämme Israels gemeint, auch wenn die 10 Stämme in der assyrischen Gefangenschaft untergegangen sind und seither keiner mit Sicherheit mehr weiß, ob sie noch existieren. Wahrscheinlich ist die Zahl 12 hier symbolisch gemeint im Sinne der Gesamtheit des jüdischen Volkes.

Allerdings wendet er sich nur an diejenigen Juden, die gläubig sind an Jesus Christus (2,1). Sie lebten zerstreut im römischen Reich und versammelten sich in judenchristlichen Gemeinden. Im Text selbst finden sich weitere Hinweise auf den jüdischen Hintergrund:

- Die Erwähnung der Synagoge als Versammlungsort (2,2)
- Der Glaube an den *einen* Gott (2,19)
- Die Auseinandersetzung mit dem Gesetz (2,8-13)
- Die Bezeichnung Abrahams als „unser Vater" (2,21)
- Die häufige Anrede „meine (lieben) Brüder" (z.B. 1,2.19; 2,1.5.14)
- Der Ehebruch als Bild für die Untreue (4,4 – häufig im AT)

Jakobus schrieb nicht an eine einzelne Gemeinde, sondern adressierte seinen Brief an mehrere kleine Gemeinden mit unterschiedlichen Problemen. Trotzdem scheint es, dass es einige Schwierigkeiten gab, die sich wie eine Virusinfektion in allen Gemeinden verbreitet hatte.

3. Zeit und Ort der Abfassung

Der Jakobusbrief ist auf jeden Fall vor 62 n.Chr., dem Todesjahr des Jakobus, geschrieben worden. Von den verschiedenen Möglichkeiten ist die Frühdatierung um *45 n.Chr.* aus folgenden Gründen am Plausibelsten:

- Das Apostelkonzil (Apg 15), das wichtige Fragen des Briefes behandelte, wird mit keinem Wort erwähnt. Es fand 48 n.Chr. statt.

- Jakobus erwähnt keine Briefe des Apostels Paulus, obwohl sein Thema eng mit ihnen zusammenhängt. Diese entstanden erst später.

- Er spricht von Großgrundbesitzern, die es in der zweiten Hälfte der 40er Jahre noch gab.

Damit ist der Jakobusbrief das älteste Buch des Neuen Testaments. Auf den Ort der Abfassung findet sich nirgends ein Hinweis. Da Jakobus jedoch Gemeindeleiter in Jerusalem war und von dort nicht wegging, ist anzunehmen, dass der Brief in Jerusalem verfasst wurde.

4. Anlass

Jakobus war eine anerkannte Autorität in den judenchristlichen Gemeinden. Seine Worte hatten Gewicht. Er war ein Mann der Fürbitte, dem es nicht gleichgültig war, wie andere im Glauben standen.

Deshalb müssen ihm die Zustände in den Gemeinden und die Glaubenshaltung seiner Brüder und Schwestern große Sorge bereitet haben. In seinem Brief spricht er diese Punkte offen, aber in seelsorgerlicher Weise an. Hier eine kleine Auswahl:

- Ihr Glaube war vielen Bewährungsproben ausgesetzt (1,2-12)
- Sie machten Unterschiede zwischen Reichen und Armen (2,1-13)
- Sie hatten heftigen Streit untereinander (3,14; 4,1)
- Sie verletzten einander mit Worten (1,26; 3,1ff.)
- Sie waren überheblich und selbstsicher (4,6-10;4,16)
- Sie wurden unterdrückt von reichen Großgrundbesitzern (5,1-6)

Wir können uns vorstellen, unter welchen Spannungen die Gemeinden standen. Sie drohten, auseinanderzufallen. Jakobus schrieb deshalb diesen Brief mit einer *zweifachen* Absicht:

- Er will ihren Glauben stärken und sie zur Standhaftigkeit in den vielen Bewährungsproben ermutigen.

- Er erklärt ihnen, wie lebendiger Glaube aussieht und ermahnt und ermutigt sie, diesen untereinander zu praktizieren.

Jakobus macht deutlich, dass der Glaube praktisch und konkret werden muss, sonst ist er kein lebendiger Glaube. Lebendiger Glaube wird sichtbar in praktizierter Liebe! Dies bringt Jakobus in klaren, knappen Worten mit vielen Imperativen zum Ausdruck.

5. Aufbau

Der Jakobusbrief sieht auf den ersten Blick gar nicht aus wie ein Brief. Er beginnt zwar mit einer kurzen Absender- und Empfängerangabe sowie einem Gruß, aber das Ende ist ziemlich abrupt ohne Segens- und Grußformeln. Da Jakobus seine Gedanken in kurzen, wiederholenden Worten formuliert, ist der Brief schwer zu gliedern.

Das *Hauptthema* des Briefes ist die Verwirklichung des Glaubens im Alltag der Gläubigen und der Gemeinde. Jakobus zeigt den Unterschied zwischen einem toten und einem lebendigen Glauben.

Eine wichtige Markierung für einen neuen Abschnitt ist die wiederholte Anrede „meine Brüder" (oder „meine geliebten Brüder" oder „liebe Brüder" oder einfach „Brüder"). Er beginnt also jede Ermahnung mit einer liebevollen Anrede.

Wichtig ist, die Grundabsicht des Autors und die konkrete Situation der Empfänger im Auge zu behalten. Erst dann ist es möglich, die einzelnen Aussagen des Briefes richtig zu verstehen. Jakobus verwendet eine ganze Reihe sog. „Hapaxlegomenon" d.h. Begriffe, die nur bei ihm und sonst nirgends im Neuen Testament vorkommen. Die Gedanken des Jakobus sind geprägt von den Worten Jesu, insbesondere der Bergpredigt. Auch wenn er keine wörtlichen Zitate verwendet, tauchen die Grundgedanken in jedem Kapitel auf. Auffallend sind auch Parallelen zum ersten Petrusbrief (vgl. 1,21 mit 1Petr 1,23; 4,6-7 mit 1Petr 5,6-9). Das Buch Jakobus wird auch das neutestamentliche *Buch der Weisheit* genannt wegen seiner praktischen, anschaulichen Art der Unterweisung. Trotz einiger schwierigen Stellen ist der Brief sehr praktisch. Er fordert uns heraus, die Lebendigkeit unseres Glaubens auf den Prüfstand zu stellen.

6. Überblick

Der Glaube zeigt sich in Prüfungen (Kap 1,2-18)

Den Hauptgedanken des Abschnitts bestimmt ein Begriff, den Jakobus in unterschiedlichen Zusammenhängen verwendet: πειρασμός *peirasmos* = Anfechtung, Versuchung, Probe. Luther übersetzt peirasmos im ersten Teil (1,2-12) mit Anfechtung und im zweiten Teil (1,13-18) mit Versuchung, da im zweiten Teil von der Versuchung zur Sünde die Rede ist. Elberfelder übersetzt durchgehend mit Versuchung und die Neue Zürcher gibt den Sinn des Abschnitts am Besten wieder: In 1,1-12 wird peirasmos mit Prüfung übersetzt, in 1,13-18 mit Versuchung.

Warum? Im ersten Abschnitt geht Jakobus auf Prüfungen des Glaubens im Allgemeinen ein, unabhängig davon, woher sie kommen. Im zweiten Teil geht es speziell um die Quelle der Versuchung zum Bösen (1,13). Er betont, dass diese Versuchung auf keinen Fall von Gott kommt, sondern von der eigenen Begierde stammt (1,14-15).

Die Prüfung des Glaubens (1,2-12)

Glaubensprüfungen dienen dazu, Standhaftigkeit und Geduld zu lernen, um im Glauben zu reifen. Aus dieser Perspektive gesehen sind sie sogar ein Grund zur Freude (1,2-4).

Prüfungen kommen auf den Gläubigen zu, ob er will oder nicht. Er muss sie nicht suchen, sondern er „gerät" hinein (1,2 ELB). Prüfungen sind ein Zeichen lebendigen Glaubens, denn was tot ist, kann nicht geprüft werden.

Prüfungen sind unterschiedlich und individuell. Jakobus verwendet den Begriff „mancherlei", der auch mit bunt o. verschiedenartig übersetzt werden kann. Wo der eine Christ keine Probleme hat, können beim anderen die Alarmglocken läuten (vgl. 1Kor 8 Götzenopferfleisch).

Wer Prüfungen bestehen will, braucht Weisheit. Da diese meistens in solchen Situationen fehlt, darf sie von Gott erbeten werden (1,5). Die einzige Bedingung ist, im festen Glauben zu bitten und nicht zu zweifeln (1,6). Jakobus verwendet hier das Bild der Meereswellen, um die Unbeständigkeit des Zweiflers zu charakterisieren. Er ist ein δίψυχος dipsychos = zweigeteilt, unentschlossen, schwankend (1,8), denn die Unbeständigkeit bestimmt sein Leben.

Prüfungen können auch innerhalb der Gemeinde durch soziale Unterschiede entstehen. Der Arme soll dabei nicht auf seine Defizite schauen und den Reichen beneiden, sondern sich seiner Hoheit vor Gott bewusst werden (1,9) während der Reiche ermahnt wird, die Haltung der Niedrigkeit einzunehmen, da er sich auf seinen schnell vergänglichen Reichtum nicht verlassen kann (1,10-11).

Wer geprüft wird, sollte seinen Blick auf das Ergebnis, das Ziel richten. Jakobus spricht hier eine Seligpreisung aus (vgl. Mt 5,1-12) über den, der standhaft bleibt, denn er wird die Krone des Lebens empfangen (1,12). Entscheidend ist der Zusatz „die ihn lieben", denn die Standhaftigkeit ist eine Frage der Liebe.

Die Quelle der Versuchung (1,13-18)

Die Versuchung zum Bösen kommt nicht von Gott, denn er selbst ist unantastbar vom Bösen und verführt keines seiner Kinder dazu (1,13). Wahrscheinlich musste sich Jakobus mit einer irrigen Meinung von Gläubigen auseinandersetzen, die Gott für alles Böse verantwortlich machte.

Die Versuchung zum Bösen kommt nicht von außen, sondern die Quelle liegt im Gläubigen selbst durch die Begierde (1,14). Jakobus verwendet das Bild einer Geburt: Begehren, Zeugung, Geburt. Am Ende steht der Tod als Folge der Sünde (vgl. Röm 6,23). Die einzelnen Schritte erinnern an den Sündenfall: Gen 3,6 (vgl. auch Jos 7,21: sah, gelüstete, nahm). Von Gott kommen nur gute Gaben! Er ist nicht Licht und Finsternis zugleich und das ändert sich auch niemals. Das betont Jakobus ausdrücklich und das sollten seine Leser in keiner Prüfungssituation vergessen (1,17). Von Gott haben sie durch sein Wort das Leben empfangen (1,18) und deshalb wird er sie nie zur Sünde und damit zum Tod verleiten.

Der Glaube zeigt sich im Hören und Tun (Kap 1,19-27)

Jakobus betont einen zweiten grundsätzlichen Aspekt, der entscheidend ist für die Lebendigkeit des Glaubens. Es geht um das Verhältnis zwischen Theorie und Praxis des Glaubens oder mit seinen Worten ausgedrückt: Um die Beziehung zwischen Hören und Tun des Wortes Gottes.

Der Glaube lebt aus dem Hören auf Gott. Jeder Gläubige sollte deshalb „schnell" sein im Hinhören auf Gottes Wort, dagegen aber langsam zum Reden und erst recht langsam zum Zorn (1,19). Hintergrund ist die Streitsucht der Gemeinden, an die Jakobus schrieb (vgl. 4,1). Jakobus ermahnt sie, den Zorn und die damit verbundene Bosheit abzulegen und stattdessen das kraftvolle, rettende Wort Gottes bereitwillig anzunehmen (1,20-21). Das Wort Gottes verändert die innere Einstellung zueinander!

Das Gehörte muss in die Praxis umgesetzt werden. Geschieht das nicht, entfaltet sich kein geistliches Leben, sondern fromme Tradition, die zum Selbstbetrug führt (1,22-24)! Wirklich glücklich wird nur der Täter des Wortes (1,25). Ebenso geht es dem, der seine Zunge nicht im Griff hat (1,26) und dabei nicht begreift, worin wahre Frömmigkeit besteht: In der Nächstenliebe und einem Leben in praktischer Heiligung, die sich darin zeigt, dass der Gläubige sich bewusst von den Maßstäben und dem „Treiben der gottlosen Welt" distanziert (1,26-27).

Der Glaube zeigt sich in der Liebe (Kap 2,1-26)

Dieses Kapitel lässt sich in zwei Teile gliedern, die aber inhaltlich miteinander verbunden sind. Zunächst behandelt Jakobus einen praktischen Fall (2,1-13), um danach grundsätzliche Feststellungen und Unterscheidungen zu treffen (2,14-26).

Der Glaube ist frei vom Ansehen der Person (2,1-13)

Der Glaube an Jesus Christus ist unvereinbar damit, Unterschiede bei der Beurteilung des Wertes einer Person zu machen (2,1). Jakobus schildert einen Fall aus einer Gemeinde:

Ein Reicher kommt in die Gemeinde. Das ist erkennbar an der luxuriösen Kleidung und dem Schmuck. Deshalb bekommt er vom Leiter den besten Platz zugewiesen. Danach kommt ein Armer, dessen einzige Kleidung schmutzig ist. Der wird herablassend behandelt und aufgrund seines Aussehens bekommt er einen der schlechtesten Plätze zugewiesen: Einen Stehplatz oder einen Platz auf dem Fußboden (2,2-4).

Was will Jakobus damit sagen?

- Menschen aufgrund ihres sozialen Status mit unterschiedlichen Maßstäben zu beurteilen, ist Sünde und offenbart ein böses Denken (2,4). Vor Gott sind alle Menschen gleich viel wert und wenn die Gemeinde und vor allem die Leiterschaft Unterschiede macht, handelt sie ungerecht und gegen Gottes Willen.

- Arme und Reiche sind in Gottes Augen gleich viel wert. 2,5 bedeutet nicht, dass die Armen automatisch von Gott erwählt sind. Entscheidend ist ihr Glaube: Es sind also Arme, die im Glauben reich sind und die Gott lieben. Wenn ein Reicher gläubig ist, gilt das für ihn genauso. Jesus fordert keine Umverteilung des Vermögens!

- Es ist paradox, dass die Gläubigen diejenigen als wertvoller ansahen, mit denen sie die größten Probleme im Alltag hatten (2,6-7). Daraus lässt sich schließen, dass die Reichen, die Jakobus hier anspricht, nicht zur Gemeinschaft der Gläubigen gehörten und sie als Besucher in den Gottesdienst kamen und nicht als Mitglieder.

- Das Ansehen der Person ist eine konkrete Übertretung des größten Gebotes der Bibel, der Nächstenliebe (2,8). Wer so handelt, sündigt und ist damit schuldig vor Gott, auch wenn er sonst vollkommen nach Gottes Willen leben würde. Wer *ein* Gebot übertritt, hat das ganze Gesetz übertreten und kann vor Gottes Gericht nicht bestehen (2,10-11).

- Der Glaube zeigt sich in der Haltung der Barmherzigkeit, die der Nächstenliebe entspringt. Das Reden und Handeln gegenüber anderen Menschen soll von barmherziger Liebe bestimmt sein (2,12-13).

Der Glaube zeigt sich in den Werken (2,14-26)

Bei diesem Abschnitt ist es entscheidend wichtig, die Perspektive des Jakobus zu beachten. Anhand Röm 4,5 und Jak 2,14 wird bis heute versucht, ein Gegensatz zwischen Paulus und Jakobus zu konstruieren:

Worin liegt der Unterschied?

- Bei Paulus geht es um die Frage, wie ein Mensch gerettet wird und die Gerechtigkeit vor Gott erlangt. Er hat den Nichtchristen im Blick.

- Jakobus hat den Menschen im Blick, der bereits gläubig ist und im Glauben lebt. Ihm geht es darum, an welchen Merkmalen lebendiger Glaube erkennbar wird.

- Wenn Paulus vom Leben der Christen spricht, betont er ebenso die Notwendigkeit von guten Werken: z.B. Kol 1,10; Eph 2,10; Tit 2,14 und 3,4-5 betont beide Aspekte; 1Tim 6,18; 1Thess 1,3; 2Thess 2,17.

Hier einige zusammenfassende Aussagen des Abschnittes:
- Lebendiger Glaube kann nicht von Werken getrennt werden. Entweder wirkt er sich aus oder es ist kein Glaube. Ein Körper ohne Geist ist ein Leichnam, so ist ein Glaube ohne Werke ein toter Glaube (2,26).
- Toter Glaube ist ein Führ-Wahr-Halten, eine fromme Tradition (2,15-17), die sich im Nachsprechen eines christlichen Bekenntnisses erschöpft. Man glaubt zwar, dass es einen Gott gibt, aber das glauben auch Dämonen und deren „Glaube" ist sogar noch größer, weil sie vor Gott zittern (2,19).
- Das höchste und wichtigste Gebot im AT und NT ist das Doppelgebot der Liebe: Liebe zu Gott und daraus folgend die Liebe zum Nächsten: vgl. Ex 20,2-3; Dt 6,4-5; Mt 22,37-40; Röm 13,8-10. Wer liebt, erfüllt das Gesetz. Aber wahre Liebe erschöpft sich nicht in Worten, sondern schreitet zur Tat z.B. wenn andere Gläubige in Not sind (2,15-16). Glaube und tatkräftige Liebe bilden eine untrennbare Einheit (Gal 5,6).
- Jakobus führt zwei Beweise aus dem AT an (2,21-26): *Abraham*, den Vater des Glaubens, dessen Glaube durch die Tat vollendet wurde als er dem Befehl Gottes gehorchte, seinen Sohn Isaak zu opfern (Gen 22,1-14; Hebr 11,17-19). *Rahab*, die Hure (Jos 2; Hebr 11,31), glaubte an den Gott Israels und dieser Glaube zeigte sich darin, dass sie die Kundschafter als Boten Gottes behandelte (2,25-26).

Mit diesen Ausführungen über Glaube und Werke wollte Jakobus die Empfänger des Briefes ermahnen und ermutigen, zur Gemeinschaft mit Gott und zur lebendigen Quelle seines Wortes zurückzukehren, damit ihr Glaube wieder so lebendig würde, wie er am Anfang ihres Christseins war.

Der Glaube zeigt sich in der Weisheit (Kap 3,1-18)

Die Streitigkeiten in den Gemeinden wurden hauptsächlich über ein Körperorgan ausgetragen, das Jakobus hier genauer beschreibt: Die Zunge (3,1-13). Das Problem war, dass viele meinten, andere belehren zu müssen (3,1) und deshalb in entsprechende Dienstbereiche drängten. Aber Jakobus warnt davor, Lehrer der Gemeinde werden zu wollen, denn damit ist eine große Verantwortung vor Gott verbunden.

Er ist sich dieser Verantwortung bewusst und stellt sich deshalb selbst unter dieses Urteil (3,1: wir). Jakobus meint jedoch nicht nur Lehrer, sondern spricht allgemein über die Bedeutung und Wirkung der Zunge.

Die Zunge als Instrument der Weisheit (3,2-12)

Besonders Lehrer müssen ihre Zunge im Griff haben, denn ihr Reden ist richtungsweisend. Jakobus betont deshalb im folgenden den falschen und richtigen Gebrauch dieses Instruments (3,2-12):

Sie ist ein kleines Teil mit großes Wirkung

Wer seine Zunge beherrscht, ist fähig, seinen ganzen Leib zu kontrollieren (3,2). Zur Verdeutlichung nennt er zwei anschauliche Beispiele:

- Das Zaumzeug des Pferdes dient dazu, das ganze Pferd zu lenken und zu beherrschen (3,3). Im Verhältnis zum Körper des Pferdes ist das Zaumzeug nur von geringer Größe.

- Das Steuerruder eines Segelschiffes bestimmt den Kurs des ganzen Schiffes. Trotz der Größe des Schiffes und heftiger Winde bestimmt der Steuermann mit dem verhältnismäßig kleinen Ruder, wohin es geht (3,4).

Wie in den Beispielen ein kleines Teil entscheidende Auswirkungen auf ein großes Ganzes hat, so kann auch die kleine Zunge große Dinge bewirken – sowohl positiv als auch negativ (3,5).

Sie ist wie ein Feuerzeug

Die Zunge ist wie ein Lauffeuer, das einen Waldbrand hervorruft (3,5). Wie man in der Sommerhitze mit einem Feuerzeug einen verheerenden Waldbrand entfachen kann, so ist ein Wort in der Lage, eine gewaltige Wirkung zu verursachen. Ein falsches Wort kann andere schwer verletzen und Beziehungen zerstören. Jakobus betont hier die negative Wirkung. Er spricht von der Zunge als „*Welt der Ungerechtigkeit*", die den ganzen Leib befleckt und das Rad des Daseins (Lauf des Lebens) in Brand setzt (3,6), d.h. wie eine brennende Feuerwalze alles zerstört, was mit ihr in Berührung kommt.

Sie ist von Menschen nicht zu beherrschen

Der Mensch ist von Gott befähigt worden, Tiere zu zähmen (3,7 vgl. Gen 1,26), aber seine eigene Zunge kann er nicht beherrschen. Sie ist ein beständiges Übel, ein immerwährender Brandherd, eine stets gefüllte Giftspritze (3,8). Der Mensch kann also gar nicht von sich aus vollkommen werden (3,2), weil er nicht fähig ist, seine Zunge im Griff zu haben.

Sie ist gespalten

Die Zunge ist auch unter Christen ein gefährliches Instrument: Wir sind fähig, Gott zu loben und gleichzeitig die Menschen zu verfluchen, die Gott geschaffen hat (3,9-10). Damit sagt Jakobus indirekt: Wer Menschen verflucht, verflucht Gott, den Schöpfer! Fluchen καταράομαι *kataraomai* meint einen Racheakt, der dem betreffenden Menschen Unheil bringen soll.

Sie zeigt die Lebensquelle an

Die Zunge zeigt an, von welcher Quelle wir leben. Wie eine Wasserquelle nicht gleichzeitig bitteres und süßes Wasser spenden kann und ein Feigenbaum keine Oliven trägt (3,11-12), so sollte aus dem Mund eines Gläubigen nicht gleichzeitig Fluch und Segen hervorgehen. Dies *sollte* nicht sein, kann aber sein, je nachdem aus welcher Quelle wir leben!

Jakobus zeigt mit diesen Ausführungen, dass wir nur Chaos und Zerstörung anrichten, wenn wir aus eigener, menschlicher Kraft und Weisheit leben. Wir brauchen Weisheit, die aus einer anderen Quelle, aus einer anderen Richtung stammt, d.h. Weisheit von oben:

Die Weisheit von oben (3,13-17)

Die wahre Weisheit liegt nicht im Menschen selbst, sondern kommt von oben und kann deshalb nur im Gebet empfangen werden (1,5). Jakobus hat die Absicht, seine lieben Brüder und Schwestern aus dem Durcheinander von Streit und Eifersucht herauszuführen, das sie mit ihrer Zunge angerichtet haben. Dazu ist Weisheit von oben nötig, von der sie meinen, sie zu besitzen. Darum beginnt er diesen Abschnitt mit einer Testfrage und zeigt dann den Unterschied zwischen ihrer Weisheit und der Weisheit Gottes:

Gottes Weisheit ist erkennbar an einem Lebenswandel mit guten Werken und sanftmütiger Haltung (3,13). Aber was sieht er in den Gemeinden? Streitsucht, Neid und Egoismus. Das ist kein Grund zum Rühmen und widerspricht der Wahrheit (3,14). Dies ist keine Weisheit von oben, sondern eine andere, die Jakobus mit drei Eigenschaften charakterisiert (3,15):

- Irdisch: Im Gegensatz zur Weisheit Gottes, die von oben kommt
- Menschlich: Im Gegensatz zur geistlichen Weisheit
- Dämonisch: Weil vom Wirken dämonischer Mächte begleitet

Diese „Weisheit von unten" ist an ihren Auswirkungen erkennbar: Eifersucht und Eigennutz, die zu Zerrüttung und jeder schlechten Tat führen (3,16). Genau in diesem Zustand waren die Gemeinden!

Der Weisheit von oben hat andere Eigenschaften (3,17). Sie ist:

- Rein, friedvoll, milde, folgsam
- Voller Barmherzigkeit und guter Früchte
- Unparteiisch, ungeheuchelt

Auch die Weisheit von oben ist an ihren Auswirkungen erkennbar: Es kehrt Friede ein, weil die Saat der Weisheit aufgeht (3,18).

Wie kann also die Zunge kontrolliert werden und die Streiterei aufhören?

Durch die Weisheit von oben! Und diese kann nur im Glauben erbeten und empfangen werden (1,5). Entscheidend ist, wer der „Steuermann" des Ruders (Zunge) ist und aus welcher Quelle wir leben.

Paulus ergänzt: Wenn wir erfüllt sind vom heiligen Geist und damit von Gottes Weisheit, dann übernimmt dieser die Kontrolle über das ganze Leben und damit auch über unsere Zunge, so dass unser Reden geistlich, auferbauend und friedensstiftend ist (vgl. Eph 5,18-20). Gute Worte haben ebenso weit reichende Auswirkungen!

Der Glaube zeigt sich in entschiedener Hingabe (Kap 4,1-17)

Nachdem Jakobus in Kap 3 den Weg zur Überwindung der Streitigkeiten im Allgemeinen gezeigt hat, geht er in Kap 4 offensiv die Probleme an und steuert auf den Höhepunkt zu. Er beginnt wie ein Arzt mit einer klaren Diagnose der „Krankheit" (4,1): Woher kommen die Streitigkeiten? Aus euren Begierden. Er legt den Finger auf die wunden Punkte:

- Sie sind leer und ausgebrannt. Das geistliche Leben ist erloschen. Sie kämpfen gegeneinander anstatt miteinander. Sie töten (mit Worten), sind neidisch, führen Krieg (4,2). Und wenn sie beten, dann mit falschen Motiven und Zielen, so dass ihre Gebete keine Erhörung finden (4,3).

- Sie haben geistlichen Ehebruch begangen, indem sie sich den Lebensmaßstäben ihrer Umgebung angepasst haben und sind deshalb nicht mehr Licht und Salz, sondern wirkungslos in ihrem Zeugnis. Jakobus nennt sie *„Ehebrecherinnen"* und stellt sie damit auf die gleiche Ebene wie das Volk Israel im AT, das Götzendienst trieb (vgl. z.B. Jer 2,2; Hes 16; Hos 2). Sie sind *„Freunde der Welt"* und damit Feinde Gottes.

Jakobus kommt zum Höhepunkt: Entweder Freund der Welt oder Freund Gottes sein - beides zusammen geht nicht. Entscheidet euch, wem ihr gehören und dienen wollt (4,4-5; vgl. 1Joh 2,15-17)!

Eine Veränderung der Verhältnisse kann nur dann geschehen, wenn die Christen sich vor Gott demütigen, denn wer sich demütigt, empfängt Gottes Gnade und wird erhöht (4,6). In den folgenden Versen (4,7-12) gibt Jakobus dazu detaillierte Anweisungen (alles Imperative):

- Unterwerft euch Gott: 4,7!
- Widersteht dem Teufel: 4,7!
- Naht euch Gott: 4,8!
- Säubert die Hände (Äußeres), reinigt die Herzen (Inneres): 4,8!
- Fühlt euer Elend, trauert, weint, euer Lachen verwandle sich (...): 4,9!
- Demütigt euch vor dem Herrn: 4,10!
- Redet nicht schlecht übereinander: 4,11-12!

Einen speziellen Abschnitt widmet Jakobus den Geschäftsleuten der Gemeinde: Sie ermahnt er, ihre Großtuerei und Selbstsicherheit abzulegen und ihre Pläne dem Willen Gottes zu unterstellen. Sie sollen ihr Geld nicht dem Herrn vorenthalten, sondern damit Gutes tun (4,13-17).

Jakobus genoss großes Ansehen und Autorität unter den Judenchristen und seine Ermahnungen wurden sicher ernst genommen. Aber die persönliche Entscheidung zur Hingabe kann er ihnen nicht abnehmen. Das kann auch Gott nicht. Hier ist die Antwort, die Aktion des Gläubigen gefragt!

Der Glaube zeigt sich in Geduld und Hoffnung (Kap 5,1-12)

Im letzten Kapitel des Briefes spürt man förmlich, wie der Puls des Jakobus anschwillt. Wie Jesus die Pharisäer mit klaren Worten in den Senkel stellt, so macht Jakobus es mit den Reichen. Er nimmt kein Blatt vor den Mund:

- Das Gericht Gottes kommt über sie; ihr Reichtum wird zerstört (5,1-3)
- Sie betrügen die Arbeiter um ihren Lohn (5,4)
- Sie leben in Saus und Braus, aber ihr Schlachttag wird kommen (5,5)
- Sie sind Mörder, die Unschuldige getötet haben (5,6)

Jakobus findet hier wie Jesus deutliche Worte gegen die Reichen (Lk 6,24). Es ist ein prophetischer Bußruf, der sich sowohl an Christen wie auch Nichtchristen richtet. Vermutlich gab es in den Gemeinden reiche Großgrundbesitzer (Arbeitgeber), die Glaubensgeschwister ausnutzten, indem sie ihren Lohn nicht auszahlten. Vielleicht waren diese Zustände eine Ursache von den verschiedenen Glaubensprüfungen, die Jakobus im ersten Kapitel beschreibt. Die Armen konnten nichts dagegen unternehmen (5,6b). Ihre einzige Hilfe war Gott, der für die Armen eintritt und Gerechtigkeit schafft (Name Gottes: Herr Zebaoth = Herr der Heerscharen – 5,4b).

Deshalb tröstet Jakobus die Unterdrückten mit einer prophetischen Ermutigung: Habt nun Geduld, Brüder, bis zur Ankunft des Herrn (5,7a)! Er richtet ihren Blick auf den wiederkommenden Herrn, der Gerechtigkeit schaffen wird für alles Leiden, das sie jetzt erdulden.

Jakobus betont das Ausharren und nennt dazu Vorbilder der Schrift:

- Die Geduld der Propheten (5,10)
- Das Ausharren Hiobs (5,11)
- Das Leiden Jesu Christi (5,11)

Wer ausharrt, dem gilt eine weitere Seligpreisung (5,11a vgl. Mt 5,10-12). Im Blick auf die Wiederkunft Jesu sollen sie ihr Leben in Wahrhaftigkeit führen, d.h. Reden und Tun soll übereinstimmen (5,12).

Der Glaube zeigt sich im vollmächtigen Gebet (Kap 5,13-18)

Jakobus zeigt in diesem Abschnitt, dass lebendiger Glaube nicht beschwerdefrei ist. Freude und Leid wechseln sich ab und es ist wichtig, die richtige Haltung darin zu bewahren (5,13). Zeiten der Krankheit, die ohne Zweifel auch zu den Glaubensprüfungen von Kap 1 zählen, sollen ins Gebet hineinführen (5,13). Was im NT nur bei Jakobus vorkommt, ist die Gebetsunterstützung durch die Gemeindeleiter (5,14-15) und die Salbung mit Öl im Zusammenhang mit dem Gebet (5,14).

Wie im gesamten Brief ist für Jakobus der lebendige Glaube wichtig, der sich hier durch eine konkrete Liebestat der Leiter und in vollmächtigem Gebet zeigt. Man sollte aus der Salbung kein theologisches Konzept ableiten, sondern sie als ein Zeichen der herzlichen, liebevollen Zuwendung gegenüber dem Kranken sehen. Echte Liebe hat immer heilende Wirkung.

- Jakobus zeigt den Gläubigen den Weg vom wirkungslosen Gebet (4,2-3) zum wirkungsvollen, vollmächtigen Gebet (5,16). Dazu gehört zunächst die ungeteilte Hingabe (Kap 4). Wie schon die Weisheit nur durch das Gebet des Glaubens empfangen werden kann (1,5), so auch Gottes Hilfe in Krankheitsnöten (5,13-16). Das Gebet um äußere Wiederherstellung darf jedoch nie losgelöst werden vom Sündenbekenntnis d.h. der inneren Heilung (5,15b-16).

- Jakobus nennt ein Vorbild für das Gebet des Glaubens: Elia, der darum betete, dass es 3 ½ Jahre (vgl. Luk 4,25) nicht regnen sollte. Danach kam der Regen aufgrund seines Gebets wieder. Interessant ist, dass dieses Gebet in 1Kön 17,1 in der Weise gar nicht erwähnt wird. Wahrscheinlich greift Jakobus hier auf eine mündliche Überlieferung zurück.

- Wenn Jakobus betont, dass Elia ein Mensch mit gleichen Gemütsbewegungen war wie jeder Gläubige (5,17), dann will er damit alle seine Leser zum glaubensvollen Gebet ermutigen. Das Gebet des Glaubens bleibt nicht ohne Wirkung, weil es Gott ehrt und ihm gefällt!

Wie Jakobus ein Mann des Gebets war, der für sein Volk und für die Gemeinden vor Gott eintrat, so sollen auch wir Männer und Frauen des Gebets werden, denen das Schicksal der Menschen in unserer Umgebung nicht gleichgültig ist.

Der Glaube zeigt sich in der Bemühung um Verirrte (Kap 5,19-20)

Die letzten zwei Verse des Briefes bilden ein ungewöhnliches Schlusswort für einen Brief, zeigen aber das seelsorgerliche Anliegen des Jakobus. Er will hier noch einmal zusammenfassend die Gläubigen dazu ermutigen, nicht gegeneinander zu streiten, sondern füreinander da zu sein:

- *„Wenn jemand unter euch"* (5,19) macht deutlich, dass jeder in der Gefahr steht, auf Irrwege zu geraten. Keiner ist immun dagegen. Von der Wahrheit abzuirren, bedeutet vom Wort abzuirren! Vielleicht will er damit auch auf die Gefahr hinweisen, von einem lebendigen, fruchtbringenden Glauben zu einem toten, wirkungslosen Glauben abzurutschen.

- *„Der, welcher...zurückführt"* (5,20) betont die Verantwortung der Gläubigen füreinander. Anstatt sich über das Verhalten des anderen zu empören, sollten sie einander ihre Hilfe anbieten. Wer so handelt, tut ein großes Werk der Liebe, denn er rettet den anderen vor dem geistlichen Tod.

Der Jakobusbrief hat jedem von uns persönlich und der Gemeinde oder Kirche, zu der wir gehören, eine Menge zu sagen. Auch wenn vielleicht momentan nicht Neid und Streit regieren, kann sich das sehr schnell ändern. Eine Tour durch den Jakobusbrief hilft auf jeden Fall, wachsam zu sein!

JAKOBUSBRIEF – LEBENDIGER GLAUBE

Schlüsselvers: „So ist auch der Glaube, wenn er keine Werke hat, in sich selbst tot" (2,17)

	Anfang	Glaube und Prüfung		Glaube und Liebe		Glaube und weiser Rede	Glaube und Weisheit	Glaube und Gemeindeprobleme	Glaube und Heiligung	Glaube und Hoffnung		Glaube und Gebet	Schluss
	1,1	1,2-12	1,13-18	2,1-13	2,14-26	3,1-12	3,13-18	4,1-12	4,13-17	5,1-6	5,7-12	5,13-18	5,19-20
	Absender – Empfänger – Gruß	Glaube bewährt sich in Prüfungen / Die richtige Einschätzung: Freude / Die richtige Haltung: Bitte um Weisheit / Die Folgen der Standhaftigkeit	Die Quelle der Versuchungen zum Bösen / Hörer und Täter des Wortes	Kein Ansehen der Person / Das Gebot der Liebe als Maßstab	Glaube zeigt sich in guten Werken / Glaube ist kein Lippenbekenntnis / Vorbilder: Abraham und Rahab	Der Glaube zeigt sich in weiser Rede / Die Macht der Zunge	Der Glaube zeigt sich in Weisheit / Weisheit von oben und von unten	Glaube und Gemeindeprobleme / Überwindung von Streitsucht / Ermahnung zu einem heiligen Leben	Glaube und Geschäftsalltag / Warnung vor falscher Selbstsicherheit	Weherufe über die Reichen / Anklage wegen Ungerechtigkeit	Ermutigung zu Geduld und Hoffnung / Das Kommen des Herrn	Glaube zeigt sich in vollmächtigem Gebet / Das Gebet des Glaubens in Krankheit / Elia als Vorbild wirksamen Betens	Das Bemühen um Verirrte / Die Folgen der Rückführung

DER GLAUBE, DER DURCH DIE LIEBE WIRKSAM WIRD

Hintergrund: Streitsucht in den Gemeinden

Wichtige Merkmale:

- Das älteste Buch des Neuen Testaments
- Das Weisheitsbuch des Neuen Testaments
- Viele Parallelen zur Bergpredigt
- Häufige Anrede: Brüder – seelsorgerlicher Ton
- Praxishandbuch für den Glauben
- Häufige Imperative (Befehlsform)
- Kein Mann vieler Worte – kurz und knapp

Titel: Jakobus

- Abfassungszeit: 45 n.Chr.
- Abfassungsort: Vermutlich Jerusalem
- Verfasser: Jakobus, Halbbruder Jesu
- Empfänger: Judenchristliche Gemeinden (12 Stämme in der Zerstreuung)

Literatur

Maier, Gerhard: Der Brief des Jakobus. Historisch Theologische Auslegung, Wuppertal/Gießen, R. Brockhaus Brunnen, 2004.

Moo, Douglas J.: The Letter of James. The Pillar New Testament Commentary, Grand Rapids, Eerdmans, 2000.

Nystrom, David P.: James. The NIV Application Commentary, Grand Rapids, Zondervan, 1997.

Peters, Hans-Jürgen: Der Brief des Jakobus. Wuppertaler Studienbibel Ergänzungsfolge, Wuppertal, R. Brockhaus, 1997.

Reifler, Hans Ulrich: Bibelkunde des Neuen Testaments. Die Bibel lieben, kennen und verstehen, Nürnberg, VTR, 2006.

Der 1. Petrusbrief

Wie können wir in unserer Gesellschaft als Christen überzeugend leben? Was macht einen heiligen Lebensstil aus ohne komisch und weltfremd zu wirken? Fragen dieser Art beschäftigten schon die Leser des ersten Petrusbriefes. Sie lebten zwar in einer völlig anderen Zeit und Umwelt, aber ihre Grundprobleme waren ähnlich. Jede Generation muss neu entdecken, was es konkret heißt, Jesus nachzufolgen. Eine Tour durch den oft wenig beachteten ersten Petrusbrief ist dafür bestens geeignet.

1. Verfasser

Der Apostel Petrus gibt sich im Briefkopf als Verfasser zu erkennen (1,1). Damit ist *der* Petrus gemeint, den wir aus den Evangelien und der Apostelgeschichte kennen. Wie damals üblich, hat er den Brief nicht selbst geschrieben, sondern einem Sekretär diktiert (5,12). Diese Aufgabe übernahm sein Mitarbeiter, der weniger unter seinem lateinischen Namen Silvanus, sondern unter der griechischen Variante Silas bekannt ist. Silas war ein griechisch sprechender Christ (Apg 15,22.32.40) und Mitarbeiter des Apostels Paulus (Apg 18,5; 2Kor 1,19). Wahrscheinlich half Petrus bei der Formulierung des Briefes, der in einem vorzüglichen Griechisch abgefasst ist. Er hatte darin bereits bei Paulus Erfahrungen gesammelt als Mitverfasser der Thessalonicherbriefe (1Thess 1,1; 2Thess 1,1).

2. Empfänger

Petrus schrieb an mehrere Gemeinden, die über fünf römische Provinzen in Kleinasien zerstreut lebten: Pontus, Galatien, Kappadozien, Asien und Bithynien (1,1). Er spricht seine Empfänger als Fremdlinge (1,1) in der Zerstreuung (griech. diaspora) an. Damit meint er im engeren Sinn ihre Existenz als christliche Minderheit und im weiteren grundsätzlichen Sinn die „Diasporaexistenz" der Gemeinde Jesu Christi als Ganzes, die in dieser Welt keine bleibende Heimat hat (1,17; 2,11) und über den ganzen Erdball zerstreut lebt. Die Gemeinden setzten sich aus Judenchristen (3,6.20) und Heidenchristen (1,14.18; 2,10; 4,3) zusammen und wurden von Ältesten geleitet (5,1-4).

3. Zeit und Ort der Abfassung

Nach den Berichten der Kirchenväter starb Petrus den Märtyrertod während der Verfolgung durch den römischen Kaiser Nero:

> Lest eure Geschichtswerke! Dort werdet ihr finden, dass Nero der Erste war, der unsere Lehre verfolgte, dass er, nachdem er ihr volles Aufblühen in Rom verhindert hatte, furchtbar gegen alle wütete. (...) Wir wollen stolz darauf sein, dass ein solcher Mensch zuerst gegen uns eingeschritten ist. Da er sich nun unter den schlimmsten Gottesfeinden besonders hervortun wollte, ließ er sich dazu verleiten, die Apostel hinzurichten. Wie berichtet wird, wurde Paulus eben unter Nero in Rom enthauptet und Petrus gekreuzigt.[80]

Die Verfolgung unter Nero begann im Jahr 64 n.Chr. Da im ersten Petrusbrief noch von keiner durch den Staat angeordneten, systematischen Verfolgung der Christen die Rede ist, können wir davon ausgehen, dass der Brief kurz vorher entstanden ist – also *ca. 62-63 n.Chr.* Das bedeutet, dass Petrus diesen Brief am Ende seines Dienstes kurz vor seinem Märtyrertod verfasst hat und seine Ausführungen wie ein geistliches Vermächtnis zu lesen sind. Als *Ort der Abfassung* nennt Petrus das geheimnisvolle Babylon (5,13), womit aber nicht das alte Babylon am Euphrat gemeint sein kann, sondern Rom, das in christlichen und jüdischen Schriften dieser Zeit unter dem Decknamen Babylon erwähnt wird (vgl. auch Offb 17,9-10). Ein weiteres Argument für Rom ist, dass der genannte Markus (5,13) zur Zeit der Gefangenschaft des Apostels Paulus sich in Rom aufhielt (Kol 4,10). Nach den Berichten der Kirchenväter lebte Petrus während der Verfolgung durch Nero ebenfalls in Rom.

4. Anlass

Die Empfänger des Briefes befanden sich in einer schwierigen Situation. Sie wurden von der Gesellschaft diskriminiert, weil sie Christen waren. Dies zeigte sich durch verbale Aggressionen von Seiten der Bevölkerung und grundloser Anklagen vor Gericht (2,12; 3,14; 4,12). Dazu muss man wissen, dass ein wesentliches Lebensprinzip der damaligen hellenistischen Gesellschaft darin bestand, tolerant zu sein und sich gegenseitig anzunehmen, insbesondere auf religiösem und sittlichem Gebiet.

---

[80] Elwell/Yarbrough, 2001, 364.

Aus Dokumenten der damaligen Zeit wird deutlich, dass den Christen aufgrund ihrer Weigerung, sich den Sitten anzupassen (Nonkonformismus) „Hass gegen das Menschengeschlecht" vorgeworfen wurde. Die staatliche Obrigkeit ordnete zunächst zwar kein Aufspüren der Christen an, aber wenn eine Klage eingereicht wurde, musste sie gerichtlich verfolgt werden. Die Christen waren zu dieser Zeit also schon deshalb verdächtig, weil sie Christen waren.[81]

Jesus nachzufolgen bedeutete damals, Außenseiter der Gesellschaft zu sein und um des Glaubens willen verfolgt zu werden. In dieser spannungsvollen Situation *ermutigt* Petrus seine Leser zur Standhaftigkeit im Glauben (5,12) trotz Anfechtung (1,6) und Leiden (4,1). Er *ermahnt* sie, als Heilige in einer unheiligen Umgebung zu leben und sich nicht anzupassen (1,14-15; 2,11). Der erste Petrusbrief ist daher in erster Linie ein seelsorgerlicher Brief.

5. Aufbau

Die Einteilung des ersten Petrusbriefes ist nicht ganz einfach, da Petrus nicht so systematisch wie Paulus vorgeht, sondern dem hebräischen Denken entsprechend einzelne Gedanken an mehreren Stellen wiederholt.

Das *Hauptthema* des Briefes ist das Heil und das heilige Leben. Er lässt sich in *fünf Hauptteile* gliedern, die das Thema aus verschiedenen Perspektiven beleuchten:

- Das Heil als Ausgangspunkt und Ziel des Glaubens (1,1-12)
- Das Leben in der Heiligung als Antwort auf das Heil (1,13-2,10)

In den folgenden drei Hauptteilen geht Petrus auf das heilige Leben ein:

- Heiliges Leben im Alltag (2,11-3,12)
- Leiden als Folge des heiligen Lebens (3,13-4,19)
- Demut als Kennzeichen des heiligen Lebens (5,1-13)

Jeder Abschnitt enthält Ermutigungen und Ermahnungen. Wie Paulus betont auch Petrus das Sein der Christen durch den Indikativ (Wirklichkeitsform) und das wachstümliche Werden durch den Imperativ (Befehlsform). Die Spannung des christlichen Lebens zwischen dem Schon-Jetzt und dem Noch-Nicht durchzieht den ganzen Brief.

---

[81] Vgl. Goppelt, 1978, 56-64.

6. Überblick

Das Heil als Ausgangspunkt und Ziel des Glaubens (Kap 1,3-12)

Petrus beginnt mit einem Lobpreis Gottes für das wunderbare Heil, das die Leser bei ihrer Wiedergeburt empfangen haben. Durch die Auferstehung Jesu Christi haben sie eine lebendige Hoffnung (1,3), ein sicher aufbewahrtes Erbteil im Himmel (1,4) und die Gewissheit, dass Gott sie bis zum Ziel bewahren wird, wenn sie am Glauben festhalten (1,5).

Genau dieser Glaube steht auf dem Prüfstand durch verschiedenartige Versuchungen (1,6), auf die er später im Detail eingeht. Diese Anfechtungen haben sie traurig gemacht und darum ermutigt Petrus sie, indem er ihnen deren Bedeutung erklärt (1,7) und auf ihre zeitliche Begrenzung hinweist (1,6). Er lenkt ihren Blick auf das vollkommene Heil bei der Wiederkunft Christi, das inmitten des Leidens eine Quelle jubelnder Freude ist (1,8). Er malt ihnen das Ziel ihres Glaubens vor Augen (1,9) und erklärt die Bedeutung dieses wunderbaren Heils (1,10-12).

Das Leben in der Heiligung als Antwort auf das Heil (Kap 1,13-2,10)

Im zweiten Teil des Briefes betont Petrus, wie die angemessene Antwort des Menschen auf das in Christus geschenkte Heil aussieht (1,13: Deshalb). Er nennt zwei wichtige Aspekte der Heiligung:

In der Gegenwart Gottes leben (1,13-21)

Heiligung bedeutet in der Bibel, abgesondert zu sein für Gott, ihm zu gehören und in Hingabe an ihn zu leben. Ein Heiliger will ständig in der Gegenwart Gottes leben. Was bedeutet das?

- Eine neue Gesinnung zu entwickeln und neue Wege zu gehen im Bewusstsein der völligen Abhängigkeit von Gott (1,13).

- Im Gehorsam gegenüber Gott zu leben und nicht wieder in den alten Lebensstil zurückzufallen (1,14 vgl. Röm 12,2).

- Keinen Lebensbereich der Gegenwart Gottes zu entziehen (1,15-16: Im ganzen Wandel). Christsein lässt sich nicht aufteilen in einen heiligen und einen weltlichen Bereich.

- In Ehrfurcht vor Gott zu leben, der zugleich Vater und Richter ist (1,17). Sich ständig bewusst zu sein, was Jesus getan hat, um das Heil zu vollbringen. Ein Heiliger vergisst nicht, von wem, wie und wozu er erlöst worden ist.

In Gemeinschaft mit Christen leben (1,22-2,10)

Ein Heiliger soll zwar in Absonderung leben, aber nicht von den Menschen und schon gar nicht von anderen Christen. Im Gegenteil: Petrus ermahnt die Gläubigen, miteinander in Liebe zu leben. Was bedeutet das?

- Die Bruderliebe soll ungeheuchelt, anhaltend und herzlich sein. Sie ist eine Folge der Wiedergeburt (1,22-23) und damit ein Kennzeichen des neuen Lebens. Wer nicht liebt, ist in das alte Leben zurückgefallen.
- Die Christen sollen alles ablegen, was die Liebe zerstört (2,1), indem sie das Wort Gottes als tägliche Nahrung aufnehmen. Dadurch geschieht geistliches Wachstum (2,2-3).
- Die Christen sollen sich als lebendige Steine in die Gemeinde als Tempel Gottes einbauen lassen (2,4-10). Sie sollen nicht *gegeneinander* kämpfen, sondern *miteinander* die „Wohltaten Gottes" verkündigen (2,9).

In der Heiligung leben heißt, in Gemeinschaft zu leben. Der Glaube an Jesus Christus ist untrennbar verbunden mit der Liebe zu allen Heiligen (Eph 1,15).

Heiliges Leben im Alltag (Kap 2,11-3,12)

Im dritten Teil des Briefes spricht Petrus konkret einzelne Lebensbereiche an. Zunächst ermahnt er sie allgemein zum authentischen Christsein inmitten einer säkularen Gesellschaft (2,11). Christsein beginnt zunächst im Innersten der eigenen Persönlichkeit (2,11b) und wird nach außen sichtbar in guten Werken (2,12). Petrus nennt zwei Grundprinzipien heiligen Lebens:

Unterordnung (2,13-3,7)

Das erste Prinzip erfreut sich nicht gerade allgemeiner Beliebtheit. Petrus zählt verschiedene Lebensbereiche auf, in denen sie praktiziert werden soll (vgl. auch 5,5):

Christen gegenüber dem Staat (2,13-17)

Christen sollen nicht gegen den Staat kämpfen, sondern durch gute Werke zum Allgemeinwohl beitragen. Sie ordnen sich irdischen Einrichtungen und Autoritäten unter ohne deren Sklaven zu sein. Christen haben die Regeln und Gesetze dieser Welt zu beachten (z.B. Verwaltung, Verkehr, Steuern). Die Grenze ist jedoch dann erreicht, wenn der Staat sich an die Stelle Gottes setzt und göttliche Verehrung verlangt (römischer Kaiserkult) oder Anordnungen vorgibt, die klar dem Willen Gottes widersprechen. Hier ist ziviler Ungehorsam gefordert (Apg 5,29).

Hausklaven gegenüber ihren Herren (2,18-25)

Darunter sind Hausknechte zu verstehen, die in einer Großfamilie rund um die Uhr als Diener zur Verfügung stehen mussten. Sie waren dem Hausherrn unterstellt, wovon es nicht nur gütige (2,18), sondern auch *„verkehrte"* gab. Die gläubigen Hausklaven sollten sich beiden Kategorien unterordnen, jedoch bereit sein zum Widerstand, wenn Dinge von ihnen verlangt wurden, die gegen den Willen Gottes waren (z.B. sexuelle Hörigkeit). Der Sklave bezahlte seine innere Freiheit mit Schlägen, doch darin folgte er dem Vorbild Christi (2,21-24), der um der Gerechtigkeit willen litt.

Frauen gegenüber ihrem Ehemann (3,1-6)

Es gab Ehen in den Gemeinden, wo die Frau gläubig war und der Mann nicht. Das befreite die Frau nicht von dem Schöpfungsprinzip der Unterordnung. Ihr Ziel sollte sein, dass der Mann für Christus *„gewonnen"* wird, weniger durch Worte als durch ein heiliges Leben mit Ausstrahlung.

Die Ermahnung an die christlichen Ehemänner (3,7) lässt vermuten, dass sie wie damals allgemein üblich, respektlos mit ihren Frauen umgingen und deshalb manche christliche Ehen nicht gerade vorbildlich waren. Petrus wertet damit das Ansehen der Frau in der damaligen Gesellschaft stark auf und schreibt den Männern hinter die Ohren, dass es sich bei ihrem Fehlverhalten um keine Kleinigkeit handelt, sondern um ein ernsthaftes Hindernis für das geistliche Leben. Die Ehe wird hier als kleinste Zelle der geistlichen Gemeinschaft betont.

Feindesliebe (3,8-12)

Petrus fordert die Christen noch einmal eindringlich zu einer Gesinnung der Liebe auf, die auch vor den Feinden nicht halt macht. Ob er hier Feindschaft in den eigenen Reihen meint oder die Feindschaft von Nichtchristen, ist nicht klar ersichtlich. Aber aus den wiederholten Mahnungen im Brief zum liebevollen Umgang der Christen untereinander wird deutlich, dass es ernstzunehmende Schwierigkeiten in den Gemeinden gab. Der nahtlose Übergang von 3,8 zu 3,9 spricht dafür, dass er beides meint: Feindschaft von Christen und Nichtchristen. Petrus ermahnt alle Gläubigen, gegenüber Freunden und Feinden nicht nach dem Prinzip der Vergeltung zu handeln, sondern nach dem Gebot der Feindesliebe in der Bergpredigt (Mt 5,38-48). Mit der Feindesliebe sind eigentlich in erster Linie Feinde des Evangeliums gemeint und nicht Christen. Aber die Erfahrung heute und in der Kirchengeschichte zeigt, dass auch Christen wie Feinde miteinander umgehen können!

Leiden als Folge des heiligen Lebens (Kap 3,13-4,19)

Als Heiliger in einer unheiligen Umgebung zu leben, führt unweigerlich zu Konflikten und Leiden. Die Gemeinden, an die Petrus schrieb, standen unter einem Druck, der sich in den folgenden Jahren noch verstärken sollte. Deshalb ist das *Leiden* ein *zentrales Thema* des ersten Petrusbriefes. Damit meint Petrus nicht allgemeine Leiderfahrungen, denen alle Menschen unterworfen sind, sondern Leiden als Folge eines heiligen Lebens. Er gebraucht unterschiedliche Ausdrücke: Leiden nach dem Willen Gottes (4,19); Leiden um Gutes tun willen (3,17); Leiden um der Gerechtigkeit willen (3,14); Leiden um des Gewissens vor Gott willen (2,19). Wodurch wurde das Leiden verursacht und worin bestand es?

Leiden aufgrund eines provozierenden Lebensstils (4,3-4)

Dadurch, dass sie nicht mehr wie vor ihrer Bekehrung an den öffentlichen Festgelagen teilnahmen und einen Lebensstil der Ausschweifung ablehnten, bildeten sie einen Kontrast zur hellenistischen Gesellschaft und provozierten damit ihre säkulare Umgebung (4,1-4). Als Heilige schwammen sie nicht mehr mit im *„Strom der Heillosigkeit"* (4,4). Der Hauptgrund für das Leiden war also ihr provozierender Lebensstil in der Nachfolge Jesu Christi (3,16).

Leiden durch öffentliche Verleumdung (3,16)

Die Christen wurden von den Nichtchristen als Übeltäter bezeichnet (2,12) und öffentlich verleumdet (3,16). Ihnen wurden böse Taten vorgeworfen, die sie nie begangen hatten. Das bedeutet, dass sie unter ständiger Beobachtung standen und die Leute nur darauf warteten, ihnen ein Fehlverhalten vorwerfen zu können. Das war sicher eine große Herausforderung.

Leiden durch Anklage vor Gericht

Die Gemeinden waren (noch) keiner systematischen Verfolgung durch den Staat ausgesetzt, aber einzelner Angriffe aus der hellenistischen Gesellschaft, die auch öffentliche Anklagen vor Gericht beinhalteten (vgl. 3,15; Anklage als Übeltäter: 2,12). Wer damals als Christ lebte, wurde von staatlicher Seite als verdächtig eingestuft.

Wie sollten sich die Christen in dieser Situation verhalten?

- Petrus ermutigt sie, gegenüber ihren Feinden richtig zu reagieren, indem sie Gutes für Böses vergelten nach dem Vorbild Jesu. Sie sollen mit guten Werken Anschauungsunterricht darüber erteilen, wes Geistes Kinder sie sind (2,12b).

- Sie sollten jederzeit bereit sein, über ihren Glauben Rechenschaft abzulegen und ihren Feinden mit Sanftmut zu begegnen (3,15-16). Bei allen Auseinandersetzungen ging es ja auch darum, dass Menschen zum Glauben finden. Das Verhalten der Christen sollte die Nichtchristen fragend machen und den Weg zu Jesus weisen.
- Petrus ermutigt die Christen, die Gesinnung des Leidens als Waffenrüstung für den Kampf anzuziehen (4,1: wappnet euch). Sie sollten sich am Vorbild Christi orientieren, der noch viel mehr Leiden auf sich genommen hat als die Christen es je können.

Ein heiliges Leben ist ein Leben in den Fußspuren Jesu Christi (2,21)!

Demut als Kennzeichen des heiligen Lebens (Kap 5,1-9)

Ein untrügliches Kennzeichen eines echten Heiligen ist seine demütige Haltung. Am Schluss des Briefes macht Petrus deutlich, welche Auswirkungen ein Mangel an Demut im Gemeindeleben und in der Beziehung zu Gott mit sich bringt:

Führungsprobleme

Petrus ermahnt zuerst die Gemeindeleiter. Bei ihnen stellt er einen dreifachen Mangel fest:

- Fehlende Motivation (5,2: Nicht aus Zwang, sondern freiwillig)
- Falsche Motivation (5,2: Nicht aus schändlicher Gewinnsucht)
- Machtmissbrauch (5,3: Nicht als Herren, sondern als Vorbilder)

Bevor wir dieses Verhalten verurteilen, müssen wir beachten, dass das Hirtenamt in jener Zeit eine sehr schwere Aufgabe war. Deshalb breitet Petrus die Vorwürfe nicht weiter aus, sondern ermutigt die Ältesten, indem er ihnen den Lohn ihres Dienstes vor Augen stellt (5,4). Sie sollen nicht aufgeben, sondern ihre Aufgaben mit neuem Eifer und richtiger Einstellung anpacken.

Autoritätsprobleme

Die zweite Ermahnung geht an die Adresse der jüngeren Gemeindeglieder (5,5a). Sie sollen sich den Ältesten unterordnen. Was Petrus konkret damit meint, sagt er nicht. Die Aufforderung könnte auf einen Generationenkonflikt in der Gemeinde hindeuten.

Die Jüngeren zweifelten offensichtlich an der Autorität der Ältesten, was angesichts des Fehlverhaltens der Leiter menschlich gesehen verständlich erscheint. Aber hier geht es um viel mehr.

Petrus kommt auf das Prinzip der Unterordnung (vgl. 2,13-3,7) zurück. Das Amt der Ältesten als Gemeindeleiter ist eine Ordnung Gottes, die wir im ganzen Neuen Testament finden. Wer an der Autorität der Person zweifelt, stellt auch bald das Amt in Frage und damit Gottes Ordnung. Das bedeutet nicht, dass Leiter unfehlbar sein müssen und nicht kritisiert werden dürfen, aber es muss in rechter Weise und in der Achtung ihres Amtes geschehen.

Gott hat die Gemeindeleiter sowohl mit Vollmacht als auch mit großer Verantwortung ausgestattet (vgl. Hebr 13,17). Eine Gemeinde ohne Leitung funktioniert nicht und Älteste, denen sich keiner unterordnet, können ihren Auftrag nicht erfüllen.

Beziehungsprobleme

Petrus ermahnt schließlich alle Gemeindeglieder zur Demut im Umgang miteinander (5,5b), aber auch zur Demut in der Beziehung zu Gott, die sich darin zeigt, dass wir alle Sorgen auf ihn werfen (5,7).

Gegenüber dem Teufel jedoch gilt nicht die Unterordnung, sondern der aktive Widerstand im Glauben (5,8-9)! Dieser Widerstand beginnt im Leben der Gemeinde, denn das erste Ziel des Teufels ist, in den Gemeinden ein Chaos anzurichten. Wer vor Gott sich beugt, kann vor dem Teufel (be)stehen!

Ganz am Schluss (5,12) des Briefes nennt Petrus den Anlass seines Briefes und richtet Grüße aus. Der Gott aller Gnade, der die Heiligen zu seiner Herrlichkeit berufen hat, wird sie stärken, kräftigen und gründen und sie durch diese schwierigen Zeiten hindurch zum Ziel bringen (5,10-11).

Exkurs: Mit Spannungen leben

Christsein war im ersten Jahrhundert im wahrsten Sinne des Wortes ein spannendes Leben, d.h. ein Leben voller Spannungen. Neben den vielfältigen alltäglichen Sorgen und Schwierigkeiten, die jeder Bürger hatte, kamen bei den Christen noch eine Menge Probleme aufgrund ihres Christseins hinzu. Wie ist das zu ertragen? Wie kommt man damit klar, als Außenseiter der Gesellschaft behandelt zu werden? Wie bewältigt man die täglichen Schikanen ohne auszurasten?

Hier vermittelt uns der erste Petrusbrief eine Perspektive, die für uns ungewöhnlich erscheint: Der Blick auf die zukünftige Hoffnung. Je stärker der Druck, desto lebendiger die Hoffnung auf die Wiederkunft Christi. Wer meint, hier sei eine Vertröstung auf das Jenseits gemeint, wird vom Petrusbrief eines anderen belehrt. Das Festhalten an Gottes Verheißungen im Glauben gibt dem Leben der Christen eine übernatürliche Dynamik, die sich entscheidend auf das Leben in der Gegenwart auswirkt. Die Spannung zwischen dem Jetzt-Schon und dem Noch-Nicht kennzeichnet das Leben der Christen bis sie das Ziel ihres Glaubens erreicht haben. Worin bestehen diese Spannungen? Petrus gibt einige Hinweise:

Die Spannung aufgrund der Fremdlingschaft

Petrus nennt die Gläubigen *„Gäste und Fremde"* (1,1; 2,11 NGÜ). Dies ist im übertragenen Sinn gemeint, denn die Christen waren ja Bürger des römischen Reiches:

- Als Gast (πάροικος *paroikos*) bezeichnete man einen Einwohner, der kein Bürgerrecht an seinem Aufenthaltsort besaß.
- Der Fremdling (παρεπίδημος *parepidemos*) war jemand, der sich nur für kurze Zeit an einem fremden Ort aufhielt.

Darum bezeichnet er ihre Lebenszeit als „Zeit der Fremdlingschaft" (1,17). Diese Zeit begann nicht mit ihrer natürlichen Geburt, sondern erst mit der *„Wiedergeburt"* (1,3). Vor ihrer Bekehrung waren sie in der Welt zuhause, jetzt nicht mehr! Während sie vorher ihr Leben nach eigenen Vorstellungen und denen der Gesellschaft führten, lebten sie nachher in der *„noch übrigen"* (4,2) Zeit ihres Lebens nach dem Willen Gottes. Sie schwammen nicht mehr mit im „Strom der Heillosigkeit" (4,4), sondern waren unterwegs zu ihrer himmlischen Heimat (1,4b; vgl. Phil 3,20; Hebr 11,13-16).

Das führte dazu, dass sie zu Außenseitern der Gesellschaft wurden, deren Verhalten Befremden auslöste (4,4). Durch ihre Andersartigkeit wurden sie von ihrer Umgebung abgelehnt und mussten als Nachfolger Christi um ihres Glaubens willen leiden (2,12; 4,4 vgl. Joh 15,18-21).

Wie lebe ich als Fremdling?

Das Gegenteil der Fremdlingschaft ist die Sesshaftigkeit, das Verwurzeltsein im Diesseits. Als Fremdling leben heißt weder, am Schicksal der Welt kein Interesse zu haben, noch in der Weltabgewandtheit eines Eremiten zu leben. Es gilt, als Christ die richtige Balance zu finden zwischen dem *„in der Welt"* aber *„nicht von der Welt"* sein (Joh 17,11.14.16). Dabei geht es nicht nur um die eigene Existenz, sondern auch um die Frage der Berufung (Joh 17,18) als Botschafter des Evangeliums (Joh 15,16; 2Kor 5,20).

Die Spannung zwischen Heilserfahrung und Heilshoffnung

Petrus beschreibt das Heil einerseits als Erfahrung in der Gegenwart und andererseits als Gegenstand der zukünftigen Hoffnung:

- Die Gläubigen *sind* wiedergeboren (1,3)
- Ihre Sünden *sind* getilgt (2,24) durch das Blut Jesu Christi (1,18-19)
- Sie *sind* aus der Finsternis ins Licht versetzt (2,9 vgl. Kol 1,13)
- Sie *haben* die Wirkung des lebendigen Wortes Gottes erfahren (1,23; 2,3)

Andererseits spricht Petrus vom Heil in der Zukunftsform:

- Das Heil ist das Ziel des Glaubens (1,9)
- Das Heil wird in der letzten Zeit geoffenbart (1,5)
- Das Heil wird vollkommen bei der Offenbarung Jesu Christi (1,7;4,13)

Die Aussicht auf diese wunderbare Zukunft erfüllt die Gläubigen mit jubelnder Vorfreude (1,6). Bis dahin leben sie in einer Hoffnung, die sich nicht auf Vermutungen gründet, sondern auf klaren Verheißungen des Wortes Gottes. Die Heilserfahrung ist Grundlage der Heilshoffnung, ist Anbruch eines neuen Zeitalters inmitten des alten. *„Das Paradox der heilsgeschichtlichen Situation seit Ostern besteht gerade darin, daß das eschatologische Heil ganz da ist und ganz aussteht."*[82] Wer an Jesus glaubt, hat das Heil. Vollendet wird dieses Heil jedoch erst, wenn das Ziel des Glaubens erreicht ist (1,9).

---

[82] Reiser, 1994, 176.

Das heilige Leben als Folge der Heilserfahrung (1,13) steht unter der Spannung dessen, was jetzt schon Wirklichkeit werden kann und was der zukünftigen Heilserfüllung zugeordnet werden muss. Beispiele:

- Solange Christen auf dieser Erde leben, sind sie physischen und psychischen Begrenzungen unterworfen. Sie sind herausgefordert, in Weisheit damit umzugehen. Die vollkommene Erlösung des Leibes geschieht erst bei der Wiederkunft Christi (Röm 8,23).

- Solange Christen nicht am Ziel sind, stehen sie in der Spannung zwischen Fleisch und Geist. Sie sind befreit zu einem neuen Leben und gleichzeitig aufgerufen, in dieser Freiheit zu bestehen (Gal 5,1.13-26). Christen sind frei von der Macht der Sünde, aber durchaus fähig zur Sünde (1Joh 1,6-9).

- Wachstum in der Heiligung heißt, diejenigen Verheißungen durch den Glauben Wirklichkeit werden zu lassen, die für die momentane Lebenssituation relevant sind. Dabei spielen das Wort Gottes als Wachstumsnahrung (2,2) und eine immer tiefer werdende Beziehung zu Christus (2,3) die entscheidende Rolle.

Die Spannung zwischen gegenwärtiger und zukünftiger Herrlichkeit

Unter Herrlichkeit versteht Petrus die Herrlichkeit Jesu Christi, nach der schon die Propheten geforscht haben (1,11) und die bei seiner Wiederkunft offenbar werden wird (4,13). Petrus bezeichnet sich selbst als Teilhaber dieser Herrlichkeit (5,1) und verspricht den Ältesten einen Siegeskranz der Herrlichkeit (5,4).

Zu dieser *„ewigen Herrlichkeit"* in Christus sind alle Gläubigen berufen (5,10). Diesem Aspekt der Herrlichkeit als *zukünftige* Wirklichkeit steht die in der Gegenwart erfahrbare gegenüber. Sie ist bei den Lesern untrennbar verbunden mit der Erfahrung des Leidens: An Christi Herrlichkeit teilhaben heißt, Teilhaber an seinem Leiden zu sein (4,13; vgl. Röm 8,17). Wer leidet, auf dem *„ruht der Geist der Herrlichkeit"* (4,14). Der Heilige Geist macht die Herrlichkeit Gottes in der Gegenwart erfahrbar, indem er Freude inmitten des Leidens schenkt (4,13-14; vgl. Apg 5,41; Kol 1,24). Nur so kann Leiden als Gnade verstanden werden (2,20).

Was bedeutet das konkret?

Der Ausblick auf das himmlische Erbe befreit den Christen von dem Streben nach dem Glück in der Diesseitigkeit. Das Schönste und Beste kommt noch! Die wahren Reichtümer sind nicht materieller Natur.

1. PETRUSBRIEF – DAS HEIL UND DAS HEILIGE LEBEN

Schlüsselvers: „Sondern wie der, der euch berufen hat, heilig ist, seid auch ihr im ganzen Wandel heilig" (1,15)

	HEIL			HEILIGUNG				HEILIGES LEBEN					
1,1-2	1,3-5	1,6-12	1,13-17	1,18-21	1,22-2,3	2,4-10	2,11-17	2,18-25	3,1-7	3,8-12	3,13-18	4,1-10	4,11-19	5,1-11	5,12-14
Absender, Empfänger, Segensgruß	Lobpreis Gottes für das erfahrene Heil	Ermutigung durch den Ausblick auf das zukünftige Heil	Absonderung vom alten Lebensstil zur Hingabe an Gott	Dankbarkeit gegenüber der Heilstat Christi	Liebe zu den Glaubensgeschwistern und Verlangen nach Gottes Wort	Integration in die Gemeinde als Tempel und Volk Gottes	Heiliges Leben in unheiliger Umgebung als Staatsbürger	Heiliges Leben als Hausskave	Heiliges Leben in der Ehe	Heiliges Leben gegenüber Freunden und Feinden	Leiden für Gutestun nach dem Vorbild Christi	Leiden als Folge der Gesinnung Christi	Leiden im Hinblick auf die zukünftige Herrlichkeit	Demut in den Beziehungen innerhalb der Gemeinde und in der Beziehung zu Gott	Briefabsicht und Grüße
Einleitung	Lobpreis		Absonderung		Bruderliebe		Gutestun - Unterordnung			Liebe		Leiden		Demut	Schluss

Absicht: Ermahnung und Ermutigung in Anfechtungen um des Glaubens willen

Wichtige Themen

- Unsere Berufung zum Leiden um Christi willen
- Das Leben als Christ in der Welt
- Die richtigen Umgangsformen in der Gemeinde
- Die Bedrohung der Gemeinde von außen und von innen
- Die Bedeutung der Wiederkunft Christi für die gegenwärtige Lebenssituation

Titel: Von Petros A

- Abfassungszeit: ca. 62-63 n.Chr.
- Abfassungsort: Rom (Deckname: Babylon)
- Verfasser: Petrus
- Empfänger: Mehrere Gemeinde in Kleinasien: Pontus, Galatien, Kappadozien, Asien und Bithynien

Literatur

Beck, Johann Tobias: Petrusbriefe. Ein Kommentar, Giessen, Brunnen, 1995, Nachdruck der Auflage von 1896, C. Bertelsmann, Gütersloh.

Ellwell, Walter A., Yarbrough, Robert W.: Studienbuch Neues Testament, Wuppertal, R. Brockhaus, 2001.

Goppelt, Leonhard: Theologie des Neuen Testaments, Hrsg. Jürgen Roloff 3. Aufl. Göttingen, UTB Vandenhoeck & Ruprecht, 1985.

Goppelt, Leonhard: Der Erste Petrusbrief. KEK, Göttingen, Vandenhoeck & Rupprecht, 1978.

Mauerhofer, Erich: Einleitung in die Schriften des Neuen Testaments Bd. 2: Römer-Offenbarung, Holzgerlingen, Hänssler, 1999.

McKnight, Scot: 1 Peter. The NIV Application Commentary, Grand Rapids, Zondervan, 1996.

Reifler, Hans Ulrich: Bibelkunde des Neuen Testaments. Die Bibel lieben, kennen und verstehen, Nürnberg, VTR, 2006.

Reiser, Marius: Die Eschatologie des 1. Petrusbriefs. In: Weltgericht und Weltvollendung: Zukunftsbilder im Neuen Testament, ed. Hans-Josef Klauck. Freiburg, Herder, 1994.

Schröger, Friedrich: Wegweisung für Christen in Leiden, Diskriminierung und Verfolgung nach dem 1. Petrusbrief. In: Theologie im Werden. Studien zu den theologischen Konzeptionen im Neuen Testament, ed. Josef Hainz. Paderborn, Schöningh, 1992.

Schweizer, Eduard: Der erste Petrusbrief, Zürich, Theologischer Verlag, 1998.

Der 2. Petrusbrief

Petrus war ein Mensch, dessen Herz voller Leidenschaft für Jesus brannte. Das änderte sich auch im Alter nicht. Ein zentrales Anliegen seines Dienstes war das geistliche Wachstum der Gläubigen. Schon in seinem ersten Brief betonte er, was es bedeutet, Jesus nachzufolgen. Und auch im zweiten Brief ist er besorgt um die Gläubigen, die in der Gefahr standen, von Irrlehrern verführt zu werden und auf diese Weise den Weg der Jesusnachfolge zu verlassen. Dieser zweite Brief ist ein geistliches Vermächtnis des alten Petrus, das uns ermutigen und zugleich warnen soll.

1. Verfasser

Der Verfasser ist im Briefkopf genannt: Petrus (1,1). Im Unterschied zu seinem ersten Brief fügt Petrus hier seinen hebräischen Geburtsnamen „Symeon" (vgl. Apg 15,14) hinzu (griech. Simon). Petrus ist eigentlich nur sein griechischer Beiname (Apg 10,5), den er von Jesus erhalten hat (aramäisch: Kephas = Fels; Joh 1,42) mit prophetischer Bedeutung (Mt 16,18). Auch Paulus nennt ihn häufig Kephas (z.B. Gal 1,18; 1Kor 1,12).

Weitere Argumente für Petrus als Verfasser sind sein Hinweis auf das Geschehen auf dem Verklärungsberg, das er persönlich miterlebt hat (vgl. 1,16-18 mit Mt 17,1-13) und der Bezug auf seinen ersten Brief (3,1). Petrus bezeichnet sich selbst als Knecht und Apostel Jesu Christi (1,1).

2. Zeit und Ort der Abfassung

Petrus hat diesen Brief nach eigenen Angaben kurz vor seinem Tod geschrieben (1,14-15). Er ahnte, dass sein Ende bevorstand. Nach den Berichten der Kirchenväter starb Petrus als Märtyrer während der Verfolgung durch den römischen Kaiser Nero. Das war ca. 67-68 n.Chr. Da er um 62-63 n.Chr. seinen ersten Brief (3,1) schrieb, ist der zweite Brief *ca. 67 n.Chr* verfasst worden.

Der Ort der Abfassung ist unbekannt, aber am wahrscheinlichsten ist Rom, wo der erste Brief entstand und Petrus als Märtyrer starb.

3. Empfänger

Der Brief ist an alle Gläubigen adressiert, die *„einen gleich kostbaren Glauben mit uns empfangen haben"* (1,1). Die Anrede *„euch"* in 3,1 lässt darauf schließen, dass damit die gleichen Empfänger wie beim ersten Brief gemeint sind, nämlich alle Christen in Kleinasien (1Petr 1,1). Außerdem erinnert er sie mehrmals an das, was er ihnen bereits geschrieben hat (1,12.14).

Interessant ist, dass seine Anrede im zweiten Brief keinen regionalen, sondern einen geistlichen Bezug hat. Wahrscheinlich wurde der zweite Petrusbrief als Rundbrief in den Diasporagemeinden Kleinasiens verteilt. Als Adressaten sind Juden und Nichtjuden gleichermaßen gemeint.

4. Anlass

Das Hauptanliegen des Briefes ist das Wachstum der Gläubigen durch die Erkenntnis Jesu Christi. Das betont Petrus am Anfang (1,2) und am Ende seines Briefes (3,18). Damit spricht er kein völlig neues Thema an, sondern erinnert seine Leser an die Dinge, die sie bereits kannten und deren Wahrheit sie erfahren hatten (1,12).

In beiden Briefen (3,1) ist es Petrus ein dringendes Anliegen, die Gläubigen in der überlieferten Wahrheit zu befestigen, indem er sie ermahnt und ermutigt, ihr Leben danach auszurichten.

Das Besondere an seinem zweiten Brief ist der bedrohliche Hintergrund, der ihn veranlasste, diesen Brief zu schreiben: Die Christen standen in der Gefahr, durch Irrlehrer (1,16b; 2,1-22; 3,3-4) verführt und damit vom Wachstumspfad der Nachfolge weggeführt zu werden. Petrus warnt die Gläubigen eindringlich vor diesen Betrügern (3,17).

Die Verwurzelung in der Lehre des Wortes Gottes und deren Verwirklichung im eigenen Leben ist der beste Schutz gegen die Irrlehre. Deshalb verfolgt Petrus mit seinem Brief ein *zweifaches Ziel:*

- Er zeigt, wie geistliches Wachstum entsteht, wie es gefördert wird und woran es erkennbar ist.

- Er warnt vor den Einflüssen und Verhaltensweisen, die dieses Wachstum verhindern oder zerstören.

5. Aufbau

Der zweite Brief des Petrus besteht aus drei Kapiteln und lässt sich anhand der Kapiteleinteilung in *drei Hauptteile* gliedern:

- Im ersten Teil (Kap 1) zeigt Petrus, wie die Erkenntnis Christi einen Wachstumsprozess auslöst, der das ganze Leben umfasst.
- Im zweiten Teil (Kap 2) warnt Petrus vor den Irrlehrern, indem er ihren Charakter beschreibt und ihre wahren Motive entlarvt.
- Im dritten Teil (Kap 3) geht es um die Verteidigung der Wahrheit von der Wiederkunft Christi und deren Bedeutung für das Leben in der Gegenwart.

Das Hauptthema ist das *Wachstum in der Erkenntnis Christi* (1,3.16.17; 2,10; 3,18). Im ersten Petrusbrief steht die Erkenntnis seines Leidens im Mittelpunkt, im zweiten Brief die Erkenntnis seiner Herrlichkeit. Leiden und Herrlichkeit gehören untrennbar zusammen (vgl. Röm 8,17).

6. Überblick

Wachstum in der Erkenntnis Christi (Kap 1)

Der erste Hauptteil lässt sich in zwei Abschnitte gliedern. Im ersten Abschnitt steht die Ermutigung zum Wachstum im Mittelpunkt, im zweiten Abschnitt bekräftigt Petrus die Wahrheit dieser Botschaft durch einen doppelten Beweis.

Ermutigung zum Wachstum (1,1-11)

Bereits im Briefkopf (1,1-2) kommt das Ziel des Briefes zum Ausdruck: Gnade und Frieden in größerem Maß durch die Erkenntnis Christi. Deshalb erinnert Petrus seine Leser zuerst daran, welchen Reichtum sie bereits durch Jesus empfangen haben (1,3-4):

- Sie sind beschenkt mit göttlicher Kraft für ihr gesamtes Leben
- Sie sind zu einer neuen Existenz berufen
- Sie haben die größten und kostbarsten Zusagen Gottes empfangen
- Sie sind Teilhaber der göttlichen Natur
- Sie sind entronnen dem Verderben der Welt

Was den Christen zugesagt ist, muss im Glauben in Anspruch genommen werden. Gottes Geschenke erfordern Eifer und Leidenschaft (1,5)!

Das hat nichts mit Gesetzlichkeit zu tun, sondern mit Training, dem Einüben und Entfalten des Glaubens in der Praxis. Petrus zählt sieben Wachstumsbereiche auf (1,5-7 NGÜ): Charakterfestigkeit, geistliche Erkenntnis, Selbstbeherrschung, Standhaftigkeit, Ehrfurcht vor Gott, Liebe zu den Glaubensgeschwistern, Liebe zu allen Menschen.

Die einzelnen Bereiche sind wie eine Kette miteinander verbunden. Dies wird deutlich durch die Präposition „in" (griech. ἐν en = in o. durch):

> ἐν bringt zum Ausdruck, daß die folgenden Tugenden je ihren Grund haben, keimartig enthalten sind in den vorhergehenden, und daß es gilt, sie daraus zu entwickeln.[83]

Dieses Training kann nur in der von Gott geschenkten Kraft absolviert werden (1,3). Liebe und Selbstbeherrschung z.B. zählt Paulus zur Frucht des Geistes (Gal 5,22). Petrus betont, dass ein Leben in der Kraft des Heiligen Geistes im praktischen Leben und im Charakter der Gläubigen sichtbar wird. Die Erkenntnis Christi verändert das ganze Leben!

Damit ist kein Streben nach Perfektionismus gemeint, sondern ein Prozess des Reifens und Wachsens im Glauben (1,8), der zu Fruchtbarkeit (1,8) und Stabilität im Glauben führt (1,10).

Wer nicht in diesem Reifeprozess steht, verliert den geistlichen Durchblick (1,9) und lebt nicht in dem Heil, das Jesus vollbracht hat (1,9b). Anstatt Jesus immer besser kennen zu lernen, lebt er in ständiger Gefahr, im Glauben Schiffbruch zu erleiden. Christen, die nicht wachsen, sind willkommene Opfer für Irrlehrer!

Zweifacher Wahrheitsbeweis (1,12-21)

Petrus hat nicht mehr viel Zeit, denn sein Ende ist nahe. Jesus hatte ihm ganz persönlich geoffenbart, dass sein Leben bald zu Ende sein würde (1,14). Er spricht über seinen Tod wie vom Abbau eines Zeltes (1,13; vgl. 2Kor 5,1-10). Dieser zweite Brief ist deshalb ein geistliches Vermächtnis (1,12-15) ähnlich wie der zweite Timotheusbrief bei Paulus (2Tim 4,6). Petrus will, dass seine Leser die Botschaft des Evangeliums auch nach seinem Tod im Gedächtnis behalten (1,15). Dass diese Botschaft absolut zuverlässige Wahrheit ist im Gegensatz zu den Mythologien der Irrlehrer (1,16), bekräftigt Petrus mit einem zweifachen Beweis:

---

[83] Fritz Rienecker, *Sprachlicher Schlüssel zum Griechischen Neuen Testament* (Gießen, Basel: Brunnen Verlag, 17. Aufl., 1984), 586-587.

Die persönliche Erfahrung des Petrus (1,16-18)

Petrus ist Augenzeuge der Macht und Herrlichkeit Christi. Damit bezieht er sich auf das Geschehen auf dem Verklärungsberg (Mt 17,1-13), als Jesus vor seinen Jüngern verherrlicht wurde. Sein Aussehen veränderte sich vor ihren Augen, indem sein Gesicht zu leuchten begann wie die Sonne und seine Kleider strahlend weiß wurden wie das Licht (Mt 17,2 NGÜ). Dazu erschienen Mose und Elia als Vertreter des Alten Bundes und redeten mit Jesus (Mt 17,3). Der Höhepunkt dieses unvergesslichen Erlebnisses war jedoch die Stimme Gottes, die aus einer Wolke hörbar ertönte und die Jünger so erschreckte, dass sie sich zu Boden warfen (Mt 17,6). Das alles war keine Einbildung, sondern erlebte göttliche Wirklichkeit (1,17-18), ein sichtbarer Beweis der Herrlichkeit Jesu Christi.

Die Zuverlässigkeit des Wortes Gottes (1,19-21)

Als einen weiteren Beweis, der allen Gläubigen zugänglich ist, nennt Petrus das prophetische Wort, d.h. das Wort Gottes des Alten und Neuen Testaments. Das Wort Gottes ist die einzige zuverlässige schriftliche Quelle der Wahrheit. Die Verfasser der Schrift waren zwar Menschen, die aber nicht ihre eigenen Gedanken niederschrieben, sondern vom Heiligen Geist so geleitet wurden, dass sie unfehlbares Wort Gottes verfassten.[84] Das Wort Gottes hat göttlichen Ursprung und göttliche Autorität (1,19-21). Es ist das Licht der Wahrheit, der Morgenstern der Herrlichkeit Christi (1,19). Auf dieses Wort sollen die Gläubigen ganz besonders achten, damit sie unterscheiden können zwischen menschlicher und göttlicher Botschaft. Die beste Vorbeugung gegen Irrlehre ist die Kenntnis der biblischen Lehre! Der gleiche Geist, der die Schrift inspiriert hat, offenbart den Gläubigen das Wort, so dass sie es verstehen und anwenden können. Kap 1,19-21 ist neben 2Tim 3,16-17 eine der wichtigsten Stellen für die göttliche Inspiration der gesamten heiligen Schrift.

Warnung vor Irrlehrern (Kap 2)

Petrus knüpft an den vorigen Abschnitt an, indem er seinen Lesern vor Augen führt, dass es schon im alten Bund neben den Propheten Gottes immer auch falsche Propheten unter dem Volk Gottes gab (z.B. 1Kön 22,1-28). Das ist also nichts Besonderes. Jesus selbst sagt voraus, dass vor seiner Wiederkunft viele falsche Propheten auftreten werden (Mt 24,5.11).

---

[84] 1,21: griech. φερόμενοι *pheromenoi* = getrieben; bewegt wie ein Schiff durch den Wind.

Falsche Propheten nennt Petrus hier falsche Lehrer, die heimlich Irrlehren in Umlauf bringen, die zur Zerstörung führen (2,1). Der griechische Begriff für Irrlehre ist hier interessant, denn er wird auch als Fremdwort im Deutschen verwendet: αἵρεσις *hairesis* = Häresie. Damit war ursprünglich eine Gruppe, Partei oder Schule im neutralen Sinn gemeint, die von außen als solche gesehen und entsprechend benannt wurde[85] (vgl. Apg 5,17: Sadduzäer; 24,5: Christen). Paulus benutzte den Begriff Häresie für Parteiungen, die sich in manchen christlichen Gemeinden gebildet hatten (1Kor 11,19) und charakterisierte diese Bestrebungen als Werke des Fleisches (Gal 5,20). Später wurde das Wort als Oberbegriff für spezielle Lehrmeinungen dieser Gruppen verwendet. Hier in 2,1 geht es um eine Abweichung vom göttlichen Offenbarungszeugnis, eine Sonderlehre mit zerstörerischer Wirkung. Es handelte sich offensichtlich um bestimmte Lehraussagen über den christlichen Lebenswandel, die Gottes Willen entgegenstanden und deshalb Lehrer und Schüler unter das Gericht Gottes brachten (vgl. 2,1.3.17; 3,7).

Interessant ist, dass Petrus nicht auf die Lehren im Detail eingeht, sondern Charakter und Lebensstil der Irrlehrer entlarvt. Er geht nach dem Prinzip Jesu vor: An ihren Früchten werdet ihr sie erkennen (Mt 7,15-16). Das Leben der Irrlehrer zeigt die Verkehrtheit ihrer Lehre, denn ihr Verhalten entspricht genau dem Gegenteil dessen, was Petrus im ersten Kapitel als Merkmale eines geistlichen Lebensstils beschrieben hat. Petrus nennt folgende Charaktermerkmale der Irrlehrer: Ablehnung der Autorität Jesu (2,1b); Genusssucht (2,2.13.18b); Habsucht (2,3.13-15); Sexsucht (2,3); Lästerung (2,10); Lüge (2,17-18); Betrug (2,10.18); Überheblichkeit (2,14). Das Leben dieser Menschen ist bestimmt von den Begierden der alten Natur (1Joh 2,15-17). Ihr Lebenselement war Geld, Sex und Macht.

Die wiederholte Betonung des göttlichen Gerichts (2,1.3.12.17) lässt darauf schließen, dass sie dieses in ihren klugen Reden leugneten, indem sie sich auf die Freiheit in Christus beriefen (2,19). Sie verdrehten die Schriften des Paulus über Gnade und Freiheit (3,16). Demgegenüber betont Petrus sehr deutlich mit mehreren Beispielen (2,4-9) Gottes Gericht gegenüber jedem, der seine Gebote mit Füßen tritt.

Die Hauptgefahr der Verführung bestand in dem von diesen Leuten neu definierten Begriff Freiheit. Petrus warnte schon in seinem ersten Brief vor einer Freiheit, die manchen Christen als Deckmantel der Bosheit diente (1Petr 2,16).

---

[85] Vgl. G. Nordholt in: *TBLNT*, „Erwählung/Berufung", 387.

Warum waren und sind Gläubige für solche Lehren anfällig?

Weil es das Leben als Christ „leichter" macht. Es klingt verlockend und gefällt vor allem der alten Natur, denn dann entfällt der ständige Kampf zwischen Fleisch und Geist (Gal 5,16-21). Die Irrlehrer senkten durch ihre falschen Lehren und ihr persönliches Vorbild die Hemmschwelle zur Sünde, indem sie behaupteten, dass Christen ja kein Gericht mehr zu erwarten hätten. Wir sind frei. Uns kann nichts mehr passieren. Christus hat uns befreit vom Gericht zu einem Leben in Saus und Braus.

Eine schwierige Frage dieses Kapitels ist, ob diese Irrlehrer vom Glauben abgefallene Christen waren oder einfach geschickte Betrüger:

In 2,1 werden sie als Irrlehrer bezeichnet, die den *„Gebieter, der sie erkauft hat, verleugnen"*. Damit ist zweifellos Jesus gemeint. Petrus verwendet hier jedoch nicht den üblichen Begriff „Herr" für Jesus (griech. kyrios), sondern „Gebieter, Herrscher" (δεσπότης *despotes*). Damit werden im NT auch Hausherren (Despoten) bezeichnet, denen die Sklaven dienen (1Tim 6,1-2; Tit 2,9; 1Petr 2,18). Während deren Herrschaft nur im eigenen Haus unbegrenzt ist, gilt dies in Bezug auf Gott uneingeschränkt für die gesamte Schöpfung. *Beachte:* Despotes ist eine Bezeichnung Gottes als Schöpfer mit uneingeschränkter Macht und unumschränktem Besitzrecht (Lk 2,29; Apg 4,24; Offb 6,10). Dieser Titel bezieht sich aber hier eindeutig auf Jesus. Dieser Gebieter hat sie erkauft, d.h. er hat den Kaufpreis bezahlt. Juristisch gesehen hat der Käufer einen Besitzanspruch auf das, was er bezahlt hat. Jesus ist der Gebieter, der uneingeschränkte Herrscher über alle Menschen, weil er am Kreuz den Preis für alle Menschen bezahlt hat. Aber „erkauft" heißt noch nicht „erlöst". Die rechtmäßige Tatsache bedingt noch nicht die persönliche Wirksamkeit. Die Erlösung ist vollbracht, aber sie muss im Glauben angenommen werden! Die Ausdrucksweise, die Petrus hier verwendet, lässt also nicht zwingend darauf schließen, dass die Irrlehrer Christen waren.

Schwieriger ist 2,20-22 zu verstehen. In 2,19 werden die Irrlehrer als Sklaven des Verderbens bezeichnet, die „ihnen" Freiheit versprechen. Wen meint Petrus in den folgenden Versen mit „sie" (2,20.21)? Die Irrlehrer oder die Leute aus der Gemeinde? Diese haben Jesus erkannt, sind entflohen der Welt (vgl. 1,3-4) und kehren nun wieder zurück zum alten Leben. Es sind sehr wahrscheinlich die Verführten gemeint. Sie haben etwas erkannt von Jesus und ihr Leben angepasst, aber es kam zu keiner Neuschöpfung. Denn die Bedeutung des Sprichworts (2,22) zeigt, dass die Natur unverändert blieb.

Es ist sehr erfreulich, wenn Menschen Interesse am Glauben haben, am Gottesdienst teilnehmen, ernsthafte Fragen stellen und gewisse Dinge in ihrem Leben ändern. Das Ziel der Errettung ist aber erst erreicht, wenn jemand von neuem geboren wird (Joh 3,5-6)! Wir tun den Menschen nichts Gutes, wenn wir sie zu schnell als Christen bezeichnen.

Solange diese Wiedergeburt nicht stattgefunden hat, ringt der Satan um seinen Besitz. Wenn er schon nicht verhindern konnte, dass sie sich für Jesus interessieren, dann versucht er doch, sie auf ein spirituelles Nebengleis zu führen, weg von Jesus, so dass es fast unmöglich wird, sie nochmals für Jesus zu gewinnen. Petrus beschreibt hier eine Entwicklung, die Jesus seine Jünger lehrte: Wenn das gereinigte Haus nicht einen neuen Hausherrn bekommt, dann kehrt der alte wieder zurück und dehnt seine Herrschaft aus (Mt 12,43-45). Deshalb gilt es, ernsthaft im Gebet um Menschen zu ringen, die Interesse an Jesus zeigen. Hier tobt ein geistlicher Kampf, den wir aufnehmen müssen.

Weltanschauungen, die den alten Menschen religiös machen wollen, sind letztlich ein Blendwerk Satans, um die Menschen von der Neuschöpfung durch Christus (2Kor 5,17) abzuhalten. Wie gefangen ein Mensch aber auch sein mag, die Macht unseres *„Gebieters"* Jesus Christus ist größer.

Die Wiederkunft Christi (Kap 3)

Ein Hauptangriffspunkt der Irrlehrer war die Wiederkunft Christi. Sie spotteten über die Erfüllung dieser Verheißung: Wo bleibt die Verheißung seines Kommens (3,4)? Es bleibt ja doch alles wie es war. Wenn das Kommen Christi ausbleibt, dann gibt es auch kein Gericht, so könnte ein Argument für die in Kap 2 falsch verstandene Freiheit gelautet haben. Weil die Wiederkunft Christi eine ganz entscheidende Lehre des NT ist und die Leugnung dieses Ereignisses je mehr zunehmen wird, desto näher es bevorsteht (3,3), geht Petrus ausführlicher darauf ein:

- Das Auftreten von Spöttern ist nichts Besonderes, sondern von den Propheten und Aposteln vorhergesagt (3,1-3).

- Die Aussage, dass alles so bleibt, wie es von Anfang an war, wird schon durch Gottes erstes weltweites Gericht über die abgefallene Menschheit widerlegt: Die Sintflut (3,4-6).

- Gott wird die Erde durch ein zweites globales Gericht vernichten. Nicht durch eine zweite Flut (Gen 9,15), sondern durch Feuer (3,7.12). Gott schafft einen neuen Himmel und eine neue Erde (3,13 vgl. Offb 21,1-2).

- Was menschlich gesehen als Verzögerung aussieht, ist ein Ausdruck von Gottes Barmherzigkeit und Geduld (3,9). Einerseits hat Gott ganz andere Zeitmaßstäbe als wir Menschen (3,8) und andererseits gibt er den Menschen genügend Zeit zur Umkehr. Gott will nicht, dass irgendein Mensch auf dieser Erde verloren geht (3,9 vgl. 1Tim 2,4).

Interessant ist, dass die Zerstörung der alten Erde durch Feuer sonst nirgends im NT erwähnt wird. Nur Petrus wurde diese endzeitliche Offenbarung durch den Heiligen Geist geschenkt. Diese Zukunftsperspektive, die uns hier Gottes Wort vor Augen hält, hat einschneidende Konsequenzen für das Leben in der Gegenwart:

> **2Petr 3,11-12 (NGÜ)** Wenn das alles auf diese Weise vergeht, wie wichtig ist es da, dass ihr ein durch und durch geheiligtes Leben führt, ein Leben in der Ehrfurcht vor Gott! Wartet auf den großen Tag Gottes; verhaltet euch so, dass er bald anbrechen kann! Sein Kommen bedeutet zwar, dass der Himmel in Brand geraten und vergehen wird und dass die Gestirne im Feuer zerschmelzen.

Die Wiederkunft Christi ist die größte Motivation für ein Leben der Hingabe an Jesus. Die Leugnung dieser Lehre führt zu Ziellosigkeit und Oberflächlichkeit, zur Verirrung im Denken und Handeln, ja zur Zerstörung des Glaubens. Darum stehen Lebensziel und Lebensstil der Irrlehrer (Kap 2) in völligem Kontrast zum Leben in der Nachfolge Christi (Kap 1). Das zu betonen, wird Petrus nicht müde.

Er fasst deshalb am Schluss noch einmal Inhalt und Ziel seines Briefes zusammen und zieht die Konsequenz aus dem Gesagten (3,14-18). Sein größter Wunsch und sein innigstes Gebet war, dass die Gläubigen standhaft bleiben in den Anfechtungen und dass sie Jesus und seine Gnade immer tiefer erfahren, um schließlich das Ziel des Glaubens erreichen.

2. PETRUS – WACHSTUM IN DER ERKENNTNIS CHRISTI

Schlüsselvers: „Wachset aber in der Gnade und Erkenntnis unseres Herrn und Retters Jesus Christus" (3,18)

	ERKENNTNIS CHRISTI	IRRLEHRER	WIEDERKUNFT CHRISTI
Verfasser – Empfänger – Gruß	**Beim Empfang des Heils** - Göttliche Kraft zum Leben (1,3) - Göttliche Verheißungen (1,4) - Göttliche Natur (1,4) **Bei der Verwirklichung des Heils** - Folge: Eifer und Leidenschaft! (1,5) - Entfaltung des Glaubens (1,5) - Kette geistlicher Eigenschaften (1,5-11) - Folgen der Nachlässigkeit (1,8-11) **Die Erkenntnis der Wahrheit** - Vermächtnis des Petrus (1,12-15) - Bestätigung durch Augenzeugen (1,16-18) - Bestätigung durch das Wort Gottes (1,19-21)	**Ziel der Irrlehre** - Verbreitung falscher Lehre (2,1) - Spaltung der Gemeinde (2,1) - Verführung der Gläubigen (2,2-3.18) **Beschreibung der Irrlehrer** - Ablehnung von Jesus (2,1) - Genusssüchtige (2,12.13.18b) - Habsüchtige (2,3.13-15) - Sexsüchtige (2,14) - Betrüger und Lügner (2,3.17-18) **Gericht über die Irrlehrer** - Ihr schnelles Verderben steht fest (2,1.3) - Dunkel der Finsternis (2,17)	**Die Leugnung der Wiederkunft** - Spott der Irrlehrer (3,1) - Zweifel an der Verheißung (3,2-4) **Gewissheit der Wiederkunft** - Erste Vernichtung der Erde: Flut (3,4-6) - Zweite Vernichtung der Erde: Feuer (3,7.12) - Neuer Himmel und neue Erde (3,13) - Keine Verzögerung, sondern Geduld (3,9) - Möglichkeit zur Umkehr (3,9) **Auswirkungen der Wiederkunft** - Klare Lebensausrichtung auf Jesus (3,11-12) - Mission: Gott will alle Menschen retten (3,9) - Leben in gespannter Erwartung (3,12)	Ermahnung und Ermutigung - Lobpreis
1,1-2	1,3-21	2,1-22	3,1-16	3,17-18
	Erinnerung an die Wahrheit	Lästerung der Wahrheit	Lehre der Wahrheit	
	Bereiche des Wachstums	Gefahren des Wachstums	Ziel des Wachstums	
	Das geistliche Vermächtnis eines leidenschaftlichen Jüngers Christi!			

Letzte Worte

- Setze alles daran, um geistlich zu wachsen!
- Das Wort Gottes ist dein Licht in der Dunkelheit!
- Erkenne und widerstehe den Feinden der Wahrheit!
- Halte fest an der Lehre von der Wiederkunft Christi!
- Richte dein Leben auf die Wiederkunft aus!
- Wachse in der Erkenntnis und in der Gnade!
- Verherrliche Gott in deinem Leben!

Titel: Von Petros B

- Abfassungszeit: ca. 67 n.Chr.
- Abfassungsort: Rom
- Verfasser: Petrus
- Empfänger: Alle Christen in Kleinasien

Literatur

Beck, Johann Tobias: Petrusbriefe. Ein Kommentar, Giessen, Brunnen, 1995, Nachdruck der Auflage von 1896, C. Bertelsmann Verlagshaus.

Carson, D.A. & Moo, J. Douglas: Einleitung in das Neue Testament, Gießen, Brunnen, 2010.

Davids, Peter H.: The Letters of 2 Peter and Jude. The Pillar New Testament Commentary, Grand Rapids, Eerdmans, 2006.

Elwell, Walter A., Yarbrough, Robert W.: Studienbuch Neues Testament, Wuppertal, R. Brockhaus, 2001.

ESV Study Bible, Wheaton, Crossway Bibles, 2008.

Genfer Studienbibel, Neuhausen, Hänssler, 1995.

Hörster, Gerhard: Bibelkunde und Einleitung zum Neuen Testament, Wuppertal, R. Brockhaus, 1998.

Jensen, Irving: Jensen's Survey of the New Testament, Chicago, Moody Press, 1981.

Lasseigne, Jeff: Highway 66. A Unique Journey Through the 66 Books of the Bible, Santa Ana, Calvary Chapel Publ., 2005.

Mauerhofer, Erich: Einleitung in die Schriften des Neuen Testaments Bd. 2: Römer-Offenbarung, Holzgerlingen, Hänssler, 1999.

Reifler, Hans Ulrich: Bibelkunde des Neuen Testaments. Die Bibel lieben, kennen und verstehen, Nürnberg, VTR, 2006.

TBLNT: Theologisches Begriffslexikon zum Neuen Testament. Neubearbeitete Ausgabe, Wuppertal, R. Brockhaus, 1997, 1. Sonderaufl. 2005.

DER 1. JOHANNESBRIEF

Etwa ein halbes Jahrhundert nach der Himmelfahrt Christi bewegte der Heilige Geist einen Mann mit Namen Johannes, auch *„der Älteste"* genannt, die letzten fünf Bücher des Neuen Testaments zu schreiben: Ein Evangelium, drei Briefe und die Offenbarung. Was Gott durch diesen ganz besonderen Jünger der Gemeinde geschenkt hat, ist von unschätzbarer Bedeutung. Eine Tour durch seine Schriften verspricht großen Gewinn!

1. Verfasser

Der Verfasser wird zwar nicht direkt genannt, aber es ist leicht erkennbar, dass dieser Brief die Handschrift des Johannes trägt. Die Ähnlichkeit mit dem Johannesevangelium ist nicht zu übersehen. Ausdrucksweise, Inhalt und Wortwahl deuten auf einen gemeinsamen Verfasser hin. Dies wird besonders im Prolog der beiden Bücher deutlich (vgl. 1Joh 1,1-2 mit Joh 1,1-2). Beide Bücher verfolgen das gleiche Ziel: Die Leser zum Glauben zu führen (vgl. 1Joh 5,13 mit Joh 20,31). Zum Lieblingsvokabular von Johannes gehören gegensätzliche Begriffspaare wie Wahrheit und Lüge; Liebe und Hass; Licht und Finsternis, Sünde und Gerechtigkeit. Johannes gehörte zu den Augenzeugen der ersten Generation (1Joh 1,1-3; Joh 1,14).

2. Zeit und Ort der Abfassung

Das Buch enthält keine Zeitangaben. Vermutlich entstanden die Briefe und das Evangelium etwa zur gleichen Zeit, *ca. 95-100 n.Chr.* Nach historischen Quellen kommt als Ort nur Ephesus in Frage. Johannes zog nach Ausbruch des jüdischen Krieges (66-70 n.Chr.) von Jerusalem nach Ephesus und wirkte dort als Gemeindeleiter bis zu seinem Tod.

3. Empfänger

Das Schreiben enthält zwar keine typischen Briefmerkmale, aber die liebevolle Anrede „Kinder" (griech. teknon = Kindlein, Babys: 2,1.12.14.18.28; 3,7.18; 4,4; 5,21) weist auf eine enge Beziehung hin. Wahrscheinlich handelt es sich um ein Rundschreiben an verschiedene Gemeinden in Kleinasien, dem Wirkungskreis des Apostels Johannes (vgl. Offb 1,11; 2-3).

4. Anlass

Johannes nennt verschiedene Gründe, warum er diesen Brief geschrieben hat und welches Ziel er damit verfolgt:

- Er will zu tieferer Gemeinschaft mit Gott und untereinander führen (1,3)
- Er will zur vollkommenen Freude führen (1,4)
- Er will vor einem Leben in der Sünde bewahren (2,1).
- Er will an das alte und neue Gebot der Liebe erinnern (2,7-8)
- Er will vor einer gefährlichen Irrlehre warnen (4,1 vgl. 5,21)
- Er will die Heilsgewissheit stärken (5,13)

Der hauptsächliche Anlass war das Eindringen von Irrlehren in die Gemeinden. Die Irrlehrer waren ehemalige Gemeindemitglieder (2,19). Dabei ging es nicht wie bei Paulus um die Vermischung von Gesetz und Evangelium, denn dieses Problem war seit der Zerstörung des Tempels (70 n.Chr.) gelöst.

Eine neue Welle der Irrlehre war im Anrollen in Form des sog. Gnostizismus (griech. gnosis = Erkenntnis), die bis zum Ende des 2. Jh. n.Chr. der gefährlichste Feind der christlichen Gemeinden war.

Johannes benützt diesen Begriff „Erkenntnis, erkennen" besonders häufig, um den Unterschied zwischen den Irrlehren der Gnosis und der wahren Erkenntnis Gottes aufzuzeigen (2,3.5.29–3,1; 3,19.24; 4,2.6–7.13; 5,2.20). Worum ging es?

Der Gnostizismus

Der Gnostizismus war kein geschlossenes Lehrsystem, sondern eine Religionsphilosophie. Ihr Grundansatz bestand in dem Dogma, dass der Geist gut sei, die Materie dagegen böse. Zwischen beiden gäbe es keine dauerhafte Verbindung, so dass die Rettung für den Menschen darin bestehe, aus der Welt der Materie in die Welt des Geistes zu flüchten.

Am wichtigsten sei die Erkenntnis (Gnosis), durch die sich der Mensch über die Ketten der Materie erheben könne. Um dahin zu gelangen, mussten die Anhänger in die inneren Geheimnisse der Gruppe eingeweiht werden.

Der Konflikt zwischen dieser Philosophie und dem Christentum entbrannte am heftigsten um die Person Christi. Wie konnte der reine Geist, der Gott genannt wurde, irgend etwas mit einem materiellen Körper zu tun haben? Wie kann Gott Mensch werden? So fragten sich die Gnostiker. Dass der Sohn Gottes Mensch wurde, war nach ihrer Grundüberzeugung undenkbar.

Zur Zeit des Johannes fanden die Irrlehrer zwei unterschiedliche Erklärungen für dieses Problem. Daraus entstanden zwei Splittergruppen:

Der Doketismus

Diese Leute behaupteten, dass Jesus keinen wirklichen Menschenleib hatte, sondern nur einen Scheinleib (griech. dokeo = scheinen). Da für die Doketen jede Materie von ihrer inneren Natur her böse war, hielten sie es für unmöglich, dass ein göttliches Wesen eine derartige Verbindung mit der Materie eingehen konnte wie bei der Menschwerdung von Jesus.

Der Cerinthianismus

Die zweite Lösung stammte von Cerinth, der wie Johannes in Ephesus wohnte und die Irrlehre verbreitete, dass Jesus und Christus zwei unterschiedliche Wesen waren. Er behauptete, dass der himmlische Christus bei der Taufe auf den Menschen Jesus herabgestiegen sei und diesen befähigt habe, Wunder zu vollbringen und den unbekannten Vater zu verkündigen. Dieser habe ihn aber vor seinem Tod wieder verlassen, um zum Himmel zurückzukehren.

Das bedeutet, dass Jesus gelitten habe und von den Toten auferstanden sei, während Christus von Leiden verschont geblieben sei, da er geistig war.[86] Polykarp, der Schüler des Johannes, erzählt: Als Johannes einst in Ephesus ein Bad besuchte und dort auch Cerinth bemerkte, eilte er sofort hinaus mit den Worten: *„Lasst uns fliehen; die Badestube möchte einstürzen, weil Cerinth, der Feind der Wahrheit, darin ist."*[87]

Beide Varianten hatten verheerende Auswirkungen auf das Leben der Christen:

- Der Gnostizismus machte Jesus zu einem Geist, einer Illusion, die dem Menschen erschien, aber keine reale Existenz besaß. *Beachte:* Wenn Jesus nicht wirklich Mensch war, dann gibt es auch keine Erlösung. Eine falsche Christologie führt zu einer falschen Soteriologie (Heilslehre)!

- Die neue Lehre führte zu einer neuen Ethik: Das irdische Leben sei völlig unabhängig vom geistlichen Leben. Der Kern des Menschen sei göttlich und dies Göttliche kann durch die Sünde nicht beschädigt werden. Die Irrlehrer vermittelten eine völlig neue Sicht von der Sünde.

---

[86] Vgl. Bruce, 1997, 223.
[87] Albrecht, 1988, 643.

- Auf die Folgen dieser Irrlehre geht Johannes ein: z.B. Verlust der Sündenerkenntnis (1,10); Öffnung gegenüber der Welt (2,15-17;4,5); Verlust der Liebe (4,7); Mangel an Heiligung (2,4); Leben in Finsternis (1,6).

Die Grundlehren der Gnosis halten sich bis heute in unterschiedlichen Formen und Ausprägungen. Heute ist es eher der Mix von Esoterik, Psychologie und Religion mit einem Menschenbild, das dem der Gnosis und nicht der Bibel entspricht. Der Mensch sei von Natur aus gut und brauche keine Erlösung, sondern eine Neuentdeckung des Guten, das im Kern jedes Menschen wohne. So oder ähnlich lauten viele Selbsterlösungslehren.

5. Aufbau

Eine Gliederung ist schwierig, da Johannes verschiedene Themen anspricht, diese aber nicht systematisch ordnet, sondern immer wieder in neuen Zusammenhängen darauf zurückkommt. Der 1. Johannesbrief ist ein Familienbrief, geschrieben von einem (geistlichen) Vater an seine Kinder. *Hauptthema* ist daher das Thema *Gemeinschaft*, das in den fünf Kapiteln des Briefes entfaltet wird. Johannes kreist um dieses Thema, wobei in jedem Kapitel ein anderer Aspekt im Mittelpunkt steht.

6. Überblick

In *Kap 1* geht es um das *Wesen der Gemeinschaft* (1,1-4) und unter welchen Bedingungen sie hergestellt wird. Die Gemeinschaft mit Gott und untereinander ist nur möglich durch ein Leben im Licht (1,5-10), das Sünde schonungslos aufdeckt (1,9).

In *Kap 2* zeigt Johannes, wie *Leben und Wachstum in der Gemeinschaft* praktisch aussieht. Es ist geprägt von dem Bestreben, nicht zu sündigen (2,1-2), sondern Gottes Wort gehorsam zu sein (2,3-6). Eine Auswirkung dieses Gehorsams ist die Bruderliebe (2,7-11) und eine zunehmende geistliche Reife (2,12-14). Sie durchschaut das wahre Wesen der gottfeindlichen Welt (2,15-17) und die Verführungskünste des Anti-Christus durch die Salbung des Heiligen Geistes (2,18-28).

In *Kap 3* vertieft Johannes einige *Kennzeichen der Gemeinschaft* von Kindern Gottes: Sie haben eine wunderbare Hoffnung (3,1-3) und sind in der Lage, der Sünde und dem Teufel zu widerstehen (3,4-10). Am Schluss nennt er noch einmal die Bruderliebe, die in Wort und Tat praktisch wird (3,11-24).

In *Kap 4* warnt Johannes vor den *Gefahren der Gemeinschaft*. Er fordert zur Prüfung der Geister auf, um den Unterschied zwischen dem Geist Gottes und dem Geist des Antichrists zu erkennen (4,1-6). Ein entscheidendes Kriterium ist die Liebe zu Gott, die sichtbar wird in der Liebe zu den Geschwistern. Gottes Wesen ist Liebe (4,8.16), die in Christus sichtbar geworden ist (4,9-10). Wahre Erkenntnis Gottes (biblische Gnosis) zeigt sich in der Liebe zu Gott und den Menschen (4,7-8).

In *Kap 5* nennt Johannes einige *Auswirkungen der Gemeinschaft*. Ihre Stärke zeigt sich im Gehorsam gegenüber Gottes Wort (5,1-3), wachsendem Glauben an Christus, der die Welt und ihre Widerstände zu überwinden vermag (5,4-13) und Zuversicht im Gebet, die sich auf den Willen Gottes gründet (5,14-15) und mit der Macht Jesu Christi rechnet (5,16-21).

Im ersten Johannesbrief wird deutlich, wie Gemeinschaft mit Gott entsteht, was sie fördert und was sie hindert und zerstört. Dieses zentrale Thema des Briefes trifft das Zentrum dessen, was die Irrlehrer ihren Zuhörern versprachen. Nur auf einem anderen Weg. Auch sie wollten Gott erkennen und diese Erkenntnis vertiefen.

Johannes muss diese falschen Ansichten aufdecken, indem er die Wahrheit bezeugt, die er von Christus durch den Heiligen Geist empfangen hat.

Exkurs: Gemeinschaft mit Gott

Auch wenn der Begriff Gemeinschaft nur selten vorkommt (1,3.6.7), dreht sich im ersten Johannesbrief alles um dieses zentrale Thema. Wie komme ich in Gemeinschaft mit Gott? Wie vertieft sich diese Gemeinschaft? Wie wirkt sie sich aus? Was hindert, was zerstört diese Gemeinschaft?

Was die Gemeinschaft herstellt und wie man sie vertieft

Wer Gemeinschaft mit einer Person sucht, muss Kontakt mit ihr aufnehmen, um sie kennen zu lernen. Das gilt genauso für Gott wie auch für Menschen. Gott zu erkennen und ihn immer tiefer kennen zu lernen, ist das Hauptziel der christlichen Existenz. Darum lautet die erste Frage nach der Gemeinschaft mit Gott: Wie erkenne ich ihn und wie vertieft sich diese Erkenntnis? Das ist natürlich ein Hauptthema der gesamten Bibel, aber hier beschränken wir uns auf die Stellen, an denen der Apostel Johannes den Lieblingsbegriff der Gnostiker verwendet: griech. γινώσκω *ginosko* = erkennen (Verb von γνῶσις *gnosis* = Erkenntnis).

Wenn wir Christus erkennen

Gemeinschaft mit Gott ist zugleich Gemeinschaft mit Christus (1,3). Gemeinschaft mit Gott, dem Vater ist ohne den Sohn Jesus Christus nicht möglich. Kein Mensch hat direkten Zugang zum Vater. Johannes macht das unmissverständlich klar, dass es nur einen Vermittler und damit nur einen Weg zum Heil gibt: Jesus Christus (z.B. 2,23; 4,15; 5,12-13; 2Joh 9; vgl. 1Tim 2,5).

Der Sohn Gottes offenbart den Vater. Wer Jesus sieht, der sieht den Vater (Joh 12,45; 14,9). Ohne Christuserkenntnis keine Gotteserkenntnis. Gemeinschaft mit Gott ist Gemeinschaft mit dem Vater und dem Sohn (5,20). Wer die Menschwerdung Gottes in Christus leugnet wie die Gnostiker, dessen Botschaft ist nicht inspiriert vom Geist Gottes, sondern vom Geist des Antichristen (4,2-3).

Wenn uns der Heilige Geist die Augen öffnet

Gott zu erkennen ist keine Frage der Methode, sondern Wirkung des Heiligen Geistes. Geistliche Erkenntnis ist ohne den Heiligen Geist nicht möglich (3,24; 4,13). Hier wird deutlich, wie wichtig die Lehre von der Dreieinigkeit Gottes ist und wie unfähig der menschliche Verstand ist, diese Zusammenhänge zu begreifen.

Darum ist die Versuchung, eine wirksame Methode der Gotteserkenntnis zu finden, allseits gegenwärtig. Wie schnell sind Christen dabei, aus einer geschenkten Erfahrung eine allgemein gültige Regel zu entwickeln!

Der Empfang des Heiligen Geistes ist die Bestätigung unserer Gemeinschaft mit Gott (vgl. Eph 1,13-14). Das Bewusstsein, dass Gott in uns wohnt und wir in ihm leben, kann nur der Heilige Geist schenken. Er schenkt uns die Gewissheit, dass wir Gottes Kinder sind (vgl. Röm 8,16).

Wenn wir die Wahrheit tun

Johannes widerspricht seinen Gegnern, die Gotteserkenntnis nur als geistige Angelegenheit betrachten. Gott erkennen heißt, die Wahrheit erkennen und die Wahrheit erkennen bedeutet, sich nach ihr zu richten und danach zu handeln (2,3-6). Das Wort Gottes ist das Wort der Wahrheit. Es reicht nicht, es nur theoretisch zu kennen.

Wenn wir Gottes Liebe erfahren und weitergeben

Diesen Punkt betont Johannes besonders stark, denn die Liebe ist das Hauptthema seines Lebens und Wirkens. Gemeinschaft mit Gott ist eine Gemeinschaft der Liebe. Das ist der Hauptcharakter dieser Beziehung, denn wir sind seine Kinder (3,1).

- Liebe ist nicht nur eine Eigenschaft, sondern das Wesen Gottes (4,8.16). Aus Liebe hat er uns zu seinen Kindern gemacht. Weil die nichtchristliche Welt Gott nicht erkennt, bleibt ihr auch die wahre Identität der Kinder Gottes verborgen.
- Die Liebe Gottes ist erkennbar im Opfer Jesu Christi. Gott kennen lernen heißt auch, die Bedeutung des Kreuzes und der Auferstehung Christi zu verstehen (3,16).

Gottes Liebe ist keine Einbahnstraße. Wer Gottes Liebe empfängt, gibt sie weiter an andere (3,18-19; 4,7). Eine Vertiefung der Erkenntnis Gottes ist immer verbunden mit einer Vertiefung der Liebe. Die Liebe ist das Hauptkennzeichen der Kinder Gottes. Die Liebe, die sie weitergeben, ist ein Gradmesser für die Liebe, die sie empfangen haben.

Was die Gemeinschaft hindert und wie man damit umgeht

Beim zweiten Aspekt der Gemeinschaft betont Johannes, was die Gemeinschaft mit Gott und untereinander hindert und sogar zerstört: Die Sünde. Das ist der Begriff, der den Gnostikern ein Dorn im Auge war, der aber entscheidend ist für die Existenz geistlicher Gemeinschaft.

1. Johannes

Wenn wir in der Finsternis leben (1,5-7)

Johannes stellt Licht und Finsternis einander gegenüber. Gott ist Licht und wer in Gemeinschaft mit ihm leben will, muss im Licht leben. Licht und Finsternis schließen sich gegenseitig aus. Jede einzelne Sünde bringt ein Stück Finsternis in unser Leben und zerstört die Gemeinschaft mit Gott. Eine Wiederherstellung der Gemeinschaft ist nur durch Vergebung und Reinigung durch das Blut Jesu Christi möglich.

Wenn wir die Sünde leugnen (1,8-10; 3,4)

Hier geht es nicht um einzelne sündige Taten, sondern um die Realität der menschlichen Sündhaftigkeit. Wer diese leugnet wie die Gnostiker damals und die menschliche Natur als gut bezeichnet, der stellt sich gegen Gottes Wort und kann keine Gemeinschaft mit Gott haben. Gott erwartet von uns kein sündloses Leben, sondern den richtigen Umgang mit der Sünde.

Wenn wir nicht mit dem Werk Jesu Christi rechnen (3,5-6.8-9; 4,10; 5,18)

Jesus ist gekommen, um die Macht der Sünde und des Teufels zu zerbrechen. Wer weiterhin Sünde tut und die Freiheit in Christus nicht in Anspruch nimmt, zeigt damit, dass er keine neue Natur in sich hat oder seiner alten Natur freien Lauf lässt. Willentliche Sünde verschließt die Tür zur Gemeinschaft mit Gott und öffnet die Tür für das Wirken des Teufels!

Beachte: Johannes will mit diesen markanten Formulierungen seine Leser nicht verunsichern, sondern sie zu echter, vollkommener Freude führen (1,4). Dazu gehört natürlich auch, dass er alles klar anspricht, was die Freude hindert und zerstört. Das Schöne ist, dass wir auf der Tour des Glaubens nicht alleine sind, sondern dass wir Teil einer großen Familie sind, in der die einzelnen Brüder und Schwestern füreinander einstehen. Wo gibt es so etwas sonst auf dieser Welt?

1. JOHANNESBRIEF – IN GEMEINSCHAFT LEBEN

Schlüsselvers: „Wenn wir aber im Licht wandeln, wie er im Licht ist, haben wir Gemeinschaft miteinander..." (1,7)

GEMEINSCHAFT MIT GOTT UND SEINEN KINDERN

Wesen der Gemeinschaft (1,1-4)	Leben in der Gemeinschaft (2,1-11)	Kennzeichen der Gemeinschaft (2,29-3,24)	Gefahren der Gemeinschaft (4,1-6)	Folgen der Gemeinschaft (5,4-21)
Gemeinschaft mit Gott - Grundlage: Menschwerdung Christi - Mit Gott: Vater und Sohn *Gemeinschaft mit Kindern Gottes* - Grundlage: Die Verkündigung von Christus - Folge der Gemeinschaft mit Gott *Das Ziel der Gemeinschaft* - Vollkommene Freude **Bedingungen der Gemeinschaft** (1,5-10) - Leben im Licht - Sündenerkenntnis - Sündenbekenntnis - Reinigung durch das Blut **GOTT IST LICHT! (1,5)**	- Grundlage: Versöhnungswerk Christi - Leben nach dem Wort Gottes - Leben in der Liebe - Leben in der Nachfolge Christi **Wachstum in der Gemeinschaft** (2,12-29) *Geistliche Reife* - Kinder - Jünglinge - Väter *Hindernisse* - Liebe zur Welt - Verführung durch Antichristen *Dreifache Stärke* - Gottes Wort in euch - Gottes Geist in euch - Christus in euch	*Das Tun der Gerechtigkeit (2,29)* - Grundlage: Gerechtigkeit Christi - Merkmal der Neugeburt *Die Liebe Gottes zu seinen Kindern* - Heilsgewissheit - Erwartung der Wiederkunft - Leben in Reinheit - Leben in Gerechtigkeit *Die Liebe zu den Geschwistern* - Kennzeichen neuen Lebens - Folge erfahrener Liebe Gottes - Liebe in Tat und Wahrheit *Freimütigkeit zum Gebet* - Bitten und Empfangen - Tun von Gottes Wort und Willen - In Christus bleiben	*Unterscheidung der Geister* - Geist Gottes vom Geist des Antichristen - Richtige und falsche Propheten - Geist der Wahrheit vom Geist des Irrtums - Maßstab: Die Menschwerdung Christi *Der Sieg* - Christus in uns - Unterscheidungsvermögen **Vertiefung der Gemeinschaft** (4,7-5,3) - Durch Liebe! - Grundlage: Das Wesen Gottes - Erkenntnis der Liebe Gottes - Liebe zu den Geschwistern - Halten der Gebote **GOTT IST LIEBE! (4,8)**	*Sieg über die Welt* - Grundlage: Die Neugeburt - Durch den Glauben an Christus *Heilsgewissheit* - Gewissheit ewigen Lebens - Gewissheit in Christus *Gebetserhörung* - Zuversicht im Gebet - Gebet nach Gottes Willen - Vollmächtige Fürbitte *Sieg über die Sünde* - Grundlage: Die Neugeburt - Wachsende Erkenntnis Jesu Christi - Verantwortung: Sich bewahren vor Götzen!
1,1-10	2,1-28	2,29 – 3,24	4,1-5,3	5,1-21

Die Gemeinde als geistliche Familie

Johannes als geistlicher Vater

Wichtige Themen
- Gottesliebe und Bruderliebe gehören untrennbar zusammen
- Echte Liebe zeigt sich im Gehorsam gegenüber Gottes Wort
- An Jesus Christus scheiden sich die Geister
- Nicht das Leugnen, sondern das Bekennen der Sünde bringt Sieg

Titel: Von Johannes A
- Abfassungszeit: ca. 95 n.Chr.
- Abfassungsort: vermutlich Ephesus
- Verfasser: Johannes, Jünger Jesu und Apostel
- Empfänger: Christen in Kleinasien

Literatur

Aebi, Ernst: Kurze Einführung in die Bibel, Marienheide, Bibellesebund, 1993.

Albrecht, Ludwig: Das Neue Testament – Die Psalmen, Giessen und Basel, Brunnen, 1988.

Bruce, F.F.: Basiswissen Neues Testament, Wuppertal, R. Brockhaus, 1997.

Das große Bibellexikon, Wuppertal, Brockhaus.

Elwell, Walter A., Yarbrough, Robert W.: Studienbuch Neues Testament, Wuppertal, R. Brockhaus, 2001.

Jensen, Irving: Jensen's Survey of the New Testament, Chicago, Moody Press, 1981.

Kruse, Colin G.: The Letters of John. The Pillar New Testament Commentary, Grand Rapids, Eerdmans, 2000.

Lasseigne, Jeff: Highway 66. A Unique Journey Through the 66 Books of the Bible, Santa Ana, Calvary Chapel Publ., 2005.

Mauerhofer, Erich: Einleitung in die Schriften des Neuen Testaments Bd. 2: Römer-Offenbarung, Holzgerlingen, Hänssler, 1999.

Reifler, Hans Ulrich: Bibelkunde des Neuen Testaments. Die Bibel lieben, kennen und verstehen, Nürnberg, VTR, 2006.

DER 2. JOHANNESBRIEF

Der zweite Johannesbrief ist nicht nur wesentlich kürzer als der erste, sondern hat auch wieder alle Merkmale eines Briefes. Obwohl er auf den ersten Blick wie ein privates Schreiben eines alten Mannes an eine von ihm geschätzte Frau aussieht, entdecken wir bei genauerer Betrachtung, dass es hier um eine wichtige Botschaft geht, die alle Christen betrifft.

1. Verfasser

Der Verfasser wird nicht namentlich genannt. Er selbst bezeichnet sich als *„der Älteste"* (1). Nach Bischof Papias war dies eine respektvolle Anrede für den Jünger, der alle anderen überlebt hatte: Johannes, den Sohn des Zebedäus.[88] Die Ähnlichkeit mit den anderen Johannesbriefen und dem Johannesevangelium ist unübersehbar.

2. Zeit und Ort der Abfassung

Der zweite und dritte Brief sind vermutlich zur gleichen Zeit verfasst worden, also *ca. 95 n.Chr.* Damit dürfte auch der Ort der Abfassung identisch sein: Ephesus, der letzte Wirkungsort des Johannes.

3. Empfänger

Die Empfängerangabe des zweiten Briefes gibt Rätsel auf. Johannes schreibt an eine Frau und ihre Kinder, die er als auserwählte Herrin (ἐκλεκτῇ κυρίᾳ *eklekte kyria*) anspricht (1). Wie ist das zu verstehen? Es gibt verschiedene Möglichkeiten:

- Höfliche Anrede einer angesehenen Frau, die den Empfängern bekannt war. Sie war vermutlich eine Witwe, die bei ihren Kindern wohnte.

- Namentliche Anrede mit verschiedenen Varianten: Eklekta (auserwählt) und kyria (Herrin). Drei Möglichkeiten: „Eklekta, die Herrin" oder die „auserwählte Kyria" oder als Doppelnamen „Eklekta Kyria". Die Kinder ihrer Schwester wohnten dann bei Johannes in Ephesus (13).

---

[88] Vgl. Reifler, 2006, 287.

- Symbolische Umschreibung für eine örtliche Gemeinde. Die Kinder sind ins diesem Fall als Mitglieder der Gemeinde zu verstehen (1.13). Mit der Schwester (13) ist demnach die Gemeinde in Ephesus gemeint, deren Kinder (Mitglieder) grüßen.

- Anrede einer angesehenen Frau, deren Kinder geistlich zu verstehen sind, also Christen, die zu der Gemeinde gehörten, in der diese Frau angesehen war. Die Frau war dann eine Art geistliche Mutter ähnlich wie Johannes als geistlicher Vater galt.

Vermutlich ist es eine Mischung aus mehreren Varianten. Auf jeden Fall betrifft das Thema des Briefes die ganze Gemeinde. Dafür spricht, dass der größte Teil in der 2. Person Plural verfasst ist. Die Gemeinde wird auch an anderen Stellen im NT als Braut, d.h. im weiblichen Geschlecht, bezeichnet (z.B. Offb 21,2.9; 22,17; 2Kor 11,2-3). Außerdem wurden in der Antike auch politische Gemeinden *Kyria* (Herrin) genannt. So ist dieser Brief beides: Persönliche Mitteilung an eine einzelne Person und zugleich Ermahnung und Ermutigung für die gesamte Gemeinde.

4. Anlass

Die Gefahr der Verführung durch Irrlehrer ist auch der Hintergrund des zweiten Johannesbriefes. Daraus ergibt sich ein *dreifacher* Anlass:

- Ermutigung der Gläubigen, in Wahrheit und Liebe zu leben
- Warnung vor Irrlehren über Christus
- Ermahnung, die Gemeinschaft mit Irrlehrern abzulehnen

Dabei gibt es eine interessante Parallele zum dritten Brief: Während im dritten Brief die Gewährung der Gastfreundschaft gegenüber wahren Dienern Christi empfohlen wird, ist sie im zweiten Brief gegenüber falschen Dienern ein absolutes Tabu.

5. Aufbau

Der zweite Johannesbrief besteht nur aus einem einzigen Kapitel und ist nach dem dritten Johannesbrief das zweitkürzeste Buch der Bibel. Neben Briefanfang (1-3) und Briefschluss (12-13) besteht er aus *zwei Hauptteilen*. Im ersten Teil ermutigt Johannes zu einem Leben in Wahrheit und Liebe (4-6); im zweiten Teil warnt er die Gläubigen vor den Gegnern der Wahrheit und deren Irrlehren (7-11).

Hauptthema ist die Verwirklichung der Wahrheit in Leben und Lehre. Dabei geht es in erster Linie um die personifizierte Wahrheit in Christus (2) und deren Offenbarung im Wort Gottes (5-6). Weil die Irrlehrer eine falsche Christologie lehrten, handelte es sich um einen besonders gefährlichen Angriff auf die Wahrheit. *Schlüsselvers* ist V2, in dem Christus als Zentrum der Wahrheit indirekt hervorgehoben wird. *Schlüsselbegriffe* sind Wahrheit, Liebe, Gebot und Antichrist.

6. Überblick

Verfasser, Empfänger, Gruß (1-3)

Der Brief beginnt mit den typischen Merkmalen eines Briefkopfes. Dabei fällt sofort die Betonung von Wahrheit und Liebe auf. Diese sind untrennbar miteinander verbunden wie die zwei Seiten einer Münze. Sie bestimmen das Verhältnis zu den Briefempfängern und untereinander (1-2) und bieten den Zugang zu den Segnungen des Vaters und des Sohnes (3).

Leben in Wahrheit und Liebe (4-6)

Im ersten Hauptteil des Briefes ermutigt Johannes die Gläubigen, in Wahrheit und Liebe zu leben. In der Wahrheit leben heißt, nach dem alten und neuen Gebot der Liebe zu leben (5-6). Dieses Gebot gab es von Anfang an (6), d.h. auch schon im AT. Das Doppelgebot der Liebe ist das Zentrum der biblischen Botschaft (vgl. Dt 6,5; Lev 19,18; Mt 22,36-40; Röm 13,8-10).

Warnung vor den Gegnern der Wahrheit (7-11)

Der Zusammenhang zwischen Wahrheit und Liebe wird besonders im zweiten Hauptteil (7-11) deutlich, denn die göttliche Liebe ist keine tolerante Weichlichkeit, sondern widersteht entschlossen jeglicher Verfälschung der Wahrheit durch falsche Lehre. Darum ist die Warnung vor den Irrlehrern nicht lieblos, sondern eine Ausdrucksform der Liebe (vgl. 1Kor 13,6).

Was wäre das für ein Vater, der dabei zusieht, wie seine Kinder ins Unglück rennen (8)? Johannes bezeichnet Irrlehrer, die eine falsche Lehre über die Person Jesu Christi verbreiten, als Verführer und Antichristen (7). Mit ihnen darf keine falsche Rücksicht genommen werden, sondern hier bedeutet Liebe klare Distanz, d.h. keine Gastfreundschaft, kein Gruß (10). Hier darf nicht einmal Person und Sache voneinander getrennt werden, sondern wer mit diesen Leuten Gemeinschaft hat, macht sich mitschuldig gegenüber der Wahrheit (11).

Briefschluss (12-13)

Am Schluss kündigt Johannes seinen Besuch an, um die schwierige Angelegenheit persönlich zu klären. Er verwendet die gleiche Formulierung wie in 3Joh 13-14, ergänzt aber hier sein Motiv der Freude (12). Es geht darum, dass die Gläubigen in vollkommener Freude leben und das geht nicht auf Kosten der Wahrheit. Nur die Wahrheit in Verbindung mit Liebe führt zu echter Freiheit und Freude!

Wie der abschließende Gruß (13) zu verstehen ist, hängt wieder mit der Frage der Briefempfänger zusammen. Entweder geht es um die Kinder der Schwester im buchstäblichen Sinn oder um die Mitglieder der Gemeinde in Ephesus. Das Adjektiv „auserwählt" in Verbindung mit V1 deutet jedoch eher darauf hin, dass es sich um einen Gruß von Gemeinde zu Gemeinde handelt.

Was jedoch in diesem Zusammenhang anklingt ist, dass die Auserwählung kein automatischer Schutz vor Verführung darstellt, sondern dass es darum geht, in dieser Vorrechtsstellung zu leben und diese durch den Gehorsam gegenüber der Wahrheit zu befestigen (vgl. 2Petr 1,10).

Exkurs: Die Menschwerdung Christi

Die Irrlehrer verbreiteten eine falsche Lehre über Jesus Christus. Sie leugneten seine Menschwerdung. Darum betont Johannes die zentrale Bedeutung der Inkarnation Christi:

- Wer diese Lehre leugnet, ist ein Verführer und Antichrist (7)
- Wer diese Lehre leugnet, hat keinen Zugang zum Vater (9)
- Wer diese Lehre bekennt, hat den Vater und den Sohn (9b)

Es gibt keine Gotteserkenntnis ohne Christuserkenntnis. Die Christuserkenntnis umfasst seine Menschheit und seine Gottheit. Es gibt kaum ein Verfasser des NT, der so eindeutig die Gottheit Jesu Christi betont wie Johannes. *Beispiele*: Der Schwerpunkt des Johannesevangeliums ist Jesus, der Sohn Gottes. Jesus vergibt Sünde (1Joh 1,9; 2,1-2: Der Versöhner - vgl. Lk 5,21) und Jesus gibt ewiges Leben (1Joh 5,13.20).

Doch selbst wenn die Frage nach der Gottheit Jesu Christi klar ist, welche Bedeutung hat sein Menschsein? Wie ist es zu verstehen?

- Hatte Jesus einen menschlichen Körper wie wir?
- Hätte Jesus sündigen können?
- Bestand Jesus aus einer oder zwei Personen?

Dies war ein langer Streitpunkt in den ersten Jahrhunderten der Christenheit. Es gab mehrere Konzile, um dazu eine einheitliche Lehre zu entwickeln. Auf dem Konzil zu Chalzedon wurde die Zweinaturenlehre Christi als *eine* Person in zwei Naturen formuliert: „unvermischt, unverwandelt, ungeteilt und ungetrennt." Das bedeutet, dass es keine Verwässerung einer der beiden Naturen geben darf. Er ist vollkommener Gott und vollkommener Mensch.

Die Menschlichkeit Jesu Christi

- Er hatte einen menschlichen Körper (Lk 2,52)
- Er war hungrig (Mt 4,2) und durstig (Joh 19,28)
- Er wurde müde (Joh 4,6)
- Er weinte (Joh 11,35: Kürzester Vers der Bibel)
- Er hatte menschliche Gefühle (Mt 9,36)
- Er wurde versucht (Hebr 4,15; vgl. Mt 4,1-10)
- Er wird als „Sohn des Menschen" bezeichnet (z.B. Mt 8,20; Lk 19,10)
- Weitere entscheidende Stellen: 1Tim 2,5; Phil 2,5-11

Die Notwendigkeit seiner Menschwerdung

- Um den Vater zu offenbaren (Joh 1,18; 14,7-11)
- Um uns ein Vorbild zu sein, dem wir nachfolgen (1Petr 2,21; 1Joh 2,6)
- Um sich zu opfern für unsere Sünde (Hebr 2,14-18; 10,1-10)
- Um die Werke des Teufels zu zerstören (1Joh 3,8)
- Um ein mitfühlender Hohepriester zu sein (Hebr 4,14-16)

Wer die vollkommene Menschwerdung Jesu leugnet, leugnet auch die Möglichkeit der Erlösung. Jesus musste Mensch werden, um Erlöser sein zu können. Das Opfer musste auf der Erde dargebracht werden, um die Menschen dieser Erde zu erlösen. Das Wort musste Fleisch werden (Joh 1,14).

Was bedeutet das?

Weil Jesus alles erfahren hat, was zum menschlichen Leben gehört, können wir jederzeit zu ihm kommen und können uns darauf verlassen, dass er alle Not schon selbst erfahren hat und uns heraushelfen kann.

Jesus versteht uns in allen Schwierigkeiten. Er kennt die Tiefen des menschlichen Lebens. Er ist barmherzig und liebt uns in jeder Lage unseres Lebens.

Jesus kennt alle Versuchungen des Teufels und wie wir Sieger sein können. Er durchlitt die größten Versuchungen und tat keine Sünde. Er kennt alle Strategien des Feindes und weiß, wie wir dagegen bestehen können.

Gruppierung	Zeit	Menschliche Natur	Göttliche Natur	Kirchenkonzil
Doketismus	1. Jh. n.Chr.	Geleugnet – nur Scheinleib	Bestätigt	
Ebionismus	2. Jh. n.Chr.	Bestätigt	Geleugnet – Jesus natürlicher Sohn von Josef und Maria	
Arianismus	4. Jh. n.Chr.	Bestätigt	Geleugnet – Jesus nicht ewig, nur gottähnlich	Verworfen zu Nizäa, 325
Apollinarismus	4. Jh. n.Chr.	Göttlicher Logos statt menschlichem Geist	Bestätigt	Verworfen zu Konstantinopel, 680
Nestorianismus	5. Jh. n.Chr.	Christus bestand aus zwei Personen		Verworfen zu Ephesus, 431
Eutychianismus	5. Jh. n.Chr.	Nicht wahrer Gott	Nicht wahrer Mensch	Verworfen zu Chalzedon, 451
		Christus war ein Mischwesen		
Biblische Lehre		Vollkommener Mensch	Voll und ganz Gott	Definiert zu Chalzedon, 451
		Jesus ist eine Person		

Bearbeitete Übersicht aus: Charles C. Ryrie, *Die Bibel verstehen* (Dillenburg: CLV, 1996), 290.

2. JOHANNESBRIEF – WAHRHEIT UND LIEBE

Schlüsselvers: „Um der Wahrheit willen, die in uns bleibt und mit uns sein wird in Ewigkeit" (2)

WAHRHEIT UND LIEBE IN LEHRE UND LEBEN

	Leben in der Wahrheit	Feinde der Wahrheit	Briefschluss
Verfasser Der Älteste (1) Johannes, der Jünger und Apostel **Empfänger** Auserwählte Herrin und ihre Kinder, die in Wahrheit lieben (1) Deutung: Wörtlich – Einzelperson oder Gemeinde mit ihren Mitgliedern **Gruß** Gnade, Barmherzigkeit, Friede... ...von Gott, dem Vater ...von Jesus Christus, dem Sohn ...in Wahrheit und Liebe (3)	*Die Freude des Apostels (4)* - Über die Kinder der Herrin - Weil sie in der Wahrheit leben *Die Ermahnung des Apostels (5)* - Erinnerung an das alte und neue Gebot - Das Gebot der Nächstenliebe *Das Gebot der Liebe (5-6)* - Zeigt sich im Leben nach Gottes Wort - Gab es von Anfang an - Soll in die Tat umgesetzt werden - In der Wahrheit leben = in der Liebe leben	*Die Verführer (7)* - Es sind viele Verführer - Sie sind in die Welt hinausgegangen - Sie lehnen die Menschwerdung von Jesus ab - Sie sind Antichristen *Die Warnung (8-9)* - Ermahnung zur Vorsicht - Gefahr des Abfalls - Falsche Lehre vom Sohn = falsche Lehre vom Vater *Das richtige Verhalten (10)* - Keine Gastfreundschaft gewähren - Keinen Gruß - Gefahr der Mitschuld	*Besuchsankündigung (12)* - Kurzer Brief - Mündliche Unterredung notwendig - Freude durch Gemeinschaft *Grüße (13)* - Von den Kindern der Schwester Deutung: Wörtlich – Kinder der Schwester oder Gläubige der Gemeinde, die Johannes leitet.
1-3	**4-6**	**7-11**	**12-13**
Wahrheit und Liebe	**Wahre Lehre**	**Falsche Lehre**	**Vollkommene Freude**
	Lebe in der Wahrheit – lebe in der Liebe – distanziere dich von falschen Lehren		

Wichtige Themen

- Wahrheit und Liebe gehören untrennbar zusammen
- Wahre Liebe zeigt sich im Halten der Gebote
- Die Verführer verkündigen eine falsche Lehre von Christus
- In der Wahrheit leben heißt auch, Irrlehrer abzulehnen
- Der Teufel hat das Ziel, unseren geistlichen Reichtum zu rauben

Titel: Von Johannes B

- Abfassungszeit: ca. 95 n.Chr.
- Abfassungsort: vermutlich Ephesus
- Verfasser: Johannes, Jünger Jesu und Apostel
- Empfänger: Brief an eine Einzelperson oder Gemeinde

Literatur

Carson, D.A. & Moo, J. Douglas: Einleitung in das Neue Testament, Gießen, Brunnen, 2010.

Elberfelder Studienbibel, Witten, SCM Brockhaus, 2009.

ESV Study Bible, Wheaton, Crossway Bibles, 2008.

Genfer Studienbibel, Neuhausen, Hänssler, 1995.

Jensen, Irving: Jensen's Survey of the New Testament, Chicago, Moody Press, 1981.

Kruse, Colin G.: The Letters of John. The Pillar New Testament Commentary, Grand Rapids, Eerdmans, 2000.

Lasseigne, Jeff: Highway 66. A Unique Journey Through the 66 Books of the Bible, Santa Ana, Calvary Chapel Publ., 2005.

Mauerhofer, Erich: Einleitung in die Schriften des Neuen Testaments Bd. 2: Römer-Offenbarung, Holzgerlingen, Hänssler, 1999.

Mock, Dennis J.: New Testament Survey. Course Manual BTCP, Atlanta, 1989.

Reifler, Hans Ulrich: Bibelkunde des Neuen Testaments. Die Bibel lieben, kennen und verstehen, Nürnberg, VTR, 2006.

Ryrie, Charles C.: Die Bibel verstehen, Dillenburg, CLV, 1996.

Der 3. Johannesbrief

Der letzte Brief in der Serie der Johannesbriefe ist ebenfalls sehr kurz. Die Angelegenheit, um die es hier geht, will Johannes nicht durch einen Brief, sondern von Angesicht zu Angesicht klären. Aber trotz der kurzen Andeutungen erhalten wir einen interessanten Einblick in die Probleme der Anfangszeit christlicher Gemeinden.

1. Verfasser

Der Verfasser wird wie auch bei den anderen Johannesbriefen nicht genannt. Er stellt sich vor als *„der Älteste"* (1). Damit kann nur der Jünger und Apostel Johannes gemeint sein. Bischof Papias von Hierapolis schrieb:

> (...) dass der Begriff „Ältester, Alter" (Vers 1) für den Anfang des 2. Jahrhunderts nicht nur als respektvolle Bezeichnung der Herrenjünger der Apostelzeit, sondern speziell eine Bezeichnung für Johannes, den Sohn des Zebedäus ist.[89]

Die Bezeichnung „Ältester" ist in zweierlei Hinsicht bedeutsam: Johannes war der älteste Jünger, der alle anderen überlebte und er war zur Zeit der Abfassung Ältester (Gemeindeleiter) der Gemeinde in Ephesus. Weitere Argumente sind die unübersehbaren Ähnlichkeiten mit den anderen Briefen und dem Johannesevangelium in Wortschatz, Stil und Aufbau.

2. Zeit und Ort der Abfassung

Aufgrund der Ähnlichkeit ist davon auszugehen, dass der dritte Brief etwa zur gleichen Zeit wie der zweite verfasst wurde, also *ca. 95 n.Chr.* Auch der Ort der Abfassung ist identisch: Ephesus. Der Brief wurde von Johannes selbst mit Feder und Tinte geschrieben (15).

3. Empfänger

Der Brief ist an eine einzelne Person gerichtet. Johannes schreibt an seinen geliebten Freund Gajus, dessen Name sehr häufig war. Deshalb ist es unwahrscheinlich, dass damit einer der folgenden Männer gemeint ist:

---

[89] Reifler, 2006, 287.

- Gajus von Mazedonien (Apg 19,29)
- Gajus aus Derbe (Apg 20,4)
- Gajus aus Korinth (1Kor 1,14; Röm 16,23)

Dieser bemerkenswerte Mann kommt nur im dritten Johannesbrief vor. Vermutlich war Gajus durch Johannes zum Glauben gekommen, denn er nennt ihn seinen geistlichen Sohn (4). Er war ein angesehener Mann in der Gemeinde (3), der Verantwortung übernahm (5). Die Betonung seiner Gastfreundschaft lässt vermuten, dass er einer der Ältesten der Gemeinde war und diese sich in seinem Haus versammelte (5-6). Wie schon beim zweiten Brief betraf die angesprochene Problematik nicht nur Gajus, sondern die ganze Gemeinde. Johannes wandte sich an denjenigen in der Gemeinde, der das Problem am besten kannte und in der Lage war, in geistlicher Weise damit umzugehen. Deshalb kündigte Johannes seinem Freund Gajus seinen baldigen Besuch an.

4. Anlass

Auch wenn dieser Brief sehr kurz ist, vermittelt er doch einen kleinen Einblick in das Gemeindeleben gegen Ende des ersten Jahrhunderts. Die Gemeinden trafen sich vorwiegend in Privathäusern. Es gab Reiseprediger, die ständig unterwegs waren, um das Evangelium zu verkündigen (7). Sie waren deshalb auf die Gastfreundschaft der Gläubigen am Ort angewiesen. Dabei gab es offensichtlich Probleme mit einem Gemeindeleiter namens Diotrephes (9-10). Er verweigerte einem Prediger, vermutlich Demetrius, die Gastfreundschaft, obwohl dieser von Johannes empfohlen worden war. Dieser Brief hat daher einen dreifachen Anlass:

- Ermutigung zur Gastfreundschaft als eine Form praktizierter Liebe unter Christen. Gajus ist dafür ein nachahmenswertes Vorbild.

- Empfehlungsschreiben für Demetrius an seinen Freund Gajus, damit dieser ihn aufnimmt. Demetrius war deshalb vermutlich der Überbringer des Briefes.

- Schriftliche Ankündigung des Besuches von Johannes, um die Probleme mit Diotrephes vor Ort zu klären.

Johannes fasste sich kurz, denn diese schwierige Situation wollte er mündlich klären. Hier war seine apostolische Autorität gefragt, denn Diotrephes hatte diese bewusst untergraben, indem er ein früheres Schreiben des Apostels der Gemeinde vorenthalten hatte (9).

5. Aufbau

Der dritte Johannesbrief besteht aus einem einzigen Kapitel mit 15 Versen und ist damit das kürzeste Buch der Bibel. Im griechischen Grundtext ist er eine Zeile kürzer als der zweite Johannesbrief. Er passte wie dieser genau auf eine Seite eines normalen Papyrusblattes (20x25 cm). Außerdem schaffte es Johannes, in diesem Brief die kürzeste Grußliste des Neuen Testaments zu verfassen (15). Das *Hauptthema* des Briefes ist das Leben in der Wahrheit in Verbindung mit der Gastfreundschaft. Im Mittelpunkt des Briefes stehen verschiedene Personen, die entweder gute oder schlechte Vorbilder waren. Johannes ermutigt Gajus, auch in dieser Konfliktsituation in der Wahrheit zu wandeln, indem er sich nicht das Böse, sondern das Gute zum Vorbild nimmt (11). Der persönliche Charakter des Briefes wird verstärkt durch die wiederholte Anrede *Geliebter* (1,2,5,11).

6. Überblick

Ein Überblick über den Inhalt des Briefes ist am einfachsten anhand der genannten Personen möglich. Außer dem Verfasser geht es um drei Personen:

Gajus – einer, der in der Wahrheit lebt

Johannes schreibt diesen Brief an seinen Freund Gajus. Die Anrede „*Geliebter*" (1,2,5,11) lässt auf eine enge persönliche Beziehung schließen, obwohl eine räumliche Trennung bestand. Diese Beziehung war geprägt von der Wahrheit, d.h. ehrlich und aufrichtig (1). Obwohl wir sonst nichts von Gajus wissen, können wir aufgrund des Briefes ein Bild von seiner Persönlichkeit gewinnen:

- Er kam durch Johannes zum Glauben an Jesus (4) und war seither mit ihm verbunden wie ein Vater mit seinem Sohn (1).

- Gajus hatte einen guten Ruf unter den Christen und genoss hohes Ansehen in der Gemeinde (3-6) und auch darüber hinaus. Er war bekannt als ein gastfreundlicher Mensch, der ein offenes Haus und ein offenes Herz hatte. Dadurch war er ein Mitarbeiter der Wahrheit (8).

- Gajus war vermutlich Leiter einer Hausgemeinde, die sich in seinem Haus versammelte. Auf jeden Fall hatte sein Wort großes Gewicht bei der Beurteilung der umherziehenden Reiseprediger (5-6, 12).

Gajus lebte in der Wahrheit. Dieses gute Zeugnis stellt ihm Johannes aus (3). Sein Leben in der Wahrheit zeigte sich in seiner Gastfreundschaft, d.h. der praktizierten Liebe gegenüber den Brüdern.

Diotrephes – einer, der die Wahrheit hindert

Ein wichtiger Grund für den Brief war der Konflikt mit einem Gemeindeleiter namens Diotrephes. Dieser Mann machte Johannes große Sorgen (9-10). Er hielt deshalb diesen Brief auch sehr kurz, denn die Angelegenheit konnte nur vor Ort geklärt werden (13-14). Worum ging es?

- Johannes hatte einen Brief an die Gemeinde geschrieben, aber Diotrephes hat diesen unterschlagen und der Gemeinde nicht vorgelesen (9). Vielleicht handelte es sich dabei auch um ein Empfehlungsschreiben für einen Reiseprediger. Damit lehnte er die Autorität des Apostels Johannes öffentlich vor der Gemeinde ab.

- Diotrephes verleumdete Johannes und nahm die empfohlenen Reisebrüder nicht auf. Er verweigerte ihnen die Gastfreundschaft und schloss andere aus der Gemeinde aus, die nicht ebenso handelten wie er (10). Durch diesen Missbrauch von Autorität war die Gemeinde in Gefahr, zerstört zu werden. Es ist gut vorstellbar, welche Atmosphäre dort in den Versammlungen herrschte.

- Diotrephes suchte die eigene Ehre. Er wollte der Erste und Größte werden (9). Das war offensichtlich die Hauptmotivation seines Dienstes.

Diotrephes ist ein negatives Vorbild eines Gemeindeleiters, der nicht in der Wahrheit lebt und mit seinem Verhalten der Wahrheit widersteht und deren Verbreitung hindert. Er war das genaue Gegenteil von Gajus. Dieses Verhalten konnte Johannes nicht tolerieren.

Demetrius – einer, der die Wahrheit verbreitet

Als drittes Vorbild führt Johannes wieder ein positives an: Demetrius, von dem außer in V12 Gesagten nichts bekannt ist. Wahrscheinlich war er einer dieser Reiseprediger, die Diotrephes abgelehnt hatte trotz bester Empfehlungen (Dreifaches Zeugnis in V12: Von allen, von der Wahrheit selbst, von Johannes).

Johannes ermutigt nun Gajus, diesen Demetrius, der wahrscheinlich der Überbringer des Briefes war, in seinem Haus und in der Gemeinde herzlich aufzunehmen.

Was waren diese Wanderprediger für Leute?

- Sie begaben sich auf die Reise für den Namen (7) d.h. für Jesus. Sie handelten damit nicht in eigenem Auftrag oder für eigene Interessen, sondern sie waren Botschafter der Wahrheit.
- Sie haben alles aufgegeben um dieses Auftrags willen. Nach der Anweisung von Jesus hatten sie weder Geld noch Besitz (Mt 10,9-10) und damit keinerlei materielle Sicherheit.
- Sie nahmen bewusst keine Unterstützung von Nichtchristen an, um die Unterstellung falscher Motive zu vermeiden (7). Sie waren deshalb abhängig von der Gastfreundschaft der Christen (8).

Demetrius war einer, der in der Wahrheit lebte und sie verbreitete. Er setzte sein ganzes Leben dafür ein, die frohmachende und freimachende Botschaft von Jesus Christus zu verkündigen. Er war unterwegs im Auftrag der Wahrheit, im Auftrag von Jesus Christus.

Die Wahl zwischen Gut und Böse

Johannes gibt Gajus eine Anweisung, die auch heute eine Leitlinie unseres Lebens sein sollte (11): Mein Lieber! Nimm dir nicht das Böse *(= Diotrephes)* zum Vorbild, sondern das Gute *(= Demetrius)*. Der, der das Gute tut, hat seinen Ursprung in Gott. Wer aber das Böse tut, der hat überhaupt nichts von Gott begriffen (wörtl. hat Gott nicht gesehen d.h. kennt ihn nicht, hat keine Beziehung zu ihm).

In der Wahrheit leben heißt, das Gute zu tun. Gut ist, was in Übereinstimmung mit Gottes Wort und Wesen ist. Das Tun des Guten oder Bösen zeigt die Beziehung zu Gott an, ob sie vorhanden ist oder nicht. *Das Gute liegt allerdings nicht in uns, sondern in Christus.*

Die Wahrheit braucht Vorbilder. Johannes sagt klar, wer ein gutes Zeugnis hat und wer nicht, wer empfohlen wird und wer nicht. Wir brauchen Vorbilder, die klar und eindeutig für die Wahrheit leben und jeder von uns ist herausgefordert, solch ein Vorbild zu werden.

EXKURS: GASTFREUNDSCHAFT

Der dritte Johannesbrief hat einen außergewöhnlichen Schwerpunkt: Die Gastfreundschaft. Sie hatte in der damaligen Welt eine viel größere Bedeutung als heute. Gastfreundschaft gehörte in der Antike zu den heiligen Pflichten. Die Griechen lehnten Gastfreundschaft gegen Geld ab und deshalb genoss der Beruf des Gastwirts geringes Ansehen. Gasthäuser waren bekannt für Schmutz, Ungeziefer, Abzockerei und meist waren es gleichzeitig Bordelle. Darum spielte private Gastfreundschaft im Familienverbund eine entscheidende Rolle. Ebenso im Judentum und unter Christen. Das NT gibt dazu klare Anweisungen: 1Petr 4,9; Hebr 13,2; 1Tim 5,9-10; Röm 12,13; Tit 1,7-8.

Um den Missbrauch dieses Systems zu verhindern, hatten die Reisenden in der Regel Empfehlungsschreiben von jemandem dabei, den der Gastgeber kannte. Gajus hatte ein offenes Haus, nicht nur für Familie und Freunde, sondern auch für Fremde (5). Das zeichnete ihn aus. Gastfreundschaft war eine kostspielige Angelegenheit. Ausstatten, wie es Gottes würdig ist (6) bedeutet z.B. auch, die Weiterreise zu bezahlen.

Die Gastfreundschaft war und ist ein *Zeichen praktischer Liebe* (6a). Echte, herzliche Gastfreundschaft zeichnet sich dadurch aus, dass ein Fremder vom Außenstehenden zum Gast wird. Die Gastfreundschaft gegenüber Reisebrüdern hatte noch eine weitere Qualität: Sie macht den Gastgeber zu einem *Mitarbeiter der Wahrheit* (9). Wer einen Reisebruder aufnahm, der brachte damit auch zum Ausdruck, dass dieser Bruder von ihm empfohlen wird. Er bestätigte damit die Glaubwürdigkeit des Gastes. Dadurch hatte der Reiseprediger die Genehmigung, an diesem Ort das Evangelium zu verkündigen und im Gottesdienst zu den Gläubigen zu sprechen.

Im Gegensatz dazu machte sich mitschuldig, wer einen Irrlehrer in sein Haus aufnahm und einen freundlichen Umgang mit ihm pflegte. Diese Gefahr war der Hintergrund des zweiten Johannesbriefes (2Joh 10). Auch wenn die ursprüngliche Bedeutung der Gastfreundschaft sich heute gewandelt hat, so ist sie doch ein Zeichen gelebter Liebe. Echte Gemeinschaft vollzieht sich hauptsächlich in privaten Häusern oder Wohnungen. Wer ein offenes Haus hat und ein offenes Herz für Menschen, besonders wenn sie in Not sind, wird selbst den größten Segen erfahren! Vielleicht wird das Thema Gastfreundschaft noch einmal genau so aktuell wie in der Anfangszeit der Gemeinde.

3. JOHANNESBRIEF – IN DER WAHRHEIT LEBEN

Schlüsselvers: „Eine größere Freude habe ich nicht als dies, dass ich höre, dass meine Kinder in der Wahrheit wandeln" (4)

	VORBILDER DER WAHRHEIT UND FEINDE DER WAHRHEIT			
Verfasser	**Vorbilder der Wahrheit**	**Verkündigung der Wahrheit**	**Ein Feind der Wahrheit**	**Briefschluss**
Der Älteste (1) Johannes, der Jünger und Apostel	*Gajus* - Enge Beziehung zu Johannes - Lebt in der Wahrheit - Gutes Zeugnis von Brüdern - Offen für Fremde	*Gastfreundschaft des Gajus (5-6)* - Gewährt Gastfreundschaft - Gutes Zeugnis von den Brüdern - Unterstützt die Reiseprediger	*Diotrephes (9-10)* - Strebt nach Macht und Ehre - Widerstand gegen Johannes - Verleumdung von Johannes - Verweigert Gastfreundschaft - Beseitigt Andersdenkende	*Besuchsankündigung (13-14)* - Kurzer Brief - Mündliche Klärung notwendig
Empfänger	*Johannes* - Gute Wünsche (2) - Freut sich über Gajus (3) - Freut sich über alle, die in der Wahrheit leben (4)	*Zeugen der Wahrheit (5-7)* - Brüder, die Jesus verkündigen - Unterwegs für den Namen Jesus - Abhängig von Unterstützung	*Ein Zeuge der Wahrheit* *Demetrius (12)* - Verkündiger der Wahrheit - Beste Empfehlungen	*Grüße (15)* - Es grüßen dich die Freunde - Grüße die Freunde mit Namen
Gajus, den ich liebe in der Wahrheit (1)		*Mitarbeiter der Wahrheit (8)* - Ermahnung zur Gastfreundschaft - Unterstützer sind Mitarbeiter der Wahrheit	*Ruf zur Entscheidung* - Ahme...das Gute nach!	
Lieber Gajus! (1)	Mein Lieber! (2)	Mein Lieber! (5)	Mein Lieber! (11)	Hoffe, dich bald zu sehen! (14)
1	2-4	5-8	9-12	13-14
Briefkopf	**Lob**	**Ermahnung**	**Warnung**	**Briefschluss**
	Die Gastfreundschaft als Prüfstein des Lebens in der Wahrheit			

Wichtige Themen

- Die Überzeugung von der Wahrheit zeigt sich im Leben
- Die Wahrheit braucht lebendige Vorbilder
- Gastfreundschaft ist ein Form, der Wahrheit zu dienen
- Wer in der Wahrheit leben will, braucht gute Freunde
- Wer nur den eigenen Vorteil sucht, ist ein Feind der Wahrheit
- Wer in der Wahrheit leben will, muss sich entscheiden zwischen Gut und Böse

Titel: Von Johannes G

- Abfassungszeit: ca. 95 n.Chr.
- Abfassungsort: vermutlich Ephesus
- Verfasser: Johannes, Jünger Jesu und Apostel
- Empfänger: Gajus

Literatur

Carson, D.A. & Moo, J. Douglas: Einleitung in das Neue Testament, Gießen, Brunnen, 2010.

Genfer Studienbibel, Neuhausen, Hänssler, 1995.

Jensen, Irving: Jensen's Survey of the New Testament, Chicago, Moody Press, 1981.

Kruse, Colin G.: The Letters of John. The Pillar New Testament Commentary, Grand Rapids, Eerdmans, 2000.

Lasseigne, Jeff: Highway 66. A Unique Journey Through the 66 Books of the Bible, Santa Ana, Calvary Chapel Publ., 2005.

Mauerhofer, Erich: Einleitung in die Schriften des Neuen Testaments Bd. 2: Römer-Offenbarung, Holzgerlingen, Hänssler, 1999.

Mock, Dennis J.: New Testament Survey. Course Manual, Atlanta, BTCP, 1989.

Reifler, Hans Ulrich: Bibelkunde des Neuen Testaments. Die Bibel lieben, kennen und verstehen, Nürnberg, VTR, 2006.

DER JUDASBRIEF

Dieser kurze Brief wird beim Bibellesen leicht überblättert. Wer ihn liest, denkt, dass er das gleiche doch schon einmal kurz vorher gelesen hat im zweiten Petrusbrief. Das stimmt teilweise. Und doch hat dieses Buch der Bibelbibliothek etwas Besonderes, das es von allen anderen unterscheidet.

1. Verfasser

Der Verfasser ist Judas, der Bruder des Jakobus (Apg 15,13; Gal 2,9; Jakobusbrief) und damit auch ein Halbbruder von Jesus (Mt 13,55). Die Brüder Jesu glaubten anfangs nicht an ihn (Joh 7,5), erkannten aber dann, wer Jesus wirklich war. So bezeichnet sich Judas auch nicht als Bruder von Jesus, sondern als Knecht, der Jesus dienen will (1).

2. Zeit und Ort der Abfassung

Im Brief selbst gibt es keine direkten Angaben dazu. Aufgrund der Ähnlichkeit mit dem zweiten Petrusbrief und dessen Auseinandersetzung mit den gleichen Irrlehrern, müsste er kurz vor oder nach diesem verfasst worden sein, also *ca. 65-67 n.Chr.* Auch der Ort ist unbekannt. Judas könnte wie Jakobus in Jerusalem gelebt haben. Denkbar ist aber auch eine Reisetätigkeit, auf die 1Kor 9,5 hindeutet.

3. Empfänger

Judas schreibt weder an eine bestimmte Gemeinde noch an eine Einzelperson. Er adressiert seinen Brief an alle „Berufenen, die in Gott, dem Vater, geliebt und in Jesus Christus bewahrt sind" (1). Damit sind alle Gläubigen gemeint, unabhängig von ihrem Wohnort.

Der Inhalt des Briefes setzt eine gute Kenntnis des Alten Testaments und einiger apokryphen Schriften voraus, so dass es sich vermutlich um Judenchristen handelte. Aufgrund der Thematik war der Judasbrief als Rundschreiben für verschiedene Gemeinden in Kleinasien gedacht.

4. Anlass

Judas wollte ursprünglich über das wunderbare „gemeinsame Heil" (3) in Christus schreiben. Nachdem er jedoch von Irrlehrern und deren verderblichem Einfluss gehört hatte, legte ihm der heilige Geist ein anderes Thema aufs Herz: Er fordert seine Leser heraus, für den überlieferten Glauben zu kämpfen! Deshalb muss er auf den Charakter und den Lebensstil der Irrlehrer, die sich in die Gemeinden eingeschlichen hatten (4), eingehen. Und das ziemlich direkt, denn er wusste, was auf dem Spiel stand.

Judas will seinen Lesern helfen, eine klare Haltung zu gewinnen und keine Kompromisse mit dem Zeitgeist einzugehen. Er fordert sie zur Eindeutigkeit in ihrer Glaubensüberzeugung und in ihrem Glaubensleben heraus. Insofern ist dieser Brief höchst aktuell, denn auch heute stehen Christen in Gefahr, falsche Kompromisse einzugehen. Die Mittel und Inhalte der Verführung ändern sich, aber die Methoden und Ziele bleiben gleich: Den Glauben an Jesus Christus zu zerstören! Der Kampf richtet sich allerdings nicht gegen Menschen, sondern gegen die Mächte der Finsternis (Eph 6,12), die Jesus am Kreuz besiegt hat.

5. Aufbau

Der Judasbrief besteht aus einem Kapitel, das in *vier Teile* gegliedert werden kann:

- Der *erste Teil* (1-4) besteht aus einer Einleitung, die den Briefkopf (1-2: Absender, Empfänger, Segensgruß) und den Briefanlass (3-4) beinhaltet.
- Im *zweiten Teil* (5-16) warnt Judas vor den Irrlehrern, indem er deren Charakter und Lebensweise beschreibt und die Unausweichlichkeit von Gottes Gericht über sie betont.
- Im *dritten Teil* (17-23) fordert Judas durch ein wiederholtes „Ihr aber" (17.20) die Christen zum Widerstand durch den Glauben heraus.
- Der *vierte Teil* (24-25) bildet den Schluss des Briefes, der aus einem gewaltigen Lobpreis unseres Gottes und Retters Jesus Christus besteht.

Hauptthema des Briefes ist der Kampf für den Glauben (3). Die Christen dürfen sich nicht passiv dem Zeitgeist ergeben, sondern müssen sich ihrer Kraft und Vollmacht in Christus bewusst werden.

Der Judasbrief besteht zwar nur aus einem Kapitel, ist aber sehr komprimiert und pointiert in der Formulierung. Stilistisch hat Judas eine Vorliebe für Dreierschritte:

- Berufene – Geliebte – Bewahrte (1)
- Barmherzigkeit – Friede – Liebe (2)
- Fleisch beflecken – Herrschaften verachten – Majestäten lästern (8)
- Volk Israel – Abgefallene Engel – Sodom und Gomorra (5-7)
- Der Weg Kains – der Irrtum Bileams – der Aufruhr Korachs (11)
- Diese aber – Ihr aber – Dem aber (10.17.24)

6. Überblick

Der Inhalt des Briefes kann in *drei Hauptpunkte* zusammengefasst werden:

Beschreibung der Irrlehrer (5-16)

Ihr Charakter lässt sich an folgenden Aussagen erkennen:

Sie *missbrauchen die Freiheit in Christus*. Die Gnade Gottes galt für sie als Freibrief für sexuelle Freizügigkeit (vgl. 1Petr 2,16). Dadurch leugnen sie die Herrschaft Christi (4). Der Vergleich mit Sodom und Gomorra könnte ein Hinweis auf Homosexualität sein (7). Es handelt sich dabei nicht um Verfehlungen Einzelner, sondern um eine öffentlich propagierte neue Form des Glaubens. Die Erlösung sei eine Sache der geistigen Erkenntnis, welche mit dem äußeren Verhalten des Menschen in keinem Zusammenhang stehe. Mit dem Leib könne man tun, was man wolle.

Sie *sind stolz und suchen nur ihren eigenen Vorteil*. Durch kluge Reden benutzen sie andere Menschen für ihre Zwecke (16). Wie Bileam sind sie getrieben von Habgier (11). Sie leben nach ihren eigenen Begierden, die dem Willen Gottes widersprechen (18). Sie missbrauchen die Gemeinschaft der Gläubigen, um ihre eigenen Bedürfnisse zu befriedigen (12).

Sie *widersetzen sich jeglicher Autorität* (4b.8.10; 11: Kain und Rotte Korah). Sie provozieren Spaltungen unter den Christen (20), indem sie sich für besonders geistbegabt halten. Wahrscheinlich untermauerten sie ihren Führungsanspruch durch Visionen (8). Dabei sind sie nur hohle Schwätzer (12-13), die den heiligen Geist nicht haben (20) und gottlos leben. Sie sind unzufriedene egoistische Leute (14-16). Judas verwendet in diesem Abschnitt mehrere Zitate aus dem Alten Testament und zusätzlich aus der apokryphen Literatur jüdischer Schriftsteller:

Zitat	Vers	Quelle
Unglaube des Volkes Israel	5	Bücher Mose
Engel, die ihre Behausung verlassen haben	6	Gen 6,1-3
Unzucht von Sodom und Gomorra	7	Gen 18
Gerichtsweissagung des Henoch	14-15	1. Henoch 1,9
Streit des Erzengels Michael mit dem Teufel	9	Himmelfahrt des Mose
Kain als Urbild des Bösen (1Joh 3,12)	11	Gen 4
Bileam als Urbild der Habgier	11	Num 22-24
Korach als Urbild der Auflehnung gegen Gott	11	Num 16

Die Verwendung außerbiblischer Zitate ist kein Beweis für deren göttliche Inspiration. Es handelt sich um Quellen, die sowohl die Empfänger des Briefes als auch die Irrlehrer kannten. In ähnlicher Weise argumentierte Paulus, als er auf dem Aeropag heidnische Schriftsteller zitierte (Apg 17,22-28). Gottes Geist schenkt Judas hier kreative Weisheit, um die Feinde, die sich gerne auf außerbiblische Quellen beriefen (vgl. 2Petr 1,16) mit ihren eigenen Waffen zu schlagen.

Der Kampf der Gläubigen (17-23)

Judas entwickelt hier keinen besonderen Angriffsplan, sondern erinnert die Gläubigen an das, was sie bereits haben: An den Glauben, der ihnen ein für alle Mal überliefert wurde (3) und an das Wort Gottes, das sie durch die Apostel empfangen hatten (17).

Der Glaube an Jesus und sein Wort genügen. Was die Gläubigen entwickeln sollen, ist eine kämpferische Glaubenshaltung. Deshalb folgt eine dreifache Aufforderung:

Baut euer Leben auf euren allerheiligsten Glauben auf! (20)

Judas erinnert an den Tempel als Bild für die Gemeinde (vgl. 1Kor 3,10; Eph 2,20). Gottes Wille ist der Aufbau der Gemeinde, nicht die Spaltung! *„Allerheiligst"* (Adjektiv im Superlativ) bedeutet: Der Glaube ist Lebensgrundlage und Baumaterial zugleich. Gegensatz dazu: Das eigene (unheilige) „Baumaterial" der Irrlehrer.

Betet im heiligen Geist! (20)

Das Gebet ist der Mörtel, der die Steine zusammenhält und verhindert, dass das Aufgebaute zusammenfällt. Das Gebet im oder durch den Heiligen Geist ist das Gebet des Glaubens, das unter der Leitung des heiligen Geistes steht (vgl. Röm 8,26-27).

Erhaltet euch in der Liebe Gottes! (21)

Stellt euch unter den Schutz der Liebe Gottes (vgl. V1: Geliebt von Gott). Das ist das Dach des Bauwerks. Die Liebe Gottes hält die Gemeinde zusammen und macht sie anziehend für andere. Im Gegensatz dazu die Irrlehrer: Ihr Egoismus und Stolz zerstören die Gemeinde.

Damit verbunden ist die Erwartung der Wiederkunft Christi. Wer Jesus liebt, wartet voller Sehnsucht auf ihn. Er weiß: Das Bauwerk ist erst vollendet, wenn Jesus wiederkommt. Das Ziel ist das ewige Leben bei Jesus. Bis dahin ist die Gemeinde eine wartende Gemeinde. Ganz anders die Irrlehrer: Sie sind lieblos, leben nach eigenen Begierden und sind unzufrieden. Sie haben keine Hoffnung und müssen deshalb die Gegenwart auskosten.

Erbarmt euch über die Menschen! (22-23)

Der Kampf des Glaubens richtet sich nicht *gegen* Nichtchristen, sondern ist ein *Ringen um das Heil von Menschen*, die ohne Jesus verloren gehen. Die Gemeinde ist ein Bauwerk aus lebendigen Steinen. Es geht nicht um eine Sache, sondern um Menschen. Judas zeigt, wie dieses Ringen aussieht. Er unterscheidet drei Gruppen je nachdem, wie tief sie in den Irrtum verstrickt sind:

- Erbarmt euch derer, die zweifeln
- Andere reißt aus dem Feuer, damit sie gerettet werden
- Anderer erbarmt euch in Furcht (vorsichtige Distanz)

Der Lobpreis des Retters (24-25)

Der warnende, ermahnende Ton des Briefes ist eingebettet in wunderbare Verheißungen der Rettung und Bewahrung Gottes: Die Gläubigen werden bewahrt durch Jesus Christus (1). Gott, der Vater und der Sohn werden dafür sorgen, dass die Gläubigen das Ziel erreichen (25). An seiner Macht und Kraft liegt es nicht (24-25). Entscheidend ist, ob die Menschen sein Rettungsangebot in Anspruch nehmen und sich retten und bewahren lassen. Der Brief endet mit Anbetung und Lobpreis (25).

JUDAS – KAMPF FÜR DEN ÜBERLIEFERTEN GLAUBEN

Schlüsselvers: „... euch zu schreiben und zu ermahnen, für den ein für alle Mal den Heiligen überlieferten Glauben zu kämpfen" (3)

ERMAHNUNG		WARNUNG	ERMUTIGUNG	
Verfasser -Judas -Knecht Christi **Empfänger** -Berufene -Geliebte -Bewahrte **Segensgruß** -Barmherzigkeit -Friede -Liebe *in Fülle*	**Aufforderung zum Kampf (3)** -Für den Glauben -Den Heiligen überliefert -Ein für alle Mal überliefert **Notwendigkeit des Kampfes (4)** -Gewisse Menschen (Irrlehrer) -Unterwanderung der Gemeinde -Sie sind gerichtsreif -Sie sind gottlos -Sie missbrauchen die Gnade Gottes -Sie lehnen die Herrschaft Christi ab	**Drei Beispiele des Gerichts (5-7)** -Das Volk Israel -Ungehorsame Engel -Sodom und Gomorra **Drei Eigenschaften der Irrlehrer (8-10)** -Sie beflecken das Fleisch -Sie missachten Autoritäten -Sie lästern Majestäten **Drei negative Vorbilder (11)** -Bosheit Kains -Habsucht Bileams -Aufstand Korachs	**Durch Erinnerung (17-19)** -An die Voraussagen der Apostel -Spötter als Zeichen der Endzeit **Dreifacher Widerstand (20-22)** -Erbaut euch auf eurem Glauben -Erhaltet euch in der Liebe Gottes -Erbarmt euch der Menschen **Dreifache Seelsorge (22-23)** -Erbarmt euch der Zweifelnden -Andere reißt aus dem Feuer -Anderer erbarmt euch mit Furcht	**Verheißung (24)** Bewahrung - Ohne Straucheln - Bis zum Ziel - Tadellos - Mit Jubel **Lobpreis (25)** - Seine Herrlichkeit - Seine Majestät - Seine Gewalt - Seine Macht
	Geliebte ... kämpft (3)	**Diese aber ... (10)**	**Ihr aber ... (17)**	**Dem aber ... (24)**
1-2	3-4	5-16	17-23	24-25
	Verteidigung des Glaubens	Feinde des Glaubens	Widerstand im Glauben	
	Der Anlass des Briefes	Die Dringlichkeit des Briefes	Das Ziel des Briefes	
		Ähnlichkeit mit dem 2. Petrusbrief		

Christus im Judasbrief
- Bewahrer der Gläubigen (1)
- Der alleinige Gebieter – Gott (4)
- Der Herr (4.17.21.25)
- Der Wiederkommende (14-15.21)
- Der Auftraggeber der Apostel (17)
- Der Zugang zur Rettung (25)

Titel: Judas
- Verfasser: Judas, Bruder des Jakobus
- Abfassungszeit: ca. 65-67 n.Chr.
- Abfassungsort: Unbekannt
- Empfänger: Alle Gläubigen – Rundbrief
- Anlass: Gefahr durch Irrlehrer

Literatur

Carson, D.A. & Moo, J. Douglas: Einleitung in das Neue Testament, Gießen, Brunnen, 2010.

Davids, Peter. H.: The Letters of 2Peter and Jude. The Pillar New Testament Commentary, Grand Rapids, Eerdmans, 2006.

Genfer Studienbibel, Neuhausen, Hänssler, 1995.

Jensen, Irving: Jensen's Survey of the New Testament, Chicago, Moody Press, 1981.

Lasseigne, Jeff: Highway 66. A Unique Journey Through the 66 Books of the Bible, Santa Ana, Calvary Chapel Publ., 2005.

Mauerhofer, Erich: Einleitung in die Schriften des Neuen Testaments Bd. 2: Römer-Offenbarung, Holzgerlingen, Hänssler, 1999.

Mock, Dennis J.: New Testament Survey. Course Manual BTCP, Atlanta, 1989.

Reifler, Hans Ulrich: Bibelkunde des Neuen Testaments. Die Bibel lieben, kennen und verstehen, Nürnberg, VTR, 2006.

Die Offenbarung

Die Bibel endet mit einem prophetischen Buch. Wir erhalten hier einen Einblick in eine Welt, die uns fremd und unbegreiflich erscheint. Darum ist diese Tour wohl die schwierigste. Und trotzdem ist es ein faszinierendes Buch, weil es einen völlig neuen Blick auf Jesus vermittelt. Insbesondere in Zeiten von Krisen und Katastrophen wurde die Offenbarung immer wieder neu entdeckt. Wenn alles wankt, stellt sich die Frage nach dem, was bleibt!

1. Verfasser

Im Gegensatz zu seinen anderen Schriften gibt sich Johannes hier als Verfasser zu erkennen. Er hat das Buch von Jesus empfangen (1,1-2; 22,8) mit dem Auftrag, das Gehörte und Gesehene weiterzugeben (1,4.10-11). In der Einleitung erfahren wir weitere Details:

- Gott, der Vater übergibt Gott, dem Sohn die Botschaft. Jesus übermittelt sie durch einen Engel an den Apostel Johannes (1,1). Jesus beauftragt Johannes, die Botschaft aufzuschreiben und an die sieben Gemeinden in Kleinasien zu senden (1,2.4; 22,16). Den klaren Auftrag „Schreibe!" finden wir an vielen Stellen des Buches: 1,11.19; 2,1.8.12.18; 3,1.7.14; 14,13; 19,9; 21,5. Diese Formulierung lässt vermuten, dass mindestens Teile des Buches einem wörtlichen Diktat entstammen.

- Johannes bezeichnet sich als Knecht Jesu Christi. Das ist die richtige Stellung, um die Offenbarung empfangen und verstehen zu können. Sie ist für Leute geschrieben, die Jesus dienen wollen (1,1: Knechte).

- Johannes erhielt die Offenbarung multimedial. Er hörte und sah das Wort Gottes (1,2b; 1,10: hörte; 1,11: sah). Durch Visionen wurde er in himmlische Sphären entrückt (vgl. 4,1-2) und konnte wie in einem Film die Ereignisse und Gestalten, die in der Offenbarung beschrieben werden, hautnah erleben. Das bewegte ihn gefühlsmäßig allerdings sehr stark (vgl. 1,17; 5,4; 10,9-10; 17,6; 19,10; 22,8-9).

Es lohnt sich, die Offenbarung zu lesen. Die Lektüre dieses Buches ist mit einem Segen verbunden: Eine Seligpreisung für alle, die dieses Buch lesen (o. vorlesen), hören (1,3) und bewahren (22,7). Anderseits ist es gefährlich, Worte der Weissagung zu kürzen oder zu erweitern (22,18).

2. Zeit und Ort der Abfassung

Johannes befand sich auf der Insel Patmos, als er die Offenbarung empfing (1,9). Allerdings nicht im Urlaub, sondern in der Verbannung um seines Glaubens an Jesus willen. Die Offenbarung wurde in einer Zeit der Christenverfolgung geschrieben, denn Johannes bezeichnet sich als Bruder und Mitgenosse der Verfolgten (1,9). Die Zeit der Abfassung muss demnach eine Verfolgungszeit unter einem römischen Kaiser gewesen sein. Dabei gibt es zwei Möglichkeiten:

- Frühdatierung: Die Verfolgung unter Kaiser Nero (54-68 n.Chr.). Zeit der Abfassung folglich ca. *66 n.Chr.* Hauptargument: Eroberung Jerusalems im Jahr 70 n.Chr. wird in der Offenbarung nicht erwähnt.

- Spätdatierung: Die Verfolgung unter Kaiser Domitian (81-96 n.Chr.) nach der Zerstörung Jerusalems. Demnach ist die Zeit der Abfassung auf *ca. 95 n.Chr.* zu datieren.

Die Spätdatierung ist aus verschiedenen Gründen vorzuziehen: Ein Hauptargument ist das Datum, das Irenäus (ca. 115 n.Chr.) nennt. Er schreibt, Johannes habe *„bis zu den Zeiten Trajans gelebt"* und später teilt er mit, dass die Offenbarung *„am Ende der Regierung des Domitian"* entstanden sei. Irenäus ist von höchster Glaubwürdigkeit, denn er war ein Schüler Polykarps von Smyrna, der Johannes noch persönlich kannte.[90]

Domitian forderte Anbetung für sich selbst und bestand darauf als *„Dominus et Deus"* (Herr und Gott) gepriesen zu werden.[91] Deshalb ließ er in Ephesus einen neuen Kaisertempel bauen, in dem sich seine Statue in vierfacher Lebensgröße und Altäre zu seiner Verehrung befanden.[92] Dadurch geriet Johannes, der zu dieser Zeit Bischof der Gemeinde von Ephesus war, zwangsläufig in Konflikt mit dem Kaiserkult. Tertullian berichtet um das Jahr 200 n.Chr., dass Kaiser Domitian Johannes von Ephesus nach Rom bringen ließ, um ihn zu verhören. Er ließ ihn foltern durch Eintauchen in heißes Öl und verbannte ihn danach auf die Insel Patmos[93], um seinen Einfluss in Ephesus auszuschalten.

---

[90] Vgl. Maier, 2009, 16-17.
[91] Vgl. Tenney, 1979, 30.
[92] Vgl. Brockhaus, 1985, 583.
[93] Vgl. Pohl, 1969, 30.

Nach dem Tod Domitians (96 n.Chr.) durfte Johannes nach Ephesus zurückkehren und seinen Auftrag als Bischof der Gemeinde wieder aufnehmen. Domitian selbst wurde auf Veranlassung seiner Ehefrau durch einen Sklaven ermordet, nachdem sie ihren eigenen Namen auf einer schwarzen Liste entdeckt hatte. Sein Andenken wurde ausgelöscht, seine Tempel zerstört.[94] So jämmerlich endete der selbsternannte Gott. Gott gibt seine Ehre keinem anderen (Jes 42,8)! Domitian erreichte durch seine Maßnahme genau das Gegenteil: Anstatt den Einfluss von Johannes einzudämmen, erweiterte er sich, weil Johannes während der Verbannung die Offenbarung empfing und dieses Buch eine starke Ermutigung für die verfolgten Christen war. Kein Herrscher dieser Welt kann das Reich Gottes zerstören oder aufhalten!

3. Empfänger

Die Einleitung des Buches (1,1-8) entspricht der eines Briefes: Absender, Empfänger, Gruß. Als Empfänger nennt Johannes die *sieben Gemeinden in der Provinz Asien* (1,4), deren Namen in Kap 2-3 genannt sind. Die römische Provinz Asia war nicht allzu groß und lag im Westen der heutigen Türkei. Diese Gemeinden hatten unter der Herrschaft Domitians keinen leichten Stand. Dazu kamen noch Auseinandersetzungen mit Religion und Kultur, sowie verschiedenen Irrlehren und Irrlehrern, welche die Gemeinden von innen bedrohten. Die Offenbarung wurde also ursprünglich an verfolgte, angefochtene Christen geschrieben. *„Die Christen scheinen zu Anfang des zweiten Jahrhunderts kein Buch des Neuen Testaments so eifrig gelesen haben wie dieses."*[95]

Als Adressaten nennt Johannes *„seine Knechte"* (1,1). Die Offenbarung ist also kein Buch für Neugierige, die sich für apokalyptische Themen interessieren oder Endzeitfanatiker, sondern für Leute, die Jesus dienen und gehorchen wollen!

4. Absicht

Zunächst ist die Offenbarung an die damaligen sieben Gemeinden in Kleinasien gerichtet, um sie im Glauben zu ermutigen, zu stärken, aber auch um sie vor dem Abfall zu warnen (vgl. 2,5).

---

[94] Vgl. Stauffer, 1948, 184.
[95] Adolf Pohl, 1969, 29.

Die Offenbarung wurde zur Ermutigung für die Gemeinden geschrieben, die diese wachsende Feindseligkeit zu spüren bekamen, und gleichzeitig als Warnung an sorglose und nachlässige Christen, die versucht waren, in eine bequeme Anpassung an die Welt zu verfallen. Es war die letzte Stimme eines zu Ende gehenden Jahrhunderts.[96]

Johannes verfolgt dieses Ziel auf eine zweifache Weise:

- Er zeigt *Jesus Christus* in seiner Größe, Macht und Herrlichkeit. „Offenbarung Jesu Christi" ist der eigentliche Titel des Buches. Es geht in erster Linie um Jesus. Seine Person soll enthüllt werden. *„Er selbst ist derjenige, der geoffenbaret wird und der sich selber offenbaret."*[97]

- Er zeigt die *Ereignisse*, die „in Kürze (o. Bälde)" geschehen müssen (1,1). Allerdings geschieht dies nach göttlichen Zeitvorstellungen. Diese Zeitangabe kann auch bedeuten, dass das beschriebene Ereignis plötzlich (griech. ἐν τάχει *en tachei* = in Bälde o. Eile, Schnelligkeit) eintreten wird und nicht, dass es unmittelbar bevorsteht. Wenn die Zeit reif ist, wird es schnell, Schlag auf Schlag gehen (vgl. Gerichte). Dazwischen gibt es Pausen nach göttlichen Zeitmaßstäben. Das Buch beginnt in der Zeit der Abfassung und endet mit der Wiederkunft Christi und der Neuschöpfung.

Die Naherwartung (1,3b) der Wiederkunft Christi (22,20) gehört zur Lebensausrichtung eines Knechtes Jesu Christi. Die Offenbarung ist kein Endzeitfahrplan, sondern ein Trostbuch für die leidende Gemeinde Jesu Christi! Sie zeigt die großen Zusammenhänge und das Ziel der Heilsgeschichte: *„Der endgültige Sieg Jesu Christi in seiner richtenden und erlösenden Wiederkunft."*[98]

Interpretationsansätze

Welche Bedeutung hat die Offenbarung für uns heute? Es gibt kaum ein Buch der Bibel, von dem es so unterschiedliche Interpretationsansätze gibt wie über die Offenbarung. Diese lassen sich in vier Hauptansätze oder Sichtweisen gruppieren.[99] Je nach Ansatz unterscheidet sich die Auslegung.

---

[96] Tenney, 1979, 420.
[97] Johann Albrecht Bengel, zitiert bei Maier, 2009, 79.
[98] Westermann, 1991, 209.
[99] Gute Darstellung in: Roland Hardmeier, *Zukunft. Hoffnung. Bibel. Endzeitmodelle im biblischen Vergleich* (Oerlinghausen: Betanien, 2007), 390-398.

Der präteristische (zeitgeschichtliche) Ansatz

Er begrenzt die Visionen der Offenbarung auf die Ereignisse in der Zeit, in der sie geschrieben wurden, also auf das erste Jahrhundert n.Chr. Johannes *„schrieb aus seiner Situation heraus und hatte nichts anderes im Sinn als diese Situation."*[100] Die Bilder und Symbole in den Visionen beziehen sich demnach alle auf Menschen, Länder und Ereignisse der damaligen Welt. Die Absicht des Johannes bestehe darin, seine Leser zu ermutigen, Jesus Christus treu zu bleiben, während sie darauf warten, dass Gott sie erlöst und in sein ewiges Reich aufnimmt.[101]

Der historische Ansatz

Er sieht in der Offenbarung den gesamten Geschichtsverlauf von der Zeit Christi bis zum Ende vorgezeichnet. Nach seinem Verständnis ist die Offenbarung also eine im voraus geschriebene Weltgeschichte, Kirchengeschichte und Heilsgeschichte. Diese Sichtweise war bei den Reformatoren und später im Pietismus sehr beliebt.

Der futuristische (endgeschichtliche) Ansatz

Er geht davon aus, dass der größte Teil des Buches (Kap 4-22) erst in der allerletzten Zeit der Menschheitsgeschichte in Erfüllung geht. Die ersten drei Kapitel beschreiben demnach die Zeit, in der das Buch geschrieben wurde, wobei die sieben Gemeinden häufig als ein Symbol für sieben Epochen der Kirchengeschichte angesehen werden. Diese Sichtweise wurde vor allem durch den Dispensationalismus bekannt und ist heute in vielen Freikirchen verbreitet.

Der idealistische (übergeschichtliche) Ansatz

Er interpretiert die Bilder und Symbole der Offenbarung losgelöst von historischen Ereignissen oder zeitlichen Abläufen. Für die Vertreter dieser Sichtweise geht es in der Offenbarung darum, *„die Person Gottes und sein Handeln mit der Welt auf einer allgemeinen Ebene besser verstehen zu lassen"*[102]. Für sie geht es bei der Offenbarung *„um theologische Konzepte in poetischer Form"*[103], um ein symbolisches Bild für den dauernden Kampf zwischen Gott und Satan bzw. zwischen Christentum und Heidentum.

---

[100] Morris, 2009, 19.
[101] Vgl. Carson/Moo, 2010, 859.
[102] Carson/Moo, 2010, 860.
[103] Morris, 2009, 21.

Versuch einer Beurteilung:

- Der zeitgeschichtliche Ansatz ist wichtig, denn jede sorgfältige Exegese muss nach der ursprünglichen Situation des Verfassers und seiner Leser fragen. Was wollte der Verfasser erreichen? Wie haben die ersten Empfänger die Botschaft verstanden? In welcher Zeit lebten sie?
- Der historische Ansatz hat seine Vorzüge, wenn er zwischen Vorerfüllung und prophetischer Vollerfüllung unterscheidet. So kann die Offenbarung in jeder historischen Situation als Trostbuch für Christen dienen (z.B. in Verfolgungszeiten) und die Teilerfüllung allen Menschen modellhaft die Vollerfüllung vor Augen führen (z.B. apokalyptische Ereignisse wie Naturkatastrophen).
- Beim endgeschichtlichen Ansatz besteht die Gefahr, dass die zeitlichen Abläufe überbetont werden und so aus der Offenbarung ein Endzeitfahrplan konstruiert wird.
- Der idealistische Ansatz ist immer zu berücksichtigen, denn die Offenbarung (Enthüllung) ist ein Buch, in dem Gottes Wesen und Wirken im Mittelpunkt steht.

Fazit: Alle vier Ansätze habe eine gewisse Berechtigung, aber der endgeschichtliche Ansatz kommt dem Charakter der Offenbarung als prophetischem Buch (1,3) am Nächsten. Ganz gleich, welche Sichtweise wir favorisieren. Das Hauptziel muss bei allen gleich sein: Die Erkenntnis der Macht und Herrlichkeit Jesu Christi und seines Sieges über alle Feindesmächte.

5. Aufbau

Die Offenbarung ist ein prophetisches Buch (1,3), das in Briefform niedergeschrieben wurde mit Absender, Empfänger, Gruß (1,1-8) und Briefschluss (22,21). Zur Gliederung bietet das Buch selbst einen Schlüssel in 1,19 an: „Schreibe nun, was du gesehen hast und was ist und was nach diesem geschehen wird!"

Demnach besteht die Offenbarung aus *drei Hauptteilen,* die von einem Prolog (1,1-8) und einem Epilog (22,6-21) umrahmt werden:

- Im ersten Teil beschreibt Johannes, was er *gesehen hat*. Im Textzusammenhang (1,12-18) ist damit die Vision vom auferstandenen und verherrlichten Christus gemeint.

- Der zweite Teil beinhaltet demnach das, *was ist* und meint die gegenwärtige Situation der 7 Gemeinden in Kleinasien, an die dieser Brief gerichtet war (Kap 2-3). Die sog. 7 Sendschreiben sind jedoch gleichzeitig ein Grundmuster für alle Gemeinden damals und heute.
- Der dritte Teil weist in die Zukunft. Was *nach diesem* geschehen wird, beginnt in Kap 4,1 und endet in 22,5.

Auffallend in der Offenbarung ist die Zahl 7, die eine Symmetrie im Aufbau erkennen lässt. In der Zahlensymbolik der Bibel ist sie ein Hinweis auf Vollkommenheit oder Vollständigkeit.

Die Zahl 7 im Aufbau der Offenbarung	
7 Sendschreiben	2,1-3,22
7 Siegelgerichte	4,1-8,5
7 Posaunengerichte	8,6-11,19
7 bedeutende Zeichen	12,1-14,20
7 Zornschalengerichte	15,1-16,21

In der Offenbarung kommt die Heilsgeschichte Gottes zum Abschluss. Das Ziel ist die Neuschöpfung von Himmel und Erde, aber der Weg dahin ist gekennzeichnet von Widerstand, Kampf und Gericht. Mittelpunkt des Geschehens ist das *Lamm* (5,6.8.12-13; 6,1; 7,9-10.17; 8,1; 14,1.4.10; 17,14; 21,22-23), das die Autorität und Macht hat als Richter und Retter. Christus als das geschlachtete Lamm Gottes ist aber zugleich auch der siegreiche *Löwe* aus dem Stamm Juda (5,5).

Hauptthema des Buches ist deshalb: *Der Sieg des Lammes über alle Feindesmächte!* Dieser Sieg ist die Voraussetzung für die Neuschöpfung. In der Offenbarung geht es wie der eigentliche Titel (1,1) schon sagt, um die Enthüllung der Herrlichkeit Jesu Christi. Er ist Anfang und Ende, Ausgangspunkt und Ziel von Glaube und Hoffnung (22,13 vgl. Hebr 13,8).

6. Überblick

Die Offenbarung ist voller Visionen, Bilder und Symbole. Manche werden entschlüsselt, vieles ist unklar und wird wohl erst verstanden werden, wenn die Zeit der Erfüllung reif ist.

Was auffällt, ist ein ständiger Wechsel zwischen Himmel und Erde (z.B. 4,1: steig herauf). Was im Himmel beschlossen wird, kommt auf Erden zur Ausführung und was auf Erden geschieht, ruft eine Reaktion im Himmel hervor (z.B. 6,10). Dieser Überblick versucht, den Inhalt des Buches zu erfassen ohne detaillierte Deutung der Visionen.

Prolog (Kap 1,1–8)

Nach einer kurzen Einleitung mit Angabe des Absenders und Zweck des Buches (1,1-3) folgen Briefempfänger (1,4a) und ein längerer Gruß mit einer Gnadens- und Friedenszusage (1,4-8) vom dreieinigen Gott: Vom Vater (1,4.8); vom Sohn (1,5-7); vom Heiligen Geist (1,4). Die Offenbarung beginnt und endet mit dem Ausblick auf die für alle Menschen sichtbare Wiederkunft Christi (1,7 und 22,20). Wie Jesus in den Himmel aufgefahren ist (in einer Wolke), so wird er wiederkommen (vgl. Apg 1,9.11).

Schreibe (…) was du gesehen hast (Kap 1,9-20)!

Im *ersten Hauptteil* beschreibt Johannes, was er als Verbannter auf der Insel Patmos (1,9) an einem Sonntag *„vom Geist ergriffen"* gehört und geschaut hat (1,10; vgl. 4,2; 17,3; 21,10).

Christus, der Menschensohn (1,12-13), erteilte ihm mit lauter Stimme den Auftrag, das Gesehene niederzuschreiben und an die sieben Gemeinden der Provinz Asia zu senden (1,11). Zunächst geht es dabei um die Beschreibung der *Person*, die er gesehen hat: Jesus als den auferstandenen und verherrlichten Menschensohn. Er wird mit einer Reihe von Bildern und Symbolen beschrieben (1,9-20):

Beschreibung des Menschensohns		Bedeutung	
Standort: Inmitten 7 goldener Leuchter	1,13	Mittelpunkt der Gemeinde	1,20
Langes Gewand, goldener Gürtel	1,13	Hohepriester und König	Ex 28,4; Jes 22,21
Haupt und Haar weiß wie Schnee	1,14	Weisheit, Würde	Spr 26,31; Dan 7,9
Augen wie Feuerflamme	1,14	Allwissender Richter	Dan 7,10; Jer 16,17
Füße wie Erz, das im Ofen glüht	1,15	Standhaftigkeit und Stärke	Dan 10,6
Stimme wie großes Wasserrauschen	1,15	Durchdringendes Wort	Dan 10,6; Ps 29,3
7 Sterne in seiner rechten Hand	1,16	Leiter der Gemeinde	1,20
Mund: Scharfes, zweischneidiges Schwert	1,16	Kraftvolles Wort	19,13-15; Hebr 4,12
Angesicht: Leuchtet wie die Sonne	1,16	Herrlichkeit Jesu	Mt 17,2; 2Kor 4,4

Diese Beschreibung der Person Jesu bildet die *Brücke zu den 7 Sendschreiben*. Jedes Schreiben wird mit einem Ausschnitt aus dieser Vision eingeleitet. Jesus stellt sich mit *dem* Wesenszug seiner Person vor, der für die jeweilige Situation der Gemeinde wichtig ist. Die Herrlichkeit Jesu soll sich in der örtlichen Gemeinde manifestieren.

Schreibe (...) was ist! (Kap 2-3)

Der *zweite Hauptteil* besteht aus den sog. Sendschreiben an 7 Gemeinden in Kleinasien: Ephesus (2,1-7); Smyrna (2,8-11); Pergamon (2,12-17); Thyatira (2,18-29); Sardes (3,1-6); Philadelphia (3,7-13) und Laodizäa (3,14-22). In diesen Briefen teilt Jesus den Gemeinden mit, was er über sie denkt und wie er sie beurteilt. Die Briefe sind auf die individuelle Gemeindesituation zugeschnitten und wie ein Beurteilungsbogen mit sieben Punkten aufgebaut:

1. Anrede: An den Engel (Bischof, Leiter) der Gemeinde
2. Beschreibung Jesu: Vision vom Menschensohn (1,12-20)
3. Lob (außer bei Laodizäa)
4. Kritik (außer bei Smyrna und Philadelphia)
5. Weisung: z.B. Tue Buße (...)
6. Ermahnung: Wer ein Ohr hat, der höre (...)
7. Verheißung: Wer überwindet (...)

Die Sendschreiben sind ein Spiegel für die Gemeinde Jesu bis zur Wiederkunft Christi. Darin wird deutlich, was Jesus wirklich wichtig ist im Leben einer Gemeinde. Ob diese 7 Gemeinden darüber hinaus 7 Epochen der Kirchengeschichte abbilden, lässt sich vom Text nicht ableiten. Schwerpunkte sind zwar erkennbar, aber keinesfalls ein festes Schema. Alle Sendschreiben sind für alle Gemeinden zu allen Zeiten wichtig, insbesondere dann, wenn die beschriebene Situation ähnlich ist (Verfolgungszeit).

Aus den Schreiben werden besonders *drei Gefahren* deutlich, die für jede Gemeinde bedrohlich sind: Die Verfolgung durch Staat und Gesellschaft, die Verführung durch Irrlehre und der Verlust der ersten Liebe. Die Duldung von Irrlehre ist besonders gefährlich, da sie letztlich zum Ungehorsam gegenüber Gottes Wort und seinen Geboten führt. Falsche Lehre führt zu einem falschen Lebensstil. Darum ist es für jeden Christen wichtig, die Lehre der Bibel zu kennen! Ephesus wäre eine perfekte Gemeinde gewesen, wenn die einzelnen Gemeindeglieder nicht ihre erste Liebe zu Jesus verloren hätten. Die fehlende Liebe neutralisiert alle genannten Pluspunkte. Hier ist jeder Einzelne herausgefordert, sich immer wieder zu prüfen.

DIE 7 SENDSCHREIBEN DER OFFENBARUNG (OFFB 2-3)

GEMEINDE	MENSCHENSOHN	LOB	KRITIK	WEISUNG	VERHEIßUNG	GEMEINDETYP	EPOCHE[1]
Ephesus (2,1-7)	7 Sterne in seiner Rechten – wandelt inmitten der 7 Leuchter	Arbeit, Ausdauer, duldet keine Irrlehre	Erste Liebe verlassen	Gedenke .... tue Buße ... tue die ersten Werke	Essen vom Baum des Lebens im Paradies	Die lieblose Gemeinde	Apostolische Gemeinde (30-100 n.Chr.)
Smyrna (2,8-11)	Der Erste und der Letzte – der Auferstandene	Ausdauer im Leiden	Keine	Fürchte dich nicht ... sei treu bis zum Tod!	Keinen Schaden vom zweiten Tod	Die verfolgte Gemeinde	Gemeinde unter römischer Verfolgung (100-313 n.Chr.)
Pergamon (2,12-17)	Hat das scharfe, zweischneidige Schwert	Festhalten am Glauben	Duldung von Irrlehren	Tue Buße ...	Verborgenes Manna – weißen Stein mit neuem Namen	Die tolerante Gemeinde	Kirche des Konstantinischen Zeitalters (313-600 n.Chr.)
Thyatira (2,18-29)	Augen wie Feuerflamme – Füße gleich Erz	Liebe, Glaube, Dienst, Ausharren	Duldung von Unmoral, Götzendienst und Irrlehren	Buße tun ... Festhalten am Glauben	Macht über Nationen – Erleuchtung durch den Morgenstern	Die verführte Gemeinde	Kirche des Mittelalters (600-1517 n.Chr.)
Sardes (3,1-6)	Der die 7 Geister Gottes und die 7 Sterne hat	Wenige sind geistlich lebendig	Innerlich tot. Werke unvollkommen.	Wache auf ... tue Buße	Weiße Kleider – Namen im Buch des Lebens	Die schlafende Gemeinde	Kirche der Reformation (1517-1648)
Philadelphia (3,7-13)	Der Heilige, der Wahrhaftige – hat den Schlüssel Davids	Treue im Glauben, Festhalten am Wort und Bekenntnis	Keine	Halte fest, was du hast	Pfeiler im Tempel Gottes mit eingraviertem Namen Gottes und dem Namen der Stadt Gottes	Die erweckte Gemeinde	Kirche der großen Missionsbewegung (1648-1900)
Laodicäa (3,14-22)	Der Amen, der treue und wahrhaftige Zeuge, der Ursprung der Schöpfung Gottes	Keines	Lauheit, Stolz, geistliche Blindheit	Kaufe im Feuer geläutertes Gold, weiße Kleider und Augensalbe! Sei nun eifrig und tu Buße!	Gemeinschaft mit Jesus – Herrschen mit Jesus	Die laue Gemeinde	Kirche des Abfalls (1900-heute)

Ermahnung an alle Gemeinden: „Wer ein Ohr hat, der höre, was der Geist den Gemeinden sagt!" (2,7.11.17.29; 3,6.13.22)

[1] Vgl. Arnold G. Fruchtenbaum, Handbuch der biblischen Prophetie, (Asslar: Schulte+Gerth, 1984), 57-86.

Schreibe (...) was nach diesem geschehen muss (Kap 4,1-22,5)!

Der dritte Hauptteil lässt sich in folgende Ereignisse gliedern:

- Die 7 Siegelgerichte (6,1-8,5)
- Die 7 Posaunengerichte (8,6-11,19)
- Die 7 Zeichen (12,1-14,20)
- Die 7 Zornschalengerichte (15,1-16,21)
- Der Triumph des Lammes (17,1-20,15)
- Der neue Himmel und die neue Erde (21,1-22,5)

Alles beginnt mit einem Standortwechsel: *"Steige hier herauf"* (4,1) bedeutet, dass Johannes *"vom Geist ergriffen"* (4,2 vgl. 1,10) und in den Himmel erhoben wurde, um Einblick zu bekommen in die künftigen Ereignisse. Er sieht den allmächtigen Gott, der auf seinem Thron sitzt und von vier „lebendigen Wesen" und „24 Ältesten" angebetet wird (4,1-11).

Die Beschreibung der Größe und Erhabenheit Gottes (Kap 4) ist die *„Bühne für das Drama"*[104], das sich in Kap 5 anschließend entfaltet:

Zunächst scheint es so, dass niemand in der Lage ist, die Siegel der Schriftrolle zu brechen (5,1-4). Doch dann erscheint das Lamm, das allein dazu würdig ist (5,5-7) und deshalb ebenso angebetet wird wie der, der auf dem Thron sitzt (5,8-14). Dieses Lamm ist der erhöhte und verherrlichte Erlöser und Herr: Jesus Christus.

Ihm wird von Gott die Schriftrolle ausgehändigt (5,7), d.h. der Vater verleiht dem Sohn die Vollmacht, das Gericht über diese Welt und die Menschen auszuüben (vgl. Joh 5,22). Jesus als das *„geschlachtete Lamm"* (5,6) ist aber zugleich auch der Löwe aus dem Stamm Juda (5,5-6), d.h. Retter und Richter in einer Person! Er ist absolut gerecht als Erlöser und als Richter.

Die 7 Siegelgerichte (6,1-11,19)

Kap 4-5 bilden die Einleitung für die nun folgende Öffnung der 7 Siegel durch das Lamm. Johannes beschreibt, was bei der Öffnung der Siegel geschieht:

---

[104] Carson, 2010, 835.

Die 7 Siegelgerichte			
1. Siegel	6,1-2	Weißes Pferd	Eroberung
2. Siegel	6,3-4	Feuerrotes Pferd	Blutbad
3. Siegel	6,5-6	Schwarzes Pferd	Hungersnot
4. Siegel	6,7-8	Fahles Pferd	Tod
5. Siegel	6,9-11	Märtyrer	Schrei nach Gerechtigkeit
6. Siegel	6,12-17	Naturkatastrophen	Zorn des Lammes
Einschub	7,1-17	144.000 Versiegelte – Unzählbare Schar	
7. Siegel	8,1-11,19	Stille – 7 Posaunen	Einleitung zu den Posaunen

Die Gerichte werden vom Lamm veranlasst und der Einsatzbefehl für die Reiter (Komm! 6,2.4.5.8) und die Vollmacht, zu erobern und zu zerstören (ihm wurde gegeben: 6,2.4.8) von ihm gegeben.

Die Naturkatastrophen „geschahen" auf Veranlassung Gottes (6,12-14), um die Machthaber und Großen dieser Welt zu demütigen und ihnen zu zeigen, dass es einen lebendigen Gott gibt, dem sie Rechenschaft schuldig sind. Vor dem „Zorn des Lammes" können sie nicht davonlaufen (6,16-17). Das fünfte Siegel macht deutlich, dass diese Gerichte ein Akt der Gerechtigkeit Gottes sind.

Zwischen dem sechsten und dem siebten Siegel finden wir einen Einschub, in dem zwei Personengruppen ins Blickfeld geraten, die vom „Zorn des Lammes" ausgenommen sind: Die 144.000 Juden aus den zwölf Stämmen Israels, die versiegelt werden (7,1-8) und eine große, unzählbare Volksmenge aus den Heiden, die aus großer Bedrängnis errettet wurden und nun vor dem Thron Gottes stehen und das Lamm anbeten (7,9-17).

Die Öffnung des siebten Siegels (8,1-6) führt zu keiner neuen Aktion auf der Erde, sondern bildet den Übergang zu den 7 Posaunen. Nach einer Zeit des Schweigens im Himmel (8,1-2) beginnen die Vorbereitungen für die Engel. Einer der Engel hat die Aufgabe, ein Rauchopfer darzubringen, womit die Gebete der Heiligen gemeint sind (8,3-5). Diese Gebete, bei denen es sich wohl um das Schreien der Verfolgten nach Gerechtigkeit handelt (vgl. 6,9-11), werden erhört, indem das Räucherfass auf die Erde geworfen wird (8,5) und durch die Gerichte ihre Erhörung finden.

Die Posaunengerichte sind also eine Antwort Gottes auf das Schreien seiner Kinder nach Gerechtigkeit. Jedoch erhört Gott dieses Gebet erst dann, wenn die Zeit reif ist!

Bevor Gott eingreift und durch seine Gerichte Gerechtigkeit schafft, muss die Ungerechtigkeit in dieser Welt überhandnehmen (Mt 24,12). Gott beseitigt nicht einfach das Böse in dieser Welt, sondern lässt den guten Samen und das Unkraut miteinander aufwachsen bis zur Zeit der Ernte (Mt 13,30). Das ist nicht einfach zu verstehen, vor allem für Menschen, die ungerecht behandelt, misshandelt oder getötet werden.

Aber eines gilt: Gott hat alles im Griff! Ihm entgeht keine Ungerechtigkeit. Die Zeit der Ernte kommt, manchmal heute schon, aber ganz gewiss dann, wenn sich die Gerichte der Offenbarung erfüllen!

Die 7 Posaunengerichte (8,6-11,19)

Wie die Siegelgerichte werden auch die Posaunengerichte von Engeln durchgeführt. 7 Engel mit 7 Posaunen (8,6) geben das Signal aus dem Himmel für die nächste Serie von Gerichten, die auf der Erde in Gang gesetzt werden.

Die ersten 4 Posaunengerichte treffen die 4 Hauptbereiche der Schöpfung: Land, Meer, Süßwasser, Himmel. Die Zerstörung ist überwiegend auf ein Drittel begrenzt, die Dauer der dämonischen Heuschreckenplage auf fünf Monate. Wie bei den Siegelgerichten werden hier die beiden letzten Posaunen durch einen Einschub in Form von zwei Visionen unterbrochen (10,1-11,14):

- In der *ersten Vision* muss Johannes eine kleine Schriftrolle, die er von einem Engel bekommt, essen (10,1-11). Damit ist wohl die nächste Weissagung gemeint, die er empfängt (10,10-11). Er muss das Wort Gottes in sich aufnehmen wie eine Speise. Die Schrift will als geistliche Nahrung aufgenommen werden (Jer 15,16; Mt 4,4; 1Kor 3,2).

- In der *zweiten Vision* sieht er zunächst den Tempel in Jerusalem (11,1-2) und danach zwei Zeugen, die von Gott beauftragt und bevollmächtigt sind (11,3-6). Sie werden vom Tier aus dem Abgrund getötet, aber auf wunderbare Weise nach 3 ½ Tagen wieder auferstehen und vor den Augen ihrer Feinde sichtbar in den Himmel entrückt (11,1-14). Diese Entrückung ist mit einem Erdbeben verbunden, so dass die Menschen den Gott des Himmels in Furcht anbeten (11,13).

Die 7 Posaunengerichte			
1. Posaune	8,7	Hagel und Feuer fallen auf die **Erde**	1/3 der Erde und Bäume verbrennen – alles grüne Gras verbrennt
2. Posaune	8,8-9	Feuerflammender Berg fällt ins **Meer**	1/3 des Meeres zu Blut – 1/3 der Meereslebewesen sterben – 1/3 der Schiffe zerstört
3. Posaune	8,10-11	Großer Stern fällt auf das **Süßwasser**	1/3 des Wassers zu Wermut – Viele Menschen sterben
4. Posaune	8,12-13	**Himmel** wird geschlagen	Sonne, Mond und Sterne verlieren 1/3 ihrer Leuchtkraft
5. Posaune	9,1-12	1. Wehe: Heuschrecken	5 Monate Qual
6. Posaune	9,13-21	2. Wehe: Große Armee	1/3 der Menschen werden getötet
Einschub	10,1-11,14	Die Schriftrolle (10,1-11) und die zwei Zeugen (11,1-14)	
7. Posaune	11,15-19	Beginn 3. Wehe: Anbetung	Die Königsherrschaft Jesu Christi

Die *siebte Posaune,* mit der das dritte Wehe (12,14) beginnt, ist vergleichbar mit dem Schweigen im Himmel zwischen der sechsten und siebten Posaune. Auch hier geht der Blick in den Himmel auf ein positives Ereignis: Die Königsherrschaft Christi wird proklamiert und der König angebetet (11,15-19). Das Geheimnis Gottes ist im Himmel bereits vollendet (10,7). Johannes sieht also zuerst das Finale und dann in den restlichen Kapiteln den Weg dahin. Was im Himmel bereits Realität ist, wird auf Erden nach und nach verwirklicht. Deshalb umfasst die siebte Posaune bzw. das dritte Wehe vermutlich auch Kap 12-14. Manche Ausleger sehen in der *Vollendung des Geheimnisses Gottes* (10,7) zur Zeit der siebten Posaune die Entrückung der Gemeinde, da Paulus als Zeitpunkt auch die letzte Posaune angibt (1Thess 4,16). Unklar ist allerdings, ob die *„Posaune Gottes"* (1Thess 4,16) heilsgeschichtlich identisch ist mit der siebten Posaune in der Offenbarung.

Die Posaunengerichte sind eine Steigerung der Siegelgerichte. Trotzdem lassen die Menschen nicht ab vom Götzendienst und weigern sich, Buße zu tun (9,20-21). Sie suchen den Tod, anstatt das Lamm (9,6), doch zur Zeit der fünften Posaune ist kein Selbstmord möglich!

Die 7 Zeichen (12,1-14,20)

Die weiteren Ereignisse zählen inhaltlich noch zur siebten Posaune, denn es folgt kein Hinweis auf den Abschluss des dritten „Wehe" (vgl. 9,12.14) und es wäre etwas seltsam, wenn ein „Wehe" als Gerichtsankündigung nur die positive Botschaft der Königsherrschaft Christi enthalten würde. Dieser dritte Zyklus von Visionen (Kap 12-14) besteht hauptsächlich aus sieben bedeutenden Zeichen (12,1: großes Zeichen; 12,3: anderes Zeichen), wobei bestimmte Personen oder Personengruppen im Mittelpunkt stehen.

Die 7 Zeichen		
1. Zeichen	12,1-6	Die Frau und der Drache
2. Zeichen	12,7-12	Der Rauswurf Satans aus dem Himmel
3. Zeichen	12,13-17	Der Krieg Satans gegen die Frau mit ihrem Sohn
4. Zeichen	12,18-13,10	Das Tier aus dem Meer
5. Zeichen	13,11-18	Das Tier aus der Erde
6. Zeichen	14,1-5	Das Lamm auf dem Berg Zion
7. Zeichen	14,6-20	Die Ernte auf der Erde

In diesen Kapiteln blicken wir hinter den Vorhang dessen, was auf Erden geschieht. Es tobt nämlich ein Kampf in der unsichtbaren Welt, der immer härter wird, je mehr es dem Ende zugeht. Der Teufel weiß, dass er besiegt ist und wenig Zeit hat (12,12) bis zu seinem endgültigen Untergang. Er wurde aus dem Himmel hinausgeworfen und wütet seitdem auf der Erde (12,7-9). Satan (der Drache: 12,3-4.9) und seine Engel kämpfen mit aller Macht gegen die Frau (Volk Israel: 12,13-18) und ihren Sohn Jesus, der als Jude geboren wurde (12,5: vgl. Ps 2 – Messias) und in den Himmel auffuhr (12,5: Entrückung). Aber nicht nur Israel ist das Ziel seiner Angriffe, sondern er versucht, die ganze Weltbevölkerung in seine Gewalt zu bringen (12,9). Deshalb installiert er als Gegenpol zur göttlichen Dreieinigkeit eine satanische Trinität unter seiner Führung: Satan (12,1-18: Drache), Antichrist (13,1-10: Tier aus dem Meer) und falscher Prophet (13,11-18: Tier aus der Erde).

Das Hauptziel der satanisch-antichristlichen Offensive ist die Anbetung Satans (13,3-4.12.14) verbunden mit totaler Hingabe (13,16-17). Wer dagegen das Lamm anbetet, wird umgebracht (13,10.15), wobei oberflächliche Religiosität zum satanischen System gehört.

Das Tier aus dem Meer (13,1-10) ist identisch mit dem vierten Königreich bzw. dem vierten Tier aus den Visionen des Propheten Daniel (Dan 2,40-45; 7,7-28). Es handelt sich um das letzte von vier Weltreichen, das zerstört wird durch das Königreich Gottes bei der Wiederkunft Christi.

Um Kap 13 verstehen zu können, müssen Dan 2 und 7 beachtet werden. Fügt man die Visionen von Daniel und Johannes zu einem Bild zusammen, ergibt sich ein gewaltiges Szenario der Weltgeschichte, das deutlich macht, wer die Fäden hinter dem Vorhang der Ereignisse zieht (siehe Übersicht).

Kap 14 zeigt allerdings wieder, wer der wahre Herrscher über diese Welt ist. Satan kann trotz aller Anstrengung das Reich Gottes nicht zerstören und seine Anhänger nicht auslöschen. Er kann nur wüten, weil ihm die Genehmigung dazu erteilt wurde (vgl. 13,5.7).

- Zunächst sieht Johannes eine Gruppe von Menschen, die für Satan unantastbar sind: Die 144.000 stehen unter dem besonderen Schutz des Lammes (14,1-5). Dabei handelt es sich vermutlich um die Judenchristen, die bereits in 7,1-8 als Versiegelte aus den Stämmen Israels genannt werden.

- Ein Engel sorgt dafür, dass trotz allen Widerständen das Evangelium weltweit verkündigt wird (14,6). Ein anderer kündigt das Gericht über alle Satansanbeter und über Babylon an (14,7-13), während die Gläubigen, die standhaft geblieben sind, eine wunderbare Seligpreisung erhalten (14,9-13).

Beim letzten Zeichen blickt Johannes in den Himmel und sieht, wie der Menschensohn als Richter auftritt. Die Zeit ist reif wie ein Feld zur Ernte und wie die Trauben bei der Weinlese (14,14-20). Damit sind vermutlich die Gerichte gemeint, die im Zusammenhang mit dem Kommen des Menschensohns in Verbindung stehen (19,11-21). Mit diesem Zeichen ist die siebte Posaune und somit auch das dritte Wehe abgeschlossen.

Die 7 Zornschalengerichte (15,1-16,21)

Mit Kap 15 beginnen die Vorbereitungen zur letzten Gerichtsserie: Die sieben Schalen des Zornes Gottes (16,1), die über die Erde ausgegossen werden. Sie enthalten die schlimmsten Gerichte, die je über diese Erde gegangen sind. Auch diese Gerichtsserie wird im Himmel beschlossen, beauftragt und vorbereitet (15,1-8). Johannes sieht aber nicht nur die „sieben Plagen" (15,8), sondern auch die Überwinderschar, die bereits am Ziel ist und die Gerechtigkeit Gottes rühmt (15,2-4).

Damit wird deutlich, dass die folgenden Gerichte in Kap 16 ein Akt der Gerechtigkeit Gottes sind. Gott will das Heil des Menschen, aber er muss auch Sünde strafen. Selbst während dieser Gerichte ist Umkehr noch möglich!

Die 7 Zornschalengerichte			
1. Schale	16,1-2	Menschen	Böses Geschwür an den Menschen mit dem Malzeichen
2. Schale	16,3	Meer	Meer wird zu Blut Alle Meereslebewesen sterben
3. Schale	16,4-7	Süßwasser	Ströme und Wasserquellen werden zu Blut
4. Schale	16,8-9	Sonne	Große Hitze versengt die Menschen
5. Schale	16,10-11	Finsternis	Finsternis über dem Reich des Tieres Menschen haben große Schmerzen
6. Schale	16,12-16	Krieg	Vorbereitung zur Schlacht von Harmagedon
7. Schale	16,17-21	Erdbeben	Größtes Erdbeben aller Zeiten; Inseln und Berge verschwinden; großer Hagel fällt auf Menschen

Die Tragik bei den Zornschalengerichten ist, dass die Menschen trotz allen sichtbaren Beweisen der Existenz Gottes und trotz allem Leid sich weigern, Buße zu tun und Gott anzubeten. Im Gegenteil, sie lästern sogar noch über Gott (16,9.11.21).

Wer sich unter die Macht Satans begibt, für den ist es gar nicht so einfach, Buße zu tun. Nur der gute Hirte kann das Lamm aus den Klauen des Feindes retten. Darum ist es wichtig, heute umzukehren (Hebr 4,7)!

Der Triumph des Lammes (17,1-20,15)

Johannes empfängt weitere Visionen, die zum endgültigen Triumph von Jesus, dem Lamm Gottes, führen. Zunächst zeigt ihm ein Engel ein spezielles Gericht: Es geht um Babylon, das in der Zeit des Antichristen eine dominierende Rolle spielen wird (17,1-19,5). Wie in der Urzeit (Gen 11) wird es auch in der Endzeit eine Art „Turmbau zu Babel" als Zeichen des Widerstands gegen Gott geben. Dazu einige Merkmale Babylons:

- Babylon wird als Hure bezeichnet (17,1-2). Damit ist die *Religion* Babylons gemeint, eine Welteinheitsreligion, welche die wahren Gläubigen verfolgt (17,6). Sie ist das Gegenteil einer Braut.

- Babylon ist eine große Stadt (17,18) mit weltweiten Handelsbeziehungen (18,10). Damit ist die *Wirtschaft* Babylons gemeint (18,3.11-19), ein Weltwirtschaftssystem, das in „einer Stunde" (18,10) zusammenbricht.

- Babylon ist ein *politisches System*, das zunächst den Antichristen dominiert (17,3.7: Hure sitzt auf dem Tier d.h. beherrscht das Tier), aber später von seinen „Liebhabern" zerstört wird (17,15-16). Babylon ist ein Weltreich mit einer Weltregierung.

- Babylon ist äußerlich voller Prunk und Reichtum (17,4-5), aber innerlich leer (Wüste: 17,3) und voller Unreinheit und Bosheit (Mutter: 17,5).

Dieses menschlich sicher scheinende System wird in „einer Stunde" (18,10) durch Gottes Gericht zerstört, was eine große Wehklage all derer hervorruft, die von diesem System profitieren konnten (18,11-19), aber auch ein Lobpreis aller Heiligen, die unter diesem System gelitten haben (18,20-19,5). Während die Anbeter des Tieres alles verlieren, werden die Anbeter des Lammes zum Hochzeitsmahl des Lammes eingeladen (19,6-10).

Babylon ist gerichtet und besteht nicht mehr. Nun fehlt noch das Gericht über die satanische Trinität. Deshalb sieht Johannes als nächstes den wiederkommenden Menschensohn auf einem weißen Pferd, der das Tier und sein ganzes Heer vernichtend schlägt (19,11-21). Er ist der König der Könige und Herr aller Herren (19,16). Der Antichrist und der falsche Prophet werden in den Feuersee geworfen (19,20).

Nun ist nur noch Satan übrig. Er wird durch einen starken Engel im Abgrund für 1000 Jahre gebunden und danach kurze Zeit wieder losgelassen (20,1-3). Während dieser 1000 Jahre (Millennium) herrscht Christus mit seinen Heiligen d.h. mit den Teilhabern der ersten Auferstehung (20,5-6), über die ganze Erde.

Danach wird Satan wieder eine kurze Zeit losgelassen (20,7), die er nutzt, um eine letzte Offensive gegen das Lamm zu starten. Er verführt ein letztes Mal die Nationen und mobilisiert ein großes Heer zur letzten Rebellion. Er zieht gegen Jerusalem, erlebt aber dort durch Feuer vom Himmel seine endgültige Niederlage (20,7-9). Nun hat der Satan für immer ausgespielt. Er wird dort hineingeworfen, wo bereits das Tier und der falsche Prophet auf ihn warten: in den Feuer- und Schwefelsee (20,10).

Johannes sieht nach dem Millennium ein weiteres Ereignis: Die zweite Auferstehung (20,5) und das Weltgericht (20,11-15). Vor diesem Gericht müssen alle Lebenden und Toten erscheinen. Alle Toten werden auferstehen (20,13) und wenn sie nicht im Buch des Lebens stehen, ebenfalls in den Feuersee geworfen (20,13-15). Der Feuersee ist der zweite, der geistliche Tod.

Der neue Himmel und die neue Erde (21,1-22,5)

Nach diesem gewaltigen Triumph des Lammes ist das Ende dieser alten Erde gekommen. Johannes sieht in einer weiteren Vision, wie auf den Untergang der ersten Erde ein neuer Himmel und eine neue Erde folgt (21,1). Hier ist endlich die vollkommene, ungestörte Gemeinschaft zwischen Gott und Mensch möglich. Gott wohnt direkt bei seinem Volk (21,2-5).

Johannes sieht in einer Vision, wie die Braut des Lammes im Bild des neuen Jerusalem vom Himmel herabkommt (21,2). Dieses neue Jerusalem wird genau beschrieben (21,9-21). Es ist der endgültige Wohnort der Heiligen (21,3-7), wobei das Zentrum die Herrlichkeit Gottes und des Lammes ist (21,23). Alle Kämpfe, Leiden, Schmerzen, Tränen haben ein Ende (21,4). Gott macht alles neu (21,5) und erfüllt damit alle seine Verheißungen!

Epilog (Kap 22,6-21)

Am Schluss des Buches erhält Johannes die ausdrückliche Bestätigung, dass das Empfangene kein Traum war, sondern „gewiss und wahrhaftig" ist (22,6) und derjenige sich glücklich nennen darf, der diese Worte bewahrt (22,7; vgl. 1,3). Johannes ist überwältigt von dem, was er gehört und gesehen hat und will deshalb vor dem Engel niederfallen, der ihm dies alles gezeigt hat. Aber der lehnt sofort alle Anbetung ab, denn die Ehre gehört allein dem Lamm, während ein Engel nur Diener und „Mitknecht" ist (22,8-9).

Die Weissagungen der Offenbarung sollen nicht versiegelt werden, d.h. sie können von dem verstanden werden, der sie liest (21,10). Der Leser hat zwei Möglichkeiten, auf das Wort Gottes zu reagieren: Wer das Wort hört und sich weigert, zu Jesus umzukehren, verstärkt seine ablehnende Haltung gegenüber Gott. Wer dagegen dem Wort gehorcht, dessen Leben wird fester und entschlossener in dem eingeschlagenen Weg der Nachfolge (21,11).

Das Buch endet mit einem Ausblick auf die Wiederkunft Jesu (21,12-21), in dem Jesus in der 1. Person sein baldiges Kommen ankündigt (21,16-20). Ein Gnadengruß an die Empfänger beschließt diesen langen Brief (21,21).

Exkurs: Wann kommen die Gerichte?

Die zeitliche Einordnung der Gerichte ist davon abhängig, welchen Interpretationsansatz der Ausleger wählt. Wer z.B. vom historischen Ansatz ausgeht, deutet die Gerichte auf bestimmte Ereignisse in der Geschichte: Unter der großen Armee beim 6. Posaunengericht (9,13-21) verstand z.B. J.A. Bengel die Eroberungszüge der Sarazenen nach dem Tod Mohammeds (634-847 n.Chr). Sie unterwarfen Mesopotamien, Palästina, Syrien, Persien und die meisten Länder um das Mittelmeer dem Islam und drangen bis nach Spanien und Frankreich vor, wo ihnen durch Karl Martell Einhalt geboten wurde. Den Löwenkopf bringt er in Verbindung mit Ali, einer der ersten vier Kalifen, der den Zunamen hatte *„der allezeit siegreiche Löwe Göttes"*. Feuer, Rauch und Schwefel symbolisieren die verzehrende, verblendende und erstickende Wut und Grausamkeit der Reiter.[105]

Wer idealistisch denkt, versteht die Gerichte nicht wörtlich, sondern symbolisch wie z.B. Fritz Grünzweig, der unter Hagel und Feuer, die beim ersten Posaunengericht vom Himmel fallen (8,7), einen Ansturm auf die menschliche Kulturwelt sieht. *„Was den Menschen im natürlichen Sinn Heimat, Halt und Wegleitung gab, wird nun in einem großen Ansturm zerschlagen, zerstört, verbrannt."*[106]

Obwohl alle Sichtweisen bei einer sorgfältigen Auslegung einbezogen werden sollten, ist doch der futuristische Ansatz m.E. zu bevorzugen. Dazu muss ein Grundprinzip der Apokalyptik beachtet werden:

Apokalyptisches Denken ist ein *Spiraldenken*. Es wird immer wieder zu ähnlichen apokalyptischen Ereignissen kommen, die sich bis zum Ende steigern. *„Bis zum Ende: Das zeigt an, dass apokalyptisches Denken auf das Ende der Welt ausgerichtet ist, es ist zielgerichtetes Denken."*[107] Beispielsweise wird sich die Verführung zur Anbetung des Antichristen (Offb 13) bis zum Ende hin immer neu wiederholen (vgl. z.B. Napoleon und Hitler).

Der futuristische Ansatz geht davon aus, dass die Enderfüllung aller Ereignisse ab Kap 4 noch zukünftig ist. Die Zeit der Gerichte von Kap 4-19 fallen demnach in die sog. „Große Trübsal" (vgl. Mt 24,21), die bereits im Alten Testament angekündigt wurde (z.B. Jer 30,5-9).

---

[105] Vgl. Bengel, 1870, 238-241.
[106] Grünzweig, 1983, 232.
[107] Michel, 2004, 19.

Sie ist identisch mit der sog. 70. Jahrwoche des Propheten Daniel (Dan 9,24-27). Nach den dort genannten Zeitangaben und denen der Offenbarung (11,2-3;12,6.14;13,5) lässt sich schließen, dass die Zeit der Gerichte auf sieben Jahre beschränkt ist.

Strittig ist die Frage, wann die Entrückung der Gemeinde erfolgt. Dispensationalistische Autoren wie z.B. Tim LaHaye sind sich sicher, dass die Entrückung vor der „Großen Trübsal" stattfinden wird und die Gemeinde somit überhaupt nichts mitbekommt von den Gerichten. Das lässt sich biblisch nicht beweisen. In der Heilsgeschichte gab es immer Übergangszeiten wie z.B. in der Apostelgeschichte, so dass auch die Gemeinde die Anfangszeit der „Großen Trübsal" erleben kann. Manche Ausleger sehen die Entrückung zur Zeit der siebten Posaune (Offb 11,15-19), da zu diesem Zeitpunkt das Geheimnis Gottes d.h. die Gemeinde (vgl. Eph 3,1-13; Kol 1,26) vollendet wird (10,6).

Ganz gleich, welchem Schema wir folgen: Es gibt keinen Fahrplan für die Endzeit. Das will die Offenbarung bzw. die biblische Apokalyptik auch gar nicht sein. Wichtig ist vielmehr, auf die Zeichen der Zeit zu achten und in der Erwartung der Wiederkunft Christi zu leben (z.B. 1Thess 1,10; Tit 2,11-13). Diese Erwartung ist immer eine Naherwartung, die uns Trost, Hoffnung, Ermahnung und Ermutigung in der Gegenwart sein will.

Auch wenn aus futuristischer Sicht die Enderfüllung noch aussteht, so ist die Offenbarung schon in den vielfachen Vorerfüllungen Trost, Halt und Ermutigung für die Gläubigen, insbesondere in Verfolgungszeiten. Wer das Ende kennt, kann die Gegenwart ertragen und bewältigen!

Unser Leben sollte je länger, desto mehr auf die Ewigkeit ausgerichtet werden. Wer leichtfertig denkt, dass ihn Offb 4-19 sowieso nicht betrifft, weil er bis dahin längst entrückt ist, hat nicht verstanden, um was es eigentlich geht und bedarf der Ermahnung: „Wer zu stehen meint, sehe zu, dass er nicht falle (1Kor 10,12)!"

Die Lektüre der Offenbarung soll uns zur Anbetung des Lammes führen. Die Größe der Person und des Werkes Jesu als Retter, Richter und Weltvollender wird nirgends mehr enthüllt und betont als in der Offenbarung.

Jeder Gläubige, ob Anfänger oder gereifter Christ, sollte immer wieder die Offenbarung lesen und den besonderen Segen, der damit verbunden ist (1,3) in Anspruch nehmen!

OFFENBARUNG – DER SIEG DES LAMMES

Schlüsselvers: „Schreibe nun, was du gesehen hast und was ist und was nach diesem geschehen wird" (1,19)

PROLOG	WAS DU GESEHEN HAST...	WAS IST...	WAS NACH DIESEM GESCHIEHT...	EPILOG
Einleitung - Absender - Empfänger - Seligpreisung - Gruß an Gemeinden - Lobpreis Jesu - Der Ewige **Johannes** - Innere Einstellung - Aufenthaltsort - Auftrag - Am Tag des Herrn - Was du siehst - Schreibe in ein Buch - Sende es den sieben Gemeinden	Als ich mich umwandte... sah ich (1,12) **Vision vom Menschensohn** - Inmitten 7 goldener Leuchter - Sein Gewand (1,13) - Sein Haupt (1,14) - Seine Füße (1,15) - Seine Stimme (1,15) - Seine rechte Hand (1,16) - Sein Mund (1,16) - Sein Angesicht (1,16) Reaktion des Johannes (1,17) **Auftrag an Johannes (1,17-20)** - Vom Auferstandenen - Schreibe (1,19): – Was du gesehen hast – – was ist – – was danach geschehen wird!	**7 Sendschreiben** - Symbolik (1,20): 7 Leuchter = 7 Gemeinden 7 Sterne = 7 Bischöfe - Die 7 Gemeinden: Ephesus (2,1-5) Smyrna (2,6-11) Pergamon (2,12-17) Thyatira (2,18-29) Sardes (3,1-6) Philadelphia (3,7-13) Laodicäa (3,14-22) **Gemeinsamkeiten:** - Ich kenne, ich weiß... - Wer überwindet... - Wer ein Ohr hat, der höre, was der Geist den Gemeinden sagt!	Nach diesem sah ich... (4,1) **Die 7 Siegel (4,1-8,5)** - Vorbereitung im Himmel (4,1-5,14) - Die ersten 6 Siegel (6,1-17) *Einschub* (7,1-17) - Das 7. Siegel (8,1-5) **Die 7 Posaunen (8,6-11,19)** - Die ersten 6 Posaunen (8,6-9,21) *Einschub* (10,1-11,14) - Die 7. Posaune (11,15-19) **Die 7 Zeichen (12,1-14,20)** **Die 7 Zornschalen (15,1-16,21)** **Der Triumph des Lammes (17,1-20,15)** - Fall Babylons (17,1-19,5) - Hochzeit des Lammes (19,6-10) - Endgültiger Sieg (19,11-21) - Tausendjähriges Reich (20,1-10) - Endgericht (20,11-15) **Die Neuschöpfung (21,1-22,5)**	Schlussermahnungen Seligpreisungen - Wer die Worte hört (7) - Wer sich reinigt (14) Ausblick auf die Wiederkunft Christi Der Morgenstern „Ich komme bald!" Zuspruch der Gnade
1,1 – 1,8	1,9 – 20	2,1 – 3,22	4,1 – 22,5	22,6 - 21
Jesus – der Auferstandene	Jesus – der Menschensohn	Jesus – das Haupt der Gemeinde	Jesus – Lamm und Löwe	Jesus – der Wiederkommende
Vorwort	Zeit der Abfassung	Zeit der Gemeinde	Zukünftige Ereignisse	Schlusswort

Einige Themen der Offenbarung
- Jesus kennt seine Gemeinde ganz genau!
- Das Lamm Gottes hat die Autorität als Richter
- Der Zusammenbruch des antichristlichen Weltreiches
- Die siegreiche Wiederkunft Jesu Christi
- Die ewige Gemeinschaft mit Jesus
- Die Neuschöpfung der Welt

Titel: Offenbarung des Johannes
- Abfassungszeit: ca. 95 n.Chr.
- Abfassungsort: Insel Patmos
- Empfänger: 7 Gemeinden in der Provinz Asia
- Verfasser: Apostel Johannes
- Situation: Christenverfolgung
- Anlass: Ermutigung, Trost

DIE 4 WELTREICHE NACH DANIEL UND OFFENBARUNG

STANDBILD DAN 2,32-41	4 TIERE DAN 7,3-8	DAS TIER OFFB 13,1-2		WELTREICHE
Metalle: Äußerer Glanz Qualität lässt nach	Raubtier: Inneres Wesen Ausweitung der Herrschaftsbereiche	Tier: Antichrist Alle Elemente der vorigen Reiche		Prophetie der ersten 4 Weltreiche erfüllt Seither kein Weltreich mehr
Haupt Metall: Gold	**Löwe** Flügel wie Adler Bedeutung: Kraft und Schnelligkeit der babylonischen Eroberungen	Löwenrachen		**Babylonisches Weltreich** Dauer: 606-550 v.Chr. Herrscher: Nebukadnezar Ende: Ablösung durch Medien-Persien (Dan 5)
Brust und Arme Metall: Silber	**Bär** 3 Rippen zwischen den Zähnen Bedeutung: Gewaltige Heeresmassen erobern die Welt	Bärenfüße		**Medo-Persisches Weltreich** Dauer: 550-333 v.Chr. Herrscher: Darius (Medien) und Kores (Persien) Ende: Ablösung durch Griechenland
Bauch und Lenden Metall: Bronze	**Leopard/Panther** 4 Köpfe und 4 Flügel Bedeutung: Schnelligkeit der Eroberungen Alexander d.Gr.	Panther		**Griechisches Weltreich** Dauer: 333-68 v.Chr. Herrscher: Alexander der Große Ende: Ablösung durch Rom
Schenkel Metall: Eisen	**Furchtbares Tier** Große, eiserne Zähne Bedeutung: Eiserne Härte	Tier aus dem Meer Meer: Nationen		**Römisches Weltreich** Dauer: 68-476 n.Chr. Herrscher: Römische Kaiser Ende: Zerfall Westreich (476) Ostreich (1453)
Füße und Zehen Metall: Eisen mit Ton gemischt	**10 Hörner** Kleines Horn; 3 Hörner ausgerissen Bedeutung: 10 Könige herrschen gleichzeitig. Kleines Horn: Antichrist, der 3 Könige absetzt	10 Hörner und 7 Köpfe Hörner: Könige Köpfe: Bedeutende Herrscher mit der Macht Satans: Offb 13,2b; 2Thess 2,9		**Endzeitliches Weltreich** Dauer: 7 Jahre Wiedererstehung des 4. Reiches (Offb 17,8-9) Herrscher: Antichrist Ende: Zerstörung durch Gottes Reich

ENDZIEL: DAS REICH GOTTES
Gott zerstört das antichristliche Weltreich (Dan 2,34-35.44-45; 7,26; Offb 19)
Das Reich Gottes hat ewigen Bestand (Dan 2,44; 7,27)

Literatur

Bengel, J.A.: Sechzig erbauliche Reden über die Offenbarung Johannis, Stuttgart, Evangel. Bücherstiftung, 1870.

Brockhaus Kommentar zur Bibel Bd. 4 Matthäus-Offenbarung, Wuppertal, R. Brockhaus, 1985.

Carson, Donald A./Moo, Douglas J.: Einleitung in das Neue Testament, Giessen, Brunnen, 2010.

Grünzweig, Fritz: Johannes-Offenbarung 1. Teil. Edition C Bibelkommentar Bd. 24, Neuhausen-Stuttgart, Hänssler, 1983.

Hardmeier, Roland: Zukunft. Hoffnung. Bibel. Endzeitmodelle im biblischen Vergleich, Oerlinghausen, Betanien, 2007.

Maier, Gerhard: Die Offenbarung des Johannes Kap 1-11. Historisch-Theologische Auslegung, Gießen, Brunnen, Brockhaus, 2009.

Michel, Karl-Heinz: Die Wehen der Endzeit. Von der Aktualität der biblischen Apokalyptik, Giessen-Basel, Brunnen, 2. Aufl. 2004.

Morris, Leon: Revelation TNTC Vol. 20, Downers Grove, IVP, 2009.

Pohl, Adolf: Die Offenbarung des Johannes 1. Teil. Wuppertaler Studienbibel, Wuppertal, R. Brockhaus, 1969.

Stauffer, Ethelbert: Christus und die Cäsaren, Hamburg, Friedrich Wittig, 1948.

Tenney, Merill C.: Die Welt des Neuen Testaments, Marburg, Francke, 1979.

Westermann, Claus: Abriß der Bibelkunde, Stuttgart, Calwer, 13. Aufl., 1991.

Abkürzungsverzeichnis

Bücher AT	Abkürzung	Bücher NT	Abkürzung
1. Mose (Genesis)	Gen	Matthäus	Mt
2. Mose (Exodus)	Ex	Markus	Mk
3. Mose (Levitikus)	Lev	Lukas	Lk
4. Mose (Numeri)	Num	Johannes	Joh
5. Mose (Deuteronomium)	Dt	Apostelgeschichte	Apg
Josua	Jos	Römer	Röm
Richter	Ri	1.Korinther	1Kor
Rut	Rut	2.Korinhter	2Kor
1. Samuel	1Sam	Galater	Gal
2. Samuel	2Sam	Epheser	Eph
1. Könige	1Kön	Philipper	Phil
2. Könige	2Kön	Kolosser	Kol
1. Chronika	1Chr	1.Thessalonicher	1Thess
2. Chronika	2Chr	2.Thessalonicher	2Thess
Esra	Esra	1.Timotheus	1Tim
Nehemia	Neh	2.Timotheus	2Tim
Ester	Est	Titus	Tit
Hiob	Hiob	Philemon	Phlm
Psalmen	Ps	Hebräer	Hebr
Sprüche	Spr	Jakobus	Jak
Prediger	Pred	1.Petrus	1Petr
Hoheslied	Hld	2.Petrus	2Petr
Jesaja	Jes	1.Johannes	1Joh
Jeremia	Jer	2.Johannes	2Joh
Klagelieder	Klgl	3.Johannes	3Joh
Hesekiel	Hes	Judas	Jud
Daniel	Dan	Offenbarung	Offb
Hosea	Hos		
Joel	Joel		
Amos	Am		
Obadja	Obd		
Jona	Jona		
Micha	Mi		
Nahum	Nah		
Habakuk	Hab		
Zephanja	Zef		
Haggai	Hag		
Sacharja	Sach		
Maleachi	Mal		